本书为2008年度国家社会科学基金项目·体育学

项目批准号：08BTY003

战国百家争鸣与中华传统体育精神构架

ZHANGUO BAIJIA ZHENGMING YU ZHONGHUA CHUANTONG TIYU
JINGSHEN GOUJIA

王京龙 ／著

人民出版社

目　　录

绪　　论

体育是人类生活中永远的美味蛋糕，不同的民族文化熔铸了不同的民族体育精神。民族体育精神是民族体育发展的脊柱和基本动力，中华传统体育精神的构架，先秦诸子思想是最基本的材料，诸子思想的思辨与融合构架了中华传统体育精神。

人类的生存与发展必须要有两方面的动力支持：一是物质方面的，一是精神方面的。来自物质方面的动力支持是基础，来自精神方面的动力支持为人类的生存与发展指明方向，两者缺一不可。体育是人类生存所必需的活动内容，既可以提供物质方面的动力支持，即身体动能；也可以提供精神方面的动力支持，亦即精神动能。因此，体育是人类社会最基本、最广泛的社会活动之一，哪里有人类的活动，哪里就有体育的存在。由于人类社会的不断进步，使得"体育"本身的内涵与外延也在随时代的发展而不断变化，也就有了纷繁复杂的"体育"概念。体育精神作为体育的重要组成部分，同样伴随着人类精神文化的发展而不断升华，但体育精神并不像"体育"概念自身的变化一样不断分化，而是以充分的继承为特征不断地丰富与发展。

关于"战国百家争鸣与中华传统体育精神构架"这一题目，本书计划要讨论的问题主要有三个，简单地说，也就是中华传统体育精神最初构架的背景、材料和状况。在这里，首先要说一下与这三个问题相关的几个话题。

一、关于中国古代体育的研究

"体育"这一概念，在古代的汉语言当中并不存在，但自近代传入中国以来，却呈现出了日见日新的良好发展局面①。现在来看，所谓"体育"，大致上应当包括三个方面的内容：一是体育活动，主要是指人的身体行为运动，包括肌体运动和精神运动两个大类，比如跑步、跳跃、投掷、围棋、游戏等。二是体育文化，主要是指对于体育活动的描述或表象而形成的文化现象，以及由于体育活动的延伸而形成的文化制品。这里指的当然主要是精神

---

① 参见韩丹《谈体育概念的源流演变及其对我们的体育认识和改革的启示》，载《体育与科学》2010 年第 4 期。

层面上的文化产品，比如关于表像体育活动的诗歌、图画、音乐等。三是体育精神，指支配某一地区或民族体育特征形成和发展的系统性思想内涵。体育精神属于哲学层面上的内容，决定着民族体育的根本特征。客观地说，支配人的体育活动的所有意识，都应当是为了身心的健康和愉悦，这是不同民族体育精神的共同特征。但是，不同的民族有着不同的民族体育精神，不同的民族体育呈现着各自不同的特征，区分不同的民族体育的基本要件，正是这些各自不同的民族体育精神。这样，体育活动、体育文化、体育精神融合在一起，便构成了我们现代意义上的"体育"。

但体育这一概念所包含的这三个方面的内容，又可以各自分为若干不同的层类，比如不同的体育活动就有娱乐性、竞技性、保健性等特征上的差别，体育文化也有产业、公益之不同，体育精神同样也有广义与狭义之分别。精神是人的个体和社会群体存在与发展的基本原动力，没有了精神的支撑，个体的人就会成为行尸走肉，群体构成的社会将会土崩瓦解。体育精神对于体育的作用正是如此，它不仅可以主导体育活动的走向，而且可以拓展体育活动的发展空间，更为具体的是，它决定着异彩纷呈的民族体育的基本特征和发展方向。所以我们说，体育精神既是"体育"本身的一部分，更是"体育"的灵魂。以此为指导，从古至今，体育的发展，总体上是在越来越"胖大"的。具体的现象，单个的分支虽然"肥瘦"不一，长短不齐，但绵延至今，同样都是越来越粗壮。人类社会文明程度的不断提高，推动着体育精神的总体发展，方才使得体育的发展呈现出了今天这样红红火火的局面。

体育是人类活动基本而又非常重要的产品，由于人类的活动形态各异，人类的思想和行为习惯不同，不同民族的体育也就呈现出了不同的民族特征。中华民族有着悠久的文明发展史，中华民族的传统体育同样有着辉煌的发展历史。

对于中国古代体育史的系统性研究，现在来看早已非常深入了。郭绍虞先生早在1919年就出版了他的《中国体育史》[①]，这是中国历史上第一部体

---

① 郭希汾：《中国体育史》，上海商务印书馆民国二十八年（1919）。郭绍虞（1893—1984），江苏苏州人。原名希汾，字绍虞，后以字行世，著名历史学家。

育史著作，有着重要的价值。新中国成立以后，由唐豪先生主持，国家体育运动委员会、运动技术委员会组织，20 世纪 50 年代末，人民体育出版社先后出版了 9 册《中国体育史参考资料》。这一工作影响巨大，基本上是对中国古代体育史研究的"正本"。可惜的是，这一工作刚刚起步便戛然而止，直到十多年后才接续起来。人民体育出版社在 20 世纪 80 年代初，连续出版了体育文史资料编审委员会编纂的《体育史料》，随后多家出版社还相继出版了诸如《中国体育史》①、《中国古代体育史简编》②、《中国古代体育史话》③、《中国近代体育史》④、《中国古代体育史》⑤、《中国古代体育》⑥、《体育史》⑦、《体育史》⑧、《体育史》⑨、《游戏史》⑩ 等一大批体育史论著。北京体育大学出版社还出版了翁士勋先生主编的《二十五史体育史料汇编》⑪。可以说，20 世纪 80 年代初期以来，可谓是中国古代体育史整体性宏观研究的黄金时期。2008 年北京奥运会的成功举办，对中国体育史的研究是一个前所未有的推动，全国各地也出现了一批体育史研究的成果。不过，这些成果专项性的研究趋势比较明显，至于综合性的研究，有好些沾染了功利色彩，从学术研究的角度看，新意不多。总之，检点 20 世纪以来中国古代体育史研究的成果，可谓琳琅满目、繁花似锦了，这些著作，尤其 20 世纪 80 年代以来出现的成果，大都是以中国古代体育活动研究为基础形成的，不管是从数据性上看，还是从思想性上看，对于中国体育史的学科建设都形成了强有力的支撑。

① 谷世权、杨文清：《中国体育史》，北京体育学院出版社 1981 年版。
② 李季芳等：《中国古代体育史简编》，人民体育出版社 1984 年版。
③ 刘秉果：《中国古代体育史话》，文物出版社 1987 年版。
④ 国家体委文史工作委员会、中国体育史学会：《中国近代体育史》，北京体育学院出版社 1989 年版。
⑤ 国家体委文史工作委员会、中国体育史学会：《中国古代体育史》，北京体育学院出版社 1990 年版。
⑥ 任海：《中国古代体育》，商务印书馆 1996 年版。
⑦ 体育史编写组：《体育史》，高等教育出版社 1996 年版。
⑧ 郝勤：《体育史》，人民体育出版社 2006 年版。
⑨ 谭华：《体育史》，高等教育出版社 2005 年版。
⑩ 蔡丰明：《游戏史》，上海文艺出版社 2007 年版。
⑪ 翁士勋：《二十五史体育史料汇编》，北京体育大学出版社 1997 年版。

对于中国古代体育文化，早在 20 世纪 90 年代的时候，就已经有人意识到了这是一个非常有意义的研究课题。李庆洪先生就曾出版了他的《中国古代体育诗选》①，书中辑录最早的体育诗歌是东汉三国时期曹操父子的两首诗，一是曹操的《龟虽寿》，诗中并没有写出具体的体育活动，仅是提出了"盈缩之期，不但在天；养怡之福，可得永年"的养生观念；一是曹植的《名都篇》②，是在描述都市之繁华过程中对于娱乐活动的捎带性记述。书中还选录了诸如唐代归氏子《答皮日休字诗》③ 的专题记述蹴鞠制作方法的诗歌："八片尖皮砌作球，火中燺了水中揉。一包闲气如长在，惹踢招拳卒未休。"颇具史料价值。其实，关于中国古代描写体育娱乐活动的文学作品很多，《诗经》当中就有不少，只不过有意识描写体育活动的专题作品倒是十分罕见。有意识的专题作品，大约是在汉武帝时期才出现的。汉赋大家枚乘的儿子枚皋，作为御用文人就曾经跟随汉武帝写过这类的专题文章，《汉书》记载说："皋为赋善于朔也。从行……弋猎射驭狗马蹴鞠刻镂，上有所感，辄使赋之。"④ 考古发现的大量汉代画像砖、石，其中对于体育娱乐活动的刻画，也有很高的文化艺术价值和体育研究的史料价值⑤。现今关于这一方面的专题研究成果并不多见，能够见到的大多是一些古代作品的汇集、选集之类⑥的作品。魏宏灿先生的《从我国古代诗词看女性体育活动》⑦之类的论文，可谓寥寥。

对于中国古代体育思想史的研究，除却体育史研究著作中的部分章节和散见于报刊上的众多论文以外，2008 年首都师范大学出版社推出了崔乐泉等先生编写的《中国体育思想史》（古代、近代、现代三卷本）⑧，这部巨著

---

① 李庆洪：《中国古代体育诗选》，山东友谊出版社 1995 年版。

② 李庆洪：《中国古代体育诗选》，山东友谊出版社 1995 年版，第 22 页。

③ 李庆洪：《中国古代体育诗选》，山东友谊出版社 1995 年版，第 3 页。

④ ［汉］班固：《汉书·贾邹枚路传》，中华书局 1962 年版，第 2367 页。

⑤ 参见陈海华《汉代画像石上的人文与体育》，河北教育出版社 2008 年版；李发林《山东汉画像石研究》，齐鲁书社 1982 年版。

⑥ 参见路今铧、金磊《中国古代体育诗歌选》，天津人民出版社 2009 年版。

⑦ 参见魏宏灿《从我国古代诗词看女性体育活动》，《中华女子学院学报》2006 年第 2 期。

⑧ 参见崔乐泉、杨向东主编《中国体育思想史》三卷本：杨向东、张雪梅：《中国体育思想史》（古代卷），崔乐泉、罗时铭：《中国体育思想史》（近代卷），傅砚农、曹守和、赵玉梅、苏肖晴：《中国体育思想史》（现代卷），首都师范大学出版社 2008 年版。

是目前看来最为重要的关于中国古代体育思想研究的著作，大框架地对中国古代数千年来的体育思想发展状况给予了整理与贯连。关于体育精神方面的专项研究成果，当前看来，最为重要的研究成果当属黄莉先生的《中华体育精神研究》①。这部著作立足于对中华体育精神的现代哲学透视，可惜并没有从源头上探求中华传统体育精神的来龙去脉。

概括来看，以往对于中国古代体育的研究，实际上过多地关注于体育活动方面，在体育文化、体育精神方面仍然还存在着很大的开拓空间。即使在2008 年崔乐泉先生主编的《中国体育通史》② 8 卷本出版以后，这一局面也没有得到很好的改变。——我们的国人本来对于体育活动的关注就远远不够，对于体育文化和体育精神的关注更是少之又少了。这却又正是我们广大体育工作者和体育爱好者需要倍加努力的方向。毋庸置疑，对于古代体育活动的研究，是我们对于古代体育文化、体育精神研究的基础，离开这一基础，恰可谓"皮之不存，毛将焉附?"2008 年北京奥运会的举办，对中华民族传统体育的研究来说，确实形成了很大的推动力，《中国体育通史》、《中国体育思想史》等鸿篇巨制，都是其影响下的直接产物，代表着中国古代体育研究的新水平。

在以往研究中国体育思想史的著作当中，我们还没有发现关于中华传统体育精神的专著。但在思想史研究领域，我们却可以找到许多关于中国文化精神的研究成果。这为我们研究中华传统体育精神提供了很好的借鉴。正是这些研究成果告诉我们，中华传统体育精神在世界文化当中应当有着独立的地位。人生活在不同的文化氛围当中，自然就会形成不同的精神表现。从世界范围内来看，东方文化与西方文化是两个特色鲜明而又自成一统的文化体系，在东方文化氛围中形成的人文精神和在西方文化氛围中形成的人文精神也就自然而然地形成了两个大的系统。近代以来，检讨中国人文精神这一问题的学者和著作虽然不胜枚举，但被誉为"文化怪杰"的辜鸿铭先生在这一领域无疑属于重要的开拓者和佼佼者，他曾明确指出："中国人的精神，是那种中国人赖以生存之物，是该民族在心、性和情方面的独特之处。这种

---

① 参见黄莉《中华体育精神研究》，北京体育大学出版社 2008 年版。
② 参见崔乐泉《中国体育通史》8 卷本，人民出版社 2008 年版。

精神使之有别于任何民族，特别是有别于现代的欧美人。"① 中国的文化只能滋生中国的人文精神，这种精神便是中华民族的脊梁。中华传统体育精神是东方文化体系中的重要组成部分，是中华民族体育的根本支柱。当然，这仍然还是一个大题目。我们这里要回答的问题，是中华传统体育精神的最初构架，确切地说，对于中华传统体育精神研究而言，构成只是一个最基础的框架，还不能够勾勒出中华传统体育精神发展的全貌。中华传统体育精神是中华民族在中国传统文化的陶冶中凝炼而成的宝贵财富，中国是一个历史悠久、文化异常丰富的国家，民族文化内涵极其丰富，中华传统体育精神代表的是中华体育精神的特殊性，而不是与世界其他民族的体育精神所共有的同一性。这是一个十分复杂的问题，并不是本课题所能够包容得下的。

二、战国百家争鸣与中华传统体育精神的构架

"战国百家争鸣与中华传统体育精神的构架"这一题目，既属于体育学的范畴，更是历史学当中的内容。讨论这一课题所要分析的材料，应当归之于历史学范畴，而分析这些材料所形成的结果，无疑却又要归属于体育学的范畴。由于古代社会的人们并没有现代人这样细致的学科分类，甚至个人非常专一的偏好也不是很突出，而是把应当做好与喜欢做好的事情全部"和"在了一起的，并不存在舍此就彼的问题，这样也就制作了一个又一个的"魔球"，使得我们今天的人可以从不同的角度去认识它、利用它。具体地说，研习体育的人同样喜欢读书，读书的人视体育为风雅之物，两者浑然一体，相得益彰。这与我们今天所谓的"隔行如隔山"是完全不一样的。所以，我们今天用现代的学科分类方法对待历史上并不存在的学科分类问题，实在是削足适履了。但没有办法，这是社会文明发展的需要。客观地说，春秋战国之际，虽然没有出现我们现在的学科分类，但从体育学发展的角度看，社会劳动分工的不断细致化、文武分途的趋势已经显现为社会发展的必然。重文轻武思想理念的出现虽然是一个很复杂的问题，不好简单地说清

---

① 辜鸿铭著，黄兴涛、宋小庆译：《中国人的精神》，海南出版社 2007 年版，第 32 页。

楚，但这时候确也已经有了"文武分途"的萌芽①。中国幅员辽阔，历史悠久，不同的时代模型，必然会熔铸出不同的时代产品。具体表现在，横向上看，不同的时代有着不同的体育风貌，表现着不同特征的体育精神；纵向上看，中华民族的传统体育及其精神，以中华民族的优秀文化精神为依托，又形成了根深蒂固的文化巨柱。因此，我们认识战国百家争鸣与中华传统体育精神的最初构架情况，依据的就是战国时代的中国思想文化基础。

中华传统体育精神是傲立于世界民族之林的璀璨明珠。纵观中华传统体育精神的历史演变，大致上可以分为三个时段：第一个时段可以框定在周秦时期。这一时段以战国百家争鸣为中心，可以看作是中华传统体育精神基本框架的构架时期，中华传统体育精神基本特征在这一时期的凝聚成型，决定了中华民族传统体育的发展方向。第二时段可以框定在汉唐时期，这一时段以多民族文化的高度包容和大规模的地域扩张为标志，对中华传统体育精神给予了充分的补充和完善。第三时段以宋明理学的兴盛为标志，在很大程度上扭曲了中华传统体育精神的原生状态，我们今天所不断指责的中国古代民族体育发展过程中的诸多弊端，大多是在这一时期形成的。现在我们检视中国古代的体育发展，有很多现象就带有自宋代以来到明清时期被极度扭曲而成的影子。我们这里所要讨论的问题，只是这三个阶段中的第一阶段。战国百家争鸣过程中形成的诸子百家思想体系，是中华传统体育精神的基本源头，要认识中华传统体育精神的发展状况，显然必须要以这些思想为基本材料。

战国百家争鸣过程中形成的诸子思想体系，无可争辩地构成了中国传统文化最为坚实的思想理论基础。春秋战国之际，受当时社会急剧变革的大势影响，众多文化巨子纵横驰说，各执一端，形成了同声异曲、门派林立、异彩纷呈的宏伟景象。战国时期的时候，这些学派形成了一个大的整合过程，这便是战国百家争鸣。《孟子》中说："杨朱墨翟之言盈天下。天下之言。不归杨则归墨。"②《韩非子》写道："世之显学，儒墨也。"③ 孟子、韩非子

---

① 国家体委体育文史工作委员会、中国体育史学会编：《中国古代体育史》：春秋战国时代，只有"文武分途"的发生，尚无"重文轻武"的思想，北京体育学院出版社1990年版，第73页。

② ［清］焦循：《孟子正义·滕文公·下》，《诸子集成》，上海书店影印1986年版，第269页。

③ ［清］王先慎：《韩非子集解·显学》，《诸子集成》，上海书店影印1986年版，第351页。

的观点可能都有些偏颇，因为据钱穆①和张秉楠②先生的考证来看，在当时百家争鸣的思想文化中心稷下学宫里边，道家学派比儒家学派和墨家学派都更为壮大；墨子几与孟子同时代而略早③，而墨子与齐国的关系也并不是很密切④。但这足以说明，当时的学术门派和思想流派已经形成了突出的亮点。但无论如何，这时候并没有形成中国思想文化发展的主流，礼乐文化还一直在起着潜意识的指导作用。中国传统文化体系的主流的形成，是在汉武帝独尊儒术，儒学逐渐上升为中国传统文化的主干以后的事情，正如郭沫若先生所说："所有先秦以前的诸子百家，差不多全部会合到了秦以后的所谓儒家里面去了。"⑤ 这个"会合"的意义十分重大，首先是对诸子百家思想进行了全面的整合，其次便是确立了儒学的主流文化地位。战国百家争鸣过程中的诸子思辨，实际上也是一个思想学术活动的大融合过程，它的地位和作用，最重要的便是创造性地形成了众多的诸子思想体系，为汉代的文化整合提供了极为丰富的原材料。正因为如此，战国百家争鸣过程中显现出来的思想精神对于体育发展产生的影响才具有极其深远的意义和无可替代的历史地位。早在 20 世纪初期，郭绍虞先生在他的《中国体育史》中就曾明确指出，中国数千年之学术，儒家、道家二者而已，儒家重礼义，道家尚无为，"此则学术足以阻体育之发达者也。"⑥ 郭绍虞先生的《中国体育史》是研究中国古代体育的开山之作，此说发端于外国列强大举入侵之际，因而充满了振臂疾呼的味道。而与之同时代的胡适先生也曾发出过类似的呐喊："人的心思并不是独立于耳目五官之外的。耳目五官不灵的，还有什么心思可说？中国古来的读书人的大病正在专用记忆力，却不管别的官能。到后来只能变成一班四肢不灵，五官不灵的废物！"⑦ 这些言论都有着鲜明的时代精神和深刻的时代烙印，虽然观点鲜明，掷地有声，但大都不乏过激偏颇之嫌。先秦诸子的思辨过程中所表现出来的体育思想，本质上完全没有让人们成为

---

①　参见钱穆《先秦诸子系年·稷下通考》，商务印书馆 2005 年版，第 268 页。

②　参见张秉楠《稷下钩沉·序言》，上海古籍出版社 1991 年版。

③　参见钱穆《先秦诸子系年·墨子生卒考》，商务印书馆 2005 年版，第 103 页。

④　参见郑杰文《中国墨学通史》（上），人民出版社 2006 年版，第 47 页。

⑤　郭沫若：《青铜时代》，科学出版社 1957 年版，第 293 页。

⑥　郭希汾：《中国体育史》，上海商务印书馆民国二十八年（1919），第 4 页。

⑦　胡适：《中国古代哲学史》，安徽教育出版社 1999 年版，第 293 页。

"四肢不灵，五官不灵的废物"的意思。真正对于人们的体育思想观念形成这种严重影响的，是封建社会中后期以来的封建伦理统治对于体育观念的畸形制约，而不是儒学、道学自身的主旨使然。由此来看，认识战国百家争鸣过程中的体育思想，实际上也包含着对中华传统体育精神的正本清源之意。

　　大致看来，战国百家争鸣与中华传统体育精神的最初构架，与以下三个方面的问题有着直接的关系：

　　首先是战国百家争鸣的兴起与发展。周代周平王东迁洛邑以后，从"周郑交质"① 开始便拉开了以拱卫王室为招牌的诸侯争霸序幕。而后，从齐桓公到晋文公等诸侯相继轮番称霸，文交武斗不绝如缕。但这些争霸斗争，"拱卫王室"的幌子之下掩盖着的本质，不过就是各个诸侯国争取自我的发展空间而已，为了一己之利，扯大旗作虎皮，弱肉强食。一言以蔽之，整个春秋近四百年的诸侯争霸斗争历史，既是周王室走向式微的发展史，更是天下诸侯们"窝里斗"的争霸斗争史。春秋初、中期的政治家、思想家们并没有从意识形态角度对于改变这种天下大乱的社会局面提出可行性对策。因为失于正确的思想理论指导的缘故，春秋霸主所有"霸诸侯，匡天下"的理论和实践，似乎也都在倏忽之间退出了历史舞台。到春秋末期的时候，一些伟大的思想家们对一系列严重的社会问题开始了深刻的反思，提出了自己的理论主张。孔子发出了"克己复礼"② 的大声疾呼，可惜成效并不显著，因为孔子的主张认定了以往政治制度的正确性，便以恢复旧有秩序为其根本的理论基础，主张让天下诸侯们"克己复礼"。这一措施，面对力务争霸的诸侯们来说，无异于空手论道，与虎谋皮。这样，孔子的主张在急功近利的诸侯们那里自然不会有多少买点。与孔子不同的是，老子看到了以往政治制度的严重缺陷，提出了一套"树大自然直"的办法，主张要"道法自然"、"无为而治"③。老子提出的办法虽然直接逆向于孔子，但当时的情状，周天子想"有为"而实"无为"，各诸侯正"有为"而怕"无为"。办法虽好，同样不切合实际，只能称其为美妙的清谈。所以，孔子之说，在

---

　　① 杨伯峻：《春秋左传注·隐公三年》，中华书局1990年版，第25页。
　　② ［清］刘宝楠：《论语正义·颜渊》，《诸子集成》，上海书店影印1986年版，第262页。
　　③ ［三国］王弼注：《老子道德经·二章》，《诸子集成》，上海书店影印1986年版，第2页。

当时来看，作为一种思想学说虽然影响巨大，但在社会政治层面上并无伤于诸侯之间的弱肉强食。说到底，他们的政治主张并没有触及到日益激化的生产力与生产关系之间的社会矛盾。在这样的社会背景下，齐桓公创办了稷下学宫①，荟萃天下学子于齐国，集思广益，探求救治天下的灵丹妙药，对于中华民族思想的文化发展来说，便成了一件非常了不起的事情。稷下学宫在齐国存续长达150年左右，人数曾达"且数百千人"。②稷下先生们带来了四面八方的学术新风，引领着思想文化发展的崭新潮流，在这里创造了无以尽数的新思维、新观念，也为民族传统体育精神基本框架的构建提供了坚实的理论基础。

其次是诸子百家思想体系的形成。参与战国学术争鸣的学术流派很多，根据《汉书》中的分类，其中包括的学派主要有儒家学派、道家学派、阴阳家学派、法家学派、名家学派、墨家学派、小说家学派等③，赵蔚芝先生认为，班固的"这个分类，除宋钘外，基本正确。……先秦的九流十家，除了农家以外，在稷下基本上都具备了。"④此外，纵横家学派虽无理论著述名世，但苏秦、张仪之徒也确为学有所长的思想和实践者，齐国的军事家及其军事思想著作在整个先秦时期又可谓富甲天下。⑤稷下学宫的出现、百家争鸣的勃兴，极大地促进了学术思想文化的繁荣，推动了战国社会经济、政治、思想学术等各个方面的发展。尽管对于先秦诸子的学派归属和观点理解问题历来仁者见仁，智者见智，但有一点是无可争议的，那就是这些学派都以适应社会的现实需要为目的，形成了特色鲜明、自成一家的思想体系。在这一过程中，诸子百家都从不同的角度放射出了一种高度关注社会、关注人生的伟大精神，在阐发他们各自思想观点的同时，几乎都自觉或不自觉地流露出了对于体育和体育精神的关注与思考。这些思想体系的形成，对于中

---

① 关于稷下学宫的创办时间，学界多有别议。参见张玉书、邵先锋：《徐干集校注·中论·亡国》，校勘记：稷下学宫之立虽无确凿时间，但从史料看应在齐宣王之前，大概在威王时，中国文联出版社2001年版，第149页。

② ［汉］司马迁：《史记·田敬仲完世家》，中华书局1959年版，第1895页。

③ 参见［汉］班固《汉书·艺文志》，中华书局1962年版，第1701页。

④ 赵蔚芝：《稷下学宫资料汇编·前言》，山东教育出版社1989年版，第3页。

⑤ 李零：《齐国兵学甲天下》，载《中华文史论丛》第50辑，上海古籍出版社1992年版，第193—212页。

华传统体育精神的凝聚而言都是非常重要的文化元素。

三是诸子体育思想的凸显与剥离。中华传统体育精神是以战国百家争鸣为核心的周秦诸子思想的伟大贡献。但是，这一精神体系的构架，却并不是由周秦诸子完成的，它只是深深地隐迹在了周秦诸子的思想体系当中。换言之，周秦诸子虽然没有构架起中华传统体育精神体系，但却为我们提供了构架这一精神体系丰富的基本材料。现在，我们要从庞大而繁杂的诸子思想体系中梳理出一个传统体育精神的框架，无疑需要经过一个细致的剥离和凸显过程。即使是最粗糙的框架雏形，离开这样一个过程，也是根本无法显现的。凸显与剥离先秦诸子体育思想中的文化精神，是描述中华传统体育精神最初构架状况的基础。在完成剥离和凸显这一精神框架过程中，当我们用当今世界体育发展的眼光去审视诸子体育思想的时候会发现，中华传统体育精神不仅以鲜明的民族特色傲立于世界民族体育之林，而且对当代全人类社会的体育发展有着积极而重要的指导与贡献。但是，历史地看，由于文化遗产精华和糟粕并存的缘故，客观上又迫使我们不得不考虑宋明以后封建思想观念的桎梏，以及与现代社会中的生命价值观念和素质教育观念之关系，从整体上对中华传统体育精神进行深度的反思。这都需要我们首先要对中华传统体育精神的最初构架状况有一个清晰的认识。

总体上看，由于战国百家争鸣构筑起了中国古代思想文化发展的第一座高峰，而且这一高峰在中国古代两千多年的封建社会中占据了空前的历史地位，因此，认识中华传统体育精神也就理所当然地要从战国百家争鸣开始。但是，我们必须要清醒地看到，战国百家争鸣过程中对于体育精神的构架，实际上是一个歪打正着的产物，根本的原因就是因为当时社会所最为关注的问题、最为需要解决的事情，并不是这个"体育"问题，因而战国诸子思考的重心也就不可能定位在这里。所以，与之相关的一切，都是他们的无心插柳之作。但他们表现出来的人文精神，却又与我们所要凸显和剥离的体育精神息息相关。

三、体育与中华体育精神的起源

大凡中国古代体育史研究的著作，对于诸如什么是体育、中国古代体育的起源等问题似乎都非常感兴趣。为什么呢？因为中国古代体育的发展实际上是按照两条道路发展过来的：一是蕴藏于纷繁复杂的社会活动中相沿成俗而被传承下来，一是蕴含于旗帜林立的思想家们的思想活动中而被文献或文物保存下来。实际上，民俗活动中的体育娱乐活动，经历了历史发展的大浪淘沙之后，以往的情状只能从民俗活动中残留的迹象和考古发现中的蛛丝马迹获得复原。这样，一方面，我国古代文献虽然浩如烟海，但对于体育娱乐活动的文献记述，尤其是先秦时期的文献当中，可谓凤毛麟角。也就是说，我们了解中国古代体育的发展状况，实际上只能靠文献或文物中的斑驳零星的记录来连缀，如大海捞针。另一方面，受社会条件的限制，中国古代文献记载的同样也多是达官贵人在上层社会生活中的所思所为，很少顾及到庶民百姓这个层次。再加上我国先秦时代文献多为私人著述等缘故，很难抛却著作者个人的主观意愿。因此，我们今天所能够了解到的古代体育活动情况，大多也只能是古人们顺便的零星记录，对于早期体育发展的记录尤其如此。

　　客观的事实是，研究体育活动的发展情况固然离不开体育思想的发展情况，研究体育思想的发展情况自然也离不开体育活动的发展情况。但不管从哪一个角度来认识中国古代的体育发展状况，首先都必须对有关"体育"的一些基本的问题作出回答，然后才能对具体的研究对象作出解释。

　　众所周知，"体育"的概念是近代以来的舶来品，在中国古代的词汇里根本找不到相同或相近的概念。概念虽然是外来的，但我们可以借用它来描述中国古代丰富多彩的体育活动，或者像有些学科那样去试图通过实证的办法寻求源头。实际上，我们只不过是借用了外来的"体育"概念而已，至于研究过程中需要涵盖的具体内容，则必须要依据中国古代的实际情况来确定，而不应当是依据外来"体育"概念的固有法则来确定我们所要研究的内容。这是其一。其二，关于体育的起源问题，古今中外可谓诸说林立，诸如劳动说、宗教说、军事说、多元说等，实在说不清有多少种观点，各种观点都可谓持之有据。从根本上看，体育是人类的活动，探讨体育的起源问题，必须要与认识人类的起源问题结合在一起才是科学的办法。正如马克思所说："为了在对自身生活有用的形式上占有自然物质，人就使他身上的自然力——臂和腿、头和手运动起来。当他通过这种运动作用于他身外的自然界并改造自然时，也就同时改变他自身的自然。"① 还说："由于劳动要求实际动手和自由活动，就像在农业中那样，这个过程同时就是身体锻炼。"② 人类元初的活动应当都是相似的，体育活动的起源同样如此，既没有贵贱之分，更没有种族之别。所以，人类元初的"体育"是相同的，并没有区域与民族、高低与贵贱的差别。在中国古代的社会生活中，"体育"与"娱乐"经常是同一的概念。而"娱乐"或者又通俗地称之为"玩"。"玩"也是人们生活过程中的基本需求之一，但"玩"的含义却很丰富，有的"玩"就与通常所说的体育活动有关，比如那些能够使精神或者肌体获得愉快感的活动，都应当属于体育活动之属；有的"玩"可能与体育活动毫不相干，比如一些常见的以取笑别人为目的的笑话、动作之类，就只能算作是恶作剧，归入体育活动之列就很不合适。客观上分析，体育的起源与人类的生产活动应当是密切相关的，而且大多也应当是人类经济活动分化的结果。正缘于此，大凡谈到体育的起源的时候，唯物主义者似乎都要从猿人变成人的那个时候说起，这既符合马克思主义的唯物史观，也符合查尔斯·罗伯特·达尔文的进化理论。其三是体育起源的唯一性问题。既然我们认定人类最早起源于劳动，而且宗教、艺术、军事等都是人类自身发展过程中的衍生物，那么，关于体育起源的其他诸说，就应当是在劳动起源说之后的次生品之列，而断不可与劳动起源说相提并论。由于"过去有关体育起源的种种理论，大多只是解释了不同运动方式的起源"③，因而，诸如关于体育起源的宗教说、军事说等，并不足以归结为"体育"这样一个大的项目的起源。确切地说，这些观点，只不过是对于某一体育活动起源的探讨，与"体育"这一大项目的起源还有着很大的距离。所以，我们只能承认体育来源于劳动，而不能同时承认关于体育起源的其他相关结论。换言之，劳动不仅创造了人类，而且创造了人类的体育活动，然后才有了我们今天要讨论的体育精神。翦伯赞先生在论述到艺术的起源时曾这样分析说："在这一时代（指氏族社会时代），人类对动物的关系，与其说是在企图影响动物的肉体，毋宁说是

---

① 《马克思恩格斯全集》第23卷，人民出版社1980年版，第202页。
② 《政治经济学批判1857—1858草稿》，人民出版社1980年版，第225—226页。
③ 谭华：《体育史》，高等教育出版社2005年版，第17页。

企图影响动物的灵魂。因而反映在艺术上，便不是对动物之肉体的描写，而是对于动物所领有的或住在其中的灵魂之描写。于是描写的中心，从外部的表象移到内部的灵魂。"① 实际上，这种站在艺术的角度从对肉体的表象转移到对灵魂的描写，就已经包含了"精神"的提炼和升华过程。这是人类社会发展的一个必然规律。对于体育、体育精神起源的研究与认识，我们同样也可以作这样的解释。

不管是考古学的证明，还是神话传说中的暗示，都足以说明，在中国的古代社会，体育活动和体育精神同样是在人类的早期阶段就出现了萌芽的。古人的跑、跳、投掷等，这些本能性的活动，都可以看作是体育活动的萌芽形态。伴随着人类社会文明程度的不断进步，意识控制本能的本领不断提高，体育精神也就出现了萌芽。《孟子》中有一段材料说："父母使舜完廪，捐阶，瞽瞍焚廪。使浚井。出。从而掩之。象曰：谟盖都君，咸我绩。牛羊，父母；仓廪，父母；干戈，朕；琴，朕；弤，朕。二嫂使治朕栖。象往入舜宫，舜在床琴。象曰：郁陶，思君尔。忸怩。"② 这段文字是关于传说时代经济和精神生活的描述。其中明确告诉了我们一项很重要的内容，这就是在私有制出现的初期，人们就有了比较丰富的精神生活："干戈"指的是武器；"琴"是乐器；"弤"是装饰华丽的弓。这种装饰华丽的弓，通常只会用作摆设、炫耀或娱乐，有时也会用作礼物送人。使用价值已经明显地淡化了，取而代之的则是对精神愉悦价值的追求。从"象往入舜宫，舜在床琴"来看，娱乐的情调是很高雅的。司马迁搜集到的传说中也有"舜作五弦之琴"③ 之事，而象是舜的异母弟弟④。翦伯赞先生把这一情节的出现明确断定为"野蛮中期的时代"⑤。在中国，弓箭的出现要比琴之类的乐器出现早得多⑥。装饰华丽的弓、用作奏乐的琴，还有属于自己使用的独立宫

---

①　翦伯赞：《先秦史》，北京大学出版社1999年版，第118页。
②　[清]焦循：《孟子正义·万章·上》，《诸子集成》，上海书店影印1986年版，第365页。
③　[汉]司马迁《史记·乐书》，中华书局1959年版，第1197页。
④　参见[汉]司马迁：《史记·五帝本纪》，中华书局1959年版，第32页。
⑤　翦伯赞：《先秦史》，北京大学出版社1999年版，第100页。
⑥　参见魏大鸿、熊焰《简论弓箭的起源及其在古代中国的发展》，《荆州师范大学学报》（自然科学版）2001年第2期。

室，这是只有经济生活十分富足的人家才能做到的事情。也就是说，只有那些经济生活富足的人家，才有可能产生那种精神愉悦的高雅追求。在这一种精神追求当中，当然就包含着我们所说的"体育精神"了。透过这些材料可以发现，至晚在我国古代的野蛮时代中期，就已经有了比较成熟的体育精神活动的萌芽。而根据民俗学的考察，在氏族社会时代，舞蹈也已经有了很大的发展，有了"击壤之歌"，相传唐尧之时，"天下太平，百姓无事。有八十老人，击壤于道。观者叹曰：'大哉，帝之德也！'老人曰：'吾日出而作，日入而息，凿井而饮，耕田而食，帝力何有于我哉？'"① 而且有了"卿云之曲"："百工相和，而歌卿云。"② 人们的愉快之情发乎其心，动乎其容，手之舞之，足之蹈之，口之歌之。尽管当时的人们不可能有我们现代人这样的乐舞，他们所能够的恐怕只是肆意的欢呼或者跳跃。但作为原始的舞蹈，似乎已经成为了人们一种自觉的行为。到西周至春秋时期，关于体育娱乐活动的记载就已经非常多了③。按照马克思主义的经典说法，"自有人生，便有体育。"④ 中国悠久的文明发展告诉我们，中国这一地区古代体育活动的出现，要比我们见到的传说记载或者考古发现的证明要早得多，体育精神的萌芽与发展，同样也要比我们依据文献资料的推测早得多。这是我们面对众多的历史文献所能够想象得到的事情。

关于体育精神的起源，同样是一个非常难以说清楚的问题。谭华先生曾说过这样一段话："弓箭的发明和各种巫术化身体活动的出现，是原始体育形成的主要标志。"⑤ 按照这一观点，身体活动的"巫术化"过程中就包含有一个突出的意识支配过程，"有意识的支配身体活动"，这里边已经有了明显的精神作用。我们不妨追循着这样的踪迹，看一下体育精神的源头。

巫术最早来源于原始的宗教，原始宗教则是万物有灵的最初的表现方

① ［宋］李昉：《太平御览·卷八十·皇王部·帝尧陶唐氏》第一册，中华书局1960年版，第372页。
② ［汉］伏生撰，［汉］郑玄注，［清］陈寿祺辑校：《尚书大传》（附序录辨伪），中华书局1985年版，第24页。
③ 参见王京龙《〈诗经〉所见早期体育娱乐活动及其特征》，载《北京体育大学学报》2008年第1期。
④ 《马克思恩格斯选集》第三卷，人民出版社1972年版，第513页。
⑤ 谭华：《体育史》，高等教育出版社2005年版，第19页。

式。人类万物有灵的意识出现，同样是伴随着物质生活水平的提高而形成的，断不会产生在"不知东西，含哺而游，鼓腹而熙"① 的氏族社会前期。原始的人群巢居穴处，"同与禽兽居，族与万物并。"② "民泽处复穴，冬日则不胜霜雪雾露，夏日则不胜暑蛰蚊虻。"③ 在生产力水平还很低下的情况下，生存只能是第一位的，而且多半时候就是唯一的要务，不可能形成位居生存与生活问题解决之后才会出现的精神愉悦追求。此外，这一时期，在他们身上所表现出来的兽性的痕迹还比较多，自然更不会形成人类所需要的原始宗教活动。按照翦伯赞先生的分析，"在传说中之有巢氏的时代，是一个没有任何宗教信仰存在的时代。" "万物有灵的信仰之发生，恐怕是在传说中的燧人氏的时代。"万物有灵信仰的起源，"是由于梦、死等现象之综合的产物。"梦和死的喜爱虽然很早就是存在了的，但"只有达到一定的社会经济阶段上，才能从这些现象中导引出灵魂不灭的观念来。"④ 从"万物有灵"到"灵魂不死"，巫术也就伴随着原始宗教信仰的出现而诞生了⑤。

信仰本身就是一种精神活动的体现，原始的宗教信仰或者所谓的万物有灵，首先反映出来的是人类对大自然的无可奈何，人类在自身的不断发展过程中，又不得不积极地努力巩固这种无奈。因此，原始宗教相对于自然对人类的威胁来说，无疑有着巨大的精神保守性抗拒，而相对于人类自身的保护来说，无疑却又有着强大的凝聚力和鼓舞力。伴随着社会生产力的发展，本来是企图帮助人类从自然压迫之下解放出来的原始宗教，却从"万物有灵"到"灵魂不死"，一步步演化成了人压迫人的一种有力的精神工具。所谓的体育精神，正是在这一演化过程中以"强大的凝聚力和鼓舞力"为基本特征而隐迹于信仰或崇拜洪流之中而形成的。

宗教信仰和人文精神的形成与发展有着极其重要的关系。原始的宗教信仰突出表现为"万物有灵"，后来的宗教信仰突出表现为"灵魂不死"。都是有神论者，神灵至上是基本的特征。无神论出现以后，信仰崇拜则形成了

---

① [汉] 高诱：《淮南子注·俶（chu）真训》，《诸子集成》，上海书店影印 1986 年版，第 21 页。
② [清] 王先谦：《庄子集解·马蹄》，《诸子集成》，上海书店影印 1986 年版，第 57 页。
③ [汉] 高诱：《淮南子注·泛沦训》，《诸子集成》，上海书店影印 1986 年版，第 211 页。
④ 翦伯赞：《先秦史》，北京大学出版社 1999 年版，第 51 页。
⑤ 杨剑利：《中国古代的"巫"与"巫"的分化》，《学术月刊》2010 年第 5 期。

更为复杂的多元化表现形式，比如儒学以"三不朽"① 为最高行为目标，道学以"法自然"之"道"②"至真"为最高行为目标，而极端的唯物论者奉金钱为唯一至圣，形成了典型的拜金主义论者，其他诸如道教、佛教、基督教、伊斯兰教等则仍然保留着灵魂不死的信念。正是这样，现代以崇尚原生态的人文情怀为最高理想的体育精神，便在原始宗教信仰的不断发展演化和裂变过程中清晰地凸显了出来，成为人类文明社会高扬的神圣旗帜和傲立于任何政治倾向、宗教信仰、民族信仰之上的璀璨明珠。因此，我们以为，原始宗教便是体育精神最初、最重要的来源。由于在那样的一个时代，除却原始的宗教信仰以外，并没有任何的主义存在，原始的宗教信仰就是唯一的精神追求。这种追求在本质上同样是人类与自然抗争的产物，也是社会实践的产物。

　　体育精神属于人文精神的范畴，有着鲜明的民族属性。一般认为，中国古代的人文精神是要从商周之际说起的，因为这时候形成了思想文化以及艺术的萌芽。商纣王好酒淫乐，"使师涓作新淫声，北里之舞，靡靡之乐。"③商纣王已经有了精神愉悦的明确追求。由于物质资料的匮乏和社会文化的不发达，商代的体育的娱乐活动，事实上大多还只是一些个人欲望或者肌体本能的放纵或宣泄，所谓的"体育"，大多还仍然处在不自觉的无序发展状态。周代的礼乐文化定型以后，体育精神的萌芽便从理念上真正变成了现实。"从礼的起源到周公第一次加工改造及孔子第二次加工改造，使中国传统的礼乐系统定型，这定型后的礼乐，构成了宗周春秋时代的礼乐文明，这种礼乐文明为后来的封建社会所接受，变作传统的中国古代文化体系。"④纵向上看，中华传统体育精神的构架与发展，始终受到了这种礼乐文化的深刻影响，中华传统体育精神的外在表现特征，首先是显明的泛道德色彩，道德化的体育文化理念，正是礼乐文化发展建设的顺生儿。原始宗教的出现并

　　① 杨伯峻：《春秋左传注·襄公三十一年》："大上有立德，其次有立功，其次有立言。虽久不废，此之谓不朽。"中华书局1990年版，第1088页。
　　② ［三国］王弼注：《老子道德经·二十五章》："人法地，地法天，天法道，道法自然。"《诸子集成》，上海书店影印1986年版，第14页。
　　③ ［汉］司马迁：《史记·殷本纪》，中华书局1959年版，第105页。
　　④ 杨向奎：《孔子删诗书定礼乐与礼乐文明》，载《文史知识》1986年第12期。

不是中国古代所独有的，原始宗教形成过程中对于体育精神萌芽的影响，是世界众多民族体育精神所共有的现象。但中国却在原始宗教发展的基础上形成了礼乐文化。礼乐文化是中国古代的特产，因此，在古代的中国，礼乐文化的形成与发展，便理所当然地成了中华民族传统体育精神的直接源头。礼乐文化的发展，不仅决定了中华民族传统体育的基本特征，而且决定了中华传统体育精神价值趋向的基本方向。

唐君毅先生说："一切学术思想，都是人的思想，一切文化，都是人创造的。"在这样的思想观念主导下，"人的人文精神以外，尚有人的非人文、超人文或次人文、反人文的思想或精神。"超人文的思想，"是指对人以上的，一般经验理解所不及的超越存在，如天道、神灵、仙佛、上帝、天使之思想。"① 如果把人的最初创造成果看作人文思想的出现，那么，原始的宗教就是超人文精神的出现。体育精神的出现，大约就是沿着这样一种本能与意识可分离性的路子，伴随着原始巫术、宗教的出现，在"万物有灵"的理念形成之后而萌芽的。在这之前的时候，可能已经有了许多类似于体育活动的运动方式，比如跳跃、跑步、投掷等，或者也有一些诸如"想跳跃"之类的欲望，但毫无疑问的是，这些所谓的体育活动和欲望，还都不能形成主观的系统意识，因而并不包含有任何的体育精神因子，因而便与"本能"结合得要更为密切一些。

至于体育活动与体育精神之间的关系，毛泽东同志早在年轻时期就有过精辟地阐释，他说："欲图体育之有效，非动其主观，促其对于体育之自觉不可。"还说："欲文明其精神，先自野蛮其体魄；苟野蛮其体魄矣，则文明之精神随之。"② 体育精神要通过体育活动才能得以表现或张扬，体育活动要通过体育精神才能得以鼓舞而发展。体育精神是以强烈的时代性而活跃于社会生活当中的，不同时代的社会环境，必然又会酝酿出不同的体育精神。中国如此，世界其他任何一个国家和民族都是如此，无一例外。正是因为不同的时代性和地域性以及不同的文化环境和民族传统的客观存在，使得

---

① 唐君毅：《中国人文精神之发展》，广西师范大学出版社 2005 年版，第 1 页。

② 二十八画生：《体育之研究》，载中华人民共和国体育运动委员会运动技术委员会编：《中国体育史参考数据》第三辑，人民体育出版社 1958 年版。"二十八画生"是"毛澤东"之笔名。

体育精神的民族性十分鲜明而又难以消失。

四、中华传统体育精神研究的基本思路

关于中华体育精神的文化内涵，黄莉先生认为主要表现在：为祖国荣誉而战的爱国主义精神、自强不息的英雄主义精神、超越自我的乐观自信精神、规范有序的公平竞争精神、信任宽容的团队精神、辩证的实用理性精神诸多方面。中华体育精神既源于中华民族的传统文化，也受外来民族文化的影响①。中华体育精神是中华民族精神和体育精神共同作用的结晶，是不断扬弃古代的传统文化、引进消化吸收外来的民族文化之后形成的创新型优秀文化，是中华民族体育的灵魂和精髓。客观地说，中国传统文化有着悠久的发展历史，这一发展过程本身就是一个不断扬弃发展的过程，中华传统体育精神是时代发展的需要，更是中华民族实现伟大复兴的客观要求。从其基本的文化渊源来看，中国传统思想文化的原生本体，在内容上构成了中华传统体育精神最为重要的本原，既是中国传统文化的重要组成部分，更是中华体育精神的重要基石；中华传统体育精神对于外来民族文化中体育精神的吸纳与包容，不仅极大地丰富了中华体育精神的内涵，而且为中华民族体育的发展注入了崭新的发展动力源。

我们现在所说的"中华体育精神"的形成，实际上包含了一个扬弃传统、吸收外来的融合升华过程。所谓"扬弃传统"，便是对传统体育精神的继承与弘扬问题。要吸纳中华传统体育精神的优秀因子，首先必须要认识和了解中华传统体育精神的基本内容。

按照马克思"自有人生，便有体育"的观点，体育活动的出现是从人类的起源算起的。而体育精神的出现，正如前面所说，应当主要是从原始宗教的出现开始的。原始宗教在全世界范围内的发展，既不是按照统一的模式发展的，也不是按照统一的进度进行的。由此而形成的直接结果，便是全世界各民族传统体育精神的起源，始终呈现着极其复杂、参差不齐和多姿多彩的状态。换言之，不同地域、不同文化背景下的民族传统体育精神，不仅形

---

① 参见黄莉《中华体育精神的文化内涵与思想来源》，载《中国体育科技》2007 年第 5 期。

成时间不一，而且都有着程度不同的民族特色。因此，对于不同民族的传统体育精神，根据不同民族的历史发展状况而采取不同的研究方法是理所当然的事情。需要特别注意的问题是，不同民族的传统体育，只有在民族的体育精神特征确立以后，才能形成民族的传统体育，不同的民族体育，只有根据该民族的体育精神特征才能区别开来的。所以，对于体育精神的研究，虽然不同的民族会有不同的研究方法，但研究的本质问题却是相同的。

中华民族历史悠久，文化深厚，特色鲜明，这些条件使得我们对于中华传统体育精神的研究很有必要循着下述思路展开：

（一）遵循中国传统人文精神发展的基本思路。在人类社会发展史上，"万物有灵"信念的出现是最为原始的精神火花。从"万物有灵"到"灵魂不死"和"主义信仰"的发展与裂变，经历了一个非常漫长且又十分艰难的"有神"与"无神"的论争过程。人类的人文精神恰好是在这一发展与裂变过程中由星星点点的思想火花渐渐凝聚而成的。中华民族的人文精神，从大的框架上来看，是在经历了殷商末期到周代春秋时期的酝酿以后，在战国时期的百家争鸣过程中才突出显露雏形的。秦汉以后虽然受不同政治环境的影响而不断有所损益，但战国百家争鸣过程中所形成的诸子思想体系的激荡整合，便已经构成了中国传统人文精神框架的坚实基础。纵向上看，中国传统人文精神是我们研究中华传统体育精神构架的基本轴心，中华传统体育精神蕴涵于中国传统人文精神之中，且伴随着传统人文精神的发展变化而亦步亦趋。因此，我们讨论中华传统体育精神，必须要按照中国传统人文精神的发展历程而展开，此外别无他途。

（二）剥离和凸显周秦诸子体育思想火花的基本方法。周秦之际，思想文化繁荣的基本标志就是诸子思想体系的竞相崛起。西周时期的周公制礼作乐是一座非常了不起的丰碑，周秦诸子的学术思辨，无不置身于这一思想文化背景之下。从春秋末期的老子、孔子开始，伴随着社会的发展，士阶层的分化开始急剧发展。这一时期迅速崛起于不同社会阶层的思想家们，义无反顾地走上了对社会、人生及其相互关系等重大问题的理论探索之路。尤其到了战国时期，一大批游离出来的士人走上社会，摇唇鼓舌，周游列国，驰说天下，以至于形成了熊熊燎原、权重国是的局面，成为当时社会生活中举足轻重的人物。伴随着社会政治中心的不断转移，思想文化的发展中心也呈现着波浪式的发展态势而此起彼伏，在齐国创建的稷下学宫里形成了高峰。孔子创立的儒家学派在这一时期形成了"儒分为八"①的局面；老子的学问在这一时期则演化出了稷下黄老之学，成为道学发展过程中的重要环节；墨学形成了独特的墨家学派。其他诸如阴阳五行学说、纵横家学说等，因时而生，得势而蓬勃。这些伟大的先哲们虽然都或多或少从不同的角度论及到了类似于我们今天所说的体育精神问题，但却毫无例外将之当成修身治国的副产品。因此，把先哲们对于体育精神及其相关问题的认识从他们的思想体系当中剥离、凸显出来，是我们研究中华传统体育精神最初构架情况的首要问题，"剥离与凸显"是我们进行这一研究的基本方法。战国时期，中国的传统文化发展实际上进入了另一个崭新的发展过程，儒、道、墨、阴阳五行等思想文化源流滚滚向前，横向清晰可辨，纵向跌宕起伏，汉武帝以后，终于在皇权的干预下融汇成了浩荡的主流。那些曾经也是名噪一时的学派，如纵横家、墨家等，也就随之失去了往日的辉煌。光芒四射的先秦诸子思想体系，在整体上反映着中华传统体育精神基本框架的元初风貌。所以，从先秦诸子入手，剥离和凸显他们有关体育精神的认识，是勾勒中华传统体育精神的基本框架的唯一正确做法。

（三）学科交叉的学术视角。虽然对于中华传统体育精神的研究属于中国体育思想史的范畴，但是，中国体育思想史仍然是中国历史的子项。因而，对于中华传统体育精神的研究，从研究视角来看，首先属于大的历史学范畴。在此之下，是按照历史学的视角，从体育学角度来分析体育精神呢，还是以体育学的视角，从历史学角度来分析体育精神呢？显然，不同的视角往往会得到不尽相同的结果，不同的结果，自然便会形成不同的用场。因此，尽管我们从历史学、体育学这些大的学科角度都可以对此作细化审视，但按照体育学的视角来分析这一问题，显然更为见长。原因大致有三：一是有利于完善和促进体育学科的发展。这主要是因为中华民族传统体育的研究状况和当代体育的发展现状还有着较大的差距，这一研究有益于促进体育学科的整体发展。二是当代中国体育的发展急需要加强中华体育精神的建设，这一任务迫切需要对于传统体育精神进行扬弃。三是弘扬民族传统文化精神

---

① ［清］王先慎：《韩非子集解·显学》，中华书局1959年版，第351页。

的需要，体育是人类共同的语言，要弘扬民族的文化精神，使之走向更为广阔的世界舞台，体育是一条极为便捷的路径。归根结底，我们中华民族虽然历史悠久，人文精神资源丰富，这是公认的事实，但正是这一"辉煌的历史荣耀"，宋、明以来我们自己为自己精心缝制了一领弱不禁风的长袍，从而导致近代中华民族全然失去了秦皇汉武时的雄姿。萧功秦先生甚至明确指出，在科举制度导引下日渐弱化的文化变异能力，是近代以来中国落后的一个非常重要的原因，也是 20 世纪中国近代遭受挫折的重要原因①。总而言之，体育是现代社会当中的朝阳产业，当代中国体育的发展，不仅仅是争取多少世界冠军的问题，更重要的还是在于提升全民族的身体素质水平。孔子早就说过"温故而知新"② 的话，从文化发展的角度看，"温故"主要讲的就是传统的继承问题，扬弃传统有益于建构新的框架。发展充满活力的中国体育，首先需要一种执着且又坚不可摧的体育精神。从先秦诸子思想体系当中剥离和凸显传统体育精神的"原生态"，显然从体育学的角度要比从单纯的历史学角度更为直接，从体育学角度挖掘传统的体育精神，将会更有利于支撑现代体育的发展。

（四）截取历史段落逐一展开的基本措施。中国传统文化是以中华文明发展为基本载体的，中华传统体育精神仅仅是中国传统文化中的一部分，也可谓之一脉分支，离开中国历史发展的基本脉络，自然也就无从展开中华传统体育精神的研究。中国传统文化的历史发展，本身就是以不同时代的潮头为标志的，由此形成了一个数千年长的串珠。因而，研究中华传统体育精神，虽然也可以采取粗线条、大而概之的方法，但无疑也就显得过于简约了。前面我们提出了中华传统体育精神历史发展轨迹的三段论观点，目的在于首先要以先秦诸子的思想体系为本体，廓清中华传统体育精神原生态的基本框架，然后以中国传统文化基本主干的发展状况为基本线索，按照不同的历史时段分别作以分析，在此基础上突出一个去粗取精、去伪存真的剖分离析过程，进而为当代的古为今用提供尽可能好的参考材料。按照这样的思

---

① 《报刊文摘》2008 年 7 月 9 日第 2 版。原文载《文汇报》2008 年 6 月 29 日。
② ［清］刘宝楠：《论语正义·里仁》："温故而知新，可以为师矣。"《诸子集成》，上海书店影印1986 年版，第 29 页。

路，或许仍然是比较粗糙的，但仅就本题目而言，向前看，既然我们以为体育活动与人类的活动相伴而生，体育精神与原始宗教似又同源，那么不仅以战国诸子思想体系为本体，甚至以先秦诸子思想体系为本体，都只能是运用以第一个思想文化发展的高峰为核心的解剖麻雀法；向后看，仅以汉代而言，从黄老之学到独尊儒术，对体育精神的发展都产生过很大的影响，汉以后的中华传统体育精神发展，实际上又出现了多个显著的扬弃过程。此之前，战国末期的《荀子》、《吕氏春秋》已经对战国诸子的思想体系进行过融合，汉代在先秦诸子思想体系的融合之后，已经或多或少地改变了先秦诸子思想体系的模样。这样，正可谓"水至清则无鱼"。以战国百家争鸣为本体，适度前挂后延，从而探讨中华传统体育精神的原生构架情状，相对于本课题的研究来说，也就显得更为合适了。

五、中华传统体育精神的研究现状

对中国古代体育的研究，起步于近代帝国主义列强入侵、民族亟需振兴之时，兴盛于改革开放、民族走向复兴的过程之中。长期以来，比照发轫于西方文化的现代体育，学术界和思想界看到的大多是中国传统思想文化对中国体育发展的消极影响，而对其强烈的泛道德要求和对于强身健体的体育功能所能够产生的积极作用则往往多有忽视。但是，概而言之，一方面，我们对以往的体育史学的学术研究成果，以及所产生的积极作用不应低估，但泛泛而论、偏执一隅、为研究而研究、深度和力度不足也是很明显的弱点；另一方面，当代社会中，我们对于中国古代体育思想史的研究和借鉴，可谓硕果累累，但在社会生活中，尤其体育精神文化方面的借鉴，往往也大有浮光掠影、生搬硬套之嫌。总括以往关于中华传统体育精神的研究，以下五个方面的问题值得引起重视：

一是学术视野存在缺憾。先秦诸子思想对中华传统体育的精神构架有着重要的影响，这是中国史学和体育史学研究领域公认的事实。但炎黄文化、苗蛮文化、东夷文化是形成中国传统思想文化的基本土壤，东夷文化的发展不仅远比苗蛮文化发端要早，与炎黄文化相比也可谓并驾齐驱。而现有中国古代体育史的研究成果，基本上都是以"万世一系皆黄帝"的观念为主导的。战国百家争鸣是在齐文化土壤上形成的，齐文化又是以东夷文化为基础发展起来的。这样，忽视东夷文化背景下齐文化的影响便成了体育史研究中的明显不足。这一问题造成了中国古代体育史研究学科框架的相对不完整性。这一点，在中国古代体育史的学科建设中一定程度上制约了中国古代体育思想史研究的学术视野，同时也形成了中华传统体育精神研究的明显缺憾。

二是对古人体育思想目的性的认识不够清晰。公认先秦诸子思想形成了中华传统体育精神的基本框架，离开先秦诸子思想，也就无从谈及中华体育精神。但先秦诸子对体育精神的阐述是零散而又隐约的。我们的体育思想史研究，迫切需要就先秦诸子思想对中华体育精神形成过程的影响给予深入的专项研究。可惜的是，这一方面的人员队伍和学术成果却都显得很单薄，造成了我们的体育史研究中思想研究的一个明显薄弱环节。这一问题看起来似乎只是一个体育思想史研究过程中的学科建设问题，但问题远没有这么简单。即使从已有的研究成果看，由于种种复杂的原因，现代人对于中国古代体育史上的有关问题的认识往往时见浮弊，或者断章取义，或者张冠李戴，或者随意生发，这些现象，却又反过来严重影响着对中华传统体育精神元初本义的弘扬和借鉴。或"头脑简单，四肢发达"，或"头脑发达，四肢孱弱"，这都不是中华民族传统体育精神的元初要求，更不是中华传统体育精神的元初理想。中华传统体育精神的元初追求是以人的生命健康为基本目标的，这一点非常明确。这不仅是古代中华传统体育精神的元初追求，更是当代中华体育精神发展应有的本质需求。对中华传统体育精神本质目的认识不清，对当代中华体育精神的建设与发展，对中国民族体育走向世界的前进步伐，都有着巨大的制约。

三是远离了直接的文化背景。大家公认中华体育精神来源于先秦诸子思想，但在阐释这一问题的时候往往却又远离了诸子思想形成的直接文化背景。中国体育史的研究同样受到了"万世一系皆黄帝"理念的深刻影响，而现代的学术研究和考古发现已经证明，东夷文明同样是中华文明的重要源头，在东夷文明基础上发展起来的齐文化，在战国时期孕育形成了稷下百家争鸣的学术文化中心，稷下诸子思想又是在齐文化土壤中形成的。汉代独尊儒术，从儒学的发展过程看，不仅同样没有离开齐文化的熔铸，而且在很大程度上直接传承于齐文化。齐文化既是战国百家争鸣的文化背景，也是中国传统思想文化主流奠基的文化背景，更是中华传统体育精神构架的文化背景。但我们以往的研究，对这一问题重视程度并不够。客观地说，离开齐文化这一基本土壤而研究战国诸子思想精神，既是研究先秦诸子思想的一个不足，也是体育思想史研究中一个常见的弱点。扬弃传统，最重要的便是对传统的原生根基要有清晰的认识，不能舍本而逐末，缘木而求鱼，一叶障目，不见泰山。

四是重其一点而忽视其余。公认中华体育精神有着强烈的泛道德色彩，与西方强烈的体育竞技精神有着明显的区别，但儒学的"尚中贵和"、道学的"法自然"、突出的养生保健目的、"任智不任力"的竞技特征等，都是中华体育精神的基本来源。以往的研究成果，一方面，谈到中华传统体育精神，似乎就是只有重道德，就是"尚中贵和"，显然这是很不全面的，也是很不公允的。另一方面，先秦时期还没有形成文武分途的普遍社会意识，早期的儒学、道学又都是从修身养性角度主张强身健体的，并没有对体育的发展产生所谓的阻碍作用。而我们通常的说法则往往与之相反。对中华传统体育精神的认识，重其一点而忽视其余，这种观点的形成，大多是以秦汉以后的中国主流文化为直接背景的，驻足于这样的认识层面上，也就必然会影响到对先秦诸子体育精神的全面分析和深入研究。

五是学术研究还不够深入。战国时期齐国稷下学宫的形成与发展是先秦时期中国思想文化发展的顶峰，时间跨度大，参与的人员众多，产出的成果丰富。诸子百家在这里纵横捭阖，汪洋恣肆，众多的学术观点在充分的交流争辩过程中得到了升华，形成了后世中国传统文化发展的坚实理论基础。这一点，早已被后世学者们的研究给予了充分的肯定。遗憾的是，当前我们对稷下诸子体育思想的研究还一直停留在或者个案研究，或者断章取义的水平上，尤其缺乏全面系统的整体研究成果。不仅对于先秦诸子的体育思想研究没有全面的系统性成果，对于先秦诸子体育精神的个案研究成果也是寥若晨星。这样，也就自然造成了中华传统体育精神研究与当代的中华体育精神建设长期以来判若两分的现象，由此而对中华传统体育精神的扬弃形成了无形的阻碍。

中华传统体育精神是以强烈的泛道德色彩和鲜明的人本理念而自立于世

界民族之林的，这一特征在战国稷下诸子百家争鸣过程中就已基本形成。我们今天对这一问题作以深入的分析，一方面可以从先秦诸子百家争鸣的角度勾勒中华传统体育精神的原生态，弥补现有先秦体育思想史研究之不足，另一方面，科学发展、和谐发展，同样是今天中华民族体育发展必须要遵从的基本法则，从这一角度看，我们的研究，对于弘扬传统体育精神，促进体育发展，同样有着重要的现实意义。

总而言之，中国传统体育文化源远流长，尽管战国百家争鸣过程中凝炼形成的体育精神博大精深，泽被于今，但时代不同，环境不同，条件不同，追求的目标和价值观念也不尽相同。鉴古而益今，这是古往今来人文社会科学的历史使命，司马迁遭李陵之祸后曾大发感慨地说："夫《诗》、《书》隐约者，欲遂其志之思也。昔西伯拘羑里，演《周易》；孔子厄陈蔡，作《春秋》；屈原放逐，著《离骚》；左丘失明，厥有《国语》；孙子膑脚，而论兵法；不韦迁蜀，世传《吕览》；韩非囚秦，《说难》、《孤愤》；《诗》三百篇，大抵贤圣发愤之所为作也。此人皆意有所郁结，不得通其道也，故述往事，思来者。"① 我们今天对泱泱五千年中华文明发展史中的中华传统体育精神进行剥离和凸显，尤其还要从原生态的框架构建开始，固然没有"意有所郁结"的社会环境和人文环境，但"述往事，思来者"的态度和目的还是必须要明确的。这里还需要值得特别重视的是，"浓郁的人伦道德色彩"是中国传统文化日趋受到世界众多民族崇敬的重要因素，在此庇荫之下，中华传统体育精神又是以其浓厚的泛道德色彩和鲜明的人本理念而备受世人青睐的，因此，我们以"鉴古而益今"的态度展开这一研究，不仅有益于当代中国体育的发展，对于世界体育的发展也会大有裨益。

---

① ［汉］司马迁：《史记·太史公自序》，中华书局1959年版，第3300页。

上 编

学术繁荣：中华传统
体育精神构架的文化背景

社会的动荡和士人阶层的分化，造就了战国时期空前的思想文化大繁荣，战国百家争鸣构架起了中华传统体育精神的基本框架，推动了体育娱乐活动的空前发展。

关于中华传统体育精神最初构架的文化背景，这里主要是在思想文化层面上进行论述。

中华传统体育精神最初构架的文化背景，大致上可以分为广义和狭义两个层面，广义上指的是商周以来西夏文化、东夷文化和苗蛮文化的众多文化元素，以华夏文化为核心形成的思想文化；狭义上主要指的是东夷文化背景下的齐文化。齐文化背景下形成的战国百家争鸣，是我国思想文化发展史上的第一个高峰，这一学术盛世的形成，对于当时社会各个方面的发展都形成了巨大的推动力，中华传统体育精神的构架，便直接源自于战国百家争鸣过程当中。换言之，战国百家争鸣的形成有着特定的历史文化背景和地域文化环境，这便是东夷文化背景下的齐文化。综合起来看，春秋战国时期的齐文化，早已不是东夷文化的再版，对于华夏文化、苗蛮文化吸收消化的成分已经很多，周代的礼乐文化体系形成以后，尤其春秋末期儒学创立以后，使得齐文化在很大程度上得到了进一步的升华。这样，东夷文化、齐文化以及后来逐渐汇入到战国百家争鸣过程中的来自于四面八方的思想文化，也就构成了中华传统体育精神构架最直接的文化背景。

一、周代文化发展与战国学术繁荣概述

周代的思想文化，总体上呈现出一个空前繁荣、建树灿烂的局面。周灭殷商以后，以分封制为政治基础，建立了以宗法伦理为统治纲领、以礼乐治国为基本理念的政治保障机制，从而构架起了一整套以礼制文化为核心的思想文化体系，形成了中华民族思想文化数千年来发展的坚实思想基础。

周代文化的发展，首先以分封制为政治基础，形成了众多的地域文化，从而造就了众多不同地域文化的多姿与多彩。西周初期实行的分封制，就是把土地和生活在这一地区的人员，一同分别授予王族、功臣和贵族所有，让他们以此为依托而建立自己的领地，以此为经济和政治上的依托而达到拱卫王室的根本目的。周灭商后，周天子分封天下，形成了诸侯国林立的局面，《左传》说，"昔武王克商，光有天下，其兄弟之国者十有五人，姬姓之国者四十人，皆举亲也。"① 《荀子》说："武王崩，成王幼，周公……兼制天下，立七十一国，姬姓独居五十三人。"② 《吕氏春秋》说："周之所封四百余，服国八百余。"③ 这样，按照文献的记载，从周代建国之初"封商纣子禄父殷之余民"④ 开始，到战国初期齐国田氏被册封为诸侯⑤，有周一代，究竟分封了多少诸侯国，至今也还是一个谜。这是一个方面。另外，周代的诸侯封国，既有国土面积的大小之别，也有封国君主的爵位高低之分，还有诸如血缘关系的亲疏和功勋大小、能力强弱的问题。实际上，众多诸侯的分封，本身就是建立了一个盘根错节的大系统，而要保障和维持这样一个大系统的正常运转，显然要比建立这样一个大系统难度还要大得多。按照周礼的规定，这些诸侯都必须要听命于周王室的管辖，这便是"溥天之下，莫非王土"⑥ 的根据。整个西周时期，这一系统整体上还是比较稳固的，其中所依靠的根本性措施，就是宗法伦理下的礼乐文化制度。进入春秋战国时期以后，由于各诸侯国的长期独立发展，形成了相互之间的明显差距和显著区别，突出表现为不同地域之间的文化差异和不同文化观念主导下产生的区域经济差异。可以说，整个的周代，是地域文化异彩纷呈的时期，尤其周平王东迁洛邑以后，地域文化的发展更是呈现出了一派日新月异的局面。直到秦灭六国之后，这一局面才由于大一统政治格局的形成而开始渐变。

纵向上看，周代思想文化的发展，形成了两条非常重要的思想文化轴心，支撑着中国传统文化数千年来的延续与发展。这两条文化轴心，一是礼乐文化，一是《易》学文化。西周时期的周公制礼作乐是一件非常了不起的事情，礼乐文化的基本观念，在西周时期已经深入人心，根据张晓娟对于

---

①　杨伯峻：《春秋左传注·昭公二十八年》，中华书局 1990 年版，第 1494 页。

②　[清] 王先谦：《荀子集解·儒效》，《诸子集成》，上海书店影印 1986 年版，第 73 页。

③　[汉] 高诱注：《吕氏春秋·先览》，《诸子集成》，上海书店影印 1986 年版，第 181 页。

④　[汉] 司马迁：《史记·周本纪》，中华书局 1959 年版，第 126 页。

⑤　[汉] 司马迁：《史记·田敬仲完世家》，中华书局 1959 年版，第 1886 页。

⑥　高亨：《诗经今注·小雅·北山》，上海古籍出版社 1980 年版，第 315 页。

《诗经》的研究，周王室倡导的礼乐文化观念，在当时就已经渗透到了诸如"祭祀"、"田猎与演武"、"宴饮"等社会各个层次的各个方面①。周代形成的礼乐文化，以其强大的社会渗透力，对人们的思想观念产生了巨大的影响，恰如孔子所说："礼失而求诸野"②，礼乐文化向社会基层的逐渐渗透，由此而对中国传统文化发展和中华民族人文精神的凝聚，都产生了不可或缺的支撑作用。礼乐文化对中国人文精神的影响更多地表现在政治层面上，易学则更多地反映了思维方式层面上的影响。相传伏羲氏把蓍草反复排列，画为八卦，将天地间万物的现象都包括于其中，形成了原始的"易"。后来，经过周文王的规范化、条理化，演绎成了六十四卦和三百八十四爻，有了卦辞、爻辞，人称《周易》。《周易》一书虽然成书于战国时期，但它表达的基本理念却是西周乃至以前形成的天命思想，《周易》的形成有着一个很长的发展过程。被后人称为河图、洛书的东西，是烧灼卜骨的表现，是远古先民在长期生活和占卜的实践中感悟出的理性思维和形象思维互相连缀、互相渗透的具体反映。商周之际萌生的阴阳、五行思想，对后世中国思想文化的发展也产生了重要的影响。这些元素，都与《周易》的形成与丰满有着一定的关系。先秦时期《易》的传承可以分为三段③，孔子以前，由于史料有缺，不得而知，但基本上是以筮书流传于世的。春秋末期的孔子是文献记载中第一位有名有姓的解释和传授《易》的重要人物。《论语》记载孔子的话说："子曰：加我数年，五十以学《易》，可以无大过矣。"④ 由此可知，孔子是在晚年的时候才开始学《易》的，并且大有恨之晚矣之意。大约因于这样的原因，孔子序《易》很是用力，《史记》这样描述说："孔子晚而喜《易》，序《彖》、《系》、《象》、《说卦》、《文言》。读《易》，韦编三绝。曰：假我数年，若是，我于《易》则彬彬矣。"⑤ 据此推测，孔子以前，虽然《易》基本上主要是以筮书的功能流传并受到社会重视的，但其中已经有了丰富的哲学思想。因为孔子并不是一个非常崇信筮书的人，此足可反

---

① 张晓娟：《〈诗经〉与周代礼乐精神》，福建师范大学硕士学位论文，2008 年 6 月。

② ［汉］班固：《汉书·艺文志》，中华书局 1962 年版，第 1746 页。

③ 王京龙、赵玉霞、李其琨：《关于〈易〉在汉代淄川的传播》，《管子学刊》2010 年第 1 期。

④ ［清］刘宝楠：《论语正义·述而》，《诸子集成》，上海书店影印 1986 年版，第 144 页。

⑤ ［汉］司马迁：《史记·孔子世家》，中华书局 1959 年版，第 1937 页。

证。孔子之后,《易》则按照儒学的思想旨意,主要着眼于人生修养和行为管理了。孔子对于《易》的编订,完成了《易》的儒学化建设,使它发展成了一部按照儒学精神阐述或解释宇宙变化的伟大著作。《易》的儒学化问题,在《易》的发展史上是一个重大的转折和升华。孔子序《易》之后,按照《史记》和《汉书》的记载,《易》的传续,一直是由孔门弟子来完成的。礼学与易学的发展,春秋末期以后汇聚成了儒学的基本主干,战国百家争鸣过程中,礼学以社会基本道德要求的方式,得到了诸子百家的充分继承和大力弘扬,易学以认识和解释客观世界的基本方法,渗透到了社会生活的各个方面,形成了具有一定程度的普遍意义的世界观和方法论,得到了思想文化领域的普遍应用,影响至为深远。

春秋末期到战国时代,思想文化的发展,出于诸侯竞强的迫切需要,先后迭次形成了以魏国的"西河之学"、齐国的"稷下之学"和秦国的"咸阳之学"为核心的思想文化高峰。战国初期,魏文侯礼贤子夏而成就了"西河之学"。"西河之学"嫡传于孔门之学,子夏是孔子的得意弟子之一,但子夏在魏国成就的"西河之学",却并没有高扬孔子"克己复礼"的大旗,而是搭建了儒家向法家转化的引桥。李学功先生说:"孔子在政治上的失败,刺激和影响了其门徒弟子的思想,使他们不得不考虑在这个历史转折时期如何去适应各国的文化传统问题。"① "西河之学"兴盛时期,诸如李悝、吴起、乐羊、西门豹、翟璜、李克、魏成子、屈侯鲋、北门可等一大批有学问有才干的人才聚集到了魏国,这些人都是一些变法的激进派,他们的积极作为,为魏国走上战国第一盟主的位子作出了巨大的贡献。齐国的"稷下之学"起步大约与魏国的"西河之学"不相上下,但"西河之学"发展起来得更早。可惜好景并不长,魏惠王时期,"西河之学"在齐国向魏国不断进攻的号角声中很快偃旗息鼓了。齐威王走上了诸侯霸主的神坛,"稷下之学"也就随之昌盛了起来。"西河之学"的核心在于变革,有着很强的政治功利性。"稷下之学"不同,它虽然也有着显明的政治功利性,但田齐国君崇尚黄老,包容了当时几乎所有的思想学派,而且,齐国的当政者只是让那些纷至

---

① 李学功:《孔门后学两极——洙泗之学与西河之学产生原因述略》,《青海社会科学》1995 年第 2 期。

沓来的知识分子们"不治而议论"①，对他们给予了足够的宽容与重视；同时，对他们的思想成果采取了"战胜于朝廷"②的积极吸纳态度。总之，由于齐国当政者对于稷下学士，较之魏国的待遇要优越得多，态度也温和得多，因此，稷下之学得到了长时间的持续发展。"稷下之学"的兴起，不仅为齐国的发展壮大提供了极其重要的智力支持，而且为后世的思想文化发展奠定了坚实的基础，提供了比较完备的理论支持。战国末期秦灭六国以后，吕不韦受"西河之学"、"稷下之学"的影响，广招门客，主持编撰了《吕氏春秋》，形成了战国时期的第三个学术中心，史称杂家之学。"咸阳之学"的形成，实际上是对战国百家争鸣的总结，战国时期诸子百家的学术争鸣发展为相互之间的影响和融合，与政治上由诸侯割据发展为秦统一天下的发展趋势是相适应的。可惜的是，秦始皇并没有看清楚这一问题，如果看清了这一点，也就不可能不接受吕不韦的杂家之学，秦王朝也就决然不会"二世而亡"了。总而言之，从"西河之学"、"稷下之学"到"咸阳之学"，思想文化的发展以社会发展为核心，形成了一股涌动的春潮，推动着社会发展的积极探索步伐。

　　总之，周代思想文化的发展，在承继商代文化发展的基础上实现了一个巨大的飞跃，这不仅在物质文明发展方面有着突出的表现，而且，在思想文化方面也出现了空前的发展高峰。其中，在齐国形成的"稷下之学"，以强大的包容性和显明的学术性、有力的组织性，成就了周代思想文化发展的最高峰。整个的周代思想文化发展，从西周时期的周公制礼作乐开始，到"西河之学"、"稷下之学"、"咸阳之学"，归结起来，礼学、易学是两条不变的轴心主干，春秋末期以后统统汇聚到了儒学的范畴当中。战国时期，虽然道家学派的影响同样十分巨大，但在干预社会的主观能动性上并不占优势。黄老之学的兴盛，虽然在这一点上有所改观，但"无为而治"的理念，使得这一思想体系在主观能动性上又不可与儒学相提并论。因此，周代思想文化的发展，儒学是基本的核心，战国百家争鸣过程中，儒学始终既以一个独立的学术派别而积极地发展进取，又以基础的核心地位为其他学派的发展进取提供着基本的参照与材料。从地域范围上看，儒学的创立与发展、诸子

① ［汉］司马迁：《史记·田敬仲完世家》，中华书局1959年版，第1895页。
② 张清常、王延栋：《战国策笺注·齐策一》，南开大学出版社1993年版，第221页。

百家的思想融合，又都是在齐鲁大地上完成的，齐国的稷下之学发展过程中，儒学的基础地位也是十分明显的。

二、齐文化与齐文化精神

东夷文化是中华传统体育精神的重要渊源之一，后来华夏文化与东夷文化的融合，形成了中华传统体育精神的基本文化来源，南部苗蛮文化的汇入，是对中华传统体育精神基本文化来源的补充和丰富。我们这里将主要认识一下东夷文化背景下形成的齐文化与齐文化精神。

在中国古代史的研究过程中，20世纪初期，曾经有两个非常重要的观点值得给予高度的重视，这就是顾颉刚先生提出的"层累地造成中国古史"的观点[1]和傅斯年先生提出的中华早期文明形成的"夷夏东西说"[2]。顾颉刚先生是从中国历史纵向发展的角度阐述历史发展过程的，傅斯年先生是从横向发展的角度阐述中华文明早期发展过程的。这两个近代以来对中国古代史研究有着巨大影响的学术观点，在聚焦于中国古代思想史发展的第一个高峰时，都毫无疑义地将其定位在了战国时期的稷下百家争鸣。我们今天审视这一历史层面时便不难发现，这一时期，在中国的整个思想文化层面上看，似乎还存在着一个四位一体的现象，这便是东夷与华夏、北儒与南道在齐国稷下学宫的汇聚。对于这一命题的认识，从广义的文化传承上看，大致上接近于文明的起源，也就是东西方文明的各自亮点仍然隐约可辨，这一点，可以与傅斯年先生的夷夏东西说相契合。从狭义的文化传播角度看，大致上接近于思想文化发展的早期发端过程，这便是道家多自南方向北向西流播，儒家多自北方向东向南流播；南部的海洋文明区域道家文化影响要大一些，北方的农耕文明区域儒家文化的影响要大一些。这一点，从周秦诸子的思想体系的发端地上就可看出其大概。总体上说，这个"四位一体"的基本落脚点，就是东夷华夏交融，南道北儒并争。华夏文化的主体由以儒学为核心的思想

---

① 王学典、李扬眉：《"层累地造成的中国古史"——一个带有普遍意义的知识论命题》，载《史学月刊》2003年第1期。

② 傅斯年：《民族与古代中国史·夷夏东西说》，河北教育出版社2002年版，第3页。

文化体系传承了下来，东夷文化则以齐文化为主流的文化体系传承下来，道家学说从南部来到齐国消化了儒学的一些观念以儒学为参照而形成了黄老之学。这样，战国百家争鸣过程中，诸子百家之学在这一时期的融合，方才成就了整个中国思想文化史上的第一个高峰。秦汉之际以儒学为主干的中国传统文化主流的形成，实际上是以战国百家争鸣为基础的，汉初采取的文化理念，诸如无为而治、独尊儒术等，早在战国百家争鸣过程中就是非常响亮的乐章了。这是齐文化的贡献。汉武帝独尊儒术以后，历经两千多年的风雨沧桑，儒学社会地位的不断提升，虽然遮掩了人们对东夷文化、齐文化的关注目光，而战国百家争鸣的历史地位和作用却是不可改变的。

（一）东夷与东夷文化

东夷文明既是中国古代文明的重要源头，同时也是中国古代体育发展的重要源头。

中国古代的文明起源，是以黄河、济水、淮河、长江为基本坐标的，在这四条大河流域，曾经诞育了三个大的势力集团，这就是西部的河洛（黄河、洛水）流域诞育的华夏集团、东部济淮（济水、淮河）流域诞育的东夷集团和南部的江汉（长江、汉水）流域诞育的苗蛮集团。这三个势力集团当中，东夷集团和华夏集团开化较早，苗蛮集团到了商周之交才发展起来。三者不断地相互碰撞交流，逐渐混而为一，迭次出现了夏、商、周三代王朝，真正形成了一个相对稳定的文化整体。夏、商、周三代，夏、周都是以河洛文化集团为主导而形成的，只有商代是由淮济文化集团为主导而形成的，而周代又在商代之后，因而，周灭殷商，实际上是华夏文化与东夷文化再次碰撞的结果。周代建立以后，大量分封诸侯，齐、鲁两国就是在这时得以封邦建国的，齐鲁文化的形成，也是从这时候开始的。从这一意义上说，齐、鲁文化都应当是东夷文化的继承与发展，具有广泛的同源性。但是，齐、鲁封邦建国以后，由于地理环境、生活习性、治国理念、文化传承等众多不同的原因，齐、鲁两国逐渐地形成了各自不同的文化体系。因此，齐、鲁文化既有着广泛的同源性，又形成了各自不同的文化特色，同时又是先秦众多地域文化中唯一孕育了中国传统文化主干的文化体系。中国古代体育是中国传统文化的重要组成部分，东夷文化在中国古代早期体育发展过程中也是极其重要的源头。

关于"东夷"的最早记载是商代甲骨文中"王征尸方"的传说，郭沫若先生是这样解释的："尸方当即东夷也。征尸方所至之地有在淮河流域者，则殷代之尸方乃合山东之岛夷与淮夷而言。"① 其后，《竹书纪年》的记载中，还有淮夷、黄夷、风夷等若干种"夷"②，《左传》中也有"商纣为黎之搜，东夷畔之"③、"纣克东夷，而陨其身"④ 的记述；《后汉书》中有"今东夷率皆土著"⑤ 的记载，《史记》中有"殛鲧于羽山，以变东夷"⑥ 的传说。文献中关于"东夷"的记载不可尽举。关于东夷的源头，老一辈的历史学家们受文献记载的影响和考古发现实证的制约，大都认为东夷人也是属于黄帝族系的。1981 年沂源猿人⑦被发现之后，方才充分地证实了东夷人与东夷文化的最初源头之所在，东夷地区的文化起源，从人类的起源角度一并得到了相应的证明。逄振镐先生曾综合分析了诸多观点，认为"聚居在今天的山东地区为主的大汶口文化和龙山文化的土著居民就是历史上的东夷族人。山东地区是东夷族的发源地。"⑧ 现代的研究认为，东夷部族分布在今山东、江苏北部、安徽北部和河南东部地区，包括太昊、少昊、颛顼和蚩尤等诸族系，他们在诸多方面创造了领先于其他部族集团灿烂的文化成就，主要包括伏羲作八卦、颛顼"绝地天通"的宗教改革，以韶乐为代表的东夷乐舞，史前最为发达的制陶技术和以大汶口文化为代表的陶文等，都是杰出的代表。东夷集团早于黄河中游地区的五帝时代，而于三皇之首的太昊伏羲时代和夏初的夷夏联盟中占据重要地位，虞舜、皋陶、伯益和后羿等东夷首领在夷夏联盟中与华夏集团平分政权⑨。综之，在传说中的黄帝这一中华

---

① 郭沫若：《卜辞通纂》，科学出版社 1983 年版，第 462 页。

② 方诗铭、王修龄：《古本竹书纪年辑证》，上海古籍出版社 2005 年版，第 6 页。

③ 杨伯峻：《春秋左传注·昭公十一年》，中华书局 1990 年版，第 1252 页。

④ 杨伯峻：《春秋左传注·昭公十一年》，中华书局 1990 年版，第 1323 页。

⑤ ［宋］范晔：《后汉书·东夷传》，团结出版社 1996 年版，第 822 页。

⑥ ［汉］司马迁：《史记·五帝本纪》，中华书局 1959 年版，第 28 页。

⑦ 徐淑彬：《山东沂源县骑子鞍山发现人类化石》，载《人类学学报》1986 年第 5 卷第 4 期。

⑧ 逄振镐：《东夷及其史前文化试论》，载《历史研究》1987 年第 3 期。

⑨ 王奇伟：《东夷集团在中国上古时代的地位应予重新认识》，载《徐州师范大学学报》（哲学社会科学版）2008 年第 2 期。

人文始祖出现以前，与北京猿人出现同时代的山东等地区就有了人类出现，这些地区出现的原始人类，就是东夷人的祖先。后来的其他部族迁入后与这里的土著部族融合，共同创造了辉煌灿烂的东夷文化。

从考古学的发掘情况来看，东夷文化是非常发达的文化体系。在山东境内，从沂源猿人开始，历经后李文化——北辛文化——大汶口文化——龙山文化——岳石文化而形成了一个绵延数千年的文化谱系。这一文化谱系延绵发展，同时也促进了这一地区富具地域文化特色的体育娱乐活动的形成与发展①。东夷文化是在以山东地区为中心，在周代以前相对独立而又不断被动吸纳外来文化基础上形成的区域文化，夏文化四百多年的发展历史，始终是与东夷文化连在一起的。文献记载说，"当禹之时，天下万国"② 其中就包括了东方的夷人形成的若干部族，③ 及其形成的强大的势力集团。夏朝建立初期，作为东夷首领的伯益，不仅曾就政于夏王朝，而且还曾动用武力干预过夏政④。夷夏之间的文化融合，现在看来实在就是两大文化体系之间的"强强渗透"。商代的东夷地区的中心区域，更是方国林立，比如今莒县地区的有莒氏、今郯城地区的郯氏、今曲阜地区的穷桑氏、今鱼台地区的费氏、今曹县地区的莘氏、今东平地区的有仍氏、今金乡地区的有缗氏、今德州地区的有鬲氏、今临淄地区的爽鸠氏、今临朐地区的丹氏、今安丘地区的杞氏以及半岛地区的莱夷，还有寿光、青州一代的斟鄩氏、斟灌氏等。它们大都是经过后李文化、北辛文化、大汶口文化、龙山文化、岳石文化孕育发展而来的。由于有着夷夏"强强渗透"的基础，这一过程当中势所必然地吸纳消化了一些夏文化的因子。尽管现在学术界对于商文化的起源问题仍有争论，但商王朝建立以后商文化的发展首先便是对于东夷这一母体文化的继承，这也是不争的事实。东夷人本身就是商文化的主要创造力量，林济庄先

①　王京龙：《东夷文化对中国早期体育活动蕴生的影响》，载《管子学刊》2007年第3期。
②　[汉]高诱注：《吕氏春秋·用民》，《诸子集成》，上海书店影印1986年版，第244页。
③　参见[南朝]范晔《后汉书·东夷传》："夷有九种：曰：畎夷、于夷、方夷、黄夷、白夷、赤夷、玄夷、风夷、阳夷。"团结出版社1996年版，第822页。
④　参见[汉]司马迁《史记·夏本纪》："帝禹立而举皋陶荐之，且授政焉，而皋陶卒。……而后举益，任之政。"朱右曾辑、王国维校补的《古本竹书纪年》亦云："益干启位，启杀之。"中华书局1959年版，第83页。

生认为："当时东夷人较集中于鲁中南地区。显然，他们大都是经过北辛文化、大汶口文化及龙山文化所孕育的后裔。而且这时他们也正在创造着一种继往开来的先进的文化，这就是商代东夷文化。"① 大略地说，当处在东夷岳石文化之时，夏文化就已在现今的晋南和豫中兴起，先商文化也在鲁南及豫东地区开始抬头。这是我国上古时代各地域文化趋于成熟的时代，历史的脚步正在催促着它们走向融合。近年以来，济南大辛庄遗址②、淄博桓台县史家遗址③等众多考古发现的大量商代文化遗存，都足以证明这一点。考古发现告诉我们，周代建立之前，东夷地区的文化底蕴就已经是非常丰厚的了，其中，既有东夷土著文化的母体基础，也有外来的夏文化因子和新兴的商文化因子。

历史发展的信息告诉我们，周代以前，这一地区不同时代、不同区域的文化因子，以东夷文化为核心，在这一地区形成了一个文化圈，夏、商时期，这里还主要是东夷母体文化的自行发展，夏、商文化对于东夷母体文化的影响并不是很大。齐国在周代封邦建国以后，形成了一个强有力的周代文化政治中心，外来的周文化对东夷母体文化便形成了巨大的影响。这样，这一地区的文化发展，不仅在不断地"层累"，而且也在不停地"融合"。周代的齐国文化便是在这样的文化基础上发轫的。我们这里所说的这一地区的周代以前的"文化"，自然有着十分广泛的含义，既不是单纯的地域性东夷历史文化纵线，更不是某一时段的东夷历史文化剖面，而是一个不断扩容逐渐壮大起来的东夷历史文化系统。

（二）齐国是周代极其重要的诸侯国

齐国是周灭殷商以后最早建立起来的异姓诸侯封国之一，都治营丘，《史记》记载说：武王"于是封功臣谋士，而师尚父为首封。封尚父于营丘，曰齐。"④ 齐国所处的区域，是东夷文化的中心地区，《公羊传注疏》

---

① 林济庄：《齐鲁音乐文化源流》，齐鲁书社 1995 年版，第 74 页。

② 参见景以恩《先商族源于济南大辛庄考》，载《管子学刊》2008 年第 2 期。

③ 参见张光明、夏林峰《山东桓台县史家遗址发掘收获相关问题的探讨》，载《管子学刊》1999 年第 4 期。

④ ［汉］司马迁：《史记·周本纪》，中华书局 1959 年版，第 127 页。

说："夷者何？齐地也。"① 此语便暗示着"齐地"在"夷人"居住地区有着很强的代表性。齐国是周代最初分封的诸侯国之一，时间当在公元前11世纪中期②。若按公元前1051年计③，到公元前221年秦灭齐国，齐国作为周代的诸侯国存续时间是835年，是最后被秦国所灭的诸侯国④；而秦国是在西周结束之际才得以封国的诸侯国⑤，因此，又远在齐国封邦之后，齐国是周代存续时间最长的诸侯国。

周代齐国按姓氏可以分为两段，西周到战国初中期为姜齐时代；战国初中期，田氏代齐完成⑥，公元前386年开始，直到秦并六国的165年间为田齐时代。齐国政权从姜氏集团向田氏集团的转换，史学界习惯上称之为"田氏代齐"。"田氏代齐"这一政权转换现象，在有周一代的所有诸侯国中是绝无仅有的，田氏代齐反映出来的不仅仅是政权的更替，从经济学角度看，也是生产关系和生产力之间矛盾斗争的结果；从文化传统上看，则是齐文化人文精神的一种具体体现。

齐国在八百多年的发展过程中，最为辉煌的时期分别形成于四个历史阶段：第一个高峰出现在西周初期姜尚封邦建国之初。姜尚，字牙，或尊称子牙。因其先人伯夷封国于吕，以国为氏，因而也称吕尚，今山东日照人⑦，是齐国的初封诸侯。由于他采取了"因其俗，简其礼，通商工之业，便鱼盐之利"和"举贤而上功"⑧的治国方略，从而实现了"人民多归齐，齐为

---

① 中华书局编辑部：《唐宋注疏十三经（三）·公羊注疏·僖公元年》，中华书局1998年版，第79页。

② 参见王阁森、唐致卿《齐国史》，附录《齐国大事年表》谓：公元前1056年，周武王五年，周武王大封诸侯，史称"封邦建国"，封姜太公于吕，称吕王。山东人民出版社1992年版，第610页。刘斌、徐树梓《姜太公本传》，第234页，附录《姜太公年谱》谓（周）武王二年，丁丑（公元前1051年），武王分封诸侯，太公以首功封齐，侯爵，都营丘。山东人民出版社1996年版。现采王阁森、唐致卿说。下与齐国相关之事件纪年，均采此书。

③ 参见夏商周断代工程专家组《夏商周断代工程1996—2000年阶段成果报告》（简本），西周武王的在位年代为公元前1046—1043年，世界图书出版公司2000年版，第88页。

④ 参见［汉］司马迁《史记·田敬仲完世家》，中华书局1959年版，第1903页。

⑤ 参见［汉］司马迁《史记·秦本纪》，中华书局1959年版，第178页。

⑥ 参见［汉］司马迁《史记·田敬仲完世家》，中华书局1959年版，第1886页。

⑦ 参见刘斌、徐树梓《姜太公本传》，山东人民出版社1996年版，第1—5页。

⑧ ［汉］班固：《汉书·地理志》，中华书局1962年版，第1661页。

大国"① 的政治目标。第二个高峰是由春秋初期的齐桓公小白构筑起来的。这一时期，齐桓公抛却个人恩怨，不记一箭之仇，任用管仲为相②，"通货积财，富国强兵，与俗同好恶"、"贵轻重，慎权衡"，成就了首霸春秋③的宏伟大业。春秋末期的孔子对桓管称霸一事极为赞赏："管仲相桓公，霸诸侯，一匡天下，民到于今受其赐。微管仲，吾其被发左衽矣。岂若匹夫匹妇之为谅也，自经于沟渎而莫之知也？"④ 第三个高峰就是春秋战国交替之际出现的"田氏代齐"。春秋时期逃难来到齐国的陈国公子完，在齐国历经世代繁衍，家族势力逐渐壮大。从春秋中、末期开始，田氏家族便明目张胆地觊觎齐国的国家政权，采取了诸如大肆扩张家族势力、阴行德政取悦于民、假公济私争取他国支持，甚至不惜武力夺取政权等方式⑤，最终夺取了齐国政权，完成了田氏代齐的历史变革。第四个高峰就是战国中、末期出现的齐国威、宣盛世⑥。这一时期有两个重要标志，一是齐国的国际政治地位日趋提高。先是齐威王以"号令天下"⑦ 为己任，奋臂而取代魏惠王，使齐国再次走上了霸主地位。随后齐宣王打出了"辟土地，朝秦、楚，莅中国而抚四夷"⑧ 的威武大纛，甚至筹划制定了一整套统一帝国的典章制度，史籍中谓之"王度"⑨，到齐闵王时期乃至于与强秦并称东、西帝⑩了。齐国在战略上成了名副其实的东方大国。尽管齐闵王时期实际上齐国已经处在了一个

---

① ［汉］司马迁：《史记·齐太公世家》，中华书局 1959 年版，第 1480 页。

② 《国语·齐语》、《管子·大匡》、《史记·齐太公世家》等多有记载，虽互有篡夺，但大略相同。

③ 春秋时期曾先后出现了五家霸主，称为春秋五霸。一般认为，春秋五霸是指齐桓公、宋襄公、晋文公、秦穆公和楚庄王。也有说法是齐桓公、晋文公、楚庄王、吴王阖闾、越王勾践。但齐桓公第一霸主的地位未见争议。

④ ［清］刘宝楠《论语正义·宪问》，《诸子集成》，上海书店影印 1986 年版，第 314 页。

⑤ 参见王京龙《齐国人本思想研究》，山东人民出版社 2005 年版。

⑥ 参见王京龙《齐国威宣盛世》，山东文艺出版社 2004 年版，第 89—93 页。

⑦ ［汉］司马迁：《史记·苏秦列传》，中华书局 1959 年版，第 2263 页。

⑧ ［清］焦循：《孟子正义·梁惠王上》，《诸子集成》，上海书店影印 1986 年版，第 54 页。

⑨ 中华书局编辑部：《唐宋注疏十三经（三）·礼记注疏·杂记·下》，孔颖达疏引刘向《别录》时说，《王度记》一书，"似齐宣王时淳于髡等所说也"。中华书局 1998 年版，第 481 页。可惜《王度记》已经亡佚。班固的《白虎通义》、许慎的《五经异义》、郑玄的《三礼记》等典籍中有零星保存。从汉代学者所引用的佚文来看，它的内容主要是礼节制度方面的规范。一般认为这是齐宣王时期为统一六国所作的政治制度准备。

⑩ 参见［清］王先慎《韩非子集解·内储说·下》，《诸子集成》，上海书店影印 1986 年版，第 185 页。

"金玉其外，败絮其中"的渐变过程中，但齐国在弱肉强食的诸侯兼并中的地位还是很高的。二是创造了中国历史上第一个思想文化发展的高峰——稷下学宫。稷下学宫从齐桓公田午时期创办以后，在齐威王、齐宣王时期得到了充分发展，《史记》记载当时齐国稷下学宫的情况时说："宣王喜文学游说之士，自如驺（又作"邹"）衍、淳于髡、田骈、接予、慎到、环渊之徒七十六人，皆赐列第，为上大夫，不治而议论。是以齐稷下学士复盛，且数百千人。"① 稷下学宫是当时诸子荟萃、百家争鸣的主要园地，正如郭沫若先生所说："周秦诸子的盛况是在这儿形成了一个高峰的。"② 纵观齐国历史，与齐国的不断兴盛相伴随的也有一些羞于启齿的事情。比如，曾经傲视群雄的春秋第一霸主齐桓公，死后竟然"尸在床上六十七日，尸虫出于户。"③ 几近于死无葬身之地。春秋末期的齐景公则是一代吃喝玩乐、穷奢极欲之君，他养的宠物狗死了，竟然下令要厚葬它，不但要供之棺椁，还要给予祭奠④。考古学家在齐国故城大城的东北部河崖头村西，曾发现了一座大型的殉马墓，学术界认定为齐景公之殉葬墓，据推算，墓葬中的殉马当在600匹以上⑤。死后殉葬尚且如此之奢侈，生前自不必多说了。"踊贵履贱"的故事便是文景公创造出来的。战国末期的齐闵王虽然勇武好战⑥，但却大有穷兵黩武之嫌，最后不仅几近丧国，而且被崔杼、淖齿之辈"射王股，擢王筋，县（悬）之于庙梁，宿昔而死。"⑦ 齐国的最后阶段，君王后不思进取而"事秦谨，与诸侯信"以求自保，君王后死，"后胜相齐，多受秦间金，多使宾客入秦，秦又多予金，客皆为反间"⑧，以至于在强秦长驱直入

---

①　［汉］司马迁：《史记·田敬仲完世家》，中华书局1959年版，第1895页。

②　郭沫若：《十批判书》，人民出版社1954年版，第134页。

③　［汉］司马迁：《史记·齐太公世家》，中华书局1959年版，第1494页。

④　参见［清］张纯一《晏子春秋校注·内篇谏下》，《诸子集成》，上海书店影印1986年版，第63页。

⑤　参见山东省文物考古研究所《齐故城五号东周墓及大型殉马坑的发掘》，载《文物》1984年第9期。

⑥　参见胡曲园、陈进坤《公孙龙子论疏·迹府》："是时齐王好勇，于是尹文曰：'使此人光庭大众之中，见侵辱而终不敢斗，王将以为臣乎？'王曰：'讵士也。见侮而不斗，辱也！辱则寡人不以为臣矣。'"复旦大学出版社1987年版，第89页。

⑦　［汉］司马迁：《史记·范雎蔡泽列传》，中华书局1959年版，第2411页。

⑧　［汉］司马迁：《史记·田敬仲完世家》，中华书局1959年版，第1902页。

的刀光剑影中断送了八百多年的国运。

总之，齐国从西周初期奠基以来，经过八百多年的风霜雨雪，在不断"修旧法"①的变革过程中砥砺出来的人文精神，既有气度恢弘的泱泱大国之风②，也有"怯于众斗，勇于持刺"的功利习俗③，更有与时俱进的变革精神和海纳百川的文化包容襟怀。其民风习俗、经济特征、精神风貌，都是极具地域特色的。这些文化特色，作为东夷文化的直接传承者，在本体上便是中华民族人文精神的许多重要基因。

（三）齐文化是中国传统文化的重要渊源

文化不是自然存在的物象，不是神祇馈赠的礼品，更不单纯是心灵外化的结果。广义的文化是人类在适应和改造自然、社会和自我的伟大实践过程中，通过劳动而创造的一切产品与制品的总和。文化来源于生活，创生于实践，形成于历史的传承和累积，存在于一组组人类的共同体之中。文化经由人的创造而产生，反过来又塑造着人的精神与性格，规范着人的意识与行为。狭义的文化指的则是意识形态层面的东西，依此与那些物态化了的文化制品和产品区别了开来。正是从这一角度看，所有的文化，都是精神。

由于人们对于"文化"这一概念认识的多向性，也就自然而然地产生了对于"齐文化"这一概念认识的多向性。简单地说，所谓齐文化，就是关于齐国的产生、存在和发展而形成的独具特色的地域文化。离开了"齐"这一明确的地域范围与文化特色，自然也就没有了齐文化的存在。通常我们在把齐鲁文化作为一个整体来看待的时候，一般而言有两种情况：一种情况是在文明相对不发达的时代，相对于封闭状态的地区性文化而言，齐、鲁是并列的，指的是齐、鲁作为两个诸侯国而创造的文化体系。周代以前，只有齐国的文化和鲁国的文化，并没有所谓的"齐鲁文化"，"齐文化"与"鲁文化"是两个并列的文化概念。另一种情况是，齐鲁文化指的是齐鲁地区的历史文化。秦灭六国，尤其汉武帝独尊儒术以后，齐鲁文化概念中的

---

① 上海师范大学古籍整理研究所校点：《国语·齐语》，上海古籍出版社1988年版，第231页。

② 参见杨伯峻《春秋左传注·襄公二十九年》，中华书局1990年版，第1162页。

③ 参见王京龙《齐人"怯于众斗，勇于持刺"的文化渊源及其影响》，载《管子学刊》2006年第3期。

"齐鲁"，实际上已演变成了一个偏正词组，重心在于鲁而不在齐，齐文化的内涵被独尊起来的儒学遮掩了。因此，从源头上讲，所谓齐、鲁文化，在理论上都应当是从周代开始的。周代建立以后，推行礼乐治国，鉴于周代厚同姓、薄异姓的宗属方略以及其他方面的诸多缘故，齐、鲁两国的政治经济发展趋势有了明显的分野，形成了各自与之相适应的生活态度、价值观念、民风习俗等，因而也就形成了各自不同的发展方向，鲁国在礼乐文化方面尤为突出，齐国在功利文化方面更为见长。到了战国时代，鲁国的礼乐文化由于亟需要以雄厚的经济基础做后盾，齐国的功利文化也亟需要深厚的礼乐文化来作指导，这种外在的冲击或者称之为内在的吸引，在战国时期的齐国构成了一个突兀的文化融合平台，这就是战国百家争鸣。

（四）齐文化精神

齐文化产生于东夷文化背景之下，成形于齐国的存在和发展过程当中，延续到西汉独尊儒术之后而隐迹。期间有华夏文明的进入，也有商文化的渗透，到姜太公封邦建国的时候，又带来了西部的周文化。到齐国建立之后的初期阶段，从这一地区文化主体的基本构架来看，大致上东夷地区的土著文化仍然是主体。

齐文化是在先进的东夷文化基础上成长起来的。东夷文化中的山头纪历、酿酒技术、制陶技术、纺织技术，在当时都占据着领先的地位。"最可注意的是，在陶器上出现了最早的文字，山东省莒县陵阳河和诸城前寨的陶器口沿上，多次发现有炟、炅、戌、斤等文字图形，可能是东夷人早期记事的图像文字，这在中国古代文字形成史上，当是一个重要的里程碑。"[①] 这说明，夏商时代东夷地区社会文明程度就已经很高了。正是由于这样的原因，姜太公带着周文化的意识形态来到这里的时候，也就只能"因其俗，简其礼"，外来的周文化只能采取与土著的东夷文化积极合作的态度。这一现象，既可以说明姜太公的"因其俗，简其礼"是一种明智之举，同时也折射着这一地区社会文化所达到的先进水平。后来的齐文化虽然被周文化渐变了，但要让齐文化在周文化的影响下从东夷文化那里脱胎换骨，自然不是

---

① 王阁森、唐致卿：《齐国史》，山东人民出版社1992年版，第13页。

一件容易的事情。这诚如梨子与苹果的嫁接，把苹果树的枝芽嫁接到梨树的本体上，成活了，结出的果子只能叫苹果梨，永远不会是苹果，仍然是梨子的味道。齐文化精神是齐国自身所固有的文化精神，不同于同期其他诸侯国文化精神之根本原因，便在于它的异他性，也就是在东夷文化背景下对外来文化的高度包容与吸纳。总之，关于齐文化精神，在齐文化研究领域可以说是论之又论，以至再论还论了，大凡关于齐文化研究的重要著作，都会从不同的角度对此作出不同的概括。笔者在《齐国人本思想研究》一书中曾从人文角度提出了齐文化对中国传统文化的贡献主要有四点：一是丰富了中国传统文化的渊源类型，二是增强了中国传统文化的竞强意识，三是增强了中国传统文化的开放意识，四是链接了中国古代国家管理思想的发展脉络。[①]就齐文化的基本精神而言，撮其要者大致上又可以归结为以下几点：

一是尊贤尚功的人文精神。尊贤尚功是齐国人文精神的核心支柱之一。史书当中对于齐国尊贤尚功精神的记载屡见不鲜。《吕氏春秋》和《淮南子》中对周公姬旦与太公吕尚建国之初的治国方略都有这样的记载：太公望与周公旦，都是建周的功臣。周武王确定了他们的封国以后，他们各自探问对方的治国策略。姜太公说："尊贤上功。"周公旦说："亲亲上恩。"[②]《汉书》进一步细化了这一问题，说："昔太公始封，周公问：何以治齐？太公曰：举贤而上功。周公曰：后世必有篡杀之臣。其后二十九世为强臣田和所灭，而和自立为齐侯。"[③] 这里不仅指出了齐国尊贤尚功方针的来源问题，而且指出了这一治国方针将会带来的严重后果。齐国尊贤尚功的人文精神，在太公治齐之初是为齐国的稳定和崛起作出过巨大贡献的，春秋时期，齐桓公因之而首霸春秋；战国时期，齐威王、齐宣王因之而称雄诸侯；稷下诸子群峰壁立，孙武、孙膑、司马穰苴、田单等军事大家先后崛起……这些光彩照人的历史现象，都与"尊贤尚功"的人文精神有着直接关系。但是，与此相伴随的是，齐桓公之后，群公子大闹齐廷；齐景公之后，出现了田氏代齐；战国后期，特别是在齐宣王以后，齐王好大喜功，穷兵黩武，以至于

---

①　参见王京龙《齐国人本思想研究》，山东人民出版社2005年版，第14—19页。

②　［汉］高诱注：《吕氏春秋·长见》，《诸子集成》，上海书店影印1986年版，第112页。

③　［汉］班固：《汉书·地理志》，中华书局1962年版，第1661页。

走向了衰亡。尊贤尚功凸显了功利的引导功能，培育了一种显明的功利文化。这种人文精神，虽然确乎在齐国发展历史上产生了巨大的推动作用，但由于这一文化精神为齐文化披上了一领亮丽的长袍，遮掩并弱化了道德教化的效能，因而后期发展的负面的影响也是巨大的。客观地说，在中国古代史上，齐文化是最早、最成功的功利文化提倡者和实践者。

二是与时俱进的变革精神。齐文化非常重视变革，这一精神特征使得齐国的发展始终充满着勃勃生机。一种外来的思想文化的传入和原有思想文化如何相处，实际上是一件很复杂的事情。齐国建立之初，姜太公带来的周文化与这一地区的土著文化实现和谐相处，靠的是"因其俗，简其礼"，一"因"一"简"，实际上首先是把自己带来的东西变革了。管仲改革的时候，虽然提出了"修旧法"的问题，但仍然坚持了"与俗同好恶"的原则："俗之所欲，因而予之；俗之所否，因而去之。"① 这与太公时期不同，实际上是针对社会发展的现实需要而进行的变革，虽然也有可能包括对于外来文化的借鉴与吸纳，但主体上却是对齐国自身以往政策的变革。因而这种变革首先也就表现在了时代的适应性上。春秋末期的齐景公虽然是一代吃喝玩乐之君，但他也没有忘记变革，当孔子向他推荐"君君，臣臣，父父，子子"这一政治伦理观念时，他当即兴高采烈地试图要让孔子来变齐俗②。战国初期，各个诸侯国几乎都认识到了人才的作用，虽然都在选贤用能，但对于人才的来源问题却没有认真地考虑，急功近利，"知道用马得多，懂得养马的少。"于是，齐国的齐桓公便创建了稷下学宫，"招致贤人而尊崇之。"齐国的这些做法，与其他诸侯国相比较，虽然具有明显的共性，但超前性要更为突出。这一点，就齐国内部发展的历史看，表现出了非常突出的继承性传统，这种传统，便是强烈的突破现实传统囹圄的变革精神。《管子》对于这种与时俱进的变革精神有着精辟的概括，叫作"不慕古，不留今，与时变，与俗化。"③ 从某种意义上说，齐文化是变革的文化，是与时俱进的文化。

三是海纳百川的包容精神。齐文化的发展，从纵向上看有着非凡的包容

① ［汉］司马迁《史记·管晏列传》，中华书局 1959 年版，第 2132 页。

② 参见 ［汉］司马迁：《史记·孔子世家》，中华书局 1959 年版，第 1911 页。

③ ［清］戴望：《管子校正·正世》，《诸子集成》，上海书店影印 1986 年版，第 261 页。

性。简要来说，姜太公建国之初就实现了东夷文化、华夏文化、商文化、周文化的融合；齐国建立之后，姜太公之时，"修道术，尊贤智，赏有功"①，后世多以"谋略家"尊称他，其思想与后来的道家似有相近；管仲治齐，任霸用法，又是后来法家思想的先导②；战国时期的稷下百家争鸣，更是诸家并存，难分高下。从姜太公封邦建国到秦灭齐国，齐国的军事发展中出现了《六韬》、《孙子兵法》、《孙膑兵法》等一系列的兵家名著和诸如齐鲁干时之战③、齐魏桂陵之战、马陵之战④等著名战例，齐国的军事文化在先秦诸侯国中更是无可比拟的。其发达的军事智谋文化，本身也是蕴涵于齐文化精神中的重要内容。春秋时期齐桓公"九合诸侯，一匡天下"，频繁的诸侯会盟，攘夷抚边，大大加强了齐国与其他诸侯国之间的交流，加速了齐文化对其他地域文化的吸收；战国时期稷下学宫的建立，四面八方的各诸侯国的学者云集于此，既给不同地域文化的交流提供了广阔的舞台，同时对齐文化自身的发展也提供了充实和丰富的契机。纵观八百年的齐国历史发展，文化的吸纳与包容是一个很突出的特征，整个齐文化体系，尤其战国时期的"稷下之学"，就是一个以社会发展需要为核心的众多文化元素熔铸的混合体，即使在百家争鸣过程中黄老学派的兴盛时期也是如此。高度的包容性，是整个齐文化体系非常突出的亮点。

四是骁勇剽悍的尚武精神。齐国建立以前，散居在这里的众多东夷部族的发展水平和整体实力已经很为壮观。夏朝末期的时候就有了"桀为暴虐，诸夷内侵，殷汤革命，伐而定之"⑤的说法，所谓"诸夷内侵"中的"诸夷"，东夷是其中很重要的一部分。从商朝末期的"纣克东夷，而殒其身"来看，东夷的地方势力甚至对殷商政权已经构成了直接的威胁。这些东夷部族之所以会对华夏政权构成威胁，折射出来的主要原因有两个方面：一方面实力所致。从社会生产关系发展的角度分析，东夷地区的生产力发展水平，一直处在比较领先的地位，文明程度相对来说比较高。先秦典籍中多见有

①　[汉] 班固：《汉书·地理志》，中华书局1962年版，第1661页。
②　参见任重《管仲及诸子研究》，中国文联出版社1999年版，第38—49页。
③　[汉] 司马迁：《史记·齐太公世家》，中华书局1959年版，第1486页。
④　[汉] 司马迁：《史记·孙子吴起列传》，中华书局1959年版，第2161页。
⑤　[南朝] 范晔：《后汉书·东夷传》，团结出版社1996年版，第822页。

"君子之国"①、"其人好让不争"②、"夷俗仁"③ 之说，这在道德层面上反映着这一地区的文明水平。先进的生产力发展水平和社会道德水平，排斥外来相对落后的集团势力的侵入，是一种正常的社会现象。另一方面则是生性所致。东夷文化属于海岱文化的范畴，夷，《说文》中说："夷，平也。从大，从弓。东方之人也。"④ 强悍高大，以渔猎为生，这是东夷人的基本特征。这两方面的基本特征，决定了东夷部族与西方的游牧部族和中原地区农耕文明的部落民族在文化传统上的不同。这个不同，使得姜太公在确立其基本的治国方针的时候，自觉地形成了"因其俗，简其礼；通工商之业，便渔盐之利"的思路，而且在后来整个地域文化发展中成为一种特色鲜明的人文精神。"齐人隆技击"⑤、"齐人怯于众斗，勇于持刺"等，都是对东夷文化持续发展而凝聚成的精神特征的具体表述。应当说，骁勇剽悍的尚武精神，是齐国建立以后能够形成独具特色的文化体系的重要因素，也是齐地人文精神的基本特征之一。

五是功利至上的竞争精神。齐文化当中功利至上的竞争精神，源自于齐国建立以后功利文化的持续张扬。"尊贤尚功"，世代相传，后世遂蔚为壮观。这一精神，突出反映在工商业和军事文化方面。

齐地工商文化的发展由来已久。在齐国建立以前的东夷文化发展时期，这一地区就已经有了非常发达的工商业。商代的时候工商业就已经有了普遍的发展，在这一地区出土的许多商代文化遗物中也可以得到证明。齐国从建国初期就开始了对于工商文化的培育，工商文化的发展，对齐文化精神中的竞争精神的形成与发展产生了巨大的推动作用。周灭殷商以后，齐太公来到这里"通商工之业，便鱼盐之利"，齐国的工商业得到了充分的发展。春秋桓管称霸时期，曾经实行了士、农、工、商"四民分业"⑥ 的管理政策，把士、农、商、工实行分业专门管理⑦，建立了类似于今天的行业居住区和行

① 袁珂：《山海经校注·大荒东经》，上海古籍出版社 1980 年版，第 345 页。

② 袁珂：《山海经校注·海外东经》，上海古籍出版社 1980 年版，第 254 页。

③ 〔汉〕许慎撰，〔清〕段玉裁注：《说文解字注》，上海古籍出版社 1982 年版，第 493 页。

④ 〔汉〕许慎：《说文解字》，中华书局影印 1963 年版，第 213 页。

⑤ 〔清〕王先谦：《荀子集解·议兵》，《诸子集成》，上海书店影印 1986 年版，第 180 页。

⑥ 赵守正：《管子通解·小匡》（精装本）上册，北京经济学院出版社 1989 年版，第 295 页。

⑦ 上海师范大学古籍整理研究所校点：《国语·齐语》，上海古籍出版社 1988 年版，第 226 页。

业管理组织。形成了专门的工商居民居住区和工商行业管理组织，这是很了不起的一种管理制度创新。在当时的政治环境条件下，把工商业及其从业人员提高到与"士阶层"并列的社会地位，在同期的典籍记载当中是所绝无仅有的。齐国对于工商业的高度重视，在政治上为发达的工商文化奠定了坚实的基础。朱活先生曾经从商业发展的角度对齐国的道路交通情况进行过分析，认为先秦时期齐国境内的陆路交通要道，按照齐国货币出土情况分析，东向到了今黄县、蓬莱、福山、牟平、荣成、海阳、即墨、青岛一带；西向经济南市东北折向平原一线，西南折向长清一线；南向经今益都、临朐出穆陵关经莒县而达莒南，而后分向由平度南下经安丘、诸城至日照，由平陵关出古阳关而达兖州。"特别是作为战国时期齐国主要铸币齐法化在上述地区的大量出现，显示了一个历史侧影——春秋战国时期齐国的商业以及交通状况。"① 直到汉代的王莽时期，齐国都城临淄还被视为长安以外的经济"五都"② 之一。齐国传统的工商文化培育了齐人鲜明的功利至上的竞争精神。齐国工商业的发展，一方面使得齐地的土著文化与周边的地域文化实现了不断的交流，提升了人们的思想观念；另一方面，极大地增强了人们的功利意识，提升了社会生活中竞争意识的水平。当比较先进的思想观念凝聚到"功利"二字上的时候，商业经营中的竞争意识便成了思想意识前进的急先锋；当商业经营中的竞争意识、功利意识进一步升华为民族精神的时候，体育精神作为一种行为主导表象也就成了一种必然。

　　齐国的军事文化在先秦时期的众多诸侯国中一直是独占鳌头的，但齐国却并不是武力强国。张华松先生对此有深刻的分析："齐国对外战争败多胜少，但发达的工商文化以及其他种种的背景和因素又使得齐国的兵家文化独领风骚，先秦时代的著名军事理论家和兵书战策也就大多出自齐国。以孙武和孙膑为代表的齐国兵家，其兵法思想的核心内容是不战而屈人之兵的全胜战略，他们所强调的首先是防御，自己立于不败之地，然后通过'伐谋'、'伐交'等手段而制敌取胜。"③ 这种靠谋略取胜于国际舞台的军事手段，表

---

① 朱活：《从山东出土的齐币看齐国的商业和交通》，《文物》1972 年第 5 期。
② ［汉］班固：《汉书·地理志》，中华书局 1962 年版，第 1179 页。
③ 张华松：《齐长城》，山东文艺出版社 2004 年版，第 8 页。

现在战略上是一种十足的霸气，表现在文化精神上，便是以谋取功利为特征的竞争意识，显明地体现着智谋至上的竞争精神。

简单地说，齐文化对于工商业的高度重视，军事文化中对于应用谋略的高度重视，本质上体现出来的就是一种"功利性"文化观念。对于"功利性"文化观念的积极追求和弘扬，这是齐文化竞争精神的基本动力源。

六是天人合一的宗教精神。齐地的宗教文化发端于远古时期的原始崇拜。齐地的宗教崇拜渊源深厚，天人合一的宗教观念源远流长。到春秋战国时期，齐地原始宗教崇拜的遗风流韵仍然斑驳可见。班固在《汉书》中记载齐地有"巫儿"主持家祠的风俗①，今多有人将之归结为婚姻习俗，并且认定这一婚俗发端于齐桓公时期②。实际上，仅仅把这一习俗当作婚姻习俗来看似乎是远远不够的，这还应当是齐地远古尚巫习俗的一种变异，属于原始宗教影响的结果。战国时期的齐将田单，在齐国行将灭亡的时候，孤军奋战，据守弹丸之地即墨而率众抗拒燕军的进攻，在穷困之际假借神灵的力量凝聚人心，实际上借助的也是宗教的力量③。《史记》中记载的齐地八神崇拜④，不仅明言"自古而有之"，而且在春秋时期就与著名的泰山崇拜连在了一起⑤。齐地的宗教崇拜，不仅有着深厚的文化渊源，而且形成了人、神直接贯通的天人之道，先是把天与人联系起来，而后又以"天子"的身份把天与社会、政治联系起来，形成了以"天人合一"为特征而富具宗教色彩的统治管理理论。齐人这种"天人合一"的宗教精神，从一个角度上体现了他们富于智慧和权变的精神风貌，在漫长的封建社会当中有着独特的文化魅力。值得注意的是，齐国虽然是无神论的早期发源地之一，但在齐国的发展历史上，以神灵崇拜为核心的宗教发展却十分繁荣，因而，"有神"与"无神"的抗争从来也没有停歇过。齐国这一"天人合一"的宗教文化精神，后来逐渐与儒学、道学的人文精神实现了有效的融合，对于增强民族凝

---

① 参见［汉］班固《汉书·地理志》，中华书局1962年版，第166页。
② 参见吴凡明：《齐"巫儿"婚俗始于桓公考》，载《兰州学刊》2009年第7期；高兵：《齐"巫儿"婚俗再探讨》，载《管子学刊》2005年第3期。
③ 参见［汉］司马迁《史记·田单列传》，中华书局1959年版，第2454页。
④ 参见［汉］司马迁《史记·封禅书》，中华书局1959年版，第1367页。
⑤ 参见赵守正《管子通解·封禅》（精装本）下册，北京经济学院出版社1989年版，第139页。

聚力，实现民族团结，产生了积极的推动作用。

总而言之，所谓齐文化精神，始终是一个十分宽泛的概念，从不同的角度认识它的时候，往往就会得出不同的认识结论。齐文化的上述精神特点，作为重要的地域文化精神元素，在战国百家争鸣过程中，都以文化因子的形式融入到了中华传统体育精神的构架过程当中。

三、稷下学宫与战国百家争鸣

春秋战国时期的社会大动荡，承载了剧烈的社会变革。从思想文化层面上看，"官学"变为"私学"，"士阶层"（主要是指从统治阶层分化出来的知识分子阶层）空前活跃，他们不仅对世界观、人生观、价值观、生活观，以及当时的政治制度和社会时弊提出了五花八门的主张，而且对天文、地理、数学、医学等科学问题进行了深入的探讨，展开了广泛的学术讨论。从更高的层面上看，春秋时期的文化活动中心在邹鲁地区，大致上以"周礼尽在鲁"[①]为具体标志。战国时期则伴随着齐国稷下学宫的创办而发展起了著名的稷下学，形成以稷下百家争鸣为标志的新的文化中心。战国百家争鸣的形成与发展，成就了独树一帜的中国文化发展的深厚根基，既影响了中国人文精神的发展，同时也决定了中华传统体育精神的基本发展方向。战国百家争鸣形成的这些文化元素，为中华传统体育精神的构架提供了最基础的原材料。

（一）稷下学宫的创办与消亡

一般认为，稷下学宫是战国时期的齐桓公创立的，由于没有发现新的材料，目前这一观点还没有受到挑战。"稷下学宫"或称"稷下之学"，这一说法，最早是由汉代刘向提出来的[②]。稷下学宫的具体位置，考古学界至今

---

① 杨伯峻：《春秋左传注·昭公二年》，中华书局1990年版，第1227页。

② 参见［汉］司马迁《史记·田敬仲完世家》，中华书局1959年版，第1895页。［集解］刘向《别录》曰："齐有稷门，城门也。谈说之士期会于稷下也。"［宋］乐史著，柳洁琼初校，郭声波初审：《太平寰宇记·卷十八·河南道·益都县·箕山》，引刘向《别录》"齐有稷门，齐之城西门也。外有学堂，即齐宣王立学所也。故称为稷下之学。"光绪八年金陵书局底本。

并没有确切的发现①。有人认为应在齐都大城（郭城）西面的北首门外、系水之侧，也就是现今的临淄区邵家村一带②。关于稷下学宫的性质，则由于所持立场不同，历来众说纷纭。有人说它是"田齐封建政权兴办的大学堂"③，有人说它是"自由议学议政的讲坛"④，还有人说它是"由政府创办的高等学府，也是一所多学科的社会科学院"⑤，更有人说它就是"诸子荟萃的学术园地"⑥。虽然诸说不一，但有一点是公认的，即齐国的稷下学宫造就了中国古代思想文化发展的第一个高峰。郭沫若先生说："周秦诸子的盛况是在这儿形成了一个高峰的。"郭老说的"这儿"，指的就是战国时期齐国的稷下学宫。

　　我们这里首先要考虑的问题是，齐桓公为什么要创办这个稷下学宫呢？了解这一问题，有助于我们深化对齐文化精神的认识。应当说，齐桓公创办稷下学宫的原因是多方面的，简单说来，我们以为主要有以下几个方面：

　　首先是为了化解国内矛盾，转移其他诸侯国的视线。齐国的田氏家族在齐国的发展，本源于齐国姜氏统治集团的"可怜"与"恩赐"。齐国田氏始祖田敬仲完，本姓陈，是春秋时期陈国的公子，由于陈国发生内乱逃难而来到了齐国。当时的齐桓公小白不仅收留了他，而且还让他做了官，给了他封邑，为他娶了一位豪门千金。陈完感恩戴德，以至于把自己的姓也由"陈"改成了"田"。⑦ 这种大恩大德，在"尊尊，亲亲"为主体的宗法统治环境中，齐国田氏的后裔们对此是不应当忘记的。但是，随着田氏家族的繁衍壮大，到春秋末期，田完的子孙们不仅把这些都给忘掉了，反而采取积极蚕食的办法，几乎控制了齐国的政权。⑧ 最后，田和终于按捺不住强烈的权力欲望，连只顾吃喝玩乐的姜齐政权傀儡也容不下了，干脆就把齐康公赶了出

①　参见群力《临淄齐国故城勘探纪要》，载《文物》1972 年第 5 期。

②　参见李剑、宋玉顺《稷下学宫遗址新探》，载《管子学刊》1989 年第 2 期。

③　胡家聪：《稷下学宫史钩沉》，载《文史哲》1981 年第 4 期。

④　张秉南：《稷下学与百家争鸣》，载《历史研究》1990 年第 5 期。

⑤　刘守安：《稷下学宫的历史启示》，载《文史知识》1989 年第 3 期。

⑥　刘蔚华、苗润田：《稷下学史》，中国广播电视出版社 1992 年版，第 7 页。

⑦　参见［汉］司马迁《史记·田敬仲完世家》，中华书局 1959 年版，第 1880 页。

⑧　参见［汉］司马迁《史记·田敬仲完世家》，中华书局 1959 年版，第 3289 页。

去，自己想方设法到周天子那里讨了一个正式注册的"齐侯"封号。① 齐国的田氏家族从在齐国立足，再到夺取了齐国政权，实在是有愧于姜齐一族的。这一行为，不管是从道义上讲，还是从政治伦理上讲，在宗法统治环境中都是很不光彩的事情。事实虽然已经形成了，但姜氏家族与田氏家族之间的矛盾，理所当然地不会就此罢休。田和请求周王室册封而不改"齐"，齐国仍然是齐国，只是改变了国君的姓氏。田和的这种行为是很有心机的，暗示着齐国政权转移过程中可能引发了新的矛盾，或者从其他诸侯国那里获得了某种警告。周王室册封田和为齐侯在公元前386年，而在此17年前的公元前403年就发生了"三家分晋"。田氏代齐而不改"齐"，有可能是面对新的矛盾的一种妥协，是为缓和国内矛盾而采取的一种怀柔措施。田和当了两年国君后死去，随后的田侯剡也只做了8年国君就被他的儿子田午夺了位子②。从田和纪元到田午即位，总共只有区区12年的时间。田午弑父夺位，看起来像是最高统治权的争夺，实际上应当也是田午为了消弭国内各势力集团矛盾而采取的断然措施。田午弑父虽然缓和了国内各势力集团之间的矛盾，但同时又背上了"弑父"的骂名。在这种情况下，田午可谓内外矛盾重重，大权在握，千夫所指。这时候他创办稷下学宫，自然既可以找到更多的人为他出谋划策，同时也不失为转移国内外矛盾焦点的有效措施。

其次是精明的政治投资。田氏家族在夺取姜齐政权过程中，通过"阴行德政"的办法，争取到了各社会基层民众的广泛支持，著名的比如放贷采取小斗进，大斗出③的办法，成效就十分明显。而与此同时，姜氏家族集团之末世君主，多为不以国为国之君。比如齐庄公因为与大臣的妻子私通而丢了性命④；齐景公"好治宫室，聚狗马，奢侈，厚赋重刑"⑤，以至于国内市场上出现了"屦贱而踊贵"⑥的现象。这样，一方面姜齐政权统治者日以搜刮民脂民膏自寻其乐为快事，一方面田氏家族则以收买民心，发展自身实

---

① 参见［汉］司马迁《史记·田敬仲完世家》，中华书局1959年版，第1886页。
② 参见［汉］司马迁《史记·田敬仲完世家》，中华书局1959年版，第1887页。
③ 参见［汉］司马迁《史记·田敬仲完世家》，中华书局1959年版，第1881页。
④ 参见［汉］司马迁《史记·齐太公世家》，中华书局1959年版，第1500页。
⑤ ［汉］司马迁《史记·齐太公世家》，中华书局1959年版，第1504页。
⑥ ［清］张纯一：《晏子春秋校注·内篇·问下》，《诸子集成》，上海书店影印1986年版，第111页。

力为要务。在这样的情况下，形势的发展趋势自然就很清楚了。到田和把齐康公"迁诸海上"的时候，田氏家族的经济实力已经远远超过了齐国的姜氏"公室"。此外，田氏家族在逐步蚕食齐国政权的过程中，还利用各种机会，以姜氏齐国之名，行田氏齐国之实，不断地开展一些对外活动，积极争取"国际势力"的支持。如齐景公时期，田乞就力主对造反的晋国范氏、中行氏给予经济支持[①]，田和专权的齐宣公四十三年之后，也进行过多次的对外战争[②]，田午五年、六年还进行过救韩、袭燕、救卫的战争[③]。即便如此，田午家族面对的政治环境仍然十分险恶。国内，祖辈夺姜氏之权，儿子弑父夺位，国内姜、田两大势力集团的明争暗斗还远没有停歇下来；国外来看，尽管这时候的形势是"诸侯力政，争相并"[④]，但仅仅靠几次对外的援助行动，显然也是远不足以扛鼎新贵的。田氏家族在夺取政权以后，尽快开拓更为广阔的"国际"空间，创造一个辉煌灿烂的亮点而引起各诸侯国的广泛关注，不仅可以迅速提高田氏齐国的地位，而且对于进一步消弭国内矛盾、转移社会视听焦点，都有着重要的现实意义。田午在这个时候创办稷下学宫，至少让人们在形式上看到了他对齐桓公小白"啧室之议"[⑤] 的继承。不仅大获承姜氏先人之志、"念先人之德"的美名，而且对吸引各诸侯国对于齐国的广泛关注，淡化田氏代齐、田午弑父的消极影响，更具有切实之利。当然，供养这些"不治而议论"的知识分子，不仅需要博大的胸怀，自然还需要雄厚的经济实力，这是一份庞大的投入。田午能够作出这样的决策，创办稷下学宫，确乎是一种十分精明的政治投资。

其三是社会发展的形势需要。田午创办的这个"稷下学宫"，是一个学术、教育味道十足的固定文化场所，既具有学术研究功能，也具有政治资政和文化交流功能，还有着文化教育功能，总之是荟萃高端知识分子的地方。

---

① 参见［汉］司马迁《史记·田敬仲完世家》，中华书局1959年版，第1881页。
② 参见［汉］司马迁《史记·田敬仲完世家》，中华书局1959年版，第1885页。
③ 参见［汉］司马迁《史记·田敬仲完世家》，中华书局1959年版，第1887页。
④ ［汉］司马迁：《史记·秦本纪》，中华书局1959年版，第202页。
⑤ ［清］戴望：《管子校正·桓公问》："（管子）对曰：名曰啧室之议。曰：法简而易行，刑审而不犯，事约而易从，求寡而易足。人有非上之所过，谓之正士，内于啧室之议。有司执事者咸以厥事奉职，而不忘。为此啧室之事也。"《诸子集成》，上海书店影印1986年版，第303页。

齐国素有"尊贤尚功"之传统，田午创办稷下学宫应当与这一传统密切相关。从实际效果看，田午的这一措施，着力点很大程度上也在于寻求振兴齐国的灵丹妙方，与姜齐时代的"尊贤尚功"可谓一脉相传。从当时的社会形势看，田氏代齐完成前后，中原主要的诸侯国先后相继进入了封建地主制的初期阶段，周王朝的土崩瓦解只是一个时间早晚的问题了。大势所趋，周王室对其日薄西山的境况已是束手无策。其中深层次的原因大致上不外有三：一是宗法统治尾大不掉。周王朝的建立是以宗法统治为基础的，经过西周、春秋数百年的发展，尤其经过春秋时期的诸侯竞强称霸以后，各诸侯国的自身实力已经大大增强，原来的宗法统治秩序呈现出了严重的尾大不掉态势，周王室已经根本无力平息诸侯混战的局面。二是诸侯兼并战争此起彼伏，愈演愈烈。春秋以后，各诸侯国的综合实力得到了空前的发展，尤其像齐国、楚国、秦国这样的重要诸侯国，其发展态势已经不可遏制。春秋时期的诸侯称霸，面对周王室都还有些顾忌，所以还都挂着"拱卫王室"的幌子。战国时期的诸侯兼并，各诸侯国便已是肆无忌惮了。因为他们都很清楚，瞻前顾后的结果，只会是自取灭亡。求生的道路只有一条，就是采取强有力的措施，发展自己，扩充实力，积极投入到你死我活的兼并战争中去寻求出路。三是生产关系亟需改革。春秋以来，随着社会经济的发展，奴隶制生产关系已经对生产力的发展产生了越来越严重的束缚。没落的奴隶主贵族势力面对新兴封建地主势力的崛起，不可能主动地否定自己的既有统治秩序。面对这样的社会发展大势，对于一个敢于用弑父夺位的手段消弭国内矛盾的青年君主①来说，这也正是可以大展宏图的时机。面对诸侯国之间此起彼伏的改革浪潮，凭借智谋已经成为极其重要的取胜因素。思古论今，依靠血肉横飞的战场厮杀，显然已经不是最佳选择。于是，田午也就效仿首霸春秋的齐桓公"啧室之议"养士的办法创办了稷下学宫。稷下学宫的创办，是对齐文化的变革精神、尊贤崇智精神、高度包容精神的精妙体现。

稷下学宫是伴随着齐国的灭亡而消亡的。田午创办稷下学宫的历史功绩

---

① 参见［汉］司马迁《史记·太史公自序》，中华书局1959年版，第3289页。《史记·田敬仲完世家》，《索隐》：纪年："齐康公五年，田侯午生。"按：齐康公五年为公元前400年，田齐桓公元年为公元前374年，据此，田午弑父即位时年龄当为26岁。

是不可磨灭的。根据现有的资料分析，田午创办了稷下学宫以后并没有对稷下学宫的发展作出多大贡献，他总共在位 18 年，期间齐国发起或者参与、被动接受的大小战争就有 10 次之多①。真正把稷下学宫发展起来，并成就了稷下百家争鸣学术盛世的是他的子孙们。直到秦灭六国以后，稷下学宫实在维持不下去了，稷下先生们在秦国"招致宾客游士，欲以并天下"② 和吕不韦"招致士，厚遇之，至食客三千人"③ 的社会大环境中，云集到了吕不韦的门下，再次聚集到了一起，找到了舞文弄墨的适宜环境。这时候的齐国，参与百家争鸣的"演员们"走了，稷下学宫作为战国学术盛世的大舞台也就永远地卸下了帷幕。

可以说，稷下学宫的创办，本身就是扬弃传统、变革创新、与时俱进的齐文化精神的具体体现，而稷下百家争鸣学术盛世的形成，不仅仅在内容上反映着诸家共存共荣的和谐局面，而且首先在外象上就体现出了齐文化极具包容性的人文精神。

（二）战国百家争鸣的形成与发展

战国百家争鸣的繁荣是从齐威王时期开始步入轨道的，直到秦灭六国之时，伴随着齐国被秦国的兼并而最终谢幕。

战国百家争鸣局面的形成，是众多社会矛盾运动的结果。恰如王磊先生所说，先秦百家争鸣这一中国思想史上黄金时代的出现主要有四个原因：一是进入文明社会以来长期形成的丰厚的文化积累；二是"和而不同"的良好文化生态；三是持续五百多年的诸侯纷争与激烈的社会冲突；四是独立的智者阶层的形成。④ 众多社会矛盾的激烈斗争，必然就会造成众多新思想、新观念的萌生，这是一种普遍现象，绝非齐国所仅有。客观地说，在齐国形成的稷下百家争鸣，只是整个战国百家争鸣的中心区域，或者说是百家争鸣

---

① 参见王阁森、唐致卿《齐国史》，附录《齐国大事年表》，山东人民出版社 1992 年版，第 631—632 页。

② ［汉］司马迁：《史记·秦始皇本纪》，中华书局 1959 年版，第 223 页。

③ ［汉］司马迁：《史记·吕不韦传》，中华书局 1959 年版，第 2510 页。

④ 参见王磊《一个黄金时代的形成与终结——对战国百家争鸣现象的一种解读》，载《陕西师范大学学报》（社会科学版）2007 年第 1 期。

的最高峰区。从齐国来看，稷下学宫、百家争鸣文化中心形成与发展的原因，归结起来一句话，即激烈的诸侯兼并战争，推动着如火如荼的社会改革大潮，使其成为社会现实的迫切需要。

齐国田氏代齐完成前后，一些新兴的封建地主势力已经纷纷在各自的诸侯国内部掌握了实权。首先是鲁国的"三桓"变革，通过"三分公室"和"四分公室"夺取了鲁国政权①。接着是晋国"六卿分晋"、"三家分晋"②，新兴的地主势力夺取了晋国政权。齐康公三年（公元前402年），楚国发生政变，楚悼王即位后进行了适应新兴地主阶级利益的改革③。齐侯田和二年（公元前385年），出奔在魏国的秦国公子连回到秦国即位，成为秦献公，推行了"户籍相伍"④制等一系列改革措施，开创了秦国由领主制转入封建地主制的新阶段……随着封建地主制政权的建立和巩固，新兴地主阶级势力纷纷建立起了各自的中央集权官僚政治，与旧有的生产关系中形成的制度、传统、习俗之间的矛盾呈现出了日渐尖锐化的趋势。在这种情况下，刚刚走上前台的新兴地主阶级必然要展开兴利除弊、破旧立新的变法改革。不改革就无法解放被严重束缚的社会生产力，新兴的封建地主政权就会成为过眼烟云。改革是必然的，更是必须的。

战国初期开始，新兴的地主阶级势力集团取得政权以后，都掀起了不同程度的改革浪潮，但规模大小不等，深化程度不一。从推行改革的时间先后看，最先发起改革的是魏国。魏文侯任用李悝为相，率先在魏进行了变法⑤，制定了《法经》⑥，用法律手段维护统治秩序，加强封建地主阶级统治。赵国在齐康公二年（公元前402年）也开始了改革，主张"选贤举能，任官使能"、"节财俭用，察度功德"、"以仁义，约以王道"⑦，主张必须要

---

① 参见［汉］司马迁《史记·鲁周公世家》，中华书局1959年版，第1546页。

② ［汉］司马迁：《史记·晋世家》，中华书局1959年版，第1684页。

③ 参见［汉］司马迁《史记·楚世家》，中华书局1959年版，第1720页。

④ ［汉］司马迁：《史记·秦始皇本纪》，中华书局1959年版，第289页。

⑤ 李悝变法当在公元前406年前后。

⑥ 一般认为，《法经》是我国历史上第一部系统的封建成文法典，它的颁行标志着中华法系的肇始。但战国时的法家著作中却没有关于《法经》的记载，《史记》、《汉书》等两汉史籍也只字未提。《汉书·艺文志》有云：《李子》三十二篇。李子，名悝，相魏文侯，富国强兵。

⑦ ［汉］司马迁：《史记·赵世家》，中华书局1959年版，第1797页。

按照地主阶级的政治标准来选拔和使用人才，按照新的社会制度来处理国家财政问题，按照新型的伦理道德规范来进行社会教育。公元前382年，楚悼王任用吴起同样展开了轰轰烈烈的变法运动，主张世袭制度改革，实行"三世而收爵禄"的政策，同时还要减削官吏的待遇，裁减平庸官吏，节省开支用以供养有能之士①。公元前356年、公元前350年，秦孝公任用商鞅两次进行了变法②。设计了著名的连坐法③，主张"燔诗书而明法令"④，明确确立了法家思想在秦国的统治地位。公元前355年，韩昭侯任用申不害为相实行了改革。主张君主必须用权术来驾驭臣下，统治民众……显然，这些变法的具体措施，在本质上都是新兴的封建地主阶级对原来的奴隶主贵族势力的进攻。

从此上的大致情况可以看出，李悝变法是在公元前406年前后，而田和做齐宣公之相是在公元前405年，19年之后（公元前386年），田和就被周王室正式册命封侯了。而楚国的吴起变法、秦国的商鞅变法、韩国的申子变法，都在田和专权之后，吴起变法当在齐侯剡初年⑤，商鞅变法、申子变法都是齐威王初期发生的事情⑥。也就是说，田午是在诸侯国变法运动风起云涌的情况下弑父夺位的。他从即位到死后的18年间⑦，魏国的变法不仅取得了显著的成效，魏惠王已经成为名副其实的中原霸主了⑧。现实迫使田午既不能不把主要精力放在巩固齐国政权上，也不能不把齐国的改革与建设当回事。从后来稷下学宫所发挥的作用来推测，田午可能对稷下学宫的创建寄予了很大的期望，可惜田午并没有来得及见到理想的实现就死去了。

战国百家争鸣局面的形成，并不是单纯的文化现象，而是与当时社会发展对思想领域的强烈需求和思想家们为适应这一需求而对社会的深邃思考有着直接的关系，在本质上是社会政治发展对于思想文化发展推动的结果，也

---

① 参见［清］王先慎《韩非子集解·和氏》，《诸子集成》，上海书店影印1986年版，第67页。
② 参见［汉］司马迁《史记·秦始皇本纪》，中华书局1959年版，第278页。
③ 参见［汉］司马迁《史记·商君列传》，中华书局1959年版，第2230页。
④ ［清］王先慎：《韩非子集解·和氏》，《诸子集成》，上海书店影印1986年版，第67页。
⑤ 田侯剡于公元前383年—公元前375年在位。
⑥ 齐威王于公元前356—公元前320年在位。
⑦ 田午于公元前374—公元前357年在位。
⑧ 事在田午六年，公元前369年。

可以说是思想文化发展对社会政治发展积极适应的结果。从这一角度上说，战国百家争鸣是早在春秋末期孔子创立儒学、老子提出"道法自然"之时就已经开始酝酿了，只不过当时的时机和条件并没有完全成熟，或者说当时的思想争鸣还远没有形成规模而已。

　　百家争鸣局面规模化的形成与发展，是在齐国威王、宣王、闵王、襄王时期实现的。从《史记》、《战国策》等史书的记载来看，齐威王时期的稷下先生们就已经发挥了很重要的作用。邹忌、淳于髡等著名学者的意见或建议，都对齐威王治齐的大政方针产生了重要的影响，齐威王推行的一系列改革措施，也是大多出自这些稷下先生们的主张。钱穆说："扶植战国学术，使臻昌隆盛遂之境者，初推魏文，既则齐之稷下。"① 而到了齐宣王时期，百家争鸣则达到了如火如荼的程度。《史记》当中有两段很著名的话："自驺衍与齐之稷下先生……各著书言治乱之事，以干世主，……于是齐王嘉之，自如淳于髡以下，皆命曰列大夫，为开第康庄之衢，高门大屋，尊宠之。览天下诸侯宾客，言齐能致天下贤士也。"② "宣王喜文学游说之士，自如驺衍、淳于髡、田骈、接子、慎到、环渊之徒七十六人，皆赐列第，为上大夫，不治而议论。是以齐稷下学士复盛，且数百千人。"③ 司马迁所说的"复盛"，当是相对于齐威王时期稷下先生人数进一步增多或社会地位进一步提高而言的。齐闵王主政以后，穷兵黩武，深受苏秦之害④，虽然与强秦并称东西帝⑤，博得了一个"奋二世之余烈"的英名，但百家争鸣却开始走上了下坡路，《盐铁论》是这样总结的："及愍（闵）王，奋二世之余烈，南举楚淮，北并巨宋，苞十二国，西摧三晋，却强秦，五国宾从。邹鲁之君，泗上诸侯，皆入臣。矜功不休，百姓不堪，诸儒谏不从，各分散。慎到、捷子亡去，田骈如薛，而孙卿适楚。"⑥ 齐襄王时期，百家争鸣曾一度进入了中兴，《史记》记载说："齐襄王时，而荀卿最为老师。齐尚修列大

① 钱穆：《先秦诸子系年·稷下通考》，商务印书馆 2005 年版，第 268 页。

② ［汉］司马迁《史记·孟子荀卿列传》，中华书局 1959 年版，第 2346 页。

③ ［汉］司马迁《史记·田敬仲完世家》，中华书局 1959 年版，第 1895 页。

④ 参见 ［汉］司马迁《史记·苏秦列传》，中华书局 1959 年版，第 2241 页。

⑤ 参见 ［汉］司马迁《史记·田敬仲完世家》，中华书局 1959 年版，第 1898 页。

⑥ ［汉］桓宽：《盐铁论·论儒》，《诸子集成》，上海书店影印 1986 年版，第 13 页。

夫之缺，而荀卿三为祭酒焉。齐人或谗荀卿，荀卿乃适楚。"① 荀子是这时稷下学宫里的学术领袖，他都待不下去了，可见这次复兴好景并不是很长。齐王建即位后，因年幼而由其母执掌齐国大政，不仅在战略上"事秦谨"，而且所养宾客也多被秦国收买②，正所谓"女主乱之宫，诈臣乱之朝。"③ 受齐国政局日薄西山的影响，百家争鸣的学术盛世，也就只能在苟延残喘中结束曾经的辉煌了。

战国百家争鸣首先是适应当时齐国社会政治形势的发展需要而形成的，同时，又与齐国自身尊贤崇士的优良传统紧密地联系在一起，因而表现出了高度的开放、包容、务实和经世致用的传统特色。在组织形式上，诸家并立、平等共存是战国百家争鸣突出的组织特征。稷下学宫是战国时期诸子百家荟萃的中心，当时的儒家、墨家、道家、法家、名家、阴阳家、小说家、兵家、农家、杂家等众多学术流派，都曾活跃在稷下学宫里边。由于各学派代表人物的出身阶级、阶层以及政治倾向、地域文化基础、心理结构、价值观念等各不相同，相应的，他们各自的思想体系、主体理论、学术主张也就各有不同，甚至针锋相对。正是由于这一点，稷下学术论坛造就了百家争鸣过程中学术思想的多元共存格局。求实务治、自由发展则是百家争鸣过程中表现出来的突出学术特征。诸子百家汇聚于稷下学宫，著书立说，高谈阔论，虽然各自的学术观点、政治立场、思想主张不尽相同，甚至针锋相对，但都在千方百计地树立和标榜自己的思想主张，期望自己的主张能够获得君主的采纳，表现出了极其强烈的经世致用精神。齐国的君主则不管他们的主张是否符合自己的口味，只要能够积极地把自己的主张提出来，就一律大加鼓励，千方百计地创造条件，让稷下先生们投身于为齐国的改革发展献计献策活动中来，因之使这些稷下先生们的人文精神形成了有机的融合。这样，表面上看，稷下先生们从事的是一种纯粹的学术活动，实际上，他们都在追求实现积极入世、匡正时弊、求实务治、经世致用的理想。他们的学术探索，大多是一些关于社会现实的应用对策研究，这在形式上已经自觉或不自觉地卷入到了时代发展的政治漩涡当中了。战国诸子所从事的学术研究，都

① ［汉］司马迁：《史记·孟子荀卿列传》，中华书局1959年版，第2348页。
② 参见［汉］司马迁《史记·田敬仲完世家》，中华书局1959年版，第1903页。
③ ［清］王先谦：《荀子集解·强国》，《诸子集成》，上海书店影印1986年版，第197页。

是以经世致用为目的的，没有一家超然于社会发展的实际需要之外。因而，不管是积极入世的儒家，还是"消极避世"的道家，还是翻手为云，覆手为雨的纵横家，"闳大不经"① 的阴阳五行家，都能够在这里酣畅淋漓地阐发自己匡正时弊的学术主张。政策宽松自由，生活条件优越，社会地位很高，这是稷下学宫的突出环境特征。战国百家争鸣的主体是作为社会阶层独立出来的知识分子，由于知识分子要靠"劳心"去换取社会统治者的认可，因而他们必须要以社会统治者的好恶为风向标。齐国的统治者创建稷下学宫，广泛招揽知识分子，不管是对齐国统治者来说，还是对寻求进身立命之机会的知识分子来说，都可谓是各得其所。因此，齐国在政治上实行高度开放的文化政策，以满足知识分子强烈的政治参与欲望；在经济上，给予优厚的待遇，按照贡献大小，享受优厚的俸禄；在行动上，没有那些苛刻的约束，可以来去自由。这些异常优越的条件，理所当然地对广大的知识分子产生着巨大的吸引力。

事实上，稷下学宫中知识分子，大多并不属于当时的世俗高层贵族之列，因而他们所到之处的君主，对他们有着"召之即来，挥之即去"的权威。但是他们较之那些世俗高层贵族又不同，由于他们奔走于列国之间，见多识广，日思夜虑，积蓄了更多的信息，储存有更多的智谋，因而他们也就能够通过智谋的方式把君主的行动置于自己的掌控之中。战国百家争鸣时代，充分体现了"行政"对于"知识和知识分子"尊重与否的正负效应。

（三）参与战国百家争鸣的重要学派

从田午即位到秦灭六国历经 153 年②。田午不可能即位之后立刻就创办稷下学宫。稷下学宫创办以后，在齐国的威王、宣王、闵王前期最为辉煌。闵王后期，乐毅率领燕国大军一举打来齐国，直至齐闵王被淖齿所害。之后，齐国元气大伤。到齐襄王时期虽然出现了稷下学宫的所谓"中兴"，但由于齐国本身经济并没有得到充分的恢复，直到齐王建束手投降，百家争鸣的兴盛场面一直都在走下坡路，稷下学宫在齐国经历了一个从"鸡肋"到

---

① ［汉］司马迁：《史记·孟子荀卿列传》，中华书局 1959 年版，第 2344 页。
② 以公元前 374 年田午即位到公元前 221 年秦灭六国为止。

名存实亡再到名实俱亡的过程。大致推算，说稷下学宫前后存续了 150 年，其中当然包括了惨淡经营或者名存实亡的一些时间。而所谓真正的稷下学术盛世，或许也就不足百年的时间。在这一历史过程中，举凡著名的学术流派，或发展于此，或起源于此，或汇聚发展于此，情况虽不尽相同，但都曾在这里一展风采。

　　我们这里所说的"诸子百家"中的"诸子"，指的是春秋战国时期思想领域各集团内部的思想家及其著作。《汉书》说是"诸子百八十九家"①，取其成数叫作"诸子百家"。所谓诸子百家，战国时期的文献里已经多有记载，但并没定型。西汉初期的史学家司马谈提出了"阴阳、儒、墨、名、法、道德"② 六家说，西汉末期的刘歆和东汉的班固提出了"儒"、"道"、"阴阳"、"法"、"名"、"墨"、"纵横"、"杂"、"农"、"小说"十家之说，有时略去"小说家"，认为"其可观者九家而已。"③ 值得特别指出的是，在"六家"或"十家"、"九家"之说中，都没有"兵家"，而兵家之学在春秋战国之际又确实占有很重要的地位，《吕氏春秋》中曾列举了一些著名学派的代表人物，其中已经有了关于兵学代表性人物孙膑的说法："听群众人议以治国，国危无日矣。何以知其然也？老耽贵柔，孔子贵仁，墨翟贵廉，关尹贵清，子列子贵虚，陈骈贵齐，阳生贵己，孙膑贵势，王廖贵先，儿良贵后。此十人者，皆天下之豪士也。"④ 这些学派，或多或少地都与本课题要研究的内容有一定的关系，相对来看，关系较为密切的学派主要有以下几个：

　　儒家学派。儒家学派是孔子在春秋末期创立的重要学术派别。韩非子说，孔子死后，儒家学派曾经"一分为八"。儒家学派在后世的分化，反映着其强大的生命力。儒家作为著名的学术流派，在战国时期百家争鸣的过程中，以积极的入世精神，在激烈的学术论战中产生了很大的影响。在百家争鸣过程中，儒学出现了十分突出的分化，在整体上形成了承前启后的"稷

---

① ［汉］班固：《汉书·艺文志》，中华书局 1962 年版，第 1746 页。
② ［汉］司马迁：《史记·太史公自序》，中华书局 1959 年版，第 3288 页。
③ ［汉］班固：《汉书·艺文志》，中华书局 1962 年版，第 1746 页。
④ ［汉］高诱注：《吕氏春秋·不二》，《诸子集成》，上海书店影印 1986 年版，第 213 页。

下儒学"，从而构成了儒学发展过程中的一个极其重要的环节。① 但这一阶段的儒学只是参与百家争鸣中的一个学派，是作为儒学发展历史上的一个时期而存在的。在稷下学宫里参与战国百家争鸣最具代表性的儒家学者有两位，一位是战国中期的孟子，一位是战国末期的荀子。孟子来自邹，其著述完成于邹；荀子来自赵，著述完成于楚。他们都是稷下学宫的外来学者，都曾在齐国长期居住，其思想理论形成的黄金时期都在齐国。

孟子是怀着"如欲平治天下，当今之世，舍我其谁"②的雄心壮志来到齐国的，他是孔子之后最重要、影响最大的儒家思想传人。对于孟子是否属于稷下先生以及何时参与到百家争鸣中来的问题，学界多有争议。钱穆先生认为，"孟子游齐，历威宣二世，正当稷下盛时，而孟子则似不伍于稷下。"③意思是说，孟子在齐威王时期就参与到了百家争鸣的论战当中，但并不在齐国的稷下先生之列。也就是说，孟子到齐国来只是游学，并不是稷下学宫的成员。现在虽大多学者对孟子是稷下先生这一点持肯定态度④，但又似乎仍难趋一致，白奚先生就明确地指出："孟子不同于稷下先生，还在于孟子与稷下先生们有着不同的风骨和气象，他们不是同一类型的人。"⑤对我们来说，孟子是否是稷下先生并不重要，重要的是，孟子在齐国的言行及其影响，这都有确凿的史料记载，孟子与齐国稷下学的发展有着密切的关系，这也是不容置疑的。

荀子是参与到百家争鸣中的另一位儒学大师。关于荀子何时来到齐国的问题，史书记载就多见抵牾，司马迁言50岁⑥，应劭言15岁⑦等，诸说纷纭。关于荀子在齐国的事迹，司马迁说他在齐襄王时"最为老师"，曾"三为祭酒"此说当为确实。对于荀子来齐、居齐、离齐等一系列问题，现在仍然没有确切的答案。但他一生的主要学术活动是在齐国百家争鸣过程中进

---

① 参见王京龙《孔孟荀游齐对中国古代民本理念的升华》，载《社会科学战线》2006年第4期。
② [清]焦循：《孟子正义·滕文公章句·上》，《诸子集成》，上海书店影印1986年版，第184页。
③ 钱穆：《先秦诸子系年·孟子不列稷下考》，商务印书馆2005年版，第272页。
④ 参见蔡德贵《孟子为稷下先生考》，载《孟学研究》，山东人民出版社1998年版。
⑤ 白奚：《稷下学研究》，生活·读书·新知三联书店1998年版，第159页。
⑥ 参见[汉]司马迁《史记·孟子荀卿列传》，中华书局1959年版，第2348页。
⑦ 参见[汉]应劭著，王利器校注《风俗通义·穷通》，中华书局1981年版，第322页。

行的, 曾是当时百家争鸣的直接参与者、组织者和学术领导者, 这一点是没有争议的。正因如此, 才使得他既是战国稷下儒学发展过程中重要支派的领军人物, 又成为了战国末期诸子思想的集大成者。

孟子和荀子虽然都是孔子创立的儒学的传人, 但他们的儒学与孔子之儒学都有所不同。其中, 既有不同时代背景条件影响的因素, 也有其个人对于时局认识观点不同的因素, 这两点造成了他们个人思想观点的差异。虽然孔、孟、荀都曾对于齐文化有着一定程度的认识, 但由于孟子和荀子长期居住在齐国, 深深地受到了齐文化的熏陶, 因此在他们的思想中不可避免地融入了浓郁的齐文化色彩。这与孔子是不一样的。所以, 孟子和荀子对于儒学的继承与发展, 实际上是齐学化了的儒学发展, 这又构成了他们儒学之外的一个非常重要的相同因子。

儒家学派出于鲁而入于齐, 在战国时期的齐国成为显学, 这一过程包含了齐、鲁两种文化体系的交融。儒家学派在战国百家争鸣过程中的发展, 不仅对于儒学自身的发展是一个飞跃, 对于齐文化的发展也是一个飞跃, 对于当时整个的思想文化发展来说, 也产生了巨大的推动作用。

道家学派。道家学派历来尊奉老子为鼻祖, 司马迁说孔子曾向老子问礼①。据此, 老子也应当是春秋末期人, 而且与孔子同时代, 或者稍早一些。老子把以往的一些思想观念进行充分了的创造性总结升华, 提出了与儒学并立的学术主张, 形成了道家思想。此外, 由于老子没有收徒讲学, 这使得他在有生之年并没有像孔子那样, 把自己的学说凝聚成有着众多追随或传播者的学术派别, 所谓"道家之祖"的桂冠, 是后来道家思想学者们的"黄袍加身之举"。汉代以后, 道教的出现以及风靡, 更把老子推上了至高无上的位子。老子之后又出现了庄子, 庄子是老子之后的道家学派发展史上的又一座丰碑。道家还有一位重要的代表性人物, 这就是杨朱。有人认为杨朱在老子之前, 老子是战国时期人, 从而把战国时期道家的发展轨迹描述成为杨朱——老子——庄子②。黄老学说是道家学派发展史上的重要段落, 在发展过程中形成了南、北两说, 这就是道学在齐国的发展形成的齐黄老学派

---

① 参见 [汉] 司马迁《史记·老子韩非列传》, 中华书局 1959 年版, 第 2140 页。
② 参见饶尚宽译注《老子·前言》, 中华书局 2006 年版, 第 3—6 页。

和道学在楚国发展形成的以"君人面南之术"为核心的楚黄老学派。但是，老子春秋说的观点目前来看还是占据上风的①。总之，战国时期道家学派的发展，似乎要比儒家学派复杂一些。黄老之学又有了南北两个中心点。稷下学宫里的道家之学以慎子的"术"、"势"为代表，楚地的道家之学以庄子的逍遥为代表。期间还有争议不断的《黄老帛书》问题。总之，道家思想在战国时期的发展状况是很复杂的。

道家在稷下学宫的发展，是以黄老学派为表象的，而黄老学派在齐国的形成，还要从齐国的田氏代齐说起。《史记》记载说："陈胡公满者，虞帝舜之后也。"②陈姓属黄帝族系。田氏代齐完成后，虽然没有把齐国的国号改掉，但要尊奉姜姓的炎帝祖先，对田齐来说，无论如何都是不可能接受的。这是其一。其二，老子本与齐国的田氏没有什么宗族关系，但是，《史记》记载说："老子者，楚苦县历乡曲仁里人也。"《索隐》按："苦县本属陈，春秋时楚灭陈，而苦又属楚，故云楚苦县。"③也就是说，老子本来也是陈国人，与齐国田氏属于同乡关系。孔子生前曾多次向老子问礼，老子可以称作是孔子的"老师"。孔子早在春秋时期就大名鼎鼎了，老子作为孔子的师长，自然也不会名不见经传。这时候，在齐国田氏的心目中，对老子自然要比对孔子更亲爱。这样，在宗法统治的社会大环境中，齐国的田氏统治集团发挥政权的力量，以追宗敬祖为旗号，倡导和形成尊崇黄帝、老子为旗帜的学术思想主流，亦便成了很自然的社会现象，由此也成就了声名远播而影响深远的稷下黄老之学。稷下黄老之学的代表性人物有接子、慎到、田骈、环渊等人，其思想皆因著述失传而难明其大意。虽然庄子的"逍遥"、屈原的"游"、《管子》的"精"、"气"，都有着很强的黄老思想内涵，但终因囿于老子"道"的缘故，而又有着很强的独立性，终究没有形成类似于孟子、荀子那样的思想大系，而只是形成了天女散花般的灿烂情状。不管怎么说，稷下黄老之学是稷下之学发展的产物，郭沫若先生就明确指出，稷下黄老学派是"培植于齐，发育于齐，而昌盛于齐的。"④由于老子的道论

---

① 参见刘坤生《孔老晤面考》，载《暨南学报》（哲学社会科学版）2008 年第 5 期。
② ［汉］司马迁：《史记·陈杞世家》，中华书局 1959 年版，第 1575 页。
③ ［汉］司马迁：《史记·老子韩非列传》，中华书局 1959 年版，第 2139 页。
④ 郭沫若：《十批判书·稷下黄老学派的批判》，东方出版社 1996 年版，第 143 页。

思想深受齐国重"道"、"道统"、"道术"传统和管仲思想的影响①，稷下黄老学说在文化精神上又与老子之学血脉相传，因而后人把稷下黄老学派归之于道家学派是正确的。

如果道家学派的发展从老子、杨朱、庄子说起的话，稷下黄老学派应当是道家学派发展过程中的一个辉煌时段。在整个的战国百家争鸣过程中，稷下黄老学派是最具实力的学派，汉代的大一统帝国形成以后，适应社会发展的需要而休养生息，因而崇尚黄老之学，这时候齐地西去的学者很多，这些西去的学者大多是稷下黄老学派的传承者。

阴阳五行学派。阴阳与五行本来是两个不同的概念，把阴阳与五行合在一起形成阴阳五行学派，这是战国百家争鸣的产物。"阴阳"与"五行"观念的起源源远流长。所谓"阴阳"，最初的意义指的是阳光的相对与相背。原始的"五行"指的是天上的辰星、太白星、荧惑星、岁星、填（镇）星五颗星星，"后来人们觉得用两个字来命名天上的五星麻烦和不方便，才把常用来称呼五材的水、金、火、木、土来代替辰星、太白、荧惑、岁星、填星这五星的称呼。这样才有了水星、金星、火星、木星、土星之称。后来地下的金、木、水、火、土，五材，也借用天上的五行来称呼。"② 早期的阴阳与五行和社会的发展规律是没有任何关系的。到战国时期的百家争鸣过程中，齐国的稷下学者邹衍把阴阳与五行结合在一起，用以解释社会发展过程中遇到的问题，由此而把阴阳与五行的本来含义提升到了一个崭新的高度，形成了影响深远的阴阳五行学说。阴阳五行学说是齐文化发展的重要产物，发轫于齐，最早昌盛于齐。

阴阳五行学派的代表人物是邹衍和邹奭。邹衍是阴阳五行学派的创始人和阴阳五行学说的集大成者，他以"干世主"为己任，出于儒而转倡阴阳五行之说，不仅在百家争鸣的学术罅隙中寻找到了一个空白点，而且在运用这一理论"干世主"方面取得了辉煌的成就，可谓声名显赫。《史记》对此有着形象生动的描述："是以驺子重于齐。适梁，惠王郊迎，执宾主之礼。适赵，平原君侧行撇席。如燕，昭王拥彗先驱，请列弟子之座而受业，筑碣

---

① 参见谷方《黄老学说新探》，载《管子学刊》1989 年第 4 期；王德敏《管仲思想对老子道论的影响》，载《中国社会科学》1991 年第 2 期。

② 孙开泰：《邹衍与阴阳五行》，山东文艺出版社 2004 年版，第 50 页。

石宫,身亲往师之。作主运。其游诸侯见尊礼如此,岂与仲尼菜色陈蔡,孟轲困于齐梁同乎哉!"① 邹衍的这一学术成果不仅开拓出了一个极为广阔的学术领域,并为欲"干世主"的知识分子们树立了光辉的楷模。邹衍的著述很是丰富,在《史记》、《汉书》中都有名录,可惜今都已亡佚。我们今天只能从《史记》、《汉书》、《吕氏春秋》、《新序》、《论衡》等典籍的零散记述中窥其一斑。但邹衍的学术思想经由邹奭以及后人们的传承,从辩证思维的角度对后世有着极大的影响。邹奭是邹衍阴阳五行学说的继承性人物,采用、阐发邹衍观点而著书立说②。他的著述今也已无存。由于邹衍的阴阳五行学说没有能够以系统的思想理论体系保存下来,因而后世多有从不同角度解释者,《史记》记载说:"自齐威、宣之时,驺子之徒论著终始五德之运,及秦帝而齐人奏之,故始皇采用之。而宋毋忌、正伯侨、充尚、羡门高最后皆燕人,为方仙道,形解销化,依于鬼神之事。驺衍以阴阳主运显于诸侯,而燕齐海上之方士传其术不能通,然则怪迂阿谀苟合之徒自此兴,不可胜数也。"③ 按照司马迁的观点,秦汉之际燕、齐一带盛行的长生不老之术,应当就是阐释阴阳五行学说的异端。

事实上,阴阳五行学说与儒学、道学都有着密不可分的关系。邹衍本是出于儒而转倡阴阳五行的,而阴阳五行学说中的"五德终始说",从本体上又创造了与老子的"道法自然"甚为合拍的理论依据。阴阳五行学说之所以在战国时期从儒学、道学之中抽象出来而独立一派,与独特的天道观直接相关。正源于此,后来的道教之中也包含有丰富的阴阳五行思想。

墨家学派。墨家学派为墨子所创。墨子本战国时期的宋国(今山东滕州)人,与孟子在籍贯上里籍乡邻,在年龄上长幼相序。但墨家学派之人以社会生产的直接从业者居多,这与秉持儒学、道学、阴阳五行学等之人多有不同,因而墨家学派反映出来的人文精神特色十分鲜明,有着突出的社会抗争精神。战国百家争鸣中的墨家学派,其代表人物和传世作品,不仅很为少见,而且多有争议。世所论者,多以《墨子》一书为据。

---

① [汉] 司马迁:《史记·孟子荀卿列传》,中华书局 1959 年版,第 2345 页。
② 参见 [汉] 司马迁《史记·孟子荀卿列传》,中华书局 1959 年版,第 2347 页。
③ [汉] 司马迁:《史记·封禅书》,中华书局 1959 年版,第 1369 页。

大凡研究稷下之学的人，似乎很少涉及墨家学派。但是，墨家学派是战国时期一个非常重要的学派，这没有任何问题。春秋末期的墨子创立墨家学派以后①，到战国时期，不仅与儒学并为"显学"，而且一度发展到了弟子满天下的状况，《吕氏春秋》就有"孔墨之徒属充满天下"②的记载。墨子之学同样也是儒学的异化结果，《淮南子》记载，"墨子学儒者之业，受孔子之术，以为其礼烦扰而不说，厚葬靡财而贫民，服伤生而害事，故背周道而用夏政。"③据《墨子》的记载，墨子本人曾多次来到齐国，但在稷下学宫的百家争鸣中，墨子之学的地位并不是很突出，墨学队伍也不够壮大，这也是事实。于孔宝先生认为，稷下学宫中墨家的代表人物只有宋钘一人④。稷下学宫中墨学的弟子及其学派的强大与否，并不能完全证明墨学本身在这一时期的发展状况，刘蔚华、苗润田先生就说，在稷下学宫，"各派学士既济济一堂，'讲集议论'，久而久之，自然会经过互相影响，冲淡其本身之学派性，而他派的感染，甚至形成调和色彩的折中派。"⑤墨家学派的思想理论和行为观念，在战国百家争鸣过程中已经有了非常深入的社会渗透，比如墨家舍生为义的人文精神，战国中后期以来，始终闪耀着灿烂的光辉，战国末期的著名刺客荆轲、著名义士鲁仲连，他们的身上都有着墨家学派的影子，他们都是齐人，都是深受其文化影响的。

纵横家学派。纵横家学派是适应战国时期诸侯纷争的复杂社会形势和激烈的兼并战争需要而迅速成长起来的学术流派，虽然他们仅仅是诸侯争雄的时代产物，但其学派特征、人物思想、历史贡献，都是非常重要的。这些工于纵横之术的学者们，审视天下大势，奔走四面八方，鼓舌如簧，朝秦暮楚，翻手为云，覆手为雨，大有左右天下之势。在风云变化的战国时期，纵横家们可谓出尽风头。秦灭六国以后，大一统的社会局面形成，结束了诸侯

---

①　参见〔汉〕司马迁《史记·孟子荀卿列传》云："盖墨翟，……或曰并孔子时，或曰在其后。"《索隐》《别录》云"今按墨子书有文子，文子即子夏之弟子，问于墨子"。如此，则墨子在七十子之后也。中华书局 1959 年版，第 2350 页。

②　〔汉〕高诱注：《吕氏春秋·有度》，《诸子集成》，上海书店影印 1986 年版，第 321 页。

③　〔汉〕高诱：《淮南子注·要略》，《诸子集成》，上海书店影印 1986 年版。

④　参见于孔宝《东周齐文化》，山东文艺出版社 2004 年版，第 112 页。

⑤　刘蔚华、苗润田：《稷下学史》，中国广播电视出版社 1992 年版，第 136 页。

之间的相互征战，游说之士在客观上失去了基本的生存空间，纵横家们迅即失去了当日的风采，倏忽之间销声匿迹了。纵横家学派作为一个参与战国百家争鸣的学派，在历史的长河中只能算得是昙花一现。但其倡导的关注社会、奉献社会的人文精神，却以强大的生命力渗透到了中华民族的文化精神血脉当中，推动着中华民族数千年来知识分子关注社会、贡献社会的人文精神建设。

按照《史记》的记载，隐居于齐国的鬼谷子是战国纵横家学派的开山之祖和纵横理论的奠基者①。纵横家学派的代表人物最为重要的有苏秦、张仪等，《史记》载："张仪者，魏人也。始尝与苏秦俱事鬼谷先生。"② 苏秦、张仪都是鬼谷子的学生，也都是受齐文化雨露滋润者。有人依据《史记》、《战国策》、《吕氏春秋》、《孟子》等书的记载，把淳于髡也归之于纵横家之列③。纵横家学派之人多是热衷名利之士，摇唇鼓舌，四处游说，学无所主，居无定所，名利所致，云雨无常。他们之所以对战国时期的齐国多有垂青，多是缘于齐国在当时的政治、经济和军事地位而已，当时的齐国，是他们功名利禄的竞技场。

名家学派。名家学派也是参与稷下百家争鸣的重要学派，以论辩名实（形式与内容）问题为思辨中心。到战国时期，对名实问题的思辨，已经不再局限于名家学派，其他许多学派的稷下先生都对这一问题提出过自己的认识。众多稷下先生的思辨，为名家成为一个独立的学术派别提供了肥沃的土壤④。

名家的主要代表人物和集大成者是公孙龙，参与稷下百家争鸣的名家代表人物主要还有尹文⑤、儿说、田巴。今有《尹文子》一书传世。有人认为《管子》中的《白心》、《枢言》也是尹文及其后人所作⑥。名家学派最初发

①　参见郑杰文《能辩善斗——中国古代纵横家论》，山东人民出版社 1995 年版，第 282 页。

②　[汉] 司马迁：《史记·张仪列传》，中华书局 1959 年版，第 2279 页。

③　参见于孔宝《东周齐文化》，山东文艺出版社 2004 年版，第 118 页。

④　参见刘捷宸《稷下明辨思潮与名家》，《齐鲁学刊》1983 年第 3 期。

⑤　关于尹文的学派归属历来有道家说、名家说、法家说、墨家说等种种观点，《汉书·艺文志》列为名家。

⑥　参见《郭沫若全集·历史编》第一卷，人民出版社 1982 年版，第 569—570 页。

端于春秋时期晋国的刑名之学，到战国百家争鸣时期，在齐国，刑名之学中以"名实之辩"为主体的部分形成了名家学派，以"礼法之论"为主体的部分，则形成了与秦晋刑名之学多有不同的齐法家学派。

　　法家学派。法家学派的起源比较复杂，有发端于刑名之学的"法家"，有发端于礼义之学的"法家"①，还有发端于齐文化的"法家"。战国末期的法家学派，经过百家争鸣过程中的思辨，主要形成了以礼法并重为宗旨的齐法家学派和以苛刑峻法为宗旨的秦法家学派。而仅就法家学派而言，自然也是这一时期非常重要的学术派别。以韩非、商鞅为代表的战国法家主要在秦国获得了实践上的成功。而于齐国，法家思想则多见于《管子》以及其他的稷下诸子的论述当中。齐法家思想秉持了礼法并重的思想观念，儒学的成分比较多一些，在齐国的发展过程中获得了成功。韩非是荀子的学生，且"归本于黄老"②之学，可想他既与稷下学宫不无关系，与齐法家也是多有瓜葛的。后世多以发端于春秋时期晋国的刑名之学作为法家的源头，事实上，春秋时期齐国桓管时代的礼法并重思想也有了"刑法"意义上的内涵。到战国时期，齐法家与秦晋法家的思想在取向特征上已经表现出了明显的不同。秦晋法家强调的是严格意义上中规中矩的"严刑峻法"，而齐法家强调的是包含浓郁的人情味道的"礼法并重"，也就是"治人如治水潦"③。正因为在齐文化当中形成了"刑罚不足以畏其意，杀戮不足以服其心"④的法制观念，才有了疏导与堵截并重的社会管理理念。关于法家学派渊源的不同认识，实际上只是由所站的角度不同造成的。战国末期影响比较大的法家代表，有齐法家和秦法家，有《韩非子》所载为证："今境内之民皆言治，藏商管之法者家有之。"⑤后来的社会发展，秦帝国的短命，汉武帝独尊儒术政策的推广，使得礼法并重的法制思想以德主刑辅的"汉家制度"被传承了下来。

　　总体上看，战国百家争鸣过程中出现的诸家学派，一方面显然并非都是

　　①　参见孙开泰《先秦诸子精神》，凤凰出版传媒集团凤凰出版社2010年版，第65页。

　　②　[汉] 司马迁：《史记·老子韩非列传》，中华书局1959年版，第2146页。

　　③　[清] 戴望：《管子校正·七法》，《诸子集成》，上海书店影印1986年版，第30页。

　　④　[清] 戴望：《管子校正·牧民》，《诸子集成》，上海书店影印1986年版，第2页。

　　⑤　[清] 王先慎：《韩非子集解·五蠹》，《诸子集成》，上海书店影印1986年版，第347页。

滋生于齐国，诸如儒家生于鲁，墨家源自宋之类。而且，各个学派的形成时间和形成方式也不同，比如墨家显然要晚于儒家，阴阳五行学说显然与儒学、道学在源头上又密不可分。另一方面，诸家学派创立者的出身地位也不尽相同。汉代曾有九流十家皆出于王官之说，认为儒家者多出于司徒之官，道家者流多出于史官，阴阳家多出于羲和之官，法家多出于理官，名家多出于礼官，墨家多出于清庙之守，纵横家多为行人之官，杂家者盖出于议官，小说家者流盖出于稗官①。司马迁对于诸家学派的特征也曾作过中肯的评价："儒者博而寡要，劳而少功，是以其事难尽从，然其叙君臣、父子之礼，列夫妇长幼之别，不可易也。墨者俭而难遵，是以其事不可遍循，然其强本节用，不可废也。法家严而少恩，然其正君臣上下之分，不可改也。名家使人俭而善失真，然其正名实，不可不察也。道家使人精神专一，动合无形，澹足万物，其为术也，因阴阳之大顺，采儒墨之善，撮名法之要，与时迁徙，应物变化，立俗施事，无所不宜，指约而易操，事少而功多。"② 正因为如此，当我们把诸子百家的思想观点加以梳理之后就会发现，他们对于当时的社会各个层面上的问题，大多都从不同的角度给予了高度的关注，提出了各自的观点和主张，形成了各自的主导性认识。正是这些不同的观点和认识汇聚在一起，形成了中国传统思想文化的璀璨基石，抽象而凝聚了在世界文明史上独树一帜的中华人文精神，影响着数千年来中国社会的发展方向。

　　齐国创建了稷下学宫以后，对于百家争鸣的发展产生了无可争辩的巨大推动作用。但有一点需要特别说明，通常我们说稷下学宫从田午即位算起到秦灭六国截止，先后存续了 153 年之多，这只是以齐国作为诸侯国存在过程中稷下学宫作为知识分子的荟萃中心的存亡而断定的，而百家争鸣，事实上并没有因为稷下学的衰退，或者齐国的灭亡而戛然而止。这主要有两方面原因：一方面，稷下学宫本身就是一个培养人才的地方，而思想文化的存在和发展，并不会单纯依附于政治社会的生息而存亡，直到汉代的齐地，诸如方术之士（秦始皇、汉武帝寻求长生不老药主要靠的就是燕齐方术之士），经

---

①　参见［汉］刘向《汉书·艺文志》，中华书局 1962 年版，第 1701 页。

②　［汉］《汉书·司马迁传》，中华书局 1962 年版，第 2710 页。

学大家郑玄、辕固，著名的谋略辩士东方朔，医学名家淳于意，易学大家田何，等等，都是得益于战国时期稷下学宫发展过程中营造的良好文化土壤的滋养而成长起来的。汉代初期推行的黄老之术，汉武帝时期推行的独尊儒术，都与战国时期齐国稷下学的兴盛有着直接的关系。另一方面，秦王嬴政尊吕不韦为相国，号曰"仲父"，总理国政达 15 年之久。在这期间，由于齐国的灭亡，稷下学宫在形式上随即解体，稷下学士也就随之作鸟兽散去。稷下学宫这一文化中心虽然在形式上从齐国消亡了，但各种不同的文化因子却自然而然地随着稷下先生的四散流播到了四面八方。恰好吕不韦在这一时期广揽门客，兴起了著书立说之举。许多原在齐国的稷下学士也就乘机来到秦国，成了吕不韦的门客，《史记》说："吕不韦乃使其客人人著所闻，集论以为八览、六论、十二纪，二十余万言。"① 这样写就了《吕氏春秋》。有人认为，"在《吕氏春秋》的一百六十篇文章中，至少有三分之一与稷下学有关。"② 这也就是说，稷下学宫在齐国灭亡以后，曾经活跃在稷下学宫里边的学者们倏忽之间从齐国跑到秦国来了。他们在这里，虽然服务对象由齐王变成了吕不韦，但其思想内容却与齐国有着密不可分的渊源甚或直接关系。这两个方面联系起来，实际上也就回到了先秦时期周秦之际文化中心的西移问题。也就是说，战国百家争鸣在秦灭六国以后其思想流派实际上并没有消失，而是伴随着政治中心的转移，从东部的齐国走向了西部的秦国。

四、齐鲁文化对中华民族传统体育发展的影响

齐鲁文化作为中国传统文化的重要组成部分，始终对中国古代体育的发展产生着非常重要的影响。从本质上考察，战国时期的历史，就是一个封建制社会由飘忽不定的诸侯小规模兼并到傲视群雄的战略性统一的发展过程，百家争鸣是这一社会发展过程中最重要的"御用"思想理论工具。六国可以用作约纵，秦也可以用作连横，战国诸子所到之处，都可兴风作浪，展翻

手为云、覆手为雨之能事。体育作为这一时期社会发展的伴生现象，毫无疑问地受到了百家争鸣的深刻影响。齐鲁文化从春秋战国时期以逐渐深入的方式开始融合，不管是思想观念、文化精神，还是民风习俗，都出现了合二为一的大趋势。经过战国百家争鸣的熔铸，齐鲁文化终于在汉武帝独尊儒术之后以文化主流的形态，影响了数千年中国传统文化的发展。

齐鲁文化在战国时期对中华民族传统体育发展的影响，突出表现为以下几个方面。

（一）促进了民族传统体育观念的形成

战国时期的社会大动荡，在很大程度上推动了区域文化的交流与传播的不断加速，因为这一时期社会大交流的参与者们的所作所为都有着明确的目的性，诚如司马迁所说："天下熙熙，皆为利来；天下攘攘，皆为利往。"① 民风习俗的交融只不过是"利"这个诱饵的附属物而已，诸如韩娥好歌②、"杞梁之妻悲哭，而人称咏"③ 之类，"文人墨客"、游说之士是不屑所为的。民俗类的文化产品，往往是以某种形式附着于其他的文化制品之上的。体育娱乐活动及其思想观念，当时作为一种非独立的文化制品同样如此。但这类文化制品传入某个地区后却极易流播开来，只不过对于这种现象，我们的历史文献少见记载罢了。在百家争鸣的环境条件下，荟萃于稷下学宫的知识分子们在对于社会生活的深邃思考过程中形成的崭新观念，却以摧枯拉朽之势更新着社会的旧有面貌，引领着社会思想观念发展的新潮，推动着这一地区思想观念和民风习俗的不断吐故纳新。战国时代对于生命以及精神娱乐活动认识的升华，正是在这样的环境条件下形成的。中国传统社会的体育观念，也正是在这一时期的思想大变革中构架起来的。④ 没有战国的百家争鸣，就

---

① ［汉］司马迁：《史记·货殖列传》，中华书局1959年版，第3256页。
② 参见［晋］张湛注《列子·汤问》："昔韩娥东至齐，匮粮，过门，鬻歌假食。既去，而余音绕梁欐，三日不绝。左右以其人弗去，过逆旅，逆旅之人辱之。韩娥因曼声哀哭，一里老幼，悲愁垂涕，相对，三日不食。遽而追之，娥还复为曼声长歌，善跃扶舞，弗能自禁，忘向之悲也。乃厚赂发之。故雍门之人至今善歌哭，放娥之遗声。"《诸子集成》，上海书店影印1986年版，第60页。
③ ［汉］韩婴撰，许维遹校释：《韩诗外传·卷六》："淳于髡曰：不然。昔者揖封生高商，齐人好歌。杞梁之妻悲哭，而人称咏。"中华书局1980年版，第218页。
④ 参见王京龙《中国传统体育观念的凝练与形成》，载《北京体育大学学报》2006年第12期。

不可能形成如此辉煌壮丽的思想文化高峰，自然也就不会形成中华民族所特有的民族体育精神。

　　进一步说，愈演愈烈的诸侯兼并战争是推动战国时代社会文化交流的根本原因。由于社会经济的发展和文明程度的不断提高，使得战国时代的诸侯们已经十分威风了，他们带甲百万，生杀予夺，攻占杀伐，大权在握，叱咤风云。出则车马填巷，羽盖被天，奋击在前，武士在后，耀武扬威，无法无天；入则离宫别馆，高堂峻宇，女乐奏于内，八佾舞于庭，鼎俎备陈，钟鼓齐鸣，"九妃六嫔，陈妾数百，食必粱肉，衣必文秀"①。但是，他们出于兼并和争霸的需要，作为他们获取谋略的座上宾，知识分子在这样的社会环境中却如鱼得水，趾高气扬，自然而然地成了朝秦暮楚，浪迹于各个诸侯国之间的自由阶层。仅就齐国稷下学宫里的著名学者而言，这类人才就不可胜举。在稷下儒家学派当中，孟子和荀子都是"外来户"。孟子是邹人，家境贫寒，幼年丧父。孟子的学识来之十分艰辛。学成之后，他曾先后游离了任、齐、宋、滕、梁、鲁等国，任齐卿数年，在梁也甚被优礼②，相比较而言，在齐国居住的时间最长③。荀子是战国时期的赵国人，刘蔚华、苗润田先生综合若干观点，认为"荀卿年十五，经燕国之齐国游学于稷下学宫。"④后来离齐适楚返齐，在齐国"三为祭酒"，后又至秦，最后则死于楚国⑤。他小小年纪就外出求学，从赵国到齐国、楚国、秦国，不仅不止千里迢迢，而且往返也不止一次。他的思想体系主要也是在齐国形成的。稷下黄老学派是齐国本土所生，但其主要的代表人物诸如慎到、田骈、环渊、接子等，却并非都是齐国人，据司马迁的记载，慎到来自赵国，环渊来自楚国，只有田骈、接子是齐国人⑥，四个代表性人物有两个来自齐国以外的诸侯国，占了

<hr>

①　上海师范大学古籍整理研究所校点：《国语·齐语》，上海古籍出版社1988年版，第223页。

②　参见王轩《孟子一生的主要活动》，载济宁市政协文史资料委员会、邹县政协文史资料委员会编《孟子家世》，中国文史出版社1991年版。

③　孟子游齐的时间问题历来多有争议，据孔令源《孟子年谱》序列，当在44岁第一次来到齐国，61岁最后离开齐国。载济宁市政协文史资料委员会、邹县政协文史资料委员会编《孟子家世》，中国文史出版社1991年版。

④　刘蔚华、苗润田：《稷下学史》，中国广播电视出版社1992年版，第265页。

⑤　参见［汉］司马迁《史记·孟子荀卿列传》，中华书局1959年版，第2348页。

⑥　参见［汉］司马迁《史记·孟子荀卿列传》，中华书局1959年版，第2347页。

二分之一。墨家的宋钘则是宋国人。① 苏秦、张仪到齐国来拜师学艺，则更为不易。苏秦是东周洛阳人，张仪则是魏国人。大诗人屈原作为一名爱国志士，也不远千里从楚国来到过齐国。② 他是作为使节到齐国来的，可能会见过稷下学宫的学者们，但他并不是稷下先生。因而有人就认为，屈原的著名诗作《天问》，可能就是屈原与稷下学者问对的纲要③。这些人来到齐国的同时，自然地带来了故乡的风俗人情。他们在这里高谈阔论、著书立说的同时，必然就会在这里留下或多或少的异域风采。由于他们带着相似的目的，从不同的地域来到这里，或"干世主"，或"不治而议论"，或授徒讲学，这些来自于异域他乡的文化精英在齐国的积极作为，对于齐国的思想文化，尤其是对贵族阶层思想观念的影响自然是不言而喻的。

　　在大量的异域知识分子来到齐国的同时，伴随着齐国政治地位的不断变化，稷下先生们受齐王的派遣也不断地走向了其他诸侯国。比如淳于髡曾出使楚国、魏国、赵国；宋钘不仅出使楚国，还可能出使到了秦国。作为纵横家学派的代表性人物，苏秦和张仪都是先来到齐国拜鬼谷子为师求学而后成器的。苏秦在齐国得势后，说周游秦走赵，最后以燕国为根据地，南至楚，东至齐，西至秦，中括韩、魏、赵，挂六国相印，可谓无所不至，风光无限，最终死于齐国。张仪天资原在苏秦之上，所以，他面对苏秦的约纵战略，奔走于秦、楚、魏、韩、燕、赵、齐之间，凭借三寸不烂之舌，翻手为云，覆手为雨。这些也都是齐地文化的优秀传播者。

　　由此来看，这些纵横家们，足迹所至，几乎踏遍了辽阔的中华大地。也就是说，在四面八方的知识分子朝着稷下学宫纷至沓来，把齐国当作淘金沙场的同时，大量的齐国使者也从这里走向了四面八方，数不尽的游说之士在这时候走马灯似地出入于齐国都城。这些人走南闯北，见多识广，对于民风习俗的地域交融产生了巨大的推动作用。可见这时候齐国提供的是一个极其肥沃的文化土壤，使得五彩缤纷的异域文化在这里得到了快速的发酵、升华，其意义是十分重大的。正是这一时期思想文化的发酵，促成了中华民族

---

① 参见［清］王先谦《荀子集解·非十二子》，《诸子集成》，上海书店影印 1986 年版，第 58 页注。

② 参见［汉］司马迁《史记·屈原贾生列传》，中华书局 1959 年版，第 2484 页。

③ 曹胜高：《〈天问〉的原创意图》，《云梦学刊》2006 年第 4 期。

传统体育思想观念的凝聚与成形。

（二）推动了体育活动的发展

战国时期的中华大地上已经形成了丰富多彩的体育娱乐活动。[①] 而在这一时期的齐国，诸子百家荟萃于此，高水平的思想文化观念，使得这一地区的体育娱乐活动发展具有了一定程度的代表性。《史记》和《战国策》中都记载了苏秦见到的齐国都城临淄城内的体育娱乐活动状况，谓"其民无不吹竽鼓瑟，弹琴击筑，斗鸡走狗，六博蹋鞠者。"这里提到的吹竽、鼓瑟、弹琴、击筑、斗鸡、走狗、六博、蹋鞠，都是当时临淄城内非常时髦的体育娱乐活动。

战国时期齐国文艺活动的发达，承继于齐国地区的乐舞艺术的辉煌发展历史。1979 年，考古学家在山东莒县陵阳河大汶口文化墓葬中曾出土一件乐器，名叫笛柄杯，与仰韶文化出土的陶埙相比，"笛柄杯发出的音乐更多，且出现了半音音程，这是迄今发现夏以前乐器中前所未见的，使我们对大汶口文化晚期的音乐有了新的认识。"[②] 春秋末期的孔子来到齐国，耳闻目睹了齐国韶乐的演奏盛况，竟然"三月不知肉味"[③]。齐鲁夹谷盟会中，齐国表演的乐舞不仅有"夷狄之乐"，而且还有"宫中之乐"[④]。到战国时期，齐国的乐舞或者音乐的艺术水平，既可与"滥竽充数"、"邹忌鼓琴取相"之类的传说故事相呼应，也得到了考古学的印证，1983 年，考古学家在临淄稷山墓中出土了 8 件鎏金编钟，为战国时期乐器，当时就引起了国内外考古和音乐界的巨大轰动。[⑤] 1971 年，在临淄区郎家庄东周殉人墓中还出

---

① 在中国的古代社会中，体育和娱乐是一对孪生姊妹，在一些具体的活动项目中，往往又会成为一体。翦伯赞说："从甲骨文中有又（侑）字与伐字的出现，商代一定有繁盛的歌舞。……当时的歌舞已经不是发摅人类自己的情绪，而是一部分白粉的奴隶，在奴隶贵族的命令之下，作讴歌和舞蹈的献演。因此，轧轹和反拨的节奏，哭声和笑声的交响，正是这一时代的歌舞之内容。"又说："适应于当时贵族之精神娱乐的要求，在商代乐器已有很大的发展。"见翦伯赞：《先秦史》，北京大学出版社 1999 年版，第 207 页。

② 曲广义：《笛柄杯音乐价值初考》，载《齐鲁艺苑》1986 年第 5 期。

③ ［清］刘宝楠：《论语正义·八佾》，《诸子集成》，上海书店影印 1986 年版，第 73 页。

④ ［汉］司马迁：《史记·孔子世家》，中华书局 1959 年版，第 1915 页。

⑤ 临淄区政协文史资料委员会：《临淄巡古》，山东大学出版社 1989 年版，第 135 页。

土了许多舞俑①，千姿百态，神色动人，形象逼真，深刻地反映了这一时期齐国的乐舞生活。

　　齐国经济在工商立国思想主导下的持续发展，推动了市井娱乐活动的繁荣。斗鸡是驯养并观赏雄鸡搏斗的传统游戏。《庄子》记载，纪渻子为齐王驯养斗鸡，40天才完成，驯好的斗鸡特具专业特质，听见别的鸡叫时没有任何反应，"望之似木鸡矣"②。按照苏秦的说法，斗鸡在当时的齐国已经成为习以为常的市井娱乐活动了。走狗又称为走犬、放犬。狗是人类最早驯化的动物之一③，早在西周或春秋时期，狗就在齐国成为了极为常见的娱乐品④。春秋时期，齐都养狗之俗盛行，齐景公殉马墓中曾发现殉狗30只⑤。临淄大武汉齐王墓中也曾发现殉狗30只，其中28只狗颈上还各系一个圆形铜环，这些"殉狗很可能是供墓主人生前玩乐或者狩猎用的猎狗"⑥。这显然就是战国时期齐地好狗习俗的延续。博戏的种类和程序很复杂，六博属于博戏的一种。《韩非子》记载说：齐宣王问匡倩："儒者博乎？"匡倩作了否定的回答，曰："博者贵枭，胜者必杀枭，杀枭者，是杀所贵也，儒者以为害义，故不博也。"⑦ 这里所说的"枭"、"杀枭"均为六博专业术语。且不管儒家对六博的理解如何，这段史料起码可以证实，齐宣王当年曾很关注于六博游戏。蹴鞠又称蹋鞠，就是现代的足球运动。2004年，专程前来观看亚洲杯赛的国际足联主席布拉特在北京郑重宣布："足球起源于中国山东淄博临淄。"⑧《晏子春秋》还记载说，齐国有一种叫作"毂击"的游戏："齐人甚好毂击，相犯以为乐，禁之不止。"⑨ 毂击是以两车之毂撞击为乐的游

　　① 山东省博物馆：《临淄郎家庄一号东周殉人墓》，《考古学报》1997年第1期。

　　② ［清］王先谦：《庄子集解·达生》，《诸子集成》，上海书店影印1986年版，第119页。

　　③ 参见张忠培《中国考古学世纪的回顾与前瞻》，载《文物》1998年第3期。

　　④ 参见高亨《诗经今注·齐风·卢令》第136页注云，卢为狗的名字；令令，一借为"獜獜"，狗健壮貌；一借为"铃铃"，环声。上海古籍出版社1980年版。

　　⑤ 参见山东省文物考古研究所《齐故城五号东周墓及大型殉马坑的发掘》，载《文物》1984年第9期。

　　⑥ 山东省淄博市博物馆：《西汉齐王墓随葬器物坑》，《考古学报》1985年第2期。

　　⑦ ［清］王先慎：《韩非子集解·外储说·左下》，《诸子集成》，上海书店影印1986年版，第224页。

　　⑧ 参见解维俊：《足球起源地探索·附录》，中华书局2004年版。

　　⑨ ［清］张纯一：《晏子春秋校注·内篇·杂下第六》，《诸子集成》，上海书店影印1986年版，第151页。

戏。当时齐国的车轴很长，长出来的轴头用金属包裹。"毂击"就是双方或者多方驾车而行，以相互撞击车轴以为乐。这是齐人特有的一种娱乐方式。齐国的这种游戏，到战国末期，"燕使乐毅伐破齐，齐愍王出奔，已而保莒城。燕师长驱平齐，而田单走安平，令其宗人尽断其车轴末而傅铁笼。"①由于田单在这次逃难中偶然地对齐国的车轴进行了改革，去掉了长出来的车轴，车子行走虽然方便了，但没有了车轴过长的车，毂击之戏也就不复存在了。当然，斗鸡、走狗、六博之类的市井娱乐活动，并非是齐国所仅有，《左传》中就记载说鲁国也有斗鸡，鲁国"季、郈之鸡斗，季氏介其鸡，郈氏为之金距"②。据《论语》记载，鲁国的博戏也很普及，孔子也说："饱食终日，无所用心，难矣哉！不有博弈者乎？"③　只不过齐国经济和思想文化的发达，使得市井娱乐活动要更加繁荣一些罢了。

此外，据《荀子》的记载，齐国还有"隆技击"的传统。技击，就是人与人搏斗的技巧。冷兵器时代，"强有力"是第一位的，追求"搏斗的技巧"与现代军事领域里追求的"尖端科技"相类似。齐国的这一传统在春秋时期就已经形成了④，《管子》一书中就有从民间选拔身体强健之人集中训练的记载⑤。这一传统在战国时期得到了进一步的加强，《汉书》记载说："齐闵以技击强，魏惠以武卒奋，秦昭以锐士胜。世方争于功利，而驰说者以孙、吴为宗"⑥。《史记》中记载说，孟尝君帐下食客三千，其中就"率多暴桀子弟"⑦。有人说，齐国首创技击训练体制以后，开创了以技巧胜勇力的武事新领域。中国古代的技击，至民国出现"武术"名称之前，始终被认为是中华武术的代名词。⑧冷兵器时代，肢体的直接接触是军事斗争的主要方式，因而追求"搏斗的技巧"是非常自然的，"技巧"的水平高低，决

---

①　［汉］司马迁：《史记·田单列传》，中华书局1959年版，第2453页。

②　杨伯峻：《春秋左传注·昭公二十五年》，中华书局1990年版，第1461页。

③　［清］刘宝楠：《论语正义·阳货》，《诸子集成》，上海书店影印1986年版，第383页。

④　参见王京龙《〈管子〉对中国古代体育教育发展的三点贡献》，载《河北师范大学学报》（教育科学版）2008年第5期。

⑤　［清］戴望：《管子校正·小匡》，《诸子集成》，上海书店影印1986年版，第124—125页。

⑥　［汉］班固：《汉书·刑法志》，中华书局1962年版，第1085页。

⑦　［汉］司马迁：《史记·孟尝君列传》，中华书局1959年版，第2363页。

⑧　参见王赛时《齐国的武技》，载《文史知识》1989年第3期。

定着胜败。"技击"的产生原因应当是多元的，认为齐国是技击的产生地，此说显然有些偏颇。但齐国是诸侯大国，又是军事思想理论强国，由此推断，技击在齐国有着比较先进的发展水平，这又是可信的。

战国时期，人们已经知道了人的生命可以掌握在自己的手里，而不是由"天"来决定的，从而打破了"死生由命"的宿命论观点。正是在此基础上，战国时期形成了富具民族特色的体育思想观念，出现了诸如庄子的健身导引术、荀子的运动健身观、《管子》的精气说等。从根本上说，这是有神论与无神论斗争的结果，也是社会发展进步的直接表现。这些体育活动的出现要比诸如技击、走狗、弹琴之类体育娱乐活动的出现重要得多，因为这一类体育活动的出现，从一开始就具有了民族文化的特征。

诸如此类，虽然不可尽举，但与同期社会文化的发展，尤其战国百家争鸣过程中的诸子荟萃于齐有着直接的关系。百家争鸣文化中心在齐国的形成，不但使齐国都城临淄的外来人口数量激增，人口流量攀升，而且，更重要的是在很大程度上丰富了这一地区的文化色彩，从而成为影响当时体育发展趋向的重要因素。战国时代社会文化的爆炸式发展，极大地推动了体育娱乐活动的发展，齐国体育娱乐活动的发展只不过是一个代表性的缩影。这一时期在其他不同的地域文化核心区内，都曾出现了丰富多彩的体育娱乐活动，比如楚国的竞渡①、赵国引进的胡服骑射②等，同样有着很强的代表性。这一现象恰好证明着战国时期体育娱乐活动的基本发展水平。

（三）提供了民族体育发展的直接动力

体育观念的形成、体育活动的发展，这些现象在社会生活当中出现以后，便自然而然地滋润着作为社会生活门类的体育的发展。客观的事实是，即春秋战国之际中国古代体育的发展，既没有以社会生活门类的形式独立出来，更没有出现专门的行业名词把它概括起来，这样便使得我们的现代人很容易形成这样的印象，春秋战国时期的"体育"在内涵与外延上都是十分

---

① 参见《二十四史·7·隋书·地理志·下》（缩印精装本）："屈原于五月望日赴汨罗，土人追至洞庭不见，湖大船小，莫得济者。乃歌曰：何由得渡湖？因而鼓棹争归，竞会亭上，习以相传，为竞渡之戏。"中华书局1997年版，第232页。

② 参见［汉］司马迁《史记·赵世家》，中华书局1959年版，第1779页。

模糊的。但无论如何，春秋战国之际的体育娱乐活动，不仅有，而且是十分丰富的。值得注意的是，这些丰富多彩的体育娱乐活动，在主体上是由士人以上的贵族阶层进行着的。

战国百家争鸣是"士人阶层"大显身手的竞技场。"士"在中国古代社会发展过程中占据着相当重要的社会地位，在春秋战国之际的社会阶层急剧分化过程中，士人阶层的重要性，是任何其他阶层的人群都不可与之比拟的。由于诸侯兼并战争的日趋激烈，加剧了贵族和自由人、庶民甚或奴隶、农奴阶层内部的优胜劣汰，"士"阶层的分化在这一时期表现得更为突出。士人阶层的急剧分化，同时为体育娱乐活动的发展注入了强劲的发展动力。

中国历史上的所谓"士"，所指范围并不固定，因时代不同而多有变化。西周以前，大约只是对于男子的一种通称，唐人孔颖达说："士者，男子之大号。"① 《诗经》当中的"士"便多是如此。在朝为官的男子也可统称为"士"："士者，在官之总号，故言士也。"② 周代初期的时候，人们还习惯将殷商遗留下来的旧有贵族统称为"殷士"："周公初于新邑洛，用告商王士。王若曰：尔殷遗多士……"③ 西周时期建立起了新的宗法统治秩序，士便成为这一新的统治秩序的一个专门阶层。周代的宗法统治，在周天子之下形成了诸侯——卿——大夫——士这样的一个四级连贯的宗法贵族体系，士阶层处于贵族体系的最末端，大多是武士，"他们唯一的职业便是习武打仗"④。

春秋时代的"士"大多还都是拥有土地和农奴的低级贵族，后来投身于战国百家争鸣的"士"，几乎都属于这一阶层里边的人物。辜鸿铭先生说："在中国古代，'士'字的最初用法，指的恰是像现在欧洲穿军装者一样的士人——佩剑贵族"，后来当着封建制度被破坏，打仗不再成为士人的

---

① 中华书局编辑部：《唐宋注疏十三经（一）·孔颖达毛诗注疏·郑风》，中华书局1998年版，第111页。

② ［汉］孔安国传，［唐］孔颖达正义：《尚书正义·周书·多士》，上海古籍出版社2007年版，第617页疏。

③ ［汉］孔安国传，［唐］孔颖达正义：《尚书正义·周书·多士》，上海古籍出版社2007年版，第618页。

④ 童书业著，童教英校订：《春秋史》（校订本），中华书局2006年版，第106页。

唯一职业之后，又形成了"制礼作乐的穿袍贵族，以区别于原有的那种佩剑贵族"①。春秋时期的"士"，因为他们有土地，有财产，但又处在贵族阶层的最低端，所以，还要承担出征打仗的义务，因而应当就是"佩剑的贵族"。战国时期的"士"则有好大的一部分从"佩剑的贵族"中分离了出来，走上了摇唇鼓舌，著书立说，干预国政的道路，也就变成了"制礼作乐的穿袍贵族"。这些属于"穿袍贵族"的士，有的也乘势走上了职业的管理岗位，成了"入仕"的士人；有的致力于招收门徒或著书立说，成了靠出卖知识谋生的自由职业者。入仕的士人是要签订效忠合同的，"古之始仕，必先书其名于策，委死之质于君，然后为臣，示必死节于其君也"②。因为"委死之质于君"的缘故，"听命"便成了基本的职业要求。著书立说，摇唇鼓舌，招收门徒的那些士人，则属于十足的自由职业者之类，他们只会穿梭于诸侯之间，或者肩负起"传道授业解惑"的职责，而不予"委死之质于君"。战国时期的士人阶层中，最具活力正是这一部分人。

伴随着社会的急剧动荡，士阶层内部的分化越来越严重。春秋末战国初期，已经出现了祖宗都供养不起的士人："惟士无田，则亦不祭。"③ 这些士人，由于失去了生活的保障，大约也就变成了类似于鲁迅笔下的"孔乙己"，与近人所说的那种"流氓无产者"差不多了。这一类士人的出现非常可怕，他们虽然失去了体面生活的保障，但却有着一定的政治和文化资本，诸如曾经享有过较高的社会地位，受到过一定程度的社会教育，具有一些贵族阶层内部的管理经验，等等。他们游离于土地的吸附与诸侯君主管辖之间的社会罅隙当中，所作所为、言语举止，都对社会潜在着巨大的威胁，诚如《荀子》所说："今之所谓士仕者，污漫者也，贼乱者也，恣睢者也，贪利者也，触抵者也，无礼义而惟权势之嗜者也。"④ 情致如此，统治者也就不得不对这个日益壮大的"士"人群体严加约束，比如《管子》就说："士出入无常，不敬老而营富，行此三者，有罪无赦。"⑤ 但社会地位的日沉、生

---

① 辜鸿铭著，黄兴涛、宋小庆译：《中国人的精神》，海南出版社 2007 年版，第 107 页。
② [汉] 司马迁：《史记·仲尼弟子列传》，中华书局 1959 年版，第 2191 页 [索引]。
③ [清] 焦循《孟子正义·滕文公·下》，《诸子集成》，上海书店影印 1986 年版，第 248 页。
④ [清] 王先谦：《荀子集解·非十二子》，《诸子集成》，上海书店影印 1986 年版，第 63 页。
⑤ [清] 戴望：《管子校正·大匡》，《诸子集成》，上海书店影印 1986 年版，第 111 页。

活的沉重压力和对自身现实状况的极度不满，以及对所处境遇的不甘心，时刻在迫使着"士"阶层的分化：那些肯于降志屈身者，有的转化成了诸侯的低级行政官吏或军队中的小头目，也有的甘心情愿地做了豪门贵族的门下客；那些不肯降志屈身者，大多走上了自我奋斗之路，孔子创办私学，就是走上了这样的一条途径。这一部分"士"虽然已经穷困潦倒，但他们无论如何不愿脱掉身上的长袍，因而也就成了后世文人的祖师；也有的走上了"相聚游戏，悲歌慷慨，起则椎剽掘冢，作奸巧，多弄物，为倡优"① 的流浪之路，成了纯粹的流浪者，这些士人，四海为家，仗义行侠，既是发达城市的重要分子，又是后来所谓"慷慨悲壮之士"、"任侠之士"甚或"社会流氓"的祖宗。总之，他们已经是，或者接近于纯粹的社会无产者了。

　　"士"阶层的分化方向纷繁复杂，各色不同，既有文武不同，也有奋斗与堕落之别。他们虽然也是始终都苦苦挣扎于社会游戏场上，但社会地位与奴隶和农奴甚或自由民仍然是不同的。从孟子所说"无罪而杀士，则大夫可以去；无罪而戮民，则士可以徙"② 来推测，他们仰仗着传统的政治素养和社会经验，虽然当时的社会地位已经很是低下，但在骨子里却既不屑于那些不惮劳苦的奴隶或农奴，更不甘心屈于趾高气扬的新贵之下。比如孔门弟子孟轲，不仅与他的师祖一样鄙于农业生产劳动，赤裸裸地提出了"劳心者治人"与"劳力者治于人"③ 的天命论观点，而且面对高高在上的诸侯君主的时候，仍然摆着一副居高临下的师者架势："孟子告齐宣王曰：君之视臣如手足，则臣视君如腹心；君之视臣如犬马，则臣视君如国人；君之视臣如土芥，则臣视君如寇仇。"④ 孟子本来就是四处"化缘"，却又不肯为高官厚禄折腰，齐宣王开出"万钟"的厚禄，挽留他在齐国"养弟子"以"使诸大夫国人皆有所矜式"，只是由于政治观念上不对胃口，他就断不接受。⑤这样的一种由社会地位变化造就出来的人格精神，促使他形成了矢志不渝

---

① ［汉］班固：《汉书·地理志·下》，中华书局1962年版，第1655页。
② ［清］焦循：《孟子正义·离娄·下》，《诸子集成》，上海书店影印1986年版，第324页。
③ ［清］焦循：《孟子正义·滕文公·上》，《诸子集成》，上海书店影印1986年版，第219页。
④ ［清］焦循：《孟子正义·离娄·下》，《诸子集成》，上海书店影印1986年版，第322页。
⑤ 参见［清］焦循：《孟子正义·公孙丑·下》，《诸子集成》，上海书店影印1986年版，第175页。

"舍生取义"的人生价值观念："鱼，我所欲也，熊掌亦我所欲也；二者不可得兼，舍鱼而取熊掌者也。生亦我所欲也，义亦我所欲也；二者不可得兼，舍生而取义者也。生亦我所欲，所欲有甚于生者，故不为苟得也；死亦我所恶，所恶有甚于死者，故患有所不辟也。"① 由此而体现出了一种富具时代和民族特征的人文精神。

战国时期不仅士人阶层分化了出来，而且"文士集团已经略具雏形"②。这样，特殊的社会环境，使得武士集团也就随之成长起来。那些驰骋于疆场的职业武士尚且不说，诸如"藏于博徒"之中的毛公、"藏于卖浆之家"的薛公③、"好读书击剑"的荆轲、喜"狗屠及善击剑"的高渐离④之属，也都公开浪迹社会而企图博取声名利禄，甚至成了声名显赫之人。诸多特征表明，"士"阶层的分化，使得失去了生活保障的士人们，都以自己的行为实践渐渐地远离了原来的贵族阶层所制定的游戏规则，抛弃了机器般被操纵的命运，义无反顾地走上了开辟自我发展天地的新道路。虽然这时候"文武分途"现象的也并不十分清晰，集文武本领于一身，或出卖其政治经纶，纵横捭阖于诸侯之间；或仗剑行侠，献身捐躯于诸侯征战之中，往往都是这些士人们执着追求的理想。传统的政治伦理思想和残酷的社会现实，迫使他们对新兴的人文精神进行着积极的探索与实践。他们游走天下，不畏强暴、不畏权势，文论天下，武震相侯，仗剑行天下，舍生直取义，所作所为，既包含着对于政治伦理的丰富继承和积极探索，也包含着他们对于人文精神的积极实践，对中华民族传统体育发展方向的确立，有着积极的推动作用，功不可没。

战国时期享有了高度自由的士人们，既可以昂首阔步而游走天下，又可以出入王庭而呼风唤雨，还可以心安理得而荣华富贵。所以，已经艰苦奋斗获得成功的士人，他们远没有诸侯君主们那样的巨大压力，他们的生活滋润得很，他们才是最富具休闲娱乐条件的人。这从苏秦、张仪之类游士的说辞中都可以看出端倪，战国时期诸如棋戏、射箭、投壶、博戏，等等，那些上

① ［清］焦循：《孟子正义·告子·上》，《诸子集成》，上海书店影印1986年版，第461页。
② 余江：《士之溯源及其早期衍变》，《文史哲》2006年第3期。
③ 参见［汉］司马迁《史记·魏公子列传》，中华书局1959年版，第2382页。
④ 参见［汉］司马迁《史记·刺客列传》，中华书局1959年版，第2527页。

层社会中的游戏，绝大多数都是士人生活的反映。没有士人阶层的活跃，很难说会形成这一时期体育娱乐活动的繁荣。

五、战国时期中华民族传统体育活动概览

战国时期，我国不仅有了丰富多彩的为当时人们所喜闻乐见的体育娱乐活动，而且今天流行于世的许多体育娱乐活动也完全可以溯源到战国甚至以前更远的时代。现简述几例如下，以助窥其斑貌。

（一）蹴鞠

当代社会当中，在全世界范围内，足球运动是最具神奇魔力的体育运动，素有世界第一运动之称。足球，在中国古代称之为"蹴鞠"或"踢鞠"等。关于蹴鞠运动的最早源头，从文献记载上看，在传说时代就出现了。长沙马王堆三号西汉墓出土帛书中的记载说："黄帝身禺（遇）之（蚩）尤，因而擒之……充其胃以为鞠，使人执之，多中者赏。"[1] 汉人的记载，把蹴鞠运动的形成定位在了距今五千多年前的黄帝时代。但这些记载都是建立在"传说"基础之上的，并不是确切的史实。文献当中关于齐国临淄城蹴鞠活动的描述，是关于蹴鞠运动的最早确切记载。《史记》的记载是这样的："（苏秦）因东说齐宣王曰：……临淄甚富而实，其民无不吹竽鼓瑟，弹琴击筑，斗鸡走狗，六博蹋鞠者。"[2]《战国策》中也保存有与之基本相同的一段话。依据这两项材料，不仅可以明确判定蹴鞠活动的性质（娱乐），而且可以明确判定蹴鞠活动流行的时间（战国）和地点（临淄），甚至这一活动能够盛行的原因（齐国经济的繁荣和临淄都市生活的丰富多彩）都记述得很清楚。汉代的时候，蹴鞠同样是很受欢迎的。汉武帝时期，馆陶公主的近幸董偃身边就曾经收罗有当时天下著名的蹴鞠爱好者。[3] 汉武帝也非常喜欢

---

[1] 王玉哲：《齐文化丛书·8·文献集成·齐黄老书·帛书四种·十六经·正乱》，齐鲁书社1997年版，第493页。

[2] ［汉］司马迁：《史记·苏秦列传》，中华书局1959年版，第2257页。

[3] 参见［汉］班固《汉书·东方朔传》："于是董君贵宠，天下莫不闻。郡国狗马蹴鞠剑客辐辏董氏。"中华书局1962年版，第2853页。

看蹴鞠表演，外出巡幸，兴致勃发时便常命随行文人墨客赋诗歌颂："（枚皋）从行至甘泉、雍、河东，东巡狩，封泰山，塞决河宣房，游观三辅离宫馆，临山泽，弋猎射驭狗马蹴鞠刻镂，上有所感，辄使赋之。"①《史记》中还有因蹴鞠而犯病身亡的案例："安陵阪里公乘项处病，臣意诊脉，曰：牡疝。……臣意谓之：慎毋为劳力事，为劳力事则必呕血死。处后蹴踘，要蹶寒，汗出多，即呕血。……即死。"② 后来，蹴鞠在漫长的中国历史发展过程中却是多灾多难，直至在清代晚期以后的文献记载中销声匿迹，以至于近代以来出现了影响巨大的中国足球西来说观点。③ 但就目前所掌握的文献材料来看，世界足球最早起源于中国是没有问题的，至于现代风靡世界的足球运动与中国古代蹴鞠究竟是怎样的一种关系，尚需要进一步的研究厘定清楚。2008 年，中国国家体育总局在临淄挂牌成立了"蹴鞠文化研究基地"，相信这一研究会得到不断的深入。

（二）乐舞

相对于肢体动作和心智愉悦方面来说，中国古代的乐舞同样承担着很多的体育娱乐功能。

乐舞在中国有着悠久的历史，《史记》中说："昔者舜作五弦之琴。"还说："王者功成作乐，治定制礼。……干戚之舞，非备乐也。"④《后汉书》说："少康已后，世服王化，遂宾于王门，献其乐舞。"⑤《吕氏春秋》说得更具体："昔葛天氏之乐，三人操牛尾，投足以歌八阙：一曰载民，二曰糸（玄）鸟，三曰遂草木，四曰奋五谷，五曰敬天常，六曰建帝功，七曰依帝德，八曰总禽兽之极。"⑥"歌八阕"就是八个主题的颂歌。其中的"玄鸟"是东夷先民的图腾。有人认为，这里葛天氏所用的"玄鸟"乐章，就是崇

---

① ［汉］班固：《汉书·贾邹枚路传》：中华书局 1962 年版，第 2367 页。

② ［汉］司马迁：《史记·扁鹊仓公列传》，中华书局 1959 年版，第 2813 页。

③ 参见王京龙《中国足球西来说质疑》，《山东体育学院学报》2005 年第 5 期。

④ ［汉］司马迁：《史记·乐书》，中华书局 1959 年版，第 1193 页。

⑤ ［南朝］范晔：《后汉书·东夷传》，团结出版社 1996 年版，第 822 页。

⑥ ［汉］高诱注：《吕氏春秋·古乐》，《诸子集成》，上海书店影印 1986 年版，第 51 页。

拜玄鸟图腾的东夷先人的乐舞。① 透过这些材料，我们可以得到的基本信息，就是中国古代的乐舞历史悠久，源远流长。《吕氏春秋》还说："昔古朱襄氏之治天下也，多风而阳气畜积，万物散解，果实不成，故士达作为五弦瑟，以来阴气，以定群生。……昔陶唐氏之始，阴多滞伏而湛积，水道壅塞，不行其原，民气郁阏而滞著，筋骨瑟缩不达，故作为舞以宣导之。"②此处之陶唐氏是远古时代传说中的部落首领。这段材料的意思是说，朱襄氏开始治理天下的时候，阳气过盛，万物散落，果实也不能按时成熟。于是就由士达创造出了五弦琴，引来阴气，安定了众生。陶唐氏开始治理天下的时候，阴气过盛，沉积凝聚，阳气不通，阻碍了自然规律的正常运行，人民精神抑郁而不舒畅，筋骨萎缩而不舒展，于是就创作了舞蹈来加以疏导。这里却又已经把乐舞起源过程中的健身功能明确了。

西周以来，适应宗法伦理观念发展和社会文明进步的需要，本源于社会生活的乐舞发展出现了明显的等级分化。孔子编订《诗三百》的时候，就分出了"风"、"雅"、"颂"三部分，"风"是不同地区的地方音乐，是民间乐舞；"雅"是宫廷宴享或朝会时的乐歌；"颂"是歌颂祖先功业的赞歌。"雅"、"颂"都是宫廷乐舞。这里需要注意的是，孔子所做的工作只不过是对于"诗"的搜集与整理分类，是一种对已有诗歌的编辑整理工作，并不是创作。这也就是说，对于不同诗歌的不同用途，并不是孔子的发明，是孔子之前就很明确的。

春秋战国时期的齐国乐舞也很发达。春秋末期，孔子到齐国来听到的韶乐，就是典型的宫廷乐舞。民间乐舞也很值得注意。孟子曾引用淳于髡的话说："昔者王豹处于淇，而河西善讴；绵驹处于高唐，而齐右善歌；华周杞梁之妻善哭其夫，而变国俗。"③ 按照汉人赵岐的解释，王豹是卫国的著名歌手，绵驹是齐国的著名歌手，华周杞梁之妻的哭夫腔调演变成了齐国的流行乐曲。"讴"，《说文》解释为"齐歌也。"④ 可能就是齐地的一种地方音乐。淳于髡说王豹"善讴"，这个王豹要么是齐国人，要么是擅长齐国地方

---

① 参见杨荫浏《中国古代音乐史稿》，人民音乐出版社1980年版，第4—5页。

② ［汉］高诱注：《吕氏春秋·古乐》，《诸子集成》，上海书店影印1986年版，第51页。

③ ［清］焦循：《孟子正义·告子·下》，《诸子集成》，上海书店影印1986年版，第490页。

④ ［汉］许慎：《说文解字》，中华书局影印1963年版，第53页。

音乐的歌手。"讴"乃是齐国的民间音乐。按照淳于髡的说法，王豹对于齐国的这种民间音乐的传播贡献是巨大的。《战国策》中冯谖的击铗①所歌，同样指的也是这类音乐。这些民间的乐舞，大约与现今的民间歌舞差不多，虽然流行于民间，但有着很强的传播力和传承力，其社会影响力是"雅"、"颂"之类的乐舞所不可企及的，它的传播靠的是乐舞自身的强大生命力。

政治伦理观念的强化，推动着社会等级分化的清晰化，出现了乐舞等级的分化。这样，以生活娱乐和技能训练为特征的乐舞也就逐渐地分化出来，走向了各自的发展道路。

汉代班固在他的《东都赋》中曾详细描述过当时四夷乐舞汇集洛阳的情况，其中包括有东夷的《矛舞》、西南夷的《羽舞》，也有西夷的《戟舞》和北夷的《干舞》②，等等。这些地方乐舞的形成，都应当是对春秋战国以来乐舞发展优秀成果的继承，反过来却又可以折射出春秋战国之际乐舞的发展水平。有人依据《汉书》中的记载："赵、中山……丈夫相聚游戏，……女子弹弦跕躧，游媚富贵，遍诸侯之后宫"，认为战国时期赵地女子舞蹈中的"跕躧"动作③，就是现代芭蕾舞的源头。④ 这种穿着小鞋轻轻跕起脚跟而用脚尖舞蹈的动作，犹如现代的芭蕾舞。赵国"跕躧"舞的出现，要比欧洲芭蕾中足尖舞的形成早了近两千年，甚至形成了风靡一时的婀娜多姿的舞步，这便是"邯郸学步"之"步"。这说明，在战国时期的赵国已经出现了很高超的专门用于娱乐欣赏的乐舞。《史记》中有赵国女子盛装打扮、靠美色谋生的记载，其中也记载了这种专门的舞鞋。⑤ 从这一点上看，战国时期赵国出现的这类舞蹈，差不多可以看作是东方最早的芭蕾舞。在《吕氏春秋》中，还记载有专门的舞蹈训练班："是月（孟春）也，命乐正入学习舞。"⑥ 其实，

---

① 参见张清常、王延栋《战国策笺注·齐策》，南开大学出版社 1993 年版，第 263 页。

② 参见费振刚、胡双宝、宗明华辑校《全汉赋》，北京大学出版社 1993 年版，第 328 页。

③ 参见［汉］班固《汉书·地理志·下》，注引臣瓒曰："躧跟为跕，拄指为躧"；又引师古曰："躧，谓小履无跟者也；跕，谓轻蹑之也。"中华书局 1962 年版，第 1655 页。

④ 杨善群：《谈燕赵的歌舞艺术》，《燕赵文化》2006 年第 1 期。

⑤ 参见［汉］司马迁《史记·太史公自序》："今夫赵女郑姬，设形容，揳（xie）鸣琴，揄长袂，蹑利躧，目挑心招，出不远千里，不择老少者，奔富厚也。游闲公子，饰冠剑，连车骑，亦为富贵容也。"《集解》："徐广曰：蹑，一作'跕'。躧，舞鞋也。"中华书局 1959 年版，第 3271 页。

⑥ ［汉］高诱注：《吕氏春秋·孟春》，《诸子集成》，上海书店影印 1986 年版，第 3 页。

舞蹈训练活动，大约早在周代的时候就已经大量组织，《周礼》中有记载，《诗经》中有反映，齐鲁夹谷之会中，齐国安排出场的"四方之乐"、"宫中之乐"，也都是由训练有素的专业演员来完成的，其组织特征十分明显。这类情况在先秦典籍中极为常见，只是具体的动作方式很少记载而已。这些材料充分说明，乐舞的娱乐功能在春秋战国时期的生活中已经很突出。战国时期乐舞中的这些传统文化因子后来的发展，对传统舞蹈艺术的发展的意义自不必细说，对于享誉世界的中华武术的影响，更是值得我们注意。

（三）武术

中华武术是中国优秀传统文化中一颗璀璨的明珠。什么是武术？《中国大百科全书》的定义是这样的："武术又称国术或武艺。中国传统的体育项目，其内容是把踢、打、摔、拿、跌、击、劈刺等动作按一定规律组成徒手的和器械的各种攻防格斗功夫、套路和单势练习。"[1] 武术既有格斗的功能，也有娱乐的和健身的功能。

近代武术主要是从古代的军事武艺和民间的武戏中直接脱胎而来的，而军事武艺或民间武戏的起源又与原始舞蹈有着密切的关系，所以，原始的舞蹈动作应当是武术的重要来源之一。《荀子》篇中说"齐人隆技击"，临沂银雀山汉墓里出土《孙膑兵法》残简中的有"鏌钩击"[2]，意思就是先用左、右手从侧面横击，紧接着向前猛烈冲击。《管子》书中记载有"角试"的记载："春秋角试以练，精锐为右。"[3] "求天下之精材，论百工之锐器，器成角试否臧。"[4] 所谓"角试"，也就是角抵选拔赛。这些材料虽然说的是军事技能的训练，是个人搏斗过程中的动作或者技巧的固定程序训练。但这些动作训练与早期的舞蹈动作训练是分不开的，有很大的一部分可能也要来自于乐舞的动作分化。

按照现代研究者的观点，武术形成的基本标志应当是动作套路的基本定型，而武术动作套路的出现，最早可能就是文献记载中的所谓"技击"。进一

---

① 《中国大百科全书·体育卷》，中国大百科全书出版社1982年版，第418页。

② 银雀山汉墓竹简整理小组编：《孙膑兵法·略甲》，文物出版社1975年版，第94页。

③ ［清］戴望：《管子校正·七法》，《诸子集成》，上海书店影印1986年版，第31页。

④ ［清］戴望：《管子校正·幼官》，《诸子集成》，上海书店影印1986年版，第41页。

步说，"技击"动作的来源，既与原始的舞蹈动作有关，也与某种劳动的技巧有关，还与人与其他同类或异类的搏斗技巧有关。总而言之，技击动作的来源是很广泛的，难以完整地概括出来。春秋战国之际，礼崩乐坏，周王室大权旁落，诸侯之间以兵战为务，士人以"强有力"为傲，身体素质的"强有力"是战胜对方的第一位要素，因而"技击"在先秦典籍当中有着广泛的记载，这些记载大多都属于军事武艺的范畴，而这些军事武艺后来在形式上固定化，与从其他方面吸收来的动作一起，汇聚整合成了享誉世界的中华武术。

中国古人很早就掌握并使用了搏斗的技巧。《周礼》中有"环人"一职，他的岗位职责是："掌致师，察军慝，环四方之故，巡邦国，搏谍贼。"① 这里的"搏谍贼"，就是保卫国家安全人员。"环人"，也就是专门负责抓捕间谍的人员，相当于现在"特警"。这类人员最重要的本领，便是要有搏斗的技巧。《庄子》中说："且以巧斗力者，始乎阳，常卒乎阴，大至则多奇巧。"② 说的也是搏斗要学习掌握技巧的问题。荀子说"齐人隆技击"，本义是对齐国军队战斗能力的一种评价。后人王先谦对于这里的"技击"作出了这样的解释："技，材力也。齐人以勇力击斩敌者，号为技击。孟康曰：兵家之技巧。技巧者，习手足，便器械，积机关，以立攻守之胜。"③ 技，是一种自身掌握的技术或者能力；击，就是凭借自身的能力和勇气而对敌人进行的攻击。通常来说，"技击"是"攻击技巧"，是凭借特殊训练的本领而战胜敌人的手段。这些特殊训练的本领包括"习手足，便器械，积机关"三个方面。按照这样的解释，"技击"这种技巧的形成，是以"习手足"为基本前提的，"便器械，积机关"则是进一步的补充和发展。《春秋公羊传》中还记载有一段对发生在宋万、宋闵公和仇牧之间的精彩搏斗描写："（宋）万尝与庄公战，获乎庄公。庄公归，散舍诸宫中，数月，然后归之。归反为大夫于宋。与闵公博，妇人皆在侧。万曰：甚矣，鲁侯之淑，鲁侯之美也！天下诸侯宜为君者，唯鲁侯尔！闵公矜此妇人，妒其言，顾曰：此虏也！尔虏焉故，鲁侯之美恶乎至？万怒，搏闵公，绝其脰。

---

① 杨天宇：《周礼译注·夏官·司马·环人》，上海古籍出版社 2004 年版，第 436 页。

② ［清］王先谦：《庄子集解·人间世》，《诸子集成》，上海书店影印 1986 年版，第 26 页。

③ ［清］王先谦：《荀子集解·议兵》，《诸子集成》，上海书店影印 1986 年版，第 180 页。

仇牧闻君弑，趋而至，遇之于门，手剑而叱之。万臂杀仇牧，碎其首，齿著乎门阖。"① 这个宋万不仅出手很快，而且很猛、很准，很有武打大家的做派，应当算是当时的技击大家。古代技击的实际应用，突出表现在了你死我活的军事斗争当中，既包括了军士的徒手格斗技能，也包括使用简单器械的格斗技能，甚至于还可以包括当今所说的特种训练。"技击"的出现以及有意识的追求，不仅对于战斗力水平的提高是一个极大的推动，而且，技击训练方式的固定和程序化，也为中华武术的形成铺就了道路。

　　关于中华武术的形成时间，学术界多有争议。有人认为，"技击"是"武术"的代名词，中华武术形成于战国时期的齐国。也有人认为，"技击"只是"武术"形成的基础，中华武术形成于明代。② 还有观点认为，武术是"在春秋战国时期开始形成的。"③ 事实上，用现代的武术概念标准去框定武术的历史发展过程，进而探寻武术的源头，确认武术套路的形成时间，这一办法是不尽合理的。退一步想，什么是武术训练的套路？这些武术训练的套路的形成时间，究竟定位在什么时候？这都是一些十分复杂而又极其不好明确的问题。从宏观上看，中华武术应当是在春秋战国时期就已经形成雏形的。春秋战国时期技击如果没有形成固定的套路，那么怎么会出现那么多的武事训练呢？《春秋》三传里边记载的那些规模宏大的战争，还有那些不胜枚举的家族之间的争斗，都需要有一些高水平的武士来完成这些任务。这些武士，包括贵族们豢养的那些所谓的死士，在平时是绝不会只在那里吃闲饭的，他们也要训练，必然也要训练和探讨一些套路和技巧问题。文献记载中，晋国的冯妇"善搏虎"④，滕国的世子"好驰马试剑"⑤，《尹文子》中有"康衢长者，字儥，曰善搏。"⑥《孙子兵法》等兵书当中出现的摆兵布阵

---

　　① 中华书局编辑部编：《汉魏古注十三经·下册·公羊传·庄公十二年》，中华书局1998年版，第46页。

　　② 参见曾世华《试论武术产生的时间》，《山西师大体育学院学报》2002年第3期。

　　③ 国家体委文史工作委员会、中国体育史学会：《中国古代体育史》，北京体育学院出版社1990年版，第89页。

　　④ ［清］焦循：《孟子正义·尽心·下》，上海书店影印1986年版，第581页。

　　⑤ ［清］焦循：《孟子正义·滕文公·上》，上海书店影印1986年版，第193页。

　　⑥ ［战国］尹文著，［清］钱熙祚校：《尹文子·大道·下》，《诸子集成》，上海书店影印1986年版，第10页。

之法，也都不可能是毫无训练的结果。中华武术源自于格斗技巧的成熟，而格斗技巧首先被广泛应用于冷兵器时代的军事活动，这是显而易见的事情。这些格斗技巧都是在春秋战国时期就形成了的。

总之，以军事动作技巧为主体而汇聚其他方面的动作而凝炼升华而成的中华武术，在后来的发展过程中又吸收了诸如儒学、道学、佛学等众多的文化内涵，从而形成了以或强身健体，或厮杀搏斗，或聚众表演等为基本目的的众多宗派。这些宗派一代代地薪火相传，构架成了傲立于世界民族之林的中华武术大系。

（四）射箭

依据传说故事中的信息，作为狩猎工具的弓箭，在原始社会后期就已经转化为战争中的利器了。到夏商时代，弓箭更成为最为重要的先进武器之一，并有了较大的发展。在整个冷兵器时代，弓箭都是非常重要的劳动或作战工具。商周之际由射箭演化出来的礼仪规范，反映着当时人们对于射箭的高度重视，实际上也包含着对于弓箭这一工具的珍爱与尊重之意。

周代，射箭不仅技术水准上已经达到了相当的高度，而且形成了明确的多元分化趋势，其体育娱乐功能也在这一分化过程中清晰地反映了出来。这个分化过程表现为以下几个方面：首先是作为获取生活资料的劳动工具职能依然存在。这在《诗经》当中得到了很好的证明。比如在《大叔于田》诗中，详细描述了打猎活动的具体过程，其中就有用弓箭射杀野兽的描写。[①]《诗经》中反映类似情况的诗歌并不是个例。其次，射箭成为学校教育的重要内容。《孟子》书中记载说，"设为庠序学校以教之。庠者，养也；校者，教也；序者，射也。夏曰校，殷曰序，周曰庠；学则三代共之，皆所以明人伦也。人伦明于上，小民亲于下。有王者起，必来取法，是为王者师也。"[②]这里的校、序、庠都是指的学校，是夏、商、周三个不同时代的不同称谓而已。这一记载告诉我们，三代时期射箭就已经成为学校教育的内容了。不过，这时学校里边的射箭教育主要有两方面意义：一是作为武士训练的技能

---

① 参见高亨《诗经今注·郑风·大叔于田》，上海古籍出版社 1980 年版，第 110 页。
② ［清］焦循：《孟子正义·滕文公·上》，《诸子集成》，上海书店影印 1986 年版，第 202 页。

教育，二是作为贵族需要的礼仪教育。射箭的技能教育，属于初级的军事教育，夏商时期尤为突出。作为贵族教育的礼仪教育，周代更为突出。总之，射箭在夏商周以来的学校教育中属于正规的通识教育内容。军事方面的射箭教育，其目的就是为统治者提供高水平的战士："有王者起，必来取法，是为王者师也。"① 射箭是贵族男子成长过程中的必修科目，春秋时期出现的"六艺"教育中的"射"，就是属于这样的情况，成年男子如果不会射箭，简直就是莫大的耻辱："君使士射，不能，则辞以疾，言曰：'某有负薪之忧'。"② 由于当时能够接受社会教育的社会成员非常少，因而，作为军事教育和礼仪教育的学校教育内容，射箭还不是一般的社会成员所能够接受得到的。三是转入到了民俗当中。射箭分化到民俗当中是多角度的。比如可以把弓矢作为男孩出生的象征。周礼规定，男孩一出生就用射箭来给予他美好的祝愿。孩子生下来之后，是男孩就在门外的左边墙上悬挂一具弓弧，是女孩就在门外的右边悬挂上一条佩巾。到第三天，就抱婴儿出门，是男孩就要举行射礼。如果是国君的夫人生了孩子，要通过占卜选择一名士抱着婴儿，来到门外，射手用桑木作的弓，蓬梗做的六支矢，分别射向天地四方。③ 射箭还可以在婚礼过程中被当作"射礼"，《猗嗟》是一首描写婚嫁礼俗的乐歌，诗中描写的是一个俊美健壮的小伙子来到新娘家里迎娶新娘的过程。小伙子带领车驾来到新娘家，首先就要举行"射礼"，射箭合格以后，新娘家方能认可这个小伙子，小伙子才能载着姑娘欢快而归。④ 总之，射箭转化到民俗当中的时候，在主体上是以"礼"的方式进行的。周代对于礼的强化推广，加速了射箭在民俗中的程序化、礼仪化的普及。四是转化成了政治活动中的一部分。周礼规定，燕礼是用来明确君臣道义的，酒礼是用来明确长幼秩序的。所以，诸侯举行射礼的时候还必须举行燕礼，卿大夫、士举行射礼的时候也必须举行酒礼。射礼举行过程中，射箭的人进退旋转必须合乎礼仪规定，由此可以观察一个人的德行。天子选人用人甚至也可以通过射箭来进

---

① ［清］焦循：《孟子正义·滕文公·上》，《诸子集成》，上海书店影印 1986 年版，第 205 页。
② 杨天宇：《礼记译注·曲礼·下》，上海古籍出版社 1997 年版，第 37 页。
③ 参见杨天宇《礼记译注·内则》，上海古籍出版社 1997 年版，第 329 页。
④ 参见高亨《诗经今注·齐风·猗嗟》，上海古籍出版社 1980 年版，第 139 页。

行，合于礼的人就可以用，不合于礼的人就可以不用。① 五是向体育娱乐活动方向分化。这一分化方向虽然是明确的，但就文献记载来看，却很难判定当时的哪一些射箭活动属于专门的体育娱乐活动。只能说，许多的射箭活动中，明显地含有体育娱乐的成分。比如周礼当中规定，周天子有"大射"之典。凡有祭祖、祭神等大典，要从诸侯的"贡士"中挑选参与祭祀的士人，因而要举行"大射"于射宫②。综合文献中关于周礼的记载，天子"大射"时，有各种执事官员到场各司其事：梓人，管布置侯架；司裘，负责供应三种侯；司马，命"量人"量侯道距离与供唱获者（验、报中靶情况）籍以蔽矢之具；射人掌射法、治射义，以及负责排列射箭的顺序等事；乐正（或大司乐）命乐人演奏乐章；太史记射中之矢数；司射观察是否射中应射之侯，非应射之侯，中而无效；司常，供胜者所获之奖旗；射鸟氏，负责从靶上取下射中之矢等。有如此严格规定、程序、制度及工作人员精细分工的礼仪活动，出现在两千年前的中国，这在世界上也是罕见的。从程序上看，与我们今天所见到的体育活动中的射箭比赛规程有着很大的相同之处。只不过在当时看来最重要的用途是礼仪，体育娱乐功能并没有突出出来而已。

由于周代对于射箭有着特别的重视，因而，射箭这一活动从"劳动工具"这一本质功能的分化也就显得一言难尽。但可以肯定的是，春秋战国时期，弓箭的制作水平已经很高。《诗经》中有"骍骍角弓"③ 的记载，"角弓"就是两端镶着牛角的弓。骍骍，红色。弓箭的弓不仅染上了漂亮的颜色，而且在弓的两端都镶上了牛角。这种装饰精美的弓箭，不仅具有实用价值，而且更重要的是具有了观赏价值。此时也出现了非凡的射箭高手，楚国的养由基就是一位杰出的代表，据说他能够百步穿杨，百发百中。④ 齐国的齐宣王也是射箭的高手。⑤ 战国时代的人们不仅要善射，而且还要弄清楚

---

①　参见杨天宇《礼记译注·射义》，上海古籍出版社 1997 年版，第 833 页。

②　参见杨天宇《周礼译注·天官·冢宰·司裘》，上海古籍出版社 2004 年版，第 105 页。

③　高亨：《诗经今注·小雅·鱼藻之什·角弓》，上海古籍出版社 1980 年版，第 350 页。

④　参见杨伯峻《春秋左传注·宣公十二年》：晋人逐之，左右角之。乐伯左射马，而右射人，角不能进。《成公十六年》：潘尪之党与养由基蹲甲而射之，彻七札焉。上海古籍出版社 1997 年版，第 735 页。

⑤　参见［战国］尹文著，［清］钱熙祚校《尹文子·大道·上》，《诸子集成》，上海书店影印 1986 年版，第 6 页。

射箭的道理，《列子》记载说："列子学射，中矣。请于关尹子。尹子曰：子知子之所以中者乎？对曰：弗知也。夫尹子曰：未可。退而习之。三年，又以报关尹子。尹子曰：子知子之所以中乎？列子曰：知之矣。关尹子曰：可矣！守而勿失也。非独射也，为国与身。亦皆如之。故圣人不察存亡而察其所以然。"①　这显然是礼仪文化在这种体育娱乐活动中的渗透，是传统的道德要求的结果。这些情况都可以折射出当时射箭的社会普及程度。经过赵武灵王提倡"胡服骑射"以后，习练骑射蔚然成风，射箭得到了更为广泛地普及。之后，伴随车战在战争中的渐渐退出，骑射的地位显得更为重要了。射箭的体育娱乐功能也就进一步得到了强化。射箭在体育娱乐领域地位的不断提升，与射箭的社会普及程度的不断提高有着直接的关系。

当然，射箭并非中华民族所独有，其起源时代和地域范围自然也不必细考。现在的射箭不仅在中国，而且在世界体育运动舞台上也是很重要的比赛项目之一。

（五）棋戏

棋戏，指的是棋类游戏。棋类游戏在我国不仅有着悠久的发展历史，而且种类也比较多。我国古代主要的棋类游戏——围棋、象棋与六博都在春秋战国乃至更早一些时候就得以流传开来了。

围棋。围棋，先秦时代称之为"弈棋"，简称"弈"。《说文解字》云："弈，围棋也。"②　围棋最早起源于何时何地已不可确考。围棋是一种较复杂的棋艺活动。传说中的尧舜时期，社会生产力水平还比较低下，社会分工与文化发展均处于萌芽状态，虽然多有人持帝尧创造围棋说的观点，但当时能否产生围棋这样高智商的游艺活动，仅靠文献中记载的"传说"材料恐怕难以确证。文献记载中说春秋战国时期围棋已经很流行了，这应当是可信的。《左传》记载说："卫献公自夷仪使与宁喜言，宁喜许之。大叔文子闻之，曰：……今宁子视君不如弈棋，其何以免乎？弈者举棋不定，不胜其

---

①　［晋］张湛注：《列子·说符》，《诸子集成》，上海书店影印1986年版，第90页。
②　［汉］许慎：《说文解字》，第59页："弈，围棋也。从廾，亦声。"第162页："奕，大也。从大，亦声。"此二字音同义异，但古籍中两字经常混用。中华书局1963年影印版。

耦，而况置君而弗定乎？必不免矣。"① 这段史料的本义，是卫国大夫大叔父子批评宁喜三心二意没有主见，以"举棋不定，不胜其耦"来比喻政治斗争中游移不定的态度。这里已经把弈棋当作一个信手拈来的比喻物了。可见弈棋在春秋中后期的时候已是为人熟知的事物。春秋末期的时候，孔子也已认为围棋是一项很好的休闲消遣活动了，孔子说："饱食终日，无所用心，难矣哉！不有博弈者乎！"意思说，人在空闲时间下下围棋，总比无聊得什么都不做要好得多。可以推想，孔子及其弟子们在休息时是经常把围棋作为一种休息娱乐工具的。战国中期的孟轲也讲到过弈棋："孟子曰：世俗所谓不孝者五：惰其四支（肢），不顾父母之养，一不孝也；博弈好饮酒，不顾父母之养，二不孝也；……"② 孟子批评的所谓"五不孝"，其中之一便是爱好博弈和饮酒太过分，以致不管奉养父母之事。这说明当时社会上已有了迷恋围棋的现象。《孟子》中还记载了一个围棋高手："弈秋，通国之善弈者也。"③ 这个"弈秋"则是当时举国知名的围棋高手。既有举国知名的高手，则高手的产生，必经大范围的层层淘汰遴选，或者较大范围的行业公认，然后方能成就声名。从围棋高手的出现，足可以推想当时弈赛之风的流行程度。《尹文子》说："以智力求者，喻如弈碁（"棋"的异体字），进退取与，攻劫放舍，在我者也。"④ 明确指出围棋是对智力有较高要求的竞技活动。高雅而又有很强的益智功能，这是围棋在士大夫阶层深受欢迎，并且能够得以广泛流行的主要原因。

象棋。象棋在我国也有着非常悠久的历史。据范生、郑震先生考证，象棋的产生有大舜说、周武王说、汉代说、汉代韩信说、先秦时代说、印度传来说等诸多观点。⑤ 宋代晁补之《广象戏格·序》："象戏，戏兵也。黄帝之战驱猛兽以为阵。象，兽之雄也，故戏兵而以象戏名之"⑥。此说又谓象棋

---

① 杨伯峻：《春秋左传注·昭公二十五年》，中华书局 1990 年版，第 1108 页。

② ［清］焦循：《孟子正义·离娄·下》，《诸子集成》，上海书店影印 1986 年版，第 352 页。

③ ［清］焦循：《孟子正义·告子·上》，《诸子集成》，上海书店影印 1986 年版，第 460 页。

④ ［战国］尹文著，［清］钱熙祚校：《尹文子·校勘记·附逸文》，《诸子集成》，上海书店影印 1986 年版，第 16 页。

⑤ 参见范生、郑震《我国象棋的起源》，载中华人民共和国体委运动技术委员会编：《中国体育史参考数据》第三辑，人民体育出版社 1958 年版。

⑥ ［元］马端临：《文献通考》下册，卷二百二十九，中华书局 1986 年版，第 1833 页。

产生黄帝时代。以上诸说，黄帝说、舜说、周武王说，均为传说或推测。在现有的大量先秦文献的记载中，已经保存了不少关于象棋游戏的记载，因之，象棋的印度传来说也不可靠。因此，说中国古代的象棋，在春秋战国时期甚至更前一些时候就已经出现，在春秋战国时期就非常流行了，这是不用怀疑的。这里还有两个材料可证：一是《说苑》中的记载："雍门子周以琴见乎孟尝君。……雍门子周曰：……今若足下，千乘之君也，居则广厦邃房，下罗帷，来清风，倡优侏儒处前迭进而谐谀，燕则斗象棋而舞郑女，……"① 二是《楚辞》中的记载："菎蔽象棋，有六簙些。分曹并进，遒相迫些。成枭而牟，呼五白些。"② 雍门子周是战国时齐国人，孟尝君是著名的战国四公子之一，也是齐国人。雍门子周说孟尝君家里就有"斗象棋"之戏，而且说斗象棋乃是孟尝君家中的常用娱乐工具。《招魂》一诗乃战国末期楚国的屈原所作，诗中描写当时楚国的娱乐生活时写到了象棋。陆侃如、高亨、黄孝纾注曰：菎，"玉类。"蔽，"是下棋的筹码，形似筷子。菎蔽是用玉做的筹码。……象棋是用象牙做的棋子。"六簙，"是一种赌胜负的游戏，六支筹码，十二个棋子，两人对下，每人掌握六个棋子，所以叫六簙。"屈原的这几句诗，叙述的是"六簙"与"象棋"两种娱乐活动。"有六簙些"之"有"字，即"又"字，文意为既有象棋，又有六簙。"分曹并进，遒相通些"，是叙述棋子分成二群，互相攻守胁迫，是象棋场面的描写。"成枭而牟，呼五白些"，则是对"六簙"赌胜喝彩的描写。由此可见，战国时期的楚国，象棋也已非常流行了。至于战国以前，甚或传说时代是否就有了象棋的存在，至少目前还没有见到更为确凿的证据材料。

象棋是模仿古代兵制而形成的一种棋艺游戏。时代不同，地域不同，游戏的规则也不完全相同。春秋时期的兵制中，将、帅、车、马、士、卒等名称都已具备，这或许就是象棋棋子各自之名称的最初由来。而"砲"等名称，则显然是在象棋以后的发展中加入的。中国古代的兵战，春秋时期重车战，战国后期重骑兵，因此象棋中"车"、"马"乃是主要的攻防力量。象棋这些元素的加入，都是与当时的社会时代特征密切吻合的，也可以作为断

① ［汉］刘向撰，向宗鲁校证：《说苑校证·善说》，中华书局1987年版，第279—280页。
② 陆侃如、高亨、黄孝纾选注：《楚辞选》，中华书局1962年版，第114页。

定其发展历程的佐证材料。象棋在后来的发展过程中，不管是社会普及面还是社会影响力，都不是一般的娱乐方式所能够代替的。由于象棋攻防兼备，斗智斗勇，趣味逼真，变化无穷，易学难精，因而有着很强的吸引力。可以说，上至达官贵人，下至平民百姓，大凡有人群的地方，必有会下象棋者。至于中国象棋与国际象棋之不同，甚或中国象棋与国际象棋之接轨，则不是这里所要讨论的事情了。但象棋在当今世界体坛上的国际影响力也是众所共知的。

六博。六博是中国古代重要的一种博戏，又作"陆博"，本称"六簙"。汉代的许慎解释说："簙，局戏也，六箸十二棋也。从竹博声。古者乌胄作簙。"① 乌胄是古代传说中夏桀的臣子。按照这一传说，六博棋戏早在夏桀时期就被创制出来了。司马迁在《史记》中记载说，商帝武乙曾与木偶人天神对之"博"戏。② 商帝武乙是商纣王的曾祖。《穆天子传》记载周穆王"与井公博"，三天时间才分出胜负③。关于博戏，汉代的画像砖、《列子》、《楚辞》中都有描绘或记载，1972 年湖北云梦西汉墓还出土了六博棋局一块。结合其他相关记载，崔乐泉先生认为，"博戏这种活动的出现最迟不会晚于商代。"④

春秋战国时期，博戏的流行已经非常广泛。宋闵公"与南宫万猎，因博争行，闵公怒，辱之"并施之威胁，但"万有力，病此言，遂以局杀闵公于蒙泽。"⑤ 不可一世的宋闵公，竟然惨死在了与南宫万对弈的博局之下。《尹文子》中说："博者，尽开塞之宜，得周通之路，而不能制齿大小，在遇者也。"⑥《战国策》和《史记》都记载苏秦的话说，齐国都城临淄城中之人大都会六博。虽不无夸饰之嫌，但也反映出了六博在临淄这样当时的"国际性大都市"中的普及状况。前面我们引用了屈原的《招魂》诗，其中

　　① ［汉］许慎：《说文解字》，中华书局 1963 年影印版，第 98 页。

　　② 参见［汉］司马迁《史记·殷本纪》，中华书局 1959 年版，第 104 页。

　　③ 参见［晋］郭璞注，［清］洪颐煊校，谭承耕、张耘点校《山海经·穆天子传》，岳麓书社 1992 年版，第 238 页。

　　④ 崔乐泉：《中国古代六博研究（上）》，载《体育文化导刊》2006 年第 4 期。

　　⑤ ［汉］司马迁：《史记·宋微子世家》，中华书局 1959 年版，第 1624 页。

　　⑥ ［战国］尹文著，［清］钱熙祚校：《尹文子·校勘记·附逸文》，《诸子集成》，上海书店影印 1986 年版，第 16 页。

的"菎蔽象棋，有六簿些"一句，描述的是南方楚国六博的流行状况，可知战国时期南方的楚国也流行六博。此外，诸如《史记》、《说苑》、《韩非子》等文献，都有很生动的关于六博的描写。《韩非子》中记载有这样一个故事，说秦昭王非常酷好六博游戏，为了做博戏用的博箭，就下令让工匠们到险峻的华山上去砍伐松柏，要用这种松柏的树心做博箭杆。据说用这种松柏做成的博箭长八尺，棋长八寸，上刻有"昭王尝与天神博于此矣"的文字。① 在湖北荆州雨台山楚墓、河北平山中山国墓、安徽长丰战国晚期楚墓、甘肃天水放马滩战国晚期秦墓、湖北云梦睡虎地秦墓等出土的文物当中，都出现了关于六博戏的一些器具。前面所引屈原的描述，"分曹并进，遒相迫些"，指的是对博的方法。六博之戏至少两人对弈，人多时就必须要分组进行，"分曹"就是分组的意思。多人参加，分组进行，仍然按照双双配对的原则，将赌注加入到其中的一方进行。这样，始终保持着双方"并进"的博弈方式。所谓"遒相迫些"，就是双方相互逼迫的意思。"成枭而牟，呼五白些"讲的是战胜对方的方法。"枭"是棋子的名称，相当于象棋中的"将""帅"，非同一般棋子，设若枭棋被吃掉，将是全盘皆输了。"五白"② 指的是得了最高的头彩。自己的棋子都成了"枭"棋了，也就是中了头彩了，于是就兴高采烈欢呼雀跃。

　　六博之戏与围棋、象棋不同③，是一种性质明确的"博戏"，因而有着很强的刺激性。正因于此，六博之戏适应了一些喜于寻欢作乐的人的需求，尤其青年人或一些好冒险之人的需要，还有一些不务正业的游散人员，那些

---

　　① 参见［清］王先慎《韩非子集解·外储说左上》，《诸子集成》，上海书店影印 1986 年版，第206 页。

　　② 陆侃如、高亨、黄孝纾选注：《楚辞选》"注27"云：先秦时代的簿法，已不可考。大概是一个长方形的棋盘，狭面画六格，宽面画十二格。十二格正中间有一格叫做水，水中摆上三个鱼。十二个棋子，六个白的，六个黑的。五个骰子，方形，六面，有相对的两面是尖头；其余四面是平的，一面刻一画，一面刻二画，一面刻三画，一面不刻画。六支筹码。二人对坐在棋盘狭面的两边，一人掌握六个白棋子，一人掌握六个黑棋子，都放在自己那一方靠棋盘边的六个格上，掷骰成彩，才得走棋。（如何算成彩，不详。）棋走到水边，便竖起来，叫作枭棋，再掷骰成彩，便入水牵鱼，牵一个鱼，得两支筹码。二人的枭棋相对叫做牟，牟读做侔，相等之意。所谓成枭而牟，就是这样。当成枭而牟的时候，掷骰得到五个骰子都是不刻画的一面在上，叫做"五白"。掷得五白可以杀对方的枭棋，所以下棋人要喊"五白"。（五白可能是同样画数的一面在上，如今人掷骰子所谓"抱子"。）中华书局 1962 年版，第 114 页。

　　③ 黄儒宜：《六博棋局的演变》，载《中原文物》2010 年第 1 期。

上层社会无所事事而需要寻找刺激而打发时光的人们，对此也有着比较强烈的爱好。总之，六博在春秋战国时代就已经成了打发时间、寻欢作乐、寻求刺激的娱乐方式，对后世也有着很大的影响，中国社会中的博彩业发展，与之有着很深的渊源关系。

（六）健身养生术

中国古代的健身养生术不仅源远流长，而且在世界文化发展史上有着重要的历史地位，是世界民族体育发展史上的绚丽瑰宝。但中国古代的健身养生术，因为它所涉及的内容很广泛，因而不能全部归之于体育之列，而是与今之谓体育、医学、保健学，乃至于哲学等学科有着广泛的交叉。

首先应当特别注意的问题是，受当时社会条件和中国古代思想文化思维方式的制约，直到战国时期乃至汉代前期，几乎所有涉及到关于健身养生的论述，基本的着眼点都不是放在健身养生本身，而是在于思索或探求人类社会演进的一般规律。因而，他们提出的一些健身养生思想，只能说是对以往的生命养护经验的总结、吸收与利用，相对于生命保护意义上的健身养生来说，实在是一种无意的生发，并不是对于健身养生的专题研究。比如春秋时期的孔子，就从维护正统礼制的角度提出了自己的健身养生观点："食不厌精，脍不厌细。食饐而餲，鱼馁而肉败，不食。色恶，不食。臭恶，不食。失饪，不食。不时，不食。割不正，不食。不得其酱，不食。肉虽多，不使胜食气。惟酒无量，不及乱。沽酒市脯，不食。不撤姜食，不多食。祭于公，不宿肉。祭肉不出三日；出三日，不食之矣。食不语，寝不言。虽疏食菜羹，瓜祭，必齐如也。"① 因为孔子是以周礼的标准看待饮食问题的，评价的重心在于饮食过程中的形式是否合于"礼"，所以才有了这段言论，而孔子的这一理论在饮食科学上对于保健养生也是有着一定理论价值的，后来也就被人们从养生保健的角度剥离或凸显了出来。至于杨朱、老子、庄子道家一派的养生思想，虽然是更为丰富的，但他们多是从反对礼制、顺应自然的角度，在很大程度上也是把修身养性的健身养生之术当作治理国家的例证

---

① ［清］刘宝楠：《论语正义·乡党》，《诸子集成》，上海书店影印 1986 年版，第 220 页。

来提出的。一般认为，成书于秦汉之际的《黄帝内经》以及《黄老帛书》①，虽从人体自身的生长发育出发，试图解决人的生命活动过程中的"已病"和"未病"问题，因而直接涉及到了从医学角度来进行的健身养生问题，但在大方向上却仍然没有偏离匡正时弊的思想主旨，其中对于社会道德的高度要求便是很好的注脚。《庄子》、《管子》中还保存了一些丰富的健身养生气功理论，但由于成书的复杂性所致，只能算作是整部书的异端，因为这些书的宗旨同样是与治国平天下连在一起的。战国时期的墨子提出了很有见地的健身美容观点："昔者齐康公兴乐万，万人不可衣短褐，不可食糠糟。曰：食饮不美，面目颜色，不足视也；衣服不美，身体从容，丑赢不足观也。是以食必粱肉，衣必文绣。"②但《墨子》书的本义也并不在这里，这些观点仍然是为他的"兼爱""非攻"理论服务的。诸如此类，在先秦文献中，关于健身养生的论述不胜枚举，但无不是言养生而为政治理想作注。可以说，在中国古代体育当中，健身养生思想和一些诸如气功、饮食等等之类的养生方法，占有很大的比重，是一道非常亮丽的风景线，但无不掩映于治国平天下的思想理论当中。关于先秦诸子的养生思想，因后面我们还要分别考察，在此恕不赘述。

以上所举，只不过是我国古代先秦时期众多体育娱乐活动中的九牛一毛，不过，仅此而已，足可由此窥豹一斑。中国古代的体育娱乐活动隐身于中国悠久的思想文化发展过程中，横向发展上与此起彼伏、五彩缤纷的地域文化发展息息相关，纵向发展上又与跌宕起伏的时代潮头和当权者的爱憎喜恶密切相连，正所谓"世之所贵，同而贵之谓之俗；世之所用，同而用之为之物。……昔者齐桓好衣紫，阖境不鬻异采，楚庄爱细腰，一国皆有饿色。"③一国之内，民俗的发展，与当权者的导向自然是密不可分的。这也是我们认识春秋战国之际的体育思想所应当特别注意到的问题。

---

① 关于《黄老帛书》或《黄帝四经》的成书年代，学术界有战国中期以前、战国中期、战国末期、秦汉之际等观点；关于其成书地域，则有楚国说、齐国说、越国说和郑国说。可参见张增田：《〈黄老帛书〉研究综述》，载《安徽大学学报》（哲社版）2001 年第 4 期。

② ［清］孙诒让：《墨子间诂·非乐》，《诸子集成》，上海书店影印 1986 年版，第 158 页。

③ ［战国］尹文著，［清］钱熙祚校：《尹文子·大道·上》，《诸子集成》，上海书店影印 1986 年版，第 5 页。

六、齐鲁文化对中华民族传统体育发展的突出贡献

中国古代奉行以宗法伦理为主导的政治统治，因而周代以来便形成了以众多诸侯国为政治基础而各自富具特色的地域文化。伴随着历史前进的步伐，这些地域文化在历史发展的大浪淘沙当中不断交融整合、优胜劣汰，最终使得齐鲁文化成为唯独以地域文化形态汇入中国传统文化主流并成为主干的文化流派，齐鲁文化因之而与中华民族传统体育发展密不可分，形同血肉。正是从这样一个角度看，齐鲁文化从源头上就对中华民族的传统体育发展作出了极其重要的贡献。

鲁文化直接根植于周文化基础之上，儒学作为鲁文化的核心，是要从孔子创立儒学开始算起的。但儒学的文化渊源，却又可以追溯到西周乃至商代文化那里去。齐文化的形成，则直接与商文化、东夷文化连在了一起，与周文化的关系则要明显地不如鲁文化紧密。从文化渊源方面看，以汉代为界，向前追溯得越远，齐、鲁文化之间的间隔也就越大。但由于地缘方面的原因，周代建立以后逐步发展起来的齐、鲁文化，都是对东夷文化的继承与发展，只不过继承与发展的程度不同而已。因而，齐、鲁文化二者具有广泛的同源性。齐、鲁文化的发展，总体上看也是形态各异。齐文化的发展，不管是从物质层面上看，还是从精神层面上看，在汉代以前都要大大超前于鲁文化。有周一代，鲁文化优胜于齐文化的突出点，除却在周代"内姓选于亲，外姓选于旧"①的宗法统治环境下，政治地位要高于齐文化之外，最重要的就是春秋末期的孔子在鲁文化背景下创立了儒学。但是，儒学在汉武帝独尊儒术以前又只是以"显学"的身份流播于世，战国时期墨子的学说、杨朱的学说都曾经与儒学分庭抗礼，在当时的思想文化领域，儒学与墨学、杨朱的学说一道，都是地位十分显赫的学说，各领风骚，并不是汉武帝以后儒学独角登台的那种样子。但是，战国时期儒学等学术流派社会地位的飙升，却又不能不感谢齐文化这一沃土滋养起来的稷下百家争鸣。诸子百家汇聚于稷下学宫，形成了先秦时期的思想文化中心，造就了先秦时期中国思想文化发

---

① 杨伯峻：《春秋左传注·宣公十二年》，中华书局1990年版，第724页。

展的高峰，使得中国古代的体育在这一时期得到了极大的发展，正如刘秉果先生所说："战国时期生产力的极大发展，百家争鸣的科学文化事业的繁荣，促进了医学、生理学、养生学的研究，使体育锻炼理论有了新的提高。"① 从经济、文化层面上看，春秋战国数百年之间，鲁国几乎都是远远落后于齐国的。

鉴于这样的社会背景，齐、鲁文化对中华民族传统体育发展的贡献，主要表现在了两个层面上：一是体育娱乐活动，二是体育精神。这两条基本线索，就齐鲁文化范围内而言，中心则明显偏重于齐这一边。

就体育娱乐活动而言，毋庸置疑，战国以前齐鲁地区就已经形成了丰富多彩的体育娱乐活动，这在中国古代体育史的研究成果中已经多有反映。春秋战国时期齐鲁地区先进的社会生产力发展水平，滋养了人们先进的生活观念。就现有的文献和考古材料透出的信息可知，春秋战国时期这一地区的体育娱乐活动就已经非常发达了，甚至可以说形成了一个比较松散的区域性体育娱乐活动中心②。这一点的突出表现，不仅以齐国都城临淄作为东方大都市的形成作标志，临淄地区都市生活的繁荣更是充分地证明了这一点。

就体育精神而言，春秋战国之际体育娱乐活动的发展潮头，也是伴随着霸主地位的转移而不断变化的。但纵向上看，齐、鲁文化对于中华民族传统体育精神的贡献则是无可匹敌的。这一点突出表现在三个方面。首先是"与时变"、"与俗化"的变革进取精神。齐文化发展过程中所反映出来的这种实事求是、与时俱进的积极进取精神，是中华传统体育精神当中极其重要的文化因子。其次是与齐文化重功利、尚变革、与时俱进的文化精神相对应，鲁文化尤其强调"尚中贵和"的道德要求。孔子创立儒学，整体上是对西周以来礼乐治国制度的理性升华，因而，儒学思想在孔子以后的广为传播，实际上是社会道德体系在失去行政强制约束力的情况下，社会走向人的自身行为规范的自然需求。儒学的出现，极大地增强了人们的社会道德意识，让人们清晰地看到了社会道德应有的基本标准，提升了人们的道德要求水平。儒学对于这种社会道德理论体系的建立，对中国的传统体育精神来说

① 刘秉果：《中国古代体育史话》，文物出版社1987年版，第3页。
② 参见王京龙《战国体育中心蠡测》，载《社会科学战线》2007年第6期。

产生的影响是双面的，正面的影响是为体育娱乐活动注入了强烈的道德建设
动能，负面的影响则是阻滞了竞技性体育娱乐活动的发展。第三，战国稷下
百家争鸣构筑了中国古代体育思想文化发展史上的第一个高地。战国百家争
鸣作为思想文化高峰在稷下学宫的形成，有两方面的直接成果：一方面是中
国传统文化的主干性思想体系，在这一时期基本发展成型；另一方面是来自
异域他乡的稷下学者，共同熔铸了一个封建大一统社会需要的思想文化平
台。齐国在这一时期所谓"其民无不吹竽、鼓瑟、击筑、弹琴、斗鸡、走
犬、六博、蹋鞠者"，可以说是融合来自于四面八方诸侯国境内的民风习俗
的缩影，而不能看作是单纯齐国自身纵向发展的结果。战国末期稷下学宫衰
败后，稷下学者四散，秦相吕不韦编纂《吕氏春秋》，稷下学者又云集到了
吕不韦的门下，"进入秦国的稷下后学参与了该书的编写，书中保存了稷下
诸子的一部分文献资料，反映了稷下学的一些重要成果。"①《吕氏春秋》中
的体育思想，可以说是对战国稷下诸子之学中体育思想的继承和发展，在一
定程度上总结了战国及其以前体育思想发展的基本趋势。战国百家争鸣以齐
文化发展为行为载体，包容了诸子百家，实际上是对若干不同学派体育思想
元素的整理、熔铸与升华，对于中华传统体育精神的最初构架产生了决定性
的作用。

　　齐鲁两国分处泰山南北，山水相连，习俗相通，自然的地理环境造就了
齐鲁之间极其便利的交流条件。但是，由于早期文化基础的差异和交流客观
自然条件的限制，又自然地形成了横向的不同文化圈和纵向的不同文化传承
特点。伴随着诸侯争霸斗争的滚滚狼烟，诸侯间的文化交流日渐加深，齐、
鲁文化同时也开始了深度的交融。战国末期，齐鲁两国作为周代的诸侯国虽
然相继走向了灭亡，但作为文化流派而言，却在秦汉之际渐渐地成了中国传
统思想文化的中坚，由此而对于后来的中华民族传统体育的发展仍然产生着
巨大的影响。这些影响主要表现在三个方面：第一是反映在民俗领域中的体
育活动。周代齐、鲁地区一些活跃的体育活动，在秦汉乃至以后得到了很好
的继承与发展。比如战国时期齐国盛行蹴鞠，秦汉以后虽然历代盛衰不一，
但一直延绵未绝，直到清代的《红楼梦》、《聊斋志异》中的一些民俗描写

---

　　① 刘蔚华、苗润田：《稷下学史》，中国广播电视出版社1992年版，第390页。

中仍然生机勃勃。格斗技巧是武术的重要特征．春秋战国之际的齐国非常重视格斗技巧的训练，汉代的时候格斗的技巧已经非常成熟，《汉书》记载说，汉武帝元封年间曾经举行过两次"角抵戏"表演大会，①《艺文志》中还记有"手搏"六篇②。由技击演化来的中华武术，在整个中国古代社会中是非常有代表性的体育项目。其他诸如博戏、棋戏、剑术、养生术等，春秋战国之际齐、鲁地区盛行的许多体育娱乐活动项目，都在汉代以后被继承了下来。第二是以齐文化为代表的智谋文化。司马迁说齐地"其民阔达多匿知"③，这一特征在体育娱乐活动中同样多有所见，《史记》中记载的孙膑赛马故事中，孙膑就是靠调整组合方式而取胜的④。田单在即墨保卫战中，为了鼓舞士气竟然想出了一个造神的把戏。齐国的军事智谋思想后世不仅在与体育活动密切相关的军事领域得到了充分的继承，而且在社会生活的诸多方面都得到了很好的继承和应用。第三是儒学的价值取向。儒学道德至上的思想观念，在汉武帝罢黜百家，独尊儒术以后得到了前所未有的强化，从而把齐文化中的功利性特征渐渐地遮掩了起来，这一政治行为的引导，弱化了中国传统体育的竞技性发展，开辟了中国传统体育以养生、健身为突出特征的发展道路。我们通常说中国古代的体育不发达，实际上说的只是竞技体育的一面，中国古代的健身体育不仅发达，而且非常发达。由此我们会更清晰地发现，中国传统体育浓厚的泛道德色彩同样是来自齐、鲁文化的滋养。

同任何社会门类的发展过程一样，民族传统体育的发展也有一个从原初开始的嬗变过程，这一过程大致上包括有三个阶段：第一阶段是体育元素的出现，这一阶段可以称为体育的萌芽时期；第二阶段是民族体育形成的原初时期，这一阶段可以称为民族体育的原生时期；第三阶段之后才进入到了民族传统体育的发展时期。民族体育的原生时期是民族传统体育的奠基时期，民族传统体育的不同特色正是从这一时期开始发展起来的。中华民族传统体育的定型，大致上是在战国百家争鸣过程中完成的。从这一点上看，以齐鲁文化为直接背景的战国百家争鸣，对中华民族传统体育发展的贡献是十分巨

---

① 参见［汉］班固《汉书·武帝纪》，中华书局1962年版，第194、198页。
② 参见［汉］班固《汉书·艺文志》，中华书局1962年版，第176页。
③ ［汉］司马迁：《史记·齐太公世家》，中华书局1959年版，第1512页。
④ 参见［汉］司马迁《史记·孙子吴起列传》，中华书局1959年版，第2162页。

大的。具体表现为以下几个方面：

(一) 推动了中华民族传统体育原生本体的成型

体育最早的形式只是一些以肢体活动为主体的体育活动元素，比如跑步、跳跃、投掷，等等。不管从哪一个角度看，就这些"元素"本身而言，距离"体育"这样一个概念的基本要求，还有很大的一段差距。在人类的原初时期，体育元素的出现还不可能完全成为人类有目的的精神支配，大多还是停留在生活生产的需要或抵御外部侵略的本能反应等一些基本的层面上。这些体育元素的出现，在世界各民族的发展过程中，只有时间的早晚问题，活动形式却都是相似的。由于人类的早期活动状况，在所谓"茹毛饮血"阶段的时候，还残留着一些动物的本能野性，人与人、部族与部族之间各方面的区别大同小异。这时候，部族之间并没有形成根本性的区别，民族的根本特征同样也没有形成，单单依靠这些相似的体育元素，更不可能把不同"民族"的体育活动区分出来。所以，民族体育的成形，从根本上说，便不能以这些相似的体育活动元素为标志。《史记》中说："夏桀殷纣，手搏豺狼，足追驷马。"① 诸如此类的传说，都是生产生活或者攻防本能的需要，与我们现今通常意义上的以锻炼身心为目的的所谓"体育"还有着很大的距离。这一现象，中国的古代有，其他国家的古代也有，是世界各个民族原始阶段体育发展的共同特征。因而我们可以把这一时期称之为体育的原生时期，而不能称之为某一民族的体育原生时期。至于某一民族的传统体育原生时期的确立，则应当以某一民族体育活动目的出现来确定。

从现有的文献来看，中华民族传统体育的原生本体框架的形成，应当是在春秋战国之际出现的事情。这主要决定于三个方面的因素：

其一，春秋战国之际是中华民族思想文化体系基本框架的形成时期。这主要是由于物质生活水平的提高，开启了人们对于精神生活的强烈欲望的缘故。夏商时期，礼制文化开始有所萌芽，至周代逐步完善。根据等级制规定，群体和个人的所有行为，包括衣食住行，都有了必须遵守的制度规范，在《仪礼》、《周礼》、《礼记》等文献中，都详细而系统地规范了衣食住行

---

① 〔汉〕司马迁：《史记·律书》，中华书局 1959 年版，第 1241 页。

各个方面的准则，甚至包括有标志性的装饰物："礼有以文为贵者。天子龙衮，诸侯黼，大夫黻，士玄衣纁裳。天子之冕，朱绿藻，十有二旒，诸侯九，上大夫七，下大夫五，士三。此以文为贵也。"① 饮食方面，司马迁描述商纣王的生活腐化的时候称之为"以酒为池，县肉为林"②，到了春秋末期的孔子则有了"食不厌精，脍不厌细"的说法。物质生活水平的提高，激发了精神生活的欲望，而礼治秩序的形成，使得人们对于社会生活中的欲望同时也进入了秩序满足的轨道。体育娱乐活动民族性的萌芽，便是在这样的社会发展趋势中，以思想观念的发展为标志开始的，自觉地按照秩序的要求满足自己的欲望，构成了中华民族传统体育发展的起始特征。

　　其二，思想文化的发展，明确了人的体育娱乐活动的目的。春秋战国之际，中国思想文化的积极酝酿与发展，最终成就了百家争鸣这一中国古代思想文化发展史上的巅峰。思想文化的空前发展，首先造就了中华民族区别于其他民族的基本特质，在这一特质影响主导下，随即形成了中华民族的古代体育区别于其他民族古代体育的根本特征。这一时期出现的儒学、道学，以及阴阳学五行学、墨学等，对体育娱乐活动的目的性，都从不同的角度，在思想观念上给予了积极的探索，从而对中华民族传统体育的发展方向产生了决定性的作用。即使是世界古代文明中通有的侠义精神，中国的墨子、荆轲与西方的骑士也是不一样的，根本的区别就在于思想文化的观念主导不一样。春秋战国之际思想文化的发展，从根本上确立了中国古代体育活动的明确目的性，主导了中华民族传统体育发展框架的形成。

　　其三，出现了富具民族文化特色的体育活动特征。春秋战国之际出现的丰富多彩的体育活动，诸如儒家教育活动中的体育教育、道家为主体的健身养生活动、士大夫阶层流行棋类以及投壶，还有很时髦的气功、射箭等，民族特色都已经很明显，即使是与兵家联系很是紧密的诸如技击、剑术等活动，竞技的色彩也表现得很淡薄。用今天的概念大致匡正，可以说，中国古代整个体育领域，追求修身养性、讲求和合礼让的特征已经表现得很突出。这些现象表明，中国的民族体育在这一时期已经走上了重道德、重养生、轻

---

①　杨天宇：《礼记译注·礼器》，上海古籍出版社 1997 年版，第 289 页。
②　[汉] 司马迁：《史记·殷本纪》，中华书局 1959 年版，第 105 页。

竞技的发展道路。

进一步看，从体育发展的角度透视春秋战国之际的社会发展，我们可以得到一些这样的信息：在儒家看来，人的生命是与国家的利益连在一起的，因而，人的体育活动自然应当在"礼"的规范范围之内，所以，体育也就应当是国家政治活动的组成部分。这就是儒家从不看重比赛结果的根本原因之所在。道家（突出的如杨朱、庄子）由于把人的个体生命与国家，甚至其他有形或无形的利益体进行了一定的分割，因而，虽然也非常重视人的社会道德，但由于过多地顾及了人的个体生命，他们的体育思想便是以生命本体为核心，以自然为准绳，强调人与自然的和谐相处。这也正是数千年来道家的体育思想更易被人接受的根本原因。这样，儒家与道家在体育发展的理念上便形成了各自不同的着重点。儒学与道学在秦汉以后虽然此起彼伏，强弱互现，但一直是中国社会的两脉主流文化，阴阳五行学说作为一种理论工具，恰恰适应了这一主流文化影响下体育和谐发展的需要，这样，阴阳五行学说也就自然成了儒家与道家在体育发展理念上不可或缺的支撑。这样看来，中华民族传统体育的真正源头，只能从春秋战国时期民族思想文化的定型为起始点。简单地说，战国百家争鸣过程中思想文化发展促进了中国传统文化框架的定型，决定了中国古代体育原生本体的形成。中国传统体育的原生本体框架在这一时期形成以后，伴随着思想文化主流在汉代的形成，尽管后来中国的民族体育在具体的表现形式上可谓斑斓多姿，但万变并未离其宗。

（二）确立了中华传统体育原生本体的核心点

民族传统体育的形成是民族思想文化观念指导的结果，不同的思想文化观念指导，必然会形成不同的体育形态和发展方向。中华民族传统体育的原生本体源自对生命与社会关系的关注，基本的依据就是中国传统文化的基本思想观念。而中国文化基本思想观念的形成，与战国百家争鸣有着直接的关系。

世界范围内的思想文化大系当中，中国文化和西方文化是两种极具代表性的文化。西方文化主张努力改变客体以满足主体的需要，侧重于求真，通过求真以创造完美的世界，即以真求美；中国文化偏重于求善，通过求善来塑造理想的人格，即以善求美。中国传统文化最为突出的特点，是以满足社会的需求为目的，以满足人的个人需求为基点，也就是"修身，齐家，治国，平天下"。因此，满足个人的需求，既包括人的外在社会需求，也包括人的内在心理需求。从体育发展的角度看，表现在精神层面上的便是对于道德的严格要求和对生命延续的强烈追求。

　　儒家的思想观念满足了中华民族体育精神对于道德要求的设定，因而，儒家的体育思想主张是以人的社会需要为目标。儒学思想的形成，为体育活动的发展提供了明确的目的性，这就是体育首先要为国家政治服务。孔子实行的"六艺"教育中的射、御，实际上就是今天的体育课程，他明确地主张学生要"志于道，据于德，依于仁，游于艺。"① 甚至还明确定位了自己的培养目标，即"成人"②。孔子所说的"成人"，也就是品德、技能和素质各方面发展都达到一定标准的人。孔子提出的这一标准，实际上包含了明确的体育教育和体育活动目的，这就是体育要服务于社会现实政治。儒家体育思想的本意，全在于个体的人对于社会的作用力，并不专注于人的生命个体，也就是所谓"舍生取义"的根本用意。但我们还必须应当看到，这是一个极端观点的表述，儒家的这一思想认识，是建立在"天人合一"观念基础之上的，孔子说，"四时行焉，百物生焉。"③ 人的行为还必须要合乎自然规律的变化，这才是儒家生命观的常态。④ 只不过由于后世儒学多被封建政治利用而至于极端化，后世儒家思想对体育发展的影响，也就随之走向了极端。⑤

　　道家思想主张人的行为以自然规律为基本法则，顺应了人趋利避害的本能需要，由此而首先满足了体育对于生命欲望的设定，凸显了以人的生命需要为目标的体育主张。从本体上看，老子与孔子都对社会现实给予了积极的关注，但老子的道家思想与孔子的儒家思想在立意出发点上就存在分歧。孔

---

　　① ［清］刘宝楠：《论语正义·述而》，《诸子集成》，上海书店影印 1986 年版，第 137 页。
　　② ［清］刘宝楠：《论语正义·宪问》，《诸子集成》，上海书店影印 1986 年版，第 307 页。
　　③ ［清］刘宝楠：《论语正义·阳货》，《诸子集成》，上海书店影印 1986 年版，第 379 页。
　　④ 参见郭洪纪《儒家生命观与当代生态价值之重构》，载《兰州大学学报》（社会科学版）2007 年第 4 期。
　　⑤ 参见王京龙《儒学发展对传统体育观念的影响》，载《兰州学刊》2008 年第 6 期。

子主张人要通过自身的修养去改造社会和自然，老子主张人要通过自身的修养去适应社会和自然（不是与腐朽社会的污浊同流），二者对于生命的关注同样都没有达到十分专注的程度。后来到了杨朱、庄子等道家学派的后世传人那里，对于体育目的性的认识，便在很大程度上凝聚到了对于生命现象的关注上来了，比如杨朱在"重己"、"贵生"的思想观念指导下，提出了"全性保真，不以物累形"① 的观点；庄子在"依乎天理"、"因其固然"的观念指导下提出了形、神两分的观点，走向了以"物我两忘"为目标的"游"的崇高境界。道家对于体育的认识，可贵的首先在于对于生命现象的深刻认识，并以此而形成了以珍爱生命为目的的体育观念。道家的体育思想理论，到《吕氏春秋》那里达到了先秦时期的最高峰。② 而后世儒学体育思想的发展在先秦时段并没有超越于孔子的基本观念。

战国时期邹衍创立的阴阳五行学说，首先也是作为为统治者服务的工具而活跃于社会舞台的。由于阴阳观念、五行观念的出现是在邹衍之前就有的，因而阴阳五行学说在战国时代便已经有了很好的社会基础。阴阳、五行观念的广泛传播，尤其经过邹衍整合形成阴阳五行理论之后，为体育活动中的辩证、平衡观念的确立提供了强有力的理论支持。战国时代流行的医学、养生学，甚至于技击术的演变，都充分地利用了这一理论工具。因此，阴阳五行学说虽然是一种围绕人治社会而形成的社会政治理论，但在渗透到体育思想当中的时候，便成了一种服务于人治社会的理论方法，一种思想理论工具。

应当说，儒学、道学对于体育发展的指导，虽然在思想观念上各执一端，但由于阴阳五行生克辩证观念的渗透，从而在重道德和重养生的儒、道体育观念的指导下，一同走上了一条既各具特色又和谐发展的共存共荣之路。《荀子》中的"治气养心之术"就体现得很清楚："血气刚强，则柔之以调和；知虑渐深，则一之以易良；勇胆猛戾，则辅之以道顺；齐给便利，则节之以动止；狭隘褊小，则廓之以广大；卑湿、重迟、贪利，则抗之以高

---

① ［汉］高诱：《淮南子注·泛论训》，《诸子集成》，上海书店影印 1986 年版，第 218 页。

② 参见王京龙《战国百家争鸣的高亢谢幕余音——〈吕氏春秋〉的体育养生思想》，载《图书与情报》2010 年第 4 期。

志；庸众驽散，则劫之以师友；怠慢僄弃，则照之以祸灾；愚款端悫，则合之以礼乐，通之以思索。"①《周易》中还出现了"动静有常"的观点："天尊地卑，乾坤定矣。卑高以陈，贵贱位矣。动静有常，刚柔断矣。方以类聚，物以群分，吉凶生矣。在天成象，在地成形，变化见矣。"②《周易》从阴阳五行等角度对精、气、神、意进行研究，十分重视人的生命运动及其规律。主张"性命双修"，认为"性"（神）是生命的本质，而"命"（形，即身体）是生命的本原，因此，必须"顺性命之理"，"穷理尽性以至命"③。这些思想里边，对儒、道两家的思想元素和阴阳五行学说的辩证观点都有所包含。

体育是关于人的生命健康的科学。战国百家争鸣时期的思想家们虽然还没有建立起"体育"的概念，但他们却以关注生命的具体思想和行为表现为核心点，构筑了一个坚强的民族体育构架，这就是以儒、道、阴阳五行为主体的道德、重生和辩证发展为特征的中国古代民族的体育最初本原核心点。

（三）构架了中华民族传统体育的原生本体

以人为核心，重视人的个体修养，这是中国文化的基本特征。这一特征的凝聚成形，最重要的贡献者便是先秦诸子，没有先秦诸子对于中华民族文化的热情贡献，便没有中华民族传统体育原生本体的形成。这一点，在中国思想文化发展的原创阶段就已经非常清晰了。由于中华民族传统体育直接脱胎于这样的一种民族文化氛围当中，而且，作为中华民族传统体育的原生本体来说，其基本的本质和发展形态也就已经别无他选，只能按照中华民族传统文化的特征和发展形态而亦步亦趋。

中华文明的起源向来有东夷西夏说。东夷文化和西夏文化在地理上相距有间，在特质上互有长短，但在后来文化观念的融合上却形成了共同的价值取向。孔子言："齐一变，至于鲁；鲁一变，至于道。"④ 从文化渊源发展的

---

① ［清］王先谦：《荀子集解·修身》，《诸子集成》，上海书店影印1986年版，第15页。
② 高亨：《周易大传今注·系辞·上》，齐鲁书社1984年版，第381页。
③ 高亨：《周易大传今注·说卦》，齐鲁书社1984年版，第455页。
④ ［清］刘宝楠：《论语正义·雍也》，《诸子集成》，上海书店影印1986年版，第128页。

角度看，齐文化所承传的主要是东夷文明，鲁文化所承传的主要是华夏文明。齐文化中，重功利是很显著的文化特色，鲁文化中，重礼乐是最突出的文化特色。用现在的说法就是，齐文化尤其重视物质文明，鲁文化尤其重视精神文明，而社会的实际需要是两者都不可偏废的，精神道德水平才是社会文明程度的标杆，这也是社会发展过程中必然的文化价值观念。孔子正是看到了这一点，所以才有了这样的观点。值得注意的是，孔子所追求的这个"道"，是以西周以来的礼乐文化为核心的，礼乐文化对人的基本要求是以个人修养为标杆的，强调的重点是个人的自律行为。孔子的话虽然有着显明的时代局限性，但言外之意却揭示出了一个人类社会发展的必然规律。

商周以来形成的宗法统治秩序，明确地把人当成了最重要的管理对象，礼乐文化也就成了人类社会最为重要的管理工具。这一理念对人的要求是双向的：一是对人的外在行为的约束，这一点对人的社会行为带有一定的规范作用；二是对人的内在思想情操的陶冶，这一点对人的品格的修养带有明显的自律要求。春秋战国之际，虽然诸侯的争霸战争已经造成了管理体制上的礼崩乐坏，但思想文化的发展，却仍然没有离开以人的修养为核心的基本思路，只不过出现了不同的发展方向而已。

儒家思想在这方面是最忠实的继承发展者。在儒家文化那里，体育活动是个人修养所必须的。孔子、孟子、荀子这些儒学发展的时代顶尖人物，都把个人的修养看作是治国平天下的根本，孔子授"六艺"，讲"成人"，孟子提出养育"浩然之气"①，荀子主张"凡治气养心之术，莫径由礼，莫要得师，莫神一好。"② 都在主张按照国家的需要修养自己的身心，这些思想都反映着儒家体育思想的根本出发点。儒家思想把体育看作是身心修养的重要组成部分，把"尚德"、"尚贤"、"至孝"提升到了无以复加的程度，正是基于这样的需要，儒学的体育思想在本质上首先关注的是人的个体修养，而不是人的生命健康，比如关于孔子的体育思想，有人就干脆说他是一种

---

① ［清］焦循：《孟子正义·公孙丑·上》，《诸子集成》，上海书店影印 1986 年版，第 118 页。
② ［清］王先谦：《荀子集解·修身》，《诸子集成》，上海书店影印 1986 年版，第 16 页。

"'仁'学体育思想。"① 荀子在阐述这一观点时虽然提出了"动静和节"的问题，但他始终没有忘记"人无礼则不生，事无礼则不成"②、"乐行而志清，礼修而行成"③ 的问题。说白了，儒家对于个人修养的关注，是人对社会的贡献，是人对他人的正义付出，在面对社会生活中的正义需要时，必须要奋不顾身。这样的主张，适应了社会统治者的根本需要，抓住了纷繁复杂的社会管理问题的牛鼻子，自然也就成了后世封建统治者们的治世法宝。伴随着秦汉以后由于儒学地位的日渐提升，儒家对体育活动赋予的强烈道德要求，也就随之挥之不去，成了中华民族传统体育发展的永久性特征。

　　道家虽然在珍爱生命的程度上与儒家多有不同，但同样把个人修养问题看得非常重要。"礼"是西周以来一直不变的个人修养的基本标准。人们最初制定礼制的时候，根本目的是为了消弭人与人之间的纷争，保障正常的宗法统治秩序。但利益之争使得后来的人们却越来越不把礼制当作一回事了。失去了礼制的规范，私有的观念公开化程度大大提高，导致了社会秩序的混乱局面迅速发展，诸侯混战成了不可收拾的必然。面对这样的局面，儒学主张"克己复礼"，因而始终把礼当作个人修养的标尺。但儒学思想的行为主张在当时来看实际上就是一些"没有用的好话"。道学的主张虽然走向了儒学的反面，但老子曾经担任过周朝的史官，熟知周礼，老子看到了礼制对于现实社会的诸多不适应，因而也就却坚决反对礼治，把"礼"看作是"乱之首也。"④ 作为道家的传人，庄子同样继承了这样的观点，主张要"通乎道，合乎德，退仁义，宾礼乐，至人之心有所定矣。"⑤ 道家之所以反对礼治，是因为看到了"此时的人们不仅失去了淳朴的本性，就连起码的道德原则也没有了"⑥ 这样的一种污浊的社会现实，因而主张人的社会行为要以"道"为目标："孔德之容，惟道是从。道之为物，惟恍惟惚。"⑦ 要以"自

---

① 曹冬：《孔子的体育思想及其对后世的影响》，《武汉体育学院学报》2003 年第 5 期。
② ［清］王先谦：《荀子集解·修身》，《诸子集成》，上海书店影印 1986 年版，第 14 页。
③ ［清］王先谦：《荀子集解·乐论》，《诸子集成》，上海书店影印 1986 年版，第 254 页。
④ ［三国］王弼注：《老子道德经·三十八章》，《诸子集成》，上海书店影印 1986 年版，第 23 页。
⑤ ［清］王先谦：《庄子集解·天道》，《诸子集成》，上海书店影印 1986 年版，第 87 页。
⑥ 张松辉：《论老子礼学思想》，《中国哲学史》2005 年第 2 期。
⑦ ［三国］王弼注：《老子道德经·二十一章》，《诸子集成》，上海书店影印 1986 年版，第 12 页。

然"为标准："人法地，地法天，天法道，道法自然。"① 道家的主张，在基本的思想观念上是要通过顺应自然、关注自我的办法消弭人与人之间的纷争，在本质上这同样是一种志意广大的人生修养观点。因而我们说，道家的性命之学同儒家的"成人"教育、"六艺"教育中的体育教育一样，同样是一种以人为核心的地地道道的体育观念，在骨子里也是一种为社会、为他人的体育思想主张，只是显露得不像儒家思想那样直白而已。

战国百家争鸣时期，儒、道之外还出现了众多的思想流派，大多根基于周代的宗法统治环境，不论"礼"者不多，超脱于儒家思想影响之外者更为罕见。正可谓"天下同归而殊途，一致而百虑。"② 源于这样的一个思想基础，诸子之学也就自觉或不自觉地遵循儒学的思维惯性而把人的修养摆在首位。在这样的思想文化背景影响下，儒家的修身养生观在中国古代的体育观念中始终占据着主导地位，道家对于生命现象的深刻认识，尽管由于更为符合"人身"的客观需求而得到了广泛的认可，但由于缺少对于人伦的外在强大制约力，对中国古代体育观念的巨大影响，始终处在个体人的不约而同地认可层面上，后世社会发展过程中，虽然远没有得到封建帝王的强大鼓动，但始终也是巨大的涌动洪流。

总之，民族的文化特征是区别不同民族的基本要件。民族传统体育同样如此。民族传统体育必须要从民族体育的原生本体特征上才能区分开来，这个原生本体不是由那些大同小异的体育活动组成的，而是由那些主导行为活动的思想观念组成的。我们现代人考察中国古代的体育，实际上是从古代文化中对于体育内容的剥离和凸显。战国百家争鸣中的诸子之学，作为构架中华民族传统体育原生主体的思想理论观念，既是中华传统体育精神基本框架构建的原创材料，更是区别其他民族传统体育原生主体的关键之所在。是他们，在战国时期血肉横飞的诸侯争霸舞台上，以齐鲁文化为直接的文化背景，造就了中华民族传统体育特色发展的坚强支柱。

中国的民族传统体育是依附于中国传统思想文化的发展而发展的，原生的本体由于直接源自于对生命关注方式的思想认识，基本的核心元素立足于

---

① ［三国］王弼注：《老子道德经·二十五章》，《诸子集成》，上海书店影印 1986 年版，第 14 页。
② 高亨：《周易大传今注·系辞·下》，齐鲁书社 1984 年版，第 427 页。

人生修养的基本途径，因而，其基本的特征也就恰如众多的中国古代体育史专家所总结的那样，或重静轻动，或重道德轻竞技，或重精神轻肢体，或重智慧轻力量，等等。各种不同的表述方法虽不可胜数，难取一致，但这些特征，完全可以把中华民族传统体育与其他民族的传统体育区别开来。这便是战国诸子对于中华民族传统体育发展的最杰出贡献。

中　编

百家争鸣：中华传统
体育精神构架的基本材料

战国百家争鸣是诸子学派竞相表演的活剧，诸子百家本于周礼而枝叶繁茂，其高度关注社会的进取精神，从不同角度贡献了中华传统体育精神的构架材料。

中华传统体育精神的基本框架，最初是以战国诸子学派的体育思想为基本材料构架起来的。春秋战国时期，整个士阶层进入了一个沸腾的时代，按照学术观点和师传的门户不同，形成了众多的学术思想派别。由于各学派创立的时间有先后之分，学派的影响层面和力度又有高低大小之别，因而对于体育娱乐活动的认识与思考，不仅角度多有不同，而且深度和方法也不可等齐划一。诸如齐国的宗教、鲁国的伦理和礼制、三晋一带的官（法）术、楚及吴越地区的养生思想等，它们对后世中国古代体育发展的深远影响，都在战国时期形成了一定程度的系统性和显明的特征。先秦诸子们的这些思想内容，都是构架中华民族传统体育精神最基础、最直接的材料。

关于先秦诸子的体育思想，古今学人论者众多，杨向东、张雪梅先生的《中国体育思想史》（古代卷），列有"先秦时期的体育思想"专门一编，可算作当今对于中国先秦时期体育思想研究的集大成者。我们这里谨以儒、道、墨、阴阳五行等几个主要学派为例，简要说明一下这一时期中国古代体育思想发展的基本状况，着重点并不在于阐释这一时期的体育思想状况，而是试图发掘这一时期体育思想发展对体育精神构架的影响元素。

一、儒学以"礼"为核心的体育精神主张

儒学之"儒"，《说文》作"柔也，术士之称。"[1] 一般认为，儒，指的是从巫、史、祝、卜中分化出来的熟悉诗书礼乐而为贵族服务的人。以孔子为基准，最初的儒，实际上就是起源于鲁而流行于各地的"教书匠"，宽泛地说，也就是专职的"文化传播者"。由于孔子创立的儒学试图从人世伦理推及政治伦理的角度去影响或规范社会秩序，从中深刻揭示出了利益驱动所产生

---

① ［汉］许慎：《说文解字》，中华书局影印 1963 年版，第 162 页。

的负面效应,《孟子》这样说:"上下交征利,而国危矣。万乘之国,弑其君者,必千乘之家;千乘之国,弑其君者,必百乘之家。"① 因而,孔子及后世的儒者们便远远地超越了"教书匠"的职责,致力于干预社会发展了。正因孔子创立的儒学致力于按照自己的思想观点改造社会现实,在道德伦理层面上又有着极为普遍的社会意义,因而儒学很快便成了当时的"显学"。同时,由于儒学的思想内容来源于西周以来的礼乐文化,在新的政治体制还没有建立起来,旧的政治体制并没有完全消亡的春秋战国时代,儒学对于其他诸子学派的浸润也就自然极为普遍,所不同的只是一个多少与深浅的问题。正是由于这样的原因,春秋战国之际的儒学体育思想,为中华传统体育精神基本框架的构架提供了最基本的思想核心,这便是以"礼"、"仁"、"结于一"为基本特征的精神修养主张。总体上看,这一时期的儒学体育思想突出表现为三方面特征:一是认为体育是一种服务于国家政治的工具,二是特别重视人的体育品德修养,三是强调体育是人的基本素质养成的一部分。这些特征,在这一时期的儒学重要代表人物的体育思想中都得到了充分的反映。

(一) 孔子以"礼"为核心的体育精神主张

战国儒家学派的体育思想本源于孔子。战国时期儒家出现了多家分支学派,这些分支学派,虽然与孔子的原创儒学所处的社会环境不同,各门派间阐发出来的体育思想却有着高度的一致性。突出的表现,相同的都是对孔子体育思想的充分继承和发展,不同的则是各自继承和发展的着力点。因而,不了解孔子的体育思想,便很难以全面认识战国儒学的体育思想状况。

孔子一生最重要的职业是教育,他的思想始终站在恢复旧有宗法统治秩序的立场上,所以,他的所有思想、认识或主张,差不多都是围绕着一个"恢复礼制"的政治目的形成的。他一生的事业,就是站在教育者的立场上教导人们要如何"克己复礼"。在孔子的教育思想体系中,礼乐教育是最为重要的内容,正因为如此,他的体育思想,根本的立场也就是提高素质和完善人格,基本的思路便是由人的社会个体品德出发,逐步达到满足社会发展需要的目的。具体说来大致上形成了三方面特点:一是体育的动机要适应于

---

① 〔清〕焦循:《孟子正义·梁惠王·上》,《诸子集成》,上海书店影印 1986 年版,第 22 页。

国家政治的需要，二是体育的目的要立足于个人综合素质的提高，三是体育的措施要以礼乐规范为标准。孔子的体育思想始终以他坚定的政治信念为准绳，自然也就形成了自身所特有的社会实践价值，这一点，恰好与社会的政治需要形成了紧密的联系，因而也就具有了更为普遍的社会实用性。

孔子出身于没落贵族，在体能方面也有着良好的血统继承。他的父亲叔梁纥是鲁国著名的武士，《左传》记载，在与晋国的战斗中，叔梁纥能够双手托起下落中的城门[①]。在与齐国的战斗中，他以六十余岁高龄，能够帅三百人黑夜突破重围后再回去坚守阵地。[②] 良好的血统继承，使得孔子本人也有着良好的体育素养，也可算是一位体育爱好者。作为贵族子弟，孔子早年可能接受过正规的教育，因而长成后既能文也能武。尤其在武事方面，《墨子》记载说，孔子在任鲁司寇期间就曾带兵征伐过季孙氏的家臣叛乱[③]。《列子》书中还记载说："孔子之劲，能托国门之关而不肯以力闻。"[④] 孔子还有着自己的体育特长，他承认自己善"射、御"，《礼记》的记载，说"孔子射于矍相之圃，盖观者如堵墙。"[⑤] 射箭的本领很强，已经有了很强的表演能力。《论语》还这样描述孔子的话说："吾何执？执御乎？执射乎？吾执御矣！"[⑥] 射是射箭，御是驾车。"射"、"御"都是孔子的拿手本领，但他对于"御"则要更为精通，当着"射"、"御"需要二选一的时候，孔子的首选则是"御"。看来孔子不仅精通射箭技术，而且还可以称得上是车迷了。《淮南子》中有一段评论孔子的话说："孔子之通，智过于苌弘，勇服于孟贲，足蹑效菟，力招城关，能亦多矣。然而勇力不闻，伎巧不知，专行教道，以成素王，事亦鲜矣。"[⑦] 可见，孔子不仅多才多艺多能，智勇双全，而且从不显山露水。

孔子在《论语》中阐述的思想，绝大部分是自己的一些教学经验、体

---

① 参见杨伯峻《春秋左传注·襄公十年》，中华书局1990年版，第975页。

② 参见杨伯峻《春秋左传注·襄公十七年》，中华书局1990年版，第1031页。

③ 参见［清］孙诒让《墨子间诂·非儒·下》，《诸子集成》，上海书店影印1986年版，第186页。

④ ［晋］张湛注：《列子·说符》，《诸子集成》，上海书店影印1986年版，第94页。

⑤ 杨天宇：《礼记译注·射义》，上海古籍出版社1997年版，第836页。

⑥ ［清］刘宝楠：《论语正义·子罕》，《诸子集成》，上海书店影印1986年版，第172页。

⑦ ［汉］高诱：《淮南子注·主术训》，《诸子集成》，上海书店影印1986年版，第149页。

会以及对学生的要求和希望，甚至多是对于美好未来的设想。其伟大之处，在于把自己的教学目的和具体的社会实践需要结合在了一起，搭建起了通向一个美好的社会伦理环境的阶梯，以至于后世的封建帝王把这样一位既不是卿大夫，更不是庶民的教书匠，一步步推到了"至圣先师"的宝座之上。孔子的体育思想正是在这样一个社会伦理体系的创建过程中体现出来的。

孔子的体育思想中，最可宝贵的在于提出了"成人"教育的观点，从而使体育变成了人的基本素能训练的重要组成部分。

什么是"成人"？孔子虽然没有作出正面的解释，但却曾这样回答过学生的提问："子路问成人。子曰：若臧武仲之知，公绰之不欲，卞庄子之勇，冉求之艺，文之以礼乐，亦可以为成人矣。"① 在孔子看来，人如果具备了臧武仲等这些人所具有的"知"（智慧）、"不欲"（仁德）、"勇"（勇力）和"艺"（才能）四个方面的本领，然后再"文之以礼乐"，也就是经过礼乐道德修养教化，达到了相应的外显礼仪标准之后，这样的人就可以称之为"成人"了。这样来看，孔子心目中的"成人"，也就是人格和素质各方面的发展都是十分完美的人，也可以说是"全人"、"完美的人"。这个"成人"，是集合身边看得见、摸得着的现实版人物的突出优点，经过"文之以礼乐"后塑造而成的。这种人，事实上只能是一个理想，谁都能够想到，谁都不可能做到。但单就某一方面而言，却又是触手可及的，只要努力，谁都一定能逐步的做到。孔子看到了现实生活中人各有所长的这一基本层面，所以他主张人要努力取人之长，补己之短，而后"文之以礼乐"，鼓励人们向着"成人"的理想奋斗。

按照童书业先生的考证，春秋时期的学校教育大概分为大学、小学两种，教育的课程大致分为文、武两项，文的教育科目是书（文字）、数（计数）、诗、书、礼、乐以及其他的古典等，武的教育科目有射、御、技击等项，"他们也像现在的体育家们一般，整天裸露着臂膀练习射箭、御车和干戈等的使用。武的教育是他们所最注重的。学校的'校'字似乎就从比较武艺的意义出来。"② 孔子在实施"六艺"教育的过程中，大抵也是如此。

① ［清］刘宝楠：《论语正义·宪问》，《诸子集成》，上海书店影印1986年版，第307页。
② 童书业著，童教英校订：《春秋史》（校订本），中华书局2006年版，第117页。

以此为基础，孔子在更高的层面上提出了"成人"教育的观念，实际上是把知识（技能）教育、体能训练与道德培养捆绑在一起的，缺少一项，都不能算作是"成人"。孔子提出的"成人"教育目标，单纯从教育学角度看，就是一种美好的理想，而结合他的政治立场分析，这种理想却渗透着礼治的血液，包含着对于身体素质的要求，他要把受教育的人培养成为能够服务于现实社会的工具。

在孔子的"成人"教育主张里边，实际上包含了内容和形式两个部分，要努力掌握的"知"、"不欲"、"勇"和"艺"这些本领是具体的内容，属于"专业教育"；"文之以礼乐"虽然是外显的形式，但却是走向"成人"目标的必经之路，属于"通识教育"。实现这一教育主张的最好途径就是学习，孔子曾谆谆告诫他的弟子们说："好仁不好学，其蔽也愚；好知不好学，其蔽也荡；好信不好学，其蔽也贼；好直不好学，其蔽也绞；好勇不好学，其蔽也乱；好刚不好学，其蔽也狂。"① 意思说，爱仁德，却不爱学问，就容易被人愚弄；爱要小聪明，却不好学问，就容易放荡而无城府；爱诚实，却不爱学问，就容易被人利用；爱直率，却不爱学问，就会说话尖刻，刺痛人心；爱勇敢，却不爱学问，就容易捣乱闯祸；爱刚强，却不爱学问，那就容易胆大妄为。孔子的观点很清晰，人的学习，仅有技能是不行的，必须要"文之以礼乐"，"文之以礼乐"就是加强道德修养。孔子鼓励人们要通过这样两个方面的积极努力学习，把自己培养成为一个完美的"成人"。所以，在他施教的"六艺"中，既有技能教育（书、数、射、御），也有道德教育（礼、乐）。礼、乐、书、数教育，用现在的话说，属于室内教学的内容，既包括科学文化知识，也包括文化艺术，是知识培养和智力开发的主要课程。射、御属于室外教学，属于技能教育、身体素质锻炼方面的课程。值得注意的是，其中涉及到体育教育的内容（射、御），占据了六艺中的三分之一，体育教育在整个教学内容结构中占了很大的比重。孔子在这里不仅把他的"成人"教育中内容与形式相辅相成的辩证关系完美地阐释了出来，而且在具体的教育过程设计中也很好地体现了他的教育理想和目的。

孔子的"成人"教育中，体育教育包含有两方面的内容：一是技能教

---

① ［清］刘宝楠：《论语正义·阳货》，《诸子集成》，上海书店影印1986年版，第373页。

育，比如射、御的技巧和程序；二是勇力训练，也就是精神培养。其教育的目的，除却程序教育的社会服务功能外，其中的技能教育和精神培养，在当时主要还是作为军事服务的工具而存在的。但孔子作为教育者的施教本义，并不是为了培养直接作战的工具，而是为了让学生学会这样的本领，具备这样的素质，相对于国家管理来说，应当是一种人才的战略储备。技能教育，就其活动的本质来说，是以身体活动为主要特征的，目的是培养学习者的身体机能，这一点似乎具有了现代体育教育的雏形。精神培养则是以儒家的道德标准为准绳的。"勇"主要指的是勇敢的意思，是一种精神和胆量。孔子非常重视"勇"，《论语》中有九处讲到"勇"，有所谓"勇者不惧"①、"仁者必有勇"② 之说。按照孔子的要求，要把"勇"字落实在行动上，既要具备健壮的身体，掌握一定的技能，同时还要有一种可贵的精神。三者缺一不可。这种可贵的精神要求便是"仁"。据《史记》记载，子路"性鄙，好勇力，志伉直"，且敢于"陵暴孔子"。经过孔子的教育，后来成了孔子的得意门生。孔子在回答子路"君子尚勇乎"的问题时，就这样直白地告诫他："义之为上。君子好勇而无义则乱，小人好勇而无义则盗。"③ 孔子的弟子大多都有一种大义凛然的精神风貌，原因就在于接受了孔子的这种修养标准。孔子所倡导的这种精神，在后来的儒学思想传人孟子那里便成了"浩然之气"。孔子这种着眼于培养全面发展人才的体育观念，实际上是将社会的改良与国家的稳定依托于人的素质的全面提高之上，符合于人的自身建设和社会发展进步的基本需要。

孔子兴办教育的目的，最初的时候多半当是出于生活的需要，后来则是为了传播自己的思想主张，最终归结到了实现"祖述尧舜，宪章文武"④ 的远大理想上，并终生希望以此实现以礼乐治天下的目的。孔子这种积极入世的生活态度，反映在教育观念上，自然就把"成人"教育观推及到了国家管理的实际需要当中去了。孔子曾对周王室的衰落作出过深刻地分析："天

---

① ［清］刘宝楠：《论语正义·子罕》，《诸子集成》，上海书店影印 1986 年版，第 193 页。
② ［清］刘宝楠：《论语正义·子罕》，《诸子集成》，上海书店影印 1986 年版，第 301 页。
③ ［汉］司马迁：《史记·仲尼弟子列传》，中华书局 1959 年版，第 2192 页。
④ 杨天宇：《礼记译注·中庸》，上海古籍出版社 1997 年版，第 710 页。

下有道，则礼乐征伐自天子出。天下无道，则礼乐征伐自诸侯出。"①"礼乐征伐"是西周以来国家的基本统治手段，这里边既包括文事（礼乐），也包括武备（征伐），如果周王室能够做到文武兼备，能够保持坚强的威慑力，天下诸侯就不敢各自为政。孔子从政治生活的实战角度深刻认识到了文武兼备对于政权组织的极端重要性，明确提出了"文武兼备"的教育主张："有文事者必有武备，有武事者必有文备。"② 因此，在孔子的教育实践中，不仅主张"足食足兵，民信之矣。"③ 还要"教民以战"，指出"以不教民战，是谓弃之。"又说："善人教民七年，亦可以即戎矣。"④ 春秋末期，诸侯争霸斗争日趋激烈，作为诸侯国，要想在动荡不安的争霸斗争中求得自保，就必须要有各方面的人才来支撑。孔子的体育教育思想从根本上是以国家需要为基本出发点的，有着很强的战略发展眼光。

孔子体育教育思想的人文视野，始终立足于"修身，齐家，治国，平天下"的政治需要，因而他对体育教育的认识也是多方面的。在他的思想理念中，修身是治国、平天下的基础，体育活动自然也就成了"修身"过程中不可缺少的一部分，各种各样的娱乐活动也就变成了服务于社会统治的基础训练。但孔子又是以教育者的观点来认识这些问题的，所以，他提出的一些体育理论观点又有着很强的科学理论价值。孔子在给子贡讲解民间年终祭祀狂欢作乐的意义的时候说了两句非常精彩的话："张而不弛，文、武弗能也，弛而不张，文、武弗为也。一张一弛，文、武之道也。"⑤ 他用弓弩的张、弛比喻文王武王的治民之道，认为"张而不弛"、"弛而不张"都是不科学的，既然有张，就必须要有弛，不能只有张而没有弛，也不能只有弛而没有张。这说明孔子对劳逸结合已经有了正确的认识。"劳"而不"逸"不好，"逸"的时候并不一定是什么都不做，无所事事也并不好："饱食终日，无所用心，难矣哉！不有博弈者乎？为之，犹贤乎已。"认为空闲的时候做一些游艺活动也是很好的。所以，孔子并不是"读死书，死读书"

---

① ［清］刘宝楠：《论语正义·述而》，《诸子集成》，上海书店影印1986年版，第354页。
② ［汉］司马迁：《史记·孔子世家》，中华书局1959年版，第1915页。
③ ［清］刘宝楠：《论语正义·颜渊》，《诸子集成》，上海书店影印1986年版，第266页。
④ ［清］刘宝楠：《论语正义·子路》，《诸子集成》，上海书店影印1986年版，第299页。
⑤ 杨天宇：《礼记译注·杂记·下》，上海古籍出版社1997年版，第556页。

的提倡者,《论语》说:"子曰:志于道,据于德,依于仁,游于艺。"郑玄解释说:"游,谓闲暇无事于之游。……艺,六艺也。"① 意思是说,自己的志向、措施和方法明确以后,就可以把学习的内容放在游憩之中了,也就是把具体的学习过程当作休憩娱乐了。可见孔子是把活动与娱乐当作调节紧张工作的工具来使用的。此外,孔子还非常喜欢音乐和舞蹈,对"乐"有着浓厚的兴趣,司马迁说他在齐国学习音乐舞蹈入了迷,曾"三月不知肉味"。《礼记》中有一段孔子与弟子讲解"武乐"的记载,认为可以从中体味到当时武王的心境:"夫乐者,象成者也。总干而山立,武王之事也。发扬蹈厉,大公之志也。《武》乱皆坐,周、召之治也。"② 在施教过程中,孔子还提出了许多体育卫生保健的思想,比如《论语》里边提到的"食不厌精,脍不厌细。食饐而餲,鱼馁而肉败,不食。色恶,不食。臭恶,不食。失饪,不食。不时,不食。……不多食。……食不语,寝不言。"等等,对于饮食卫生和生理卫生的理论建设都有着积极的贡献。孔子虽然是在日常行为中发现了体育活动的重要性,但他同时却又是一刻也没有放弃周礼的规范作用的:"子曰:非礼勿视,非礼勿听,非礼勿言,非礼勿动。"③ 在他的心目中,"礼"乃是规范体育活动的根本大法,任何的体育活动都不是个性的自由张扬。他已经把自己的政治理念深深地融入到了他的体育思想当中了。

由于孔子的体育思想是其政治伦理思想的孳生,因而,其思想的本质也就不可能脱离"仁"这一思想核心,"尚中贵和"亦便成了孔子体育竞技思想的基本要求。孔子有一句非常著名的话:"君子无所争,必也射呼!揖让而升,下而饮,其争也君子。"④ 意思是说,比赛总要分出一个胜负的,假如大家都是君子仁人,志同道合,比赛过程中的胜负就是次要的了,和和睦睦地一同参加比赛,比赛结束后再共同坐在一起饮酒作乐。抱着这样的心态去比赛,即使竞争之后有了胜负之分,也是君子所为。揣摩孔子的这段话,有君子便有小人,"君子无所争",小人亦便必争。孔子这段话的本义完全在于强调比赛过程中的儒家道德建设,主张要把道德放在第一位。由于他把

---

① [清] 刘宝楠:《论语正义·述而》,《诸子集成》,上海书店影印 1986 年版,第 137 页。
② 杨天宇:《礼记译注·乐记》,上海古籍出版社 1997 年版,第 498 页。
③ [清] 刘宝楠:《论语正义·颜渊》,《诸子集成》,上海书店影印 1986 年版,第 262 页。
④ [清] 刘宝楠:《论语正义·八佾》,《诸子集成》,上海书店影印 1986 年版,第 47 页。

体育活动明确地框定在了为国家政治的服务工具范围当中，在理念上对后世体育活动的竞技性发展自然形成了很大的阻滞。由此我们联想到孔子对生命的关爱，却又可以进一步印证孔子的体育教育思想首先是以人的素质的全面提高为目的的，同时又是与社会现实需要紧密联系在一起的。这是非常值得重视的一点，这一点，不仅搭建了中国民族体育发展的基本平台，而且开启了中华民族传统体育特色发展的先河。但可惜的是，后世封建社会的发展，突出强调了"君子无所争"的道德追求，在整个的社会层面上强化了伦理秩序，相应地弱化了功利意识，淡化了"争"的竞技功能，阻滞了体育活动中的竞技性发展。

孔子的体育思想是很丰富的。他曾从儒学自身发展的角度积极倡导了自强不息、奋发进取和包容的人文精神，诸如《周易》里边提出的"天行健，君子以自强不息"①、"地势坤，君子以厚德载物"② 等观点，这一思想，既代表了是孔子所积极倡导的处世观点，同时也体现出了一种积极进取的体育精神。孔子还从感叹消逝的时光像河水一样日夜不停地流去的现象，生发出了一种鼓励人们坚韧不拔的精神："逝者如斯夫！不舍昼夜。"③ "譬如为山，未成一篑，止，吾止也。譬如平地，虽覆一篑，进，吾往也。"④ 孔子还提出了一个著名的观点，叫作"仁者寿"⑤，这里所谓的"仁"，乃是一种静态的个人品行修养方式，孔子把人的品行修养与人的生命寿限连在了一起，认为在日常的生活中注意按照"仁"的标准规范自己思想和行为，就能够实现长寿。这一养生观点，不仅在中国古代的养生思想发展史上占有着前无古人的历史地位，而且与其儒学思想体系血肉相连，成为其儒学体育思想的亮点。诸如此类，这些体育思想虽然未必完全来自于孔子的创造，但经由孔子而得到了进一步发扬光大，后世的儒学传人对此都有积极的继承和弘扬。

概括来看，孔子的体育思想主张始终是以他的政治主张为基本核心的，不管是技能训练的程序，还是精神培养的标准，都与是否合乎"礼"为参

①　高亨：《周易大传今注·干》，齐鲁书社 1984 年版，第 44 页。
②　高亨：《周易大传今注·坤》，齐鲁书社 1984 年版，第 60 页。
③　［清］刘宝楠：《论语正义·子罕》，《诸子集成》，上海书店影印 1986 年版，第 188 页。
④　［清］刘宝楠：《论语正义·子罕》，《诸子集成》，上海书店影印 1986 年版，第 189 页。
⑤　［清］刘宝楠：《论语正义·雍也》，《诸子集成》，上海书店影印 1986 年版，第 127 页。

照坐标。以"礼"为标准，以"礼"为目标，这便是孔子整个体育思想的基本精神主张。孔子的体育思想内容也是极其丰富的，基本目的是国家和社会的根本需要，因而他希望自己培养的学生都要成为"成人"。所以，他主张的体育教育并不是单纯的技能教育，整个的教育过程，既包括技能的训练，更包括了精神的培育。说到底，孔子的体育思想是始终坚守在培养社会需要的高素质人才之上的。孔子体育思想中对于精神道德的高度要求，无疑开启了中华民族传统体育精神特色建设的金色大门，但对于道德的过度要求，对于后世竞技性体育活动的发展，却又形成了强大的社会阻滞力。

（二）孟子以"仁"为核心的体育精神主张

按照司马迁的说法，孟子受业于孔子的孙子孔伋（子思）之门人，学成之后，游事于齐宣王、梁惠王，均不得遇。后退而序《诗》、《书》，"述仲尼之意"，而有《孟子》一书。① 孔子死后到战国时期，儒学曾经出现了若干的分支，发生了谁是正统的争辩，孟子所代表的儒学，只是其中之一。后来的人们依据其思想主张，认定孟子是孔子儒学的真传。但事实上，孟子的儒学与孔子的儒学也并不是等同的，就对于体育娱乐活动的认识而言，孟子的体育思想与孔子的体育思想区别也是很明显的。最突出的区别主要有两点：其一，孟子的体育思想重在思考人在社会中的表现，孔子的体育思想重在思考人在社会中的作用。在《论语》等文献当中，我们可以见到有诸如射、御、博弈、"仁者寿"、"君子无所争"等这样一些很具体的体育思想阐述。孔子始终以教育者的姿态思考社会和人生问题，文化视野着眼于社会全局而立足于人的社会个体，认为人如果把作为社会个体的问题处理好了，任何社会问题也就迎刃而解了。孟子则不同。孟子志向高远，气魄宏伟，终生多以斗士的姿态出现，每时每刻都在做着引领社会的试图。正如他自己所说："如欲平治天下，当今之世，舍我其谁也？"因而他的文化视野也就始终定位在了风云跌宕的诸侯争霸斗争当中。尽管他对人的社会个体也进行过深刻的思考，乃至于提出了关于人的本性问题的"性善说"，但与孔子的人"性相近"观点相比较，只不过是认识的进一步深入而已，并没有改变他思

① 参见［汉］司马迁《史记·孟子荀卿列传》，中华书局 1959 年版，第 2343 页。

想认识的主体方向。其二，孔子的体育思想意在兴礼乐，孟子的体育思想重在推仁政。从孔子开始，千百年来，"仁"始终是儒学思想理论体系的核心，但在不同时代的思想家们那里，"仁"字却又有着不同的解释和表述方式①。恢复礼乐治国的宗法统治秩序是孔子终生梦寐以求的政治理想，他对人的伦理教育乃至于素质教育思路，都是围绕这样的主体展开的。所以，孔子的体育教育思想和实践，始终都是礼乐教化的直接阐释；孟子则把自己为之奋斗的理想定位在了推行他的"仁政"上，因而他的体育思想主张与他的政治主张一样，也是远不合时宜，"迂远而阔于事情"了。因此，虽然他也有诸如"御者且羞与射者比"②的观点，但直接论述有关体育问题的言论并不多。

孟子的体育思想主张主要表现在以下几个方面：

一是提出了崇尚"浩然之气"的观点。孟子虽然提出了"善养吾浩然之气"一说，但什么是"浩然之气"？当告子让他解释这一概念时，他自己也感到非常难以说清楚："曰：难言也。其为气也，至大至刚，以直养而无害，则塞于天地之间。其为气也，配义与道，无是，馁也。是集义所生者，非义袭而取之也。行有不慊于心，则馁矣。"③孟子这段话的意思是说，"浩然之气"也是"一种气"。这种"气"，最伟大，最刚强。用正义去培养它，一点不加伤害，就会充满上下四方，无所不在。这种"气"又必须与"义"和"道"相配合，反之也就失去它应有的力量了。言外之意，这种"气"是按照"道"的标准，由于正义的日积月累所产生的，并不是偶然的正义行为便能够形成的。反之，只要做一件于心有愧的事，这种"气"就会疲软了。说到这里，至于什么是"浩然之气"，孟子真是没有说明白。那么，究竟怎样理解孟子这个"浩然之气"呢？宋代的朱熹曾经作过这样的解释："浩然，盛大流行之貌。气，即所谓体之充者。本自浩然，失养故馁，惟孟子为善养之以复其初也。"④朱熹的解释很有道理，"浩然之气"就是声势浩大之气。在人身上存在的这个"气"，应当包含有两种属性，一是人的肌体

---

① 参见张玉书《〈管子〉之"仁"杂说》，载《管子学刊》1993年第1期。

② ［清］焦循：《孟子正义·滕文公·下》，《诸子集成》，上海书店影印1986年版，第244页。

③ ［清］焦循：《孟子正义·公孙丑·上》，《诸子集成》，上海书店影印1986年版，第118页。

④ ［宋］朱熹：《孟子集注·公孙丑章句·上》，齐鲁书社1992年版，第39页。

内部先天固有的物质之气，一是人生活中形成的后天衍生的精神之气。孟子所说的"浩然之气"主要指的是人的"精神之气"，这种气能够使人"至大至刚"，能够塑造出一种"理想的人格"①，是一种凛然的精神表象。人的修养应当把自己的思想和行为与"义"和"道"结合起来，不断培养自己的浩然之气，由此也就具有了不畏艰险、勇往直前的铮铮铁骨和大无畏精神。归根结底，所谓"浩然之气"，表现出来的就是一种精神。孟子所说的那些将要承担重任的人，"必先苦其心志，劳其筋骨，饿其体肤，空乏其身，行拂乱其所为，所以动心忍性，曾益其所不能。"② 这一过程正是要磨练其意志，培养其"浩然之气"。实际上，孟子所谓的"浩然之气"，与我们现在所说的意志、精神是基本一致的。只有具备了这样一种"浩然之气"，才能形成"富贵不能淫，贫贱不能移，威武不能屈"③ 的豪迈气概，才能形成一种坚不可摧的意志和精神。这一点，可以说是孟子对孔子倡导的自强不息、奋发进取的人文精神的进一步升华，对中华传统体育精神的构架产生了巨大的推动作用，是中华传统体育精神的重要元素。通常我们说，体育是力量的源泉，是快乐的源泉，根本的原因就在于体育可以培养人们的一种精神，这种精神里边就包含着孟子所说的"浩然之气"。

二是崇尚"舍生取义"的"大勇"。"舍生取义"是孟子思想中的重要观点，他曾旗帜鲜明地说："生亦我所欲也，义亦我所欲也，二者不可得兼，舍生而取义者也。"④ 在生命与道义之间的选择上，道义要比生命更重要。既然为了道义生命都可以舍弃了，还有什么不可舍弃的呢？孟子因此而"尚勇"。但孟子所崇尚的"勇"又是有条件的，有着很强的原则性。孟子曾和齐宣王讨论到了"好勇"的问题。孟子把"勇"巧妙地分成了"大勇"和"小勇"两种："夫抚剑疾视曰，彼恶敢当我哉！此匹夫之勇，敌一人者也。""匹夫之勇"乃"个人之勇"，只有"敌一人"的力量，这只能是"小勇"；文王、武王"一怒而安天下之民"，才称其为"大勇"。齐宣

---

① 杨钦英、姚丹：《论孟子仁智勇统一的大丈夫理想人格》，《学理论》2009年第16期。
② ［清］焦循：《孟子正义·告子·下》，《诸子集成》，上海书店影印1986年版，第510页。
③ ［清］焦循：《孟子正义·滕文公·下》，《诸子集成》，上海书店影印1986年版，第246页。
④ ［清］焦循：《孟子正义·告子·上》，《诸子集成》，上海书店影印1986年版，第461页。

王自称"寡人好勇。"孟子则直言不讳地告诫齐宣王"民惟恐王之不好勇也。"① 孟子所好的"勇"乃是智勇、仁勇，符合于他的"仁政"思想的"大勇"，而不是毫无道德思量顾忌的"小勇"。可见，孔子尚勇，孟子也尚勇，但孟子明确把"勇"分成了"大勇"与"小勇"两部分，他所崇尚的"大勇"，正与孔子所崇尚的"勇"所贯通，他所摒弃的"小勇"，也正是孔子所鄙视的"盗者"之为。孟子所崇尚的这个"勇"，同样有着显明的道德要求，这就是合乎"仁"的规范。

三是提倡全民同乐。孟子的体育娱乐观念虽然同样是以强调个人修养为思想基础的，但是，由于他的政治理想已经从孔子的"克己复礼"升华到了对于"仁政"、"王道"的执着追求上，因而也就形成了远在孔子"成人"教育之上的崭新体育观念，这就是所谓的"与民同乐"。"与民同乐"本来是孟子阐述他的民本思想的时候生发出来的政治观点，从思维指向上看，只不过是对统治者的理论说服，因而，他能够站在"仁者无敌"的立场上，认为"古之人与民偕乐，故能乐也。"② "与民同乐"的"乐"，本身就含有欢乐、愉快、高兴的内容，有着丰富的愉悦健身要求，自然也就包含了以民本思想为政治理论基础的体育观念。《孟子》中有庄暴见孟子一节③，说齐王自称好乐而齐国治理得并不理想。孟子从"独乐乐，与人乐乐，孰乐"入手，一步步引导齐王认可了"今王与百姓同乐，则王矣"的观点。这里所谓的"乐"，寓意非常广泛，既包含与民同心同德的意思，也包含体育娱乐活动的内容，也就是所谓的"先王之乐"和"世俗之乐"中的"钟鼓之声，管龠之音"。孟子的本意是在推销他的"仁政"思想中的民本理念，他所主张的是，君主不要只是高高在上，自寻其乐，要把眼光和心思转移到社会大众的层面上来，寻求最大限度的"与民同乐"。毕竟君主的带动作用是巨大的，"齐桓公好服紫，一国尽服紫。"④ 楚灵王好小腰，以至于

---

① ［清］焦循：《孟子正义·梁惠王·下》，《诸子集成》，上海书店影印 1986 年版，第 69 页。
② ［清］焦循：《孟子正义·梁惠王·上》，《诸子集成》，上海书店影印 1986 年版，第 29 页。
③ 参见［清］焦循《孟子正义·梁惠王·下》，《诸子集成》，上海书店影印 1986 年版，第 58 页。
④ ［清］王先慎：《韩非子集解·外储说左上》，《诸子集成》，上海书店影印 1986 年版，第 210 页。

"楚士约食，冯而能立，式而能起。"① 孟子在这里的伟大之处，在于无意之中生发出了一个美妙的与民同乐观念，这是很了不得的。孟子的"与民同乐"观点目的在于保持国家的长治久安，而全民健身的体育运动，同样是为了增强国民素质，保障全民族的长盛不衰。应当说，孟子的这一观点是有着极其重要的理论启发的。

总体上看，孟子的体育思想，在很大程度上已经淡化了孔子以"礼"为核心的体育思想主张，强化的是以"仁"为核心的体育精神要求，重"浩然之气"，倡"大勇"之为，行"与民同乐"之实，把整个的体育精神主张聚焦在了一个"仁"字上，反映出了一种坦荡、凛然而又爱人的伟大情怀和崇高精神风貌。这样，孟子虽然实际上并没有脱离注重人的自身修养的基本立场，但却几乎把自己的思想视野全部的放在了服务于社会的实践应用当中。总之，如果说孔子所教导的主要是普通个人，孟子教导的则主要是国君。环境变了，对象变了，孟子的思想虽然承继孔子而来，但与孔子有了很大的区别。孟子把孔子的原创儒学中由强调个人修养而实现"礼乐治国"，升华为由强调君主"仁政治国"而实现"与民同乐"，相对于体育娱乐活动理念的发展来说，无疑是一个重大的进步。

（三）荀子以"结于一"为核心的体育精神主张

荀子是齐国稷下学宫发展过程中的最后一位重要思想家，他与稷下学宫有着重要的关系，但文献中关于他的记载多有篡夺。刘蔚华、苗润田先生"博采各家之说"，认为荀子生活的年代在公元前328年至前235年之间，享年94岁。并且认为，"按照这一系年，有关荀卿生平事迹的史料，大都可以条贯。"② 荀子既是战国时期诸子百家思想的集大成者，又是儒学发展过程中重要派别的领军人物。荀子在哲学思想上提出了"明于天人之分"③ 和"制天命而用之"④ 的观点，否定了古代天命、鬼神的迷信思想，认为一方面要顺天，自然规律不可违；另一方面，也强调在顺天的前提下人亦可以胜

① 张清常、王延栋：《战国策笺注·楚策》，南开大学出版社1993年版，第362页。
② 刘蔚华、苗润田：《稷下学史》，中国广播电视出版社1992年版，第265页。
③ ［清］王先谦：《荀子集解·天论》，《诸子集成》，上海书店影印1986年版，第205页。
④ ［清］王先谦：《荀子集解·天论》，《诸子集成》，上海书店影印1986年版，第211页。

天。但他始终又是站在继承和发展儒学的立场上来总结、升华和建立自己的思想体系的。因此，荀子的体育思想虽然也是从孔子那里发端演化而来，但对于战国诸子的体育观念也是多有吸收。正因为如此，荀子的体育思想在总体上既有先期儒学的本色，也形成了自己的特点。

荀子是在充分继承儒学的积极入世观点、充分吸纳齐文化中的社会大教育观念①的基础上形成了他的体育思想的。从整体上看，荀子的体育思想大致上可以归结为以下几方面特点：

其一，强调人的气质教育。《荀子》的教育思想充满着朴素的唯物辩证色彩，认为人只有把先天的自然条件和后天的教育改造、外在的气质表象和内在的学问修养有机地结合在一起，才能把自身的品德、精神、气质培养好，才能达到"君子结于一"②的目的。对此，《荀子》中有两段话说得很清楚："干、越、夷、貉之子，生而同声，长而异俗，教使之然也。"③ "君子之学也，入乎耳，箸乎心，布乎四体，形乎动静。端而言，蝡而动，一可以为法则。小人之学也，入乎耳，出乎口。口耳之间则四寸耳，曷足以美七尺之躯哉！"④ 认为人与其他动物有着太多的相似之处，之所以"生而同声，长而异俗"，与后天的生活环境和所受到的教育条件是连在一起的，这就是所谓的"近朱者赤，近墨者黑"。这也就是说，好的先天条件应当辅之以良好的后天教育才能成就好的人才。当然，这还只能是一个原则性的规律，要真正成为一个优秀的人才，重要的还在于自身的努力。落实良好的教育学习过程，同样存在着一个内容与形式的完美统一问题，对于学习的内容如果能够做到入耳、入心，就会"布乎四体，形乎动静"，这样就会足以"美七尺之躯"；如果对于学习的内容仅仅是"入乎耳"而"出乎口"，做出来的只是一个花架势，则丝毫无益于个人的气质修养。人接受教育获取知识的程度

---

① 参见［清］戴望：《管子校正·权修》篇说："一年之计，莫如树谷；十年之计，莫如树木；终身之计，莫如树人。一树一获者，谷也；一树十获者，木也；一树百获者，人也。"可谓齐文化中社会大教育观念的经典论断。《诸子集成》，上海书店影印 1986 年版。

② ［清］王先谦：《荀子集解·劝学》：《诗》曰："尸鸠在桑，其子七兮。淑人君子，其仪一兮。其仪一兮，心如结兮。故君子结于一也。"《诸子集成》，上海书店影印 1986 年版，第 6 页。

③ ［清］王先谦：《荀子集解·劝学》，《诸子集成》，上海书店影印 1986 年版，第 2 页。

④ ［清］王先谦：《荀子集解·劝学》，《诸子集成》，上海书店影印 1986 年版，第 7 页。

与所表现出来的气质直接相关，接受教育获取知识的程度越高，表现出来的气质水平也就越高，反之亦然。显然，荀子对于人的气质教育是非常重视的，他一方面强调人的自身修过程中主观能动性的决定作用，同时还在强调后天环境条件对人的气质养成的影响作用。

人的气质修养与品德和体质修养又有着十分密切的关系。《荀子》提出了以礼治身的观点，并由此而形成了一套"治气养心之术"：

> 凡用血气、志意、知虑，由礼则治通，不由礼则勃乱提僈；食饮、衣服、居处、动静，由礼则和节，不由礼则触陷生疾；容貌、态度、进退、趋行，由礼则雅，不由礼则夷固僻违、庸众而野。故人无礼则不生，事无礼则不成。①

《荀子》的观点，人表现出来的诸多因素，包括肌体表象的血脉、精神表象的意志和感觉等，都应当符合"礼"的规定。为什么要这样呢？因为人的肌体与精神的健康需要自然的规律运动，也就是"和节"。而保障人的肌体和精神能够"和节"运动的唯一条件，便是身心的高度自由。这种自由，只有用"礼"来规范自己的行为之后才能获得。当然，荀子在这里所说的这个"礼"，与孔子所说的"克己复礼"的"礼"并不是一回事，而应当是"规律"的意思。认为人的身心健康的前提条件要合乎"礼"，也就是要合乎规律的安排，合乎规律的安排也就能够动静"和节"。这恰如辜鸿铭先生所说："要获得自由，真正的自由，只有一条路，那就是循规蹈矩，即学会适当地约束自己。"② 人的社会活动是这样，人的肌体与精神同样如此，失去了秩序的活动，只能制造麻烦而与健康和愉快丝毫无补。

所以，《荀子》所谓"君子结于一"的个人修养目标，实际上强调的就是一种尽可能完善的素质教育。换句话说，也就是希望人能够通过后天的知识消化而升华自己的气质水平，这个气质水平不仅包括文化知识、道德质量的后天修养，身体素质的增强也是非常重要的内容。对于"礼"的认识、

---

① 〔清〕王先谦：《荀子集解·修身》，《诸子集成》，上海书店影印1986年版，第13页。
② 辜鸿铭著，黄兴涛、宋小庆译：《中国人的精神》，海南出版社2007年版，第17页。

接受程度，不仅制约着自己的品德水平，而且与精神的愉悦和肌体的健康都有着直接的关系。"结于一"不仅是一个结果，同时又是一个过程，保障这一过程顺利进行的办法便是"动静和节"，也就是要符合客观的规律。简而言之，荀子在这里提到的"礼"，可以理解为规则、规律的意思，人的气血、容貌、言行、思想，按照"动静和节"的办法去运作自身的修养过程，是完善自身气质修养的有效途径。

其二，明确提出了运动健身的基本理念。与"动静和节"的气质修养观相呼应，《荀子》从军事活动的条件论出发，明确阐述了运动与健身的密切关系：

> 天行有常，不为尧存，不为桀亡。应之以治则吉，应之以乱则凶。强本而节用，则天不能贫，养备而动时，则天不能病；修道而不贰，则天不能祸。故水旱不能使之饥渴，寒暑不能使之疾，祆怪不能使之凶。本荒而用侈，则天不能使之富；养略而动罕，则天不能使之全；倍道而妄行，则天不能使之吉。故水旱未至而饥，寒暑未薄而疾，祆怪未至而凶。受时与治世同，而殃祸与治世异，不可以怨天，其道然也。[1]

这段话的意思，主要在于试图确立一种人以人为核心而不是人以天为核心的行为观念。其中提出的"养备而动时，则天不能病"、"养略而动罕，则天不能使之全"观点，值得特别注意。所谓"养备而动时，则天不能病"，就是说，人只要具备衣食等生活条件，并且经常进行肢体运动，身体就会强健，天也不能使之生病。所谓"养略而动罕，则天不能使之全"的意思恰与之相反：如果生活条件欠缺，又不去运动，自然不会有身体的健康。当然，荀子的这番话，本意是为了提高军士的战斗能力。但在客观上却揭露出了一个非常普遍的真理：运动与身体健康有着密不可分的关系，原因便是生命在于运动。《荀子》的这个发现在先秦体育思想史上占有重要的位置。体育史学界提到运动健身理念的起源的时候，一般首推《吕氏春秋》，

---

[1] ［清］王先谦：《荀子集解·天论》，《诸子集成》，上海书店影印 1986 年版，第 205 页。

但吕不韦组织撰写《吕氏春秋》的时候虽然有许多稷下学者参与，却是荀子之后的事情了。《荀子》关于运动健身的体育观念是齐地尚武勇精神的结晶，在中国体育思想发展史上有着重要的历史地位。

其三，阐述了乐舞对人之心智陶冶的重要作用。有周一代，礼乐治国始终是振奋有力的主旋律，春秋末期儒学的形成与发展，对此注入了巨大的发展潜能。荀子的思想体系虽然吸纳了诸子百家之长，但由于他是在承继儒学基本精神的基础上对于诸家思想精华的吸收，这样儒学的基本理念要求，使得他并没有，也不可能超然于周代礼乐治国的基本理念之外。这些因素，使他在谈到音乐问题时，也就自然而然地形成了乐舞对人的心智有陶冶作用的更为深刻的认识。这些认识，对于帮助人们建立良好的肌体和精神健康理念同样有着重要的意义。

《荀子》认为，乐舞是人们不可缺少的生活内容。他说："夫乐者，乐也，人情之所必不免也，故人不能无乐。乐则必发于声音，形于动静，而人之道，声音、动静、性术之变尽是矣。故人不能不乐，乐则不能无形，形而不为道，则不能无乱。先王恶其乱也，故制《雅》、《颂》之声以道之，使其声足以乐而不流，使其文足以辨而不諰，使其曲直、繁省、廉肉、节奏，足以感动人之善心，使夫邪污之气无由得接焉。"[1]"乐"，指的是音乐。在荀子看来，音乐是人的日常生活之必须。其表现形式有二：一是声音，一是动作。人不能不"乐"，"乐"不能无声、无形。声、形之表现，是否合于"道"，反映的则不仅仅是个人的水准，更重要的是对社会也能产生一定的影响。所以他主张要"制《雅》、《颂》之声以道（导）之"，"使其曲直、繁省、廉肉、节奏，足以感动人之善心"，从而达到"邪污之气无由得接"的教化目的。乐舞为什么会有这样的功能呢？《荀子》进行了这样的论证："听其雅颂之声，而志意得广焉。执其干戚，习其俯仰屈伸，而容貌得庄焉；行其缀兆，要其节奏，而行列得正焉，进退得齐焉。故乐者，出所以征诛也，入所以揖让也。征诛揖让，其义一也。出所以征诛，则莫不听从，入所以揖让，则莫不从服。故乐者，天下之大齐也。"[2] 荀子的这段话分析了

---

[1]　［清］王先谦：《荀子集解·乐论》，《诸子集成》，上海书店影印1986年版，第252页。
[2]　［清］王先谦：《荀子集解·乐论》，《诸子集成》，上海书店影印1986年版，第252页。

乐舞对人们的身心健康的重要影响：一方面乐舞可以陶冶人们的性情："志意得广"；另一面乐舞可以使人的形体健康成长："容貌得庄"；同时，还可以通过乐舞活动增强人们的组织纪律性："行列得正，进退得齐。"经受过乐舞培养教育的人，既有宽广的心志，又有强健的体魄，还有高度的组织纪律性，其素质水平是不言而喻的。不仅于此，荀子还把乐舞的教化陶冶功能升华到了移风易俗的高度："君子以钟鼓道志，以琴瑟乐心。动以干戚，饰以羽旄，从以磬管。故其清明象天，其广大象地，其俯仰周旋有似于四时。故乐行而志清，礼休而形成，耳目聪明，血气和平，移风易俗，天下皆宁，美善相乐。"① 荀子的这些论述，核心论点在于从身心并完的角度来说明乐舞对人的身心健康的陶冶作用，并且从人的社会个体跃升到了移风易俗的社会教化高度，目的只有一个，就是提升人们的精神和身体的健康水平。

荀子的体育教育思想虽然吸纳了先秦诸子的许多营养，但儒学主张的"内圣"修养原则并没有在他这里得以改变。《荀子》篇提出的"治气养心之术"，从阐述的内容来看，从生理学角度可以称之为养生之术，从体育学角度可称之为健身之术，从心理学角度可以称之为养性之术。总之，是以个人身心并完的修养为目的的，并没有跳出传统儒学个人身心修养的思维框架。但是，他所提出的先天的自然条件和后天的教育改造、外在的气质表象和内在的学问修养有机结合，进而实现各方面素质修养"结于一"，并且还要遵从"动静和节"的修养方法，却是前人所没有顾及到的。由此而对于运动健身理念的深刻揭示，对于乐舞的教化功能的深刻剖析，也都是先秦诸子所不可企及的。这是处在战国末期的荀子出于儒而汇通百家，立足于齐而能够在齐国"与俗同好恶"的当然结果。② 总之，荀子的体育精神主张，由于总结吸收了诸家学术流派的思想精华，虽然站在了儒学的基本立场之上，但既有别于孔孟，更总结了道法。他提出的"结于一"的体育精神主张，实际上仍然是一种修养原则。从体育学的角度看，这一观点，不仅在中国先秦体育教育思想发展史上的地位不可被忽视，在中国古代体育思想的发展链条中也是极为重要的一个环节。

---

① ［清］王先谦：《荀子集解·乐论》，《诸子集成》，上海书店影印1986年版，第254页。
② 参见王京龙《齐人"怯于众斗，勇于持刺"的渊源及影响》，载《管子学刊》2005年第3期。

　　总体上看，战国时期儒学体育思想的发展，一方面始终置身于周代礼乐治国的文化背景之下，这一点使得孟子、荀子的体育思想虽然跳出了孔子"克己复礼"的窠臼，但却是一直沿着以修身为根本的路子走下来的。孟子讲"浩然之气"，崇尚"大勇"，强调"与民同乐"，荀子讲"动静和节"、"养备而动时"、"治气养心"，都体现了这一点。另一方面，由于孔子的基本思想主张在于运用"克己复礼"的办法治理社会，他的体育思想也就立足于培养合于周礼的"成人"。而孟子讲"仁政"，荀子讲"王道"，基本思想主张则是运用自己的思想主张改良社会，他们的体育思想也就立足于培养人的气质与精神。正是受到了这样一种政治思想的深刻影响，孟子、荀子的体育思想始终反映着一种器宇轩昂的大无畏积极进取精神。

二、道家以"法自然"为核心的体育精神主张

　　在中国传统文化的发展历史上，儒家文化和道家文化是两个影响巨大的学术流派，对于中华民族传统体育思想的影响，它们都产生了带有决定性意义的作用。道家学派的兴起，同样本出于礼乐文化的深刻文化背景，与儒家学派的源起一脉同根。因而，道家与儒家在理念上虽然多有不同甚或相悖，但道家的思想体系中仍然包含着许多与儒家相通的内容。造成这一现象的根本原因，不在别处，就在于它们的所处环境都没有超越周代礼乐文化的大背景。

　　按照司马迁的说法，老子熟知周礼而走上鄙视周礼的道路，正是由于他看准了周礼的软肋。老子提出"道法自然"，实际上是提出了一种与孔子的"克己复礼"不同的社会治理思路。这一思路，在具体的方式方法上乍看起来似乎与孔子有些背道而驰，但在本质上，同样也是一种积极的思想作为，汉代的班固就认为道家之学是"欲绝去礼学，兼弃仁义"，"此君人南面之术也。"① 看问题的角度不同，认识问题的结论也就不同。正是从这里开始，道家的体育思想与儒家的体育思想形成了大异其趣的发展局面，走上了更多以关注人的生命为思考本体的路子，形成了以遵从自然规律为基本特征的体

---

① ［汉］班固：《汉书·艺文志》，中华书局1962年版，第1732页。

育思想主张，"法自然"和"贵己""重生"成了其体育精神主张的基本核心。

"道家"之名，始见于西汉司马谈的《论六家之要指》，时称为"道德家"。《汉书》中称为"道家"，列为九流之一。老子被后世尊为道家学派的创始人，庄子继承和发展了老子的思想，把道家学说发展到了另一个高峰。在道家学派发展过程中，还有杨朱的"全性保真"说，宋钘、尹文的"情欲寡浅"说，彭蒙、田骈、慎到的"弃知去己"和"贵势"说等，有的也把这些称为道家的派别分支。道家思想在战国百家争鸣过程中有着非常积极的表现，由于齐国当权者对黄帝、老子的优崇，道家在稷下黄老学派的旗帜下，发展成了稷下学宫里边最为强大的学术队伍。

道家学派参与战国百家争鸣的情况比较复杂。老子为春秋末期人，那时候战国百家争鸣的高峰还没有形成。杨朱、庄子我们都没有可靠的依据说他们参与过稷下百家争鸣；黄老之学是战国百家争鸣过程中道家的辉煌发展阶段，杨朱、庄子与南方的黄老之学联系要更为紧密，稷下黄老之学与老子、杨朱、庄子的思想却又血脉相通；黄老之学本于老子的理论学说而以关注社会政治为突出特征，但相比较而言，在关注人生、关注性命方面却是先秦诸子无可企及的，以关注生命健康为标尺来衡量先秦时期的体育思想，道家是最为丰富的。整体上看，道家的体育思想反映出来的文化精神，既有与儒家相通的一面，也有与儒家不同的一面。

（一）老子以"法自然"为核心的体育精神主张

生活于春秋时期的老子，也是诸侯蓄养的卿客，属于衣食无忧之贵族阶层中的人物，与一般有着巨大生活压力的士人是不同的。因而，他既能够站在一个比较高的社会层面上了解认识社会大势，又能够有足够的时间和精力对社会和人生进行深入的思考。这样的一个客观事实，使他具备了精通事理、练达人生、博古通今、见识卓越，洞察祸福之机、深明成败之道的思想能力和客观条件，进而决定了他对国家发展、社会变迁、历史变化、人事沉浮等社会现象都有着深刻的分析和独到的见解，对于这些社会现象的分析、抽象与升华，使他在整体上构筑起了道家学派的思想框架。汉代道教出现以后，又把他推上了"道德天尊"的位置，宋代的时候进一步给他加上了

"太上老君"的封号，从此以后，老子也就成了中国本土最大的土著宗教——道教的祖师。但道教是道家学派的另类，与道家学派并不可混为一谈。

老子的学说是道家学说发展过程中的原生阶段，道家学说在这里构架起了一个博大精深的理论体系。

道家学说在老子时代与儒家学说就形成了旗帜鲜明的分庭之势。孔子讲"道"，老子也讲"道"，但孔子所说的"道"与老子所说的"道"根本就不是一回事。孔子说："大道之行也，天下为公。选贤与能，讲信修睦。"又说："今大道既隐，天下为家。各亲其亲，各子其子，货力为己；大人世及以为礼，城郭沟池以为固，礼仪以为纪，以正君臣，以笃父子，以睦兄弟，以和夫妇，以设制度，以立田里，以贤勇知，以功为己。"① 老子说："大道废，有仁义；智慧出，有大伪。"② 还说："故失道而后德，失德而后仁，失仁而后义，失义而后礼。夫礼者，忠信之薄，而乱之首。"③ 孔子所说的"道"是建立在仁、义、礼、智、信等社会道德层面上的"道"，既与今天所说的"社会公德"含义差不多，也含有今之谓法律规章之意，"人为"的主观内涵要更多一些。老子所说的"道"，指的是自然之道，含有"社会正义"方面的内容，强调的是非"人为"的内涵，强调的是"规律"性的东西。两种"道"，形式上虽然相同，但其含义在本质上却并不是一回事。可以说，道家学说与儒家学说在初创时期就以鲜明的思想观点分门立户了。老子与孔子一样，首先是一位伟大的哲学家，其体育思想同样是其哲学思想的衍生物。老子的体育思想，以其丰富的朴素辩证思想，形成了以"恬淡寡欲"、"清静无为"为基本原则的修身观念。由于老子创立道家学派同样也是以拯救社会现实为基本出发点的，因而他的体育精神主张也是一种积极的作为，只不过这种积极的作为与儒家不同，是以"法自然"为基本原则的。

老子体育思想的哲学基础是"道"。这个"道"，实际上是一个说不清

① 杨天宇：《礼记译注·礼运》，上海古籍出版社 1997 年版，第 266 页。
② ［三国］王弼注：《老子道德经·十八章》，《诸子集成》，上海书店影印 1986 年版，第 10 页。
③ ［三国］王弼注：《老子道德经·三十八章》，《诸子集成》，上海书店影印 1986 年版，第 23 页。

道不明的"混沌体"："道可道，非常道。名可名，非常名"①。在《老子》这部书中，"道"有时候既是世间万物生成的本原，也是世间万物最后的归宿："有物混成，先天地生。寂兮寥兮，独立不改，周行而不殆，可以为天下母。吾不知其名，字之曰道。"② 意思是说，这个先于天地而存在，并且可以称之为天地本原的东西，方可勉强称为"道"。"道冲，而用之或不盈。渊兮，似万物之宗；挫其锐，解其纷，和其光，同其尘，湛兮，似或存。吾不知谁之子，象帝之先。"③ "道"像是空虚的，但使用它又是不会穷尽的。因此，说它深邃，就像世间万物之宗主；说它神秘，又像客观之存在。这个深不可测而又神秘的"万物之宗主"，也可称之为"道"。总而言之，"道"既无状无象，又浑然一体；既独立存在，超越时空，又无处不在，无影无踪。就是这样的一个存在，对自然、社会和人的生命运动，始终产生着影响或决定作用，世间万物都应当，而且必须遵从它。在这样的理论前提之下，老子把"道"、"天"、"地"、"人"看作是宇宙间的四大元素，而"人"仅列其一。由于被"道"的基本特性所决定，"人"并不能超越于"道"、"天"、"地"之外而存在，更不可能游离于"道"的规范之外。这便是老子提出"人法地，地法天，天法道，道法自然"论题的基本理论依据。老子提出的这个命题是道家学说的基本理论归结，意思是说，在宇宙间的四大基本元素中，"人"是最渺小的，其次是"地"，其次是"天"，其次是"道"。这个统辖"天"、"地"、"人"的"道"，却又要"法自然"。这个"自然"并不深奥，就是"天"、"地"、"人"自身运行的根本规律，且又并不是凌驾于"道"之上的另外所有，是寓于"天"、"地"、"人"等万事万物自身发展变化过程中的固有之所在，与"道"是重合的。老子的体育思想观念便是以此为基础建立起来的。

老子的体育思想主要反映在以下几个方面：

一是"道生德成"的生命本原论。对于生命本原的认识，是老子非常重视的问题。但他并没有把人的生命本原、人的德性与社会的治乱归结于"天命"，而是直接归之于那个说不清道不明的"道"。由"道"而产生出

---

① ［三国］王弼注：《老子道德经·一章》，《诸子集成》，上海书店影印1986年版，第1页。
② ［三国］王弼注：《老子道德经·二十五章》，《诸子集成》，上海书店影印1986年版，第14页。
③ ［三国］王弼注：《老子道德经·四章》，《诸子集成》，上海书店影印1986年版，第3页。

了世间的万物:"道生一,一生二,二生三,三生万物。万物负阴而抱阳,冲气以为和。"①"道"是一个混沌的整体,"道"一分为二也就有了"天"与"地","天"与"地"阴、阳之"气"相"和"而生有万物。所以说,世间万物本原于"道"。又说:(世间万物)"道生之,德畜之,物形之,势成之。是以万物莫不尊道而贵德。道之尊,德之贵,夫莫之命而常自然。故道生之,德畜之;长之育之;亭之毒之;养之覆之。生而不有,为而不恃,长而不宰。是谓元德"②。世间万物虽由"道"化生而成,却由"德"养育而成。万物由不同的形态得以区别,在不同的环境中各自成长。所以,世间万物没有不尊崇"道"的,更没有不珍贵"德"的。而"道"之所以被尊崇,"德"之所以受到珍贵,是因为它们没有对世间万物发号施令,颐指气使。正因为"道"、"德"对于万物没有这种积极的作为,万物自身的自然运行便能够永远地遵从它。所以,"道"生万物,"德"养万物,使万物成长发育,使万物结果成熟,给万物抚育保护。生长万物而不占有,抚育万物而不自恃,长养万物而不主宰,这便是"元德"。"元德"就是深妙的德性,也就是"天德"或者"天性",是万物与生俱有的东西。在老子的心目中,世间万物,由"道"在"绵绵若存,用之不勤"③的运动过程中化育而成;由"德"在"生而不有,为而不恃,长而不宰"的行为过程中养育而成。"道"、"德"都没有任何的功利性。这便是老子生命本原论的基本轮廓。由此而延伸出来的思想观念,形成了他独具特色的修身理论体系,确立了一种随遇而安的平和心态,建立了一种遵从事物自身发展规律的体育思想理念。老子追求的是一种自然规律至上的观念,反对的是那种后天的人为造作之理论主张。世间万物由"道"而生,由"德"而育的生命本原论,从根本上与儒学对人的执着教化观点区分了开来。

二是"自然朴真"的生存观。在老子看来,虽然万物都是由"道"而生,由"德"而育,但"道"、"德"生育万物的过程是毫无意识目的的自然过程,没有任何的后天雕饰和人为造作,没有任何的使动和被动的功利驱

---

① 〔三国〕王弼注:《老子道德经·四十二章》,《诸子集成》,上海书店影印1986年版,第26页。
② 〔三国〕王弼注:《老子道德经·五十一章》,《诸子集成》,上海书店影印1986年版,第31页。
③ 〔三国〕王弼注:《老子道德经·六章》,《诸子集成》,上海书店影印1986年版,第4页。

使。因而只有最接近于"道"的状态，才是生命存在的本原状态或本来面貌，也就是老子所希冀的那种万物应当回归的"自然"、"质朴"、"纯朴"、"朴真"等状态或面貌。所以，"道"之本性决定着人或万物的本性，"道"之"朴"、之"真"，决定着人或万物的"朴"或"真"。因此，老子主张人修身的最好办法就是守"道"："天下有始，以为天下母。既得其母，以知其子；既知其子，复守其母。没身不殆。塞其兑，闭其门，终身不勤。开其兑，济其事，终身不救。见小曰明，守柔曰强。用其光，复归其明，无遗身殃。是为习常。"① 意思是说，"道"本是万物之母，由母可以知子，由子也可以知母。持守"道"，就可以保存万物的"纯朴"状态，终身就不会有危险。怎样守"道"呢？老子开出的药方是"塞其兑，闭其门。""兑"是指嗜欲的感官；"门"是指巧利的门径。守"道"就是要堵塞嗜欲的感官，关闭巧利的门径。一言以蔽之，修身就是要杜绝和排除外界私欲功利的诱惑和干扰，否则，必然就会终身烦扰不断，危险缠身。老子所主张的这个守"道"，本质上并无异于守"真"。守"道"也好，守"真"也好，都是摆脱功利私欲而放任本态自我的具体表现。由于老子把回归自然状态作为生存的最高追求，"守道"也就成了修身的基本原则。老子以号召人们"守道"、"求真"为目的，淡化人生对于功利私欲的追求。在这里，老子的主张与孔子的主张似乎又取得了一致：老子为求"道"而守"真"，孔子为求"礼"而求"和"，都在淡化人们对于功利私欲的执着追求。两者虽然目的各异，但措施相近。老子关于生命"自然朴真"的生存观，在本质上彰显着他对于人与自然和谐相处精神的执着追求。

三是"重身惜生"的价值观。与先秦其他学派相比较，道家尤其重视生命个体的自身价值，这在老子的"重身惜生"思想观念中有着很深刻的论述，《老子》说："名与身孰亲？身与货孰多？得与亡孰病？是故甚爱必大费；多藏必厚亡。知足不辱，知止不殆，可以长久。"② 又说："何谓贵大患若身？吾所以有大患者，为吾有身，及吾无身，吾有何患？故贵以身为天

---

① ［三国］王弼注：《老子道德经·五十二章》，《诸子集成》，上海书店影印 1986 年版，第 32 页。
② ［三国］王弼注：《老子道德经·四十四章》，《诸子集成》，上海书店影印 1986 年版，第 28 页。

下，若可寄天下；爱以身为天下，若可托天下。"① 在老子那里，生命的个体本身，其价值是以其自身价值和附带价值两种形式表现出来的，其自身价值，当然就是生命本身，这是最可宝贵的，也是生命所有价值的根本；其附带价值，则是声名利禄之类那些既是"身外之物"，又与生命本身"连在一起"的东西。这两种价值，客观上看起来似乎没有必然的联系，但由于人本身的社会性特征，决定了二者之间又有着很强的关联性。二者孰重孰轻？声名利禄的重要性和生命本身相比较，虽然可以说是微不足道，但声名利禄又是人所非常难以摆脱掉的，因而有时也就难分轻重。所以，老子提出了"贵以身为天下，若可寄天下；爱以身为天下，若可托天下"的观点。就是说，以珍贵自身的思想治理天下的人，可以寄托天下；以爱惜自身的思想治理天下的人，可以委托天下。对于那些重视自己生命身体的人，既然天下都可以委托给他治理了，还有什么不可以信赖的呢？显然，老子把生命的自身价值放在了第一位。老子虽然把自身的生命看作是最可宝贵的东西，但他同时也承认了声名利禄对于人生的重要性，也就是"为天下"、"寄天下"或"托天下"。所以，强调"重身贵生"就要清心寡欲，清心寡欲就可以无视声名利禄的诱惑，无志于声名利禄竞技场的人，就可以远离祸患。这样，对自己有利于养生，对社会则可以负担更大的社会责任。由于把生命的价值放在了第一位，讲求"重身惜生"，所以，他坚决反对残害生命的一切行为措施。比如他反对战争对于生命的残害，认为"佳兵者"，乃"不祥之器"②，打了胜仗也要以丧礼处之，因为战争残害了人的生命。比如他反对人对奢侈生活的追求，认为人追求过于丰厚奢侈的生活，就会造成营养比例失衡而使自己的身体受到伤害，实际上这是糟践缩短了自己的生命。这样，即便是人活着，却如行动在死亡之地一般："生之徒十有三；死之徒十有三；人之生，动之死地亦十有三。夫何故？以其生生之厚。"③ "重身"与"惜生"是两个不完全重合的概念，"重身"强调的是对于生命的尊重，"惜生"强调的是对于生命的爱护。两者虽然着重点不同，但都是以生命的唯一性为出发点的。"重身"与"惜生"的具体行为，老子认为关键在于"法道"。如

---

① ［三国］王弼注：《老子道德经·十三章》，《诸子集成》，上海书店影印 1986 年版，第 7 页。
② ［三国］王弼注：《老子道德经·三十一章》，《诸子集成》，上海书店影印 1986 年版，第 18 页。
③ ［三国］王弼注：《老子道德经·五十章》，《诸子集成》，上海书店影印 1986 年版，第 30 页。

何"法道"呢？围绕这一问题，老子又提出了一个"三宝"的概念，即"慈"、"俭"、"不敢为天下先"："我有三宝，持而保之：一曰慈，二曰俭，三曰不敢为天下先。慈故能用，俭故能广，不敢为天下先，故能成器长。"①慈爱则不凶残，俭啬则不会放纵，不敢为天下先则会谦卑拱让而不争夺。所谓"不敢为天下先"，老子又称之为"啬"。什么是"啬"？《韩非子》说："书之所谓治人者，适动静之节，省思虑之费也。所谓事天者，不极聪明之力，不尽智识之任。苟极尽则费神多，费神多则盲聋悖狂之祸至，是以啬之。啬之者，爱其精神，啬其智识也。故曰：治人事天，莫如啬。"②"啬"就是爱惜精神、收敛知识："治人事天，莫若啬。……是谓深根固柢，长生久视之道。"③做人做事，都要控制自己精神欲望，只有把自己的精神欲望控制好了，才是"长生久视之道"。就是这样，老子"重身惜生"的观点，在这里从肌体到精神形成了统一，从本体上构架了一种自我为上，生命为上，精神与肌体有机互动的修身理论。

四是"清静无为"的行为观。老子的养生思想中还有一个非常重要的观点，叫作"静以养神"，主张追求那种极端的空虚无欲，坚守彻底的清静无为，由此而实现心灵的宁静，达到身心自然健康的目的。老子说："致虚极，守静笃。"④"致虚"就是空虚其心，排除一切蒙蔽心灵的思念；"守静"就是坚守清净，顺应自然，不去妄为。"致虚"、"守静"，二者之间的关系是互为因果的，二者之间的因果变化规律也就是"道"的法则，也是修身的基本规律。在谈到具体方法的时候，他接着又说："夫物芸芸，各复归其根。归根曰静，是谓复命，复命曰常，知常曰明。不知常，妄作凶。知常容，容乃公，公乃王，全乃天，天乃道，道乃久，没身不殆。"⑤"常"指的是事物不变的规律；"明"指的是要准确地认识和把握事物的规律。万物纷繁众多，回归根本叫作"静"，静叫作"复命"，复命叫作"常"，认识

①　［三国］王弼注：《老子道德经·第六十七章》，《诸子集成》，上海书店影印1986年版，第41页。

②　［清］王先慎：《韩非子集解·解老》，《诸子集成》，上海书店影印1986年版，第101页。

③　［三国］王弼注：《老子道德经·五十九章》，《诸子集成》，上海书店影印1986年版，第36页。

④　［三国］王弼注：《老子道德经·十六章》，《诸子集成》，上海书店影印1986年版，第8页。

⑤　［三国］王弼注：《老子道德经·十五章》，《诸子集成》，上海书店影印1986年版，第9页。

把握"常"叫作"明"。不认识把握"常"，就会轻举妄动而干出凶险之事。反之，能够认识把握"常"，就能包容公正，能包容公正就能符合天地自然之道，这样终生就不会有危险。由于生命本身有着自身变化的规律，所以，认识和把握住了生命自身变化的规律，就能够包容外来的是是非非，能够包容是非，就能"静"，"静"就有益于修身。所以，在老子看来，"守静"倒是养生行为观的第一要务。

"清静"与"无为"是相辅相成的。"清静"的目的在于化解或排除心灵中的杂念，包括内在已有的和将要外来的；所谓"无为"，就是不要违背自然之道故意作为。在老子看来，"清静"、"无为"都是一种排除私心杂念的具体方式。老子讲"清静"与"无为"，并不是绝对的，而是相对于"道"这一事物发展的自然规律变化来说的，也就是所谓"无为而无不为，取天下常以无事。"① "无为"就是顺应自然之道，顺应自然之道也就能够无所不为。按照老子的理论，人的"无为"主要有两种表现方式：一种是任何事物本身都有自身发展变化的规律，按照自然之道而不去人为地干预事物自身的发展变化，要按照自然之道的变化规律自然地发展变化，这是一种"无为"的表现方式。另一种"无为"是说，事物无时无刻不在按照自身的变化规律发展着，人面对这一规律不能消极地不作为，"消极的不作为"虽然也是"无为"，但这种"无为"并不是老子所说的"无为"，而是一种"有为"，因为是有意识地违背了自然之道，应当做而不做，这也是不对的。说到底，老子所说的"无为"，就是不去做那些违背自然规律的人为之为。在老子看来，人之所以会主动地或消极地违背自然之道，干预事物自身的发展变化，根本原因就在于私欲的膨胀。如果能够顺应自然之道，那么自然也就没有那些私欲和杂念。宋志明先生认为，老子的"无为而治"其中包含三层意思：一是低姿态。君王应该懂得"知其雄，守其雌；知其白，守其黑"的道理。二是不扰民。老子主张"治大国若烹小鲜"，就是掌权者不要瞎折腾，应当像煎小鱼那样小心谨慎。三是无常心。强调的是掌权者要为百姓着想，不能有私心。"无为"便是"有为"，这便是老子"法自然"的根

---

① ［三国］王弼注：《老子道德经·四十八章》，《诸子集成》，上海书店影印 1986 年版，第 29 页。

本。① 老子曾经讲过这样的道理："不尚贤，使民不争；不贵难得之货，使民不为盗；不见可欲，使民心不乱。是以圣人之治，虚其心，实其腹，弱其志，强其骨，常使民无知无欲，使夫智者不敢为也，为无为，则无不治。"② 又说："五色令人目盲；五音令人耳聋；五味令人口爽；驰骋畋猎，令人心发狂；难得之货，令人行妨。"③ 社会上之所以私欲横流，奸贼丛生，原因就在于种种"有为"的理念启动了人们私欲的膨胀。所以，"无为"首要摒弃私欲，人没有了私欲，就容易做到"无为"，人能够做到"无为"，也就实现了"清静"。这样看老子的"清静"与"无为"，似乎主要还是站在心理层面上的。老子学说中的所谓"虚其心，实其腹，弱其志，强其骨。常使民无知无欲。使夫智者不敢为也。"④ 以及"圣人为腹不为目。"⑤ 虽然同样贯穿了"清静"与"无为"的思想理念，但在思想内涵上却直接从心理上升到了生理层面的修养上来了。

《老子》一书凡五千言，八十一章，其中约有半数以上重在论道、论治国，对于修身养生问题的论述，与《论语》一样，同样也是对于社会现象反刍的衍生。但老子从"法自然"、"法道"的角度出发，主张人要"重身惜生"、"清静"、"无为"、"无欲"，由此而给人造成了一种明哲保身、与世无争的处世指导，从而在直观上与儒学的积极作为观念形成了强烈的反差。其以"法自然"为核心的体育精神主张，虽然走上了儒学思想的另一面，但由于从根本上与儒学一样，仍然站在了积极的拯救社会立场上，因而其积极的进取精神和社会参与意识又是不可否定的。但从修身的角度看，老子的理论揭示出了人生的某些最基本的规律，显示出了极其博大的哲学襟怀，在体育科学的发展层面上有着重要的历史地位。后世中国的生命关怀思想大放光辉，并把老子推上了道家养生的始祖宝座，以至于道教出现以后，神仙家们也借用了他的思想，在理论来源上这是很有轨迹可寻的，并不单纯是好事者们的臆造。

① 参见《文摘报·学林漫步》2008年11月20日。
② 〔三国〕王弼注：《老子道德经·三章》，《诸子集成》，上海书店影印1986年版，第2页。
③ 〔三国〕王弼注：《老子道德经·十二章》，《诸子集成》，上海书店影印1986年版，第6页。
④ 〔三国〕王弼注：《老子道德经·三章》，《诸子集成》，上海书店影印1986年版，第2页。
⑤ 〔三国〕王弼注：《老子道德经·十二章》，《诸子集成》，上海书店影印1986年版，第6页。

（二）杨朱以"为我"为核心的体育精神主张

杨朱，字子居，或称杨子、阳生。战国时期的卫国人，其思想观点属于极端个人主义者。按照孟子的观点，杨朱的理论学说在战国百家争鸣中有着很大的影响力，是与儒学、墨学并称的"显学"。孟子说："能言距杨墨者，圣人之徒也。"① 又说："杨朱、墨翟之言盈天下。天下之言，不归杨，则归墨。"② 还说："逃墨必归于杨，逃杨必归于儒。"③ 按照孟子的说法，在当时的思想论坛上，杨朱的学说与儒学、墨学一道，都是当时的显学，前后三分天下，各领风骚。但这种观点早已有人提出过质疑，认为杨朱"先秦诸子无其徒，后世六家九流之说无其宗，《汉志》无其书，《人表》无其名。则又乌见其为盈天下者？"④ 关于杨朱其人及其思想，需要商讨的问题很多，我们仅就一般而言认为散见于《吕氏春秋》、《列子》、《孟子》、《庄子》、《荀子》、《韩非子》等文献中的一些杨朱思想，考察一下他的体育思想主张。

总体上看，杨朱不承认鬼神的存在，反对传统的君权，反对束缚个性自由的宗法礼制，而从重视个人生命的角度出发，形成了"贵己"、"为我"、"全生"的理论观点，构成了他极端为我的思想学说。其要旨归纳起来主要有三条：一是生死均等：有生便有死，人人皆如是。人生有贤愚、贫贱之异，而所同者为死后均为腐骨，尧舜与桀纣没有什么不同。二是贵己乐生：己身之最贵重者莫过于生命，人身难得，加上人生短暂，应该万分珍惜与贵重，要乐生，一切以存我为贵，无我，则一切无从谈起。三是全性保真：所谓全性，就是要顺应自然之性。既然有生，便当全生，不可逆命而羡寿，聚物而累形，不要贪得无厌，更不要为外物所伤生。所谓保真，就是保持自然赋予人身的真性，保持和顺应自然之性，自己主宰自己的命运。杨朱体育精神主张的基本核心，突出表现为两个字，就是"为我"，为我而"全性保真"，为我而生死均等，为我而乐生。归根结底，"为我"便是杨朱一切体

---

① ［清］焦循：《孟子正义·滕文公·下》，《诸子集成》，上海书店影印1986年版，第272页。
② ［清］焦循：《孟子正义·滕文公·下》，《诸子集成》，上海书店影印1986年版，第269页。
③ ［清］焦循：《孟子正义·尽心·下》，《诸子集成》，上海书店影印1986年版，第586页。
④ 钱穆：《先秦诸子系年·墨子生卒考杨朱考》，商务印书馆2005年版，第284页。

育思想主张之根本。

杨朱的思想承继老子的道家思想而来，其体育思想理论突出反映在对于生命现象的认识上，强调的是人的生命个体意识。正因为如此，他对生命价值的认识是极其深刻的，并由此而走上了一条极端为我的道路，在对生命价值的认识和生命保护意识的认识上，达到了一个前所未有的高度。在当时来说，他的观点不仅可以说是锋芒毕露，而且足可谓之是惊世骇俗的。但我们应当看到的是，杨朱对于生命价值的态度是在特殊的社会环境中形成的，一方面，他的观点只是这一时期出现的若干价值观念的一种；另一方面，他的观点也反映着面对当时弱肉强食的社会环境所表现出来的一种怅然的消极与无奈。说到底，杨朱对于生命价值的观点，与老子的原本道家思想相比较是大有不同的，在他的思想理论当中充满着消极避世、自我保护、舍我其谁的极端人生态度，这是我们肯定他的高度重视生命价值观念的同时要注意到的问题。

先秦诸子论及杨朱思想的主旨，主要有如下的几条：

> 杨子取为我，拔一毛而利天下，不为也。①
> 杨氏为我，是无君也。②
> 今有人于此，义不入危城，不处军旅，不以天下大利易其胫一毛，世主必从而礼之，贵其智而高其行，以为轻物重生之士也。③
> 夫民不尽贤，杨朱、墨翟，天下之所察也，干世乱而卒不决，虽察而不可以为官职之令。④
> 骈于辩者，累瓦结绳，窜句游心于坚白同异之间，而敝跬誉无用之言，非乎？而杨、墨是已。⑤
> 阳生贵己。⑥

---

① ［清］焦循：《孟子正义·尽心·上》，《诸子集成》，上海书店影印 1986 年版，第 539 页。
② ［清］焦循：《孟子正义·滕文公·下》，《诸子集成》，上海书店影印 1986 年版，第 269 页。
③ ［清］王先慎：《韩非子集解·显学》，《诸子集成》，上海书店影印 1986 年版，第 352 页。
④ ［清］王先慎：《韩非子集解·八说》，《诸子集成》，上海书店影印 1986 年版，第 325 页。
⑤ ［清］王先谦：《庄子集解·骈拇》，《诸子集成》，上海书店影印 1986 年版，第 141 页。
⑥ ［汉］高诱注：《吕氏春秋·不二》，《诸子集成》，上海书店影印 1986 年版，第 213 页。

　　分析上面所引材料，我们至少可以得到以下两点信息：第一，杨朱一派的主旨为"为我"、"贵己"、"轻物重生"；第二，杨朱一派与墨者、儒者是对立的。《韩非子》所言"入危城"，"处军旅"，是"摩顶放踵"、"胫无毛"的墨者利天下的行径，而"不入危城"、"不处军旅"、"不以天下之大利易其胫一毛"，是"拔一毛而利天下不为"的杨朱一派的行径，"无君无父"、"舍人利己"，却又是儒家所决然不齿的。三者的观点泾渭分明，清晰可辨，大有水火不容之势。

　　由此我们知道，杨朱对于"生命"价值的认识有着丰富的内涵。首先，"重生"具体反映为一种积极的养生观念。人生而有贪欲，这在《吕氏春秋》中有着很精辟的概括："天生人而使有贪有欲"，而人的这种"贪"、"欲"又是人所共有的"本性"，是毫无止境的，所以又说："耳之欲五声，目之欲五色，口之欲五味"，乃是人之常情，"虽神农、黄帝，其与桀、纣同。"① 然而，人的贪欲又是以生命的存在为基本前提的，人生活的第一要务在于保证生命的存在，而不在于贪欲的满足与否。所以，"重生"就是要活得踏踏实实、真真切切，而不是为了获得了多少身外之物："圣人深虑天下，莫贵于生。夫耳目鼻口，生之役也。耳虽欲声，目虽欲色，鼻虽欲芬香，口虽欲滋味，害于生则止。在四官者，不欲利于生者则弗为。由此观之，耳目鼻口不得擅行，必有所制。臂之若官职不得擅为，必有所制。此贵生之术也。"② 其次，"贵己"肯定的是人的生命价值的唯一性。人的生命有着唯一性的特性。人的生命的存在与否，首先是由个人自己决定的，每个人本身就是自己行为的"立法者"，功名利禄等"物"能否成为自己行为的负担和包袱，根本的问题取决于自己的态度。人生在世，要能够勇敢地抛却这些外"物"的羁绊，只为"这一个"自己而活着，不要成为外"物"的殉葬品。这样，杨朱的哲学从尊重生命意义上的"贵己"，一下子又延展到了广泛的利己范围当中："今吾生之为我有，而利我亦大矣。论其贵贱，爵为天子不足以比焉；论其轻重，富有天下不可以易之；论其安危，一曙失之终

---

① ［汉］高诱注：《吕氏春秋·仲春纪·情欲》，《诸子集成》，上海书店影印1986年版，第16页。
② ［汉］高诱注：《吕氏春秋·仲春纪·贵生》，《诸子集成》，上海书店影印1986年版，第14页。

身不复得。此三者，有道者之所慎也。"① 尽管如此，他的本意并没有离开"生命"的核心，"贵己"的根本目的还是在于"贵己"和"重生"。第三，"贵己"、"重生"有着很强的排他特征。在"重生"、"贵己"的思想观念中，杨朱所说的"我"、"己"，既不是陷于功名利禄、声色犬马之拖累中而不拔的"我"，也不是寻求害人利己沉溺于专横强制之中的"我"，而是不为一切外物所累的"我"，因而有着很强的排他性。也就是说，杨朱的所谓"贵己"与"重生"，所贵的是自身的身体性命不受伤害，所重的是自己的性情不违背自然的规律，对于有涉于损害自身生命的任何事物，则都形成了鲜明的排斥性。这即是杨朱"生命价值"观念的根本要义。因此，杨朱的"贵己"、"重生"理论在本体上留给人们一种"各人自扫门前雪，休管他人瓦上霜"的印象，与儒家积极关注社会的态度和精神形成了鲜明的对照。

杨朱的"贵己"思想中最为著名的莫过于"一毛不拔"之论：

禽子问杨朱曰：去子体之一毛，以济一世，汝为之乎？杨子曰：世固非一毛之所济。禽子曰：假济，为之乎？杨子弗应。禽子出，语孟孙阳。孟孙阳曰：子不达夫子之心，吾请言之。有侵若肌肤获万金者，若为之乎？曰：为之。孟孙阳曰：有断若一节得一国，子为之乎？禽子默然有间。孟孙阳曰：一毛微于肌肤，肌肤微于一节，省矣。然则积一毛以成肌肤，积肌肤以成一节。一毛固一体万分中之一物，奈何轻之乎？②

《孟子》和《韩非子》对此都有类似的记述。冯友兰先生对这一问题的解释是这样的："一个是只要杨朱肯拔他身上的一根毛这样他就可以享受世界上最大的利益，这样他还是不干的"，"另一个是，只要杨朱肯拔他身上的一根毛，全世界就可以享受到利益，这样杨朱还是不干"。③ 这一论调，使得杨朱实际上也就变成了一个极端的生命保护主义者。换句话说，也就是活命是无条件的。这样，他已经实实在在地陷入到活命哲学的泥潭里去了。

①　[汉]高诱注：《吕氏春秋·孟春纪·重己》，《诸子集成》，上海书店影印1986年版，第6页。
②　[晋]张湛注：《列子·杨朱》，《诸子集成》，上海书店影印1986年版，第82页。
③　冯友兰：《中国哲学史新编》第一册，1980年修订本，人民出版社1982年版，第244页。

但换一个角度看，这里杨朱对于生命高度珍视的积极意义又是非常突出的，原因就在于他清楚地看到了人之生命现象的唯一性。因为唯一，所以失去便不能再有；因为不能再有，所以也就最为珍贵。《列子》中还有这样的一段阐释，很有意思：

> 杨朱曰："百年，寿之大齐。得百年者，千无一焉。设有一者，孩抱以逮昏老，几居其半矣。夜眠之所弭，昼觉之所遗，又几居其半矣。痛疾哀苦，亡失忧惧，又几居其半矣。量十数年之中，逌然而自得，亡介焉之虑者，亦亡一时之中尔。则人之生也奚为哉？奚乐哉？为美厚尔？为声色尔？而美厚复不可常厌足，声色不可常玩闻。乃复为刑赏之所禁劝，名法之所进退；遑遑尔竞一时之虚誉，规死后之余荣；偊偊尔慎耳目之观听，惜身意之是非；徒失当年之至乐，不能自肆于一时。重囚累桔，何以异哉？太古之人，知生之暂来，知死之暂往，故从心而动，不违自然所好，当身之娱，非所去也，故不为名所劝。从性而游，不逆万物所好，死后之名，非所取也，故不为刑所及。名誉先后，年命多少，非所量也。"①

意思说，人能活到一百年，就算是很大的寿限了，能活到一百年的，一千人中能有一人就不错了。纵然有那么一个人，从襁褓婴儿之时到垂垂暮年，需要别人照顾的时间差不多占去他一生的一半时间；夜间睡觉，白天醒来又有所损失，这样又差不多要占去剩余一半时间的一半；疾病哀苦的折磨，失意忧惧的纠缠，又差不多占去他这一半时间的一半。这样算来，人的一生之中，能够舒适自得的时间实在是非常短暂的，按照活一百年计算，也就是只有十多年时间。所以要弄明白人生活在社会上究竟为的是什么，若是为财富，为享乐，而财富、享乐并不可能得到十分的满足，那只能永无止境地追求下去，这样永无止境地追求着，便使得自己并不能够舒适自得；若是为了那些空虚的功名，忙忙碌碌地去争夺一时的功名，求得死后留下来的荣

---

① ［晋］张湛注：《列子·杨朱》，《诸子集成》，上海书店影印 1986 年版，第 77 页。

耀，那就必须要牺牲自己的自由，老老实实地接受刑罚奖赏的禁止和劝导，时时处处要把自己束缚在一个名利编制的牢笼里边，这样子的活着，实际上自己的生命并没有掌握在自己手里，同样不能够舒适自得。财富、功名、享乐，实际上都是一些身外之物，终其一生，这样执着地追求这些身外之物，就会白白地失去自由和快乐，这与受到严厉的监禁有什么区别呢。所以，人生于世间的时间是很短暂的，在这极其短暂有限的时间里边，不必要约束自己，应当放纵自己而去做自己想做且又应当做的事情，能够使自己时刻处在一种舒适自得的生活当中。杨朱在这里所表达出来的意思突出有两层：一是生命是最可宝贵的，而自己支配自己的时间又是极其短暂的，这是珍惜生命的根本原因，亦便是"为我"；二是珍视自己生命的方法，并不是一味追求那些空虚的声名利禄，而应是放纵自己的性情，去做自己想做的事情，亦便是"法自然"。

杨朱不仅认识到了生命价值的极其宝贵，而且提出了维护生命的具体措施，这些措施，概括起来主要有以下几项：

一是"全性保真，不以物累形"。"全性保真，不以物累形"①，这是杨朱提出的重要观点。在杨朱看来，趋利避害是人的先天本能，他说："人肖天地之类，怀五常之性，有生之最灵者，人也。人者，爪牙不足以供守卫，肌肤不足以自捍御，趋走不足以逃利害，无毛羽以御寒暑，必将资物以为养，性任智而不恃力。"② 意思是说，人是所有生灵中最有灵性的动物。人，仅靠指爪和牙齿不足以护卫自己，仅靠肌肉和皮肤不足以捍卫自己，仅靠奔走也不足以选择趋利避害的地方，更没有皮毛羽翼用来抵御严寒酷暑，因而必须要利用身外的事物来作为自己的给养和帮助。所以，"存己"是人先天的本能取向。但人作为"有生之最灵者"，不仅仅具有这种动物所共有的先天本能取向，而且具有这种"本能"之外的"物"的牵挂，这就是满足自己需要的种种"欲望"。人要想维护好自己的生命，实现"全性保真"，就必须要抛却私心杂念，也就是外"物"的牵连或者称之为欲望的无限满足。但人作为宇宙天地最为珍贵的至上灵物，完全抛却对于外物的欲望追求并不

---

① ［汉］高诱：《淮南子注·泛论训》，《诸子集成》，上海书店影印1986年版，第218页。
② ［晋］张湛注：《列子·杨朱》，《诸子集成》，上海书店影印1986年版，第85页。

现实，这就要求必须要有"度"。因而，贵己重生，适欲从性，也就成了既合乎逻辑，又便于实践的基本原则。"适欲"所要掌握的这个"度"，便是道家一贯主张的"俭"的基本标准。

二是"存我为贵"，"侵物为贱"。杨朱有言："故智之所贵，存我为贵；力之所贱，侵物为贱。然身非我有也，既生，不得不全之；物非我有也，既有，不得不去之。身固生之主，物亦养之主。随全生身，不可有其身；虽不去物，不可有其物。有其物，有其身，是横私天下之身，横私天下之物。"①意思是说，人在仅仅依靠本能的力量保护不了自己生命的时候，就必须要用才智，才智之可宝贵，就是因为能够保存自己的生命；力量之为低下，是因为能够侵害身外的事物。身体原本就是生命的依存条件，外物只是用来作为育养身体的资源。这里指出了一条处理"他"、"我"关系的原则，就是既要尊重生命，也要利用外物，二者之间，必须要以"我"为本。这里的利用外物与前面说到的"不以物累形"并不矛盾，是保护生命的另一个层次。《庄子》中有杨朱告诫他的弟子的话说："行贤而去自贤之行，安往而不爱哉。"②《列子》中也有类似的话："利出者实及，怨往者害来，发于此而应于外者唯请。"③杨朱的话明白地告诉人们，给别人好处的同时自己也会受到实际的利益，把怨恨发泄给别人的同时自己也会遭到祸害，自己发出而施加于他人的爱与恨，都会在外界中表现出来，并形成自己同时受到的反作用力。通俗地讲就是说，爱别人也是爱自己，害别人也是害自己，在物理学上看，就是作用力与反作用力是相等的。"存我为贵"，"侵物为贱"的生命保护观点，实际上就是一种"我"与"他"的和谐依存的利用关系，但这种关系却丝毫没有改变以"我"为根本的"贵己"、"重生"原则。

三是"万物所异者生，所同者死。"对于人的生死问题，杨朱是这样解释的：

　　万物所异者生也，所同者死也；生则有贤愚、贵贱，是所异

---

① 〔晋〕张湛注：《列子·杨朱》，《诸子集成》，上海书店影印1986年版，第85页。

② 〔清〕王先谦：《庄子集解·山木》，《诸子集成》，上海书店影印1986年版，第128页。

③ 〔晋〕张湛注：《列子·说符》，《诸子集成》，上海书店影印1986年版，第98页。

也；死则有臭腐、消灭，是所同也。虽然，贤愚、贵贱，非所能也，臭腐、消灭，亦非所能也。故生非所生，死非所死，贤非所贤，愚非所愚，贵非所贵，贱非所贱。然而万物齐生齐死，齐贤齐愚，齐贵齐贱。十年亦死，百年亦死。仁圣亦死，凶愚亦死。生则尧舜，死则腐骨；生则桀纣，死则腐骨。腐骨一矣，孰知其异？①

这个解释充满了唯物主义的色彩：人生的过程是各有不同的，但人最终必死的结果却是完全一样的。因而，不管生时贤愚贵贱，不仅必死无疑，而且都将臭腐消灭。这是每个人所必须遵循的自然规律，这一规律并不能按照某个人的意志而改变。所以，他反对人为地追求所谓的长生不老，不仅"十年亦死，百年亦死"，而且"仁圣亦死，凶愚亦死。"既然人生最终必然要走向死亡，那么在世的时候何必要"践锋刃，入汤火"，为了追逐那些"外物"而自戕生命呢？②杨朱的这一生死观表现出了十分超迈阔达的积极人生态度，人生不求长生亦不求速死，或者说既不可恋生，也不必畏死，生时要自由洒脱，死时要泰然自若，一切服从于自然规律的安排。这一观念的核心价值在于认识到了生命本身的不可再生性和人的生命权利的平等性，这是人的生命值得高度珍视的核心元素，与现代的人权观有了很大程度的相通之处。但杨朱的这一观点，同时也流露出了人生应当在有限的生命过程中，以"我"为核心而极度放纵自我的消极态度。这一态度，不仅是一种高度自私的生活观念，而且容易把人引入到一种消极避世的生活环境当中，继而消沉人的生活热情。

四是养生术。杨朱曾借助管仲和晏婴的对话讨论了一套养生之术，摘录于下：

晏平仲问养生于管夷吾。管夷吾曰："肆之而已，勿壅勿阏。"晏平仲曰："其目奈何？"夷吾曰："恣耳之所欲听，恣目之所欲视，恣鼻之所欲向，恣口之所欲言，恣体之所欲安，恣意之所欲

---

① ［晋］张湛注：《列子·杨朱》，《诸子集成》，上海书店影印 1986 年版，第 78 页。
② ［晋］张湛注：《列子·杨朱》，《诸子集成》，上海书店影印 1986 年版，第 82 页。

行。夫耳之所欲闻者音声，而不得听，谓之阏聪；目之所欲见者美色，而不得视，谓之阏明；鼻之所欲向者椒兰，而不得嗅，谓之阏颤；口之所欲道者是非，而不得言，谓之阏智；体之所欲安者美厚，而不得从，谓之阏适；意之所欲为者放逸，而不得行，谓之阏往。凡此诸阏，废虐之主。去废虐之主，熙熙然以俟死，一日、一月、一年、十年，吾所谓养。拘此废虐之主，录而不舍，戚戚然以至久生，百年、千年、万年，非吾所谓养。"管夷吾曰："吾既告子养生矣，送死奈何？"晏平仲曰："送死略矣，将何以告焉？"管夷吾曰："吾固欲闻之。"平仲曰："既死，岂在我哉？焚之亦可，沈之亦可，瘗之亦可，露之亦可，衣薪而弃诸沟壑亦可，衮衣绣裳而纳诸石椁亦可，唯所遇焉。"①

　　管仲和晏婴前后相差百余年的时间，在杨朱生活的时代也早已离世，让他们两人相互对话，是杨朱设计的场景。虽属荒稽之谈，但其中表述的杨朱学派的一种养生观念，却值得我们关注。这段话的大意是说，养生就是尽情快乐，抑制自己的欲望才是毁残人生的主要因素。抛弃种种抑制因素，愉快地生活，这就是养生。完全拘束于那些毁残人的因素之中，受到束缚而不放松，忧忧愁愁，活得再长久，也不是所谓的养生。人死之后，自己便不会由个人主宰了，对于尸体的处理，遇到有什么条件就怎样处置，不必刻意追求某一种处置方式。中国古代的养生术多如牛毛，生死观儒道各异。杨朱的观点在道家思想当中是很有代表性的：其一，所谓养生就是为所欲为，不要接受任何的约束限制，快乐生活每一天；其二，瞻前顾后，总是生活在无形的羁绊当中，即使活上千年万年也不能算是养生；其三，活着的时候尽情地享受快乐，死了以后尸体怎样处置都是无所谓的了。

　　总之，杨朱对于生命现象的认识是非常深刻的。他从生命的唯一性角度提出的"贵己重生"、"不以物累形"的观点，相对于健身养生而言，是非常值得肯定的，在体育思想史上占有重要的位置。尤其是"不以物累形"的养生观点，对于后来养生思想的发展有着极其重要的指导意义。还有他提

---

　　① ［晋］张湛注：《列子·杨朱》，《诸子集成》，上海书店影印 1986 年版，第 79 页。

出的所谓"生者异"、"死者同"、"既死，岂在我哉"的观点，虽然透露着"为欲尽一生之欢，穷当年之乐"[①]的消极态度，但他对于生命本身的唯一性和平等性的认识，不仅在当时看来有着很高的价值，即是今天，从人权的角度看，也仍然闪耀着朴素唯物主义的灿烂光辉。杨朱极度"为我"的体育精神主张，既有积极的一面，也有消极的一面。从积极的一面看，从承继老子"道法自然"思想精神的立场出发，立足于生命的唯一性，在本质上捍卫了生命现象的崇高和尊严，这是非常可贵的。从消极的一面，"极度为我"却又陷入到了自私自利的个人主义小圈子里边。因此，杨朱虽然在学术理论传承上可以归属于道家，但与老子创立的道家学派相比较，不仅少了老子博大的思想视野和深邃的社会洞察，更重要的是，杨朱缺少了老子那种以拯救社会为目的的积极进取精神。他所做到的，只是以老子的思想为本源而生发出了一套极度为我的思想主张。

（三）庄子以"游"为核心的体育精神主张

庄子是战国时期的宋国蒙人，是老子之后道家学派的重要代表人物，老子哲学思想的继承者和发展者。他的思想学说涵盖了当时社会生活的方方面面，后世将他与老子并称为"老庄"，称他们的哲学为"老庄哲学"。

由于庄子的思想同样以老子为本，因而他的体育思想也是"道"的衍生。他的轻死重生的保身思想、节欲养生的保健思想、追求自由的养生思想等，都是建立在"道法自然"的思想理论基础之上的[②]。庄子与老子在涉及理想方面的共同点是以"道"为理论基础，以重视生命为宗旨，具有显明的个人主义倾向。不同的地方就是庄子提出了一个身心脱俗超凡的行为观，主张让自己的身心彻底地摆脱世间名利场的羁绊，在自然的世界里自由翱翔，以此来实现身心的愉悦与健康。在庄子的思想世界里，这一超凡脱俗的观念被称之为"游"。"游"，既是一种状态，也是一个过程，更是一种精神体现。庄子把自己的体育精神主张的基本核心具体表述为"游"，这一主张

---

① ［晋］张湛注：《列子·杨朱》，《诸子集成》，上海书店影印1986年版，第81页。
② 参见赵世杰、谭广鑫《先秦时期儒、道养生思想初探》，载《军事体育进修学院学报》2006年第7期。

为人们阐释了追求美好理想的理论和方法。

庄子虽然沿用了老子的"道",但与老子的"道"已经有了明显的不同①。概括地说,庄子既讲主观之道,又讲客观之道,讲述主观之道的时候却又赋予了"道"以主观的、相对的意义,讲述客观之道的时候却又将"道"内化成了一种安时处世的精神境界,肯定了个体存在的意义和价值。所以,庄子对于老子"道"的认识要高一个层次,可以看作是对于老子之"道"的一个升华。

庄子的哲学在本质上是一种追求无限自由的心灵哲学,因而他把追求的最高理想境界称之为"真人"。何谓"真人"?《庄子》书中有着多角度的解释。②归结起来,庄子所说的"真人",实际上是一种抽象于现实而超然于客观存在的心灵虚构,是一个人为设计的虚构目标。认为人一旦实现了这一目标,便有了无所畏惧、不知生死的本领:"登高不栗,入水不濡,入火不热"、"不知说生,不知恶死。"这是庄子的高明之处。儒家强调的是为了实现目标要怎样奋斗,老子、杨朱虽然都讲道,同样都是基于现实的考虑,只有庄子想出了这样的一个办法,决然地超脱于现实之外而去"法"道,追求"真人"这样一个目标。从这里开始,庄子以超脱现实的苦恼为目的,提出了以"游"为基本特征的身心脱俗观,主张通过"游"而走向"真人"的目标。什么是"游"?"游"就是"乘天地之正,而御六气之辩。"③用今天的话说,如果完全掌握了宇宙间的自然规律,顺从"六气"(阴、阳、风、雨、晦、明古人谓之六气)的变化,就会自由自在地畅游于无穷的世界当中。实现了"游",也就离开了现实的社会,自然也就远离了现实的烦恼。实际上,庄子的"游"是一种超越时空、超越物我的绝对自由境界,从积极的角度看,这既是一种心灵的自觉追求,同时又是一种精神的寄托;从消极的角度看,便是对于社会现实的消极逃避。总之,通过"游"的方式而实现"真人"的理想目标,这样的一种设计,却是前所未见的。

庄子的"游",最为突出的特征就是"物我两忘"。在庄子的心目中,

---

①　参见邓小明《庄子之道释义》,载《求索》2008 年第 8 期。

②　参见［清］王先谦《庄子集解·大宗师》,《诸子集成》,上海书店影印 1986 年版,第 37 页。

③　［清］王先谦:《庄子集解·逍遥游》,《诸子集成》,上海书店影印 1986 年版,第 3 页。

"我"并不是现实中的"我"，而是作为"真人"的"我"。现实中的"我"只有进入到了"真人"的境界，才能够做到"物我两忘"。这里的"忘"，不是"忘记"物我，而是不为"物我"所累。也就是说，忘"物"就是不眷恋身外之物，忘"我"就是不缠绵于世俗的情感世界当中。在庄子看来，人生的幸福莫过于自由与快乐，而真正的自由与快乐，并不是物欲和情欲的满足，"与物相刃相靡，其行尽如驰，而莫之能止，不亦悲乎！"① 现实生活中，人生在"与物相刃相靡"过程中的收获与失去，都会引起情绪的波动，这时候，喜怒哀乐自然也就表现了出来，而这种情绪是由于人本身对物欲的满足与否引起的。庄子认为，人的真正快乐是"喜怒哀乐不入于胸次"②，也就是"物我两忘"，把能够诱发情绪变化的外物拒之心外，也就说要避免外物引发内心情绪的变化，从而引起喜怒哀乐的表象。

庄子的"物我两忘"，追求的是人的内心世界不要受外界条件的影响，不为情欲所动，人生一切的喜怒哀乐都要源自于自然的本性：

> 夫天下之所尊者，富贵寿善也；所乐者，身安厚味美服好色音声也；所下者，贫贱夭恶也；所苦者，身不得安逸，口不得厚味，形不得美服，目不得好色，耳不得音声。若不得者，则大忧以惧，其为形也，亦愚哉！
>
> 夫富者，苦身疾作，多积财而不得尽用，其为形也亦外矣。夫贵者，夜以继日，思虑善否，其为形也亦疏矣。人之生也，与忧俱生，寿者惛惛，久忧不死，何苦也！其为形也亦远矣。烈士为天下见善矣，未足以活身。吾未知善之诚善邪？诚不善邪？若以为善矣，不足活身；以为不善矣，足以活人。故曰："忠谏不听，蹲循勿争。"故夫子胥争之以残其形，不争，名亦不成。诚有善无有哉？
>
> 今俗之所为与其所乐，吾又未知乐之果乐邪？果不乐邪？吾观夫俗之所乐举群趣者，誙誙然如将不得已，而皆曰乐者，吾未之乐

---

① ［清］王先谦：《庄子集解·齐物论》，《诸子集成》，上海书店影印 1986 年版，第 8 页。
② ［清］王先谦：《庄子集解·田子方》，《诸子集成》，上海书店影印 1986 年版，第 131 页。

也，亦未知之不乐也。果有乐无有哉？吾以无为诚乐矣，又俗之所
大苦也。故曰："至乐无乐，至誉无誉。"天下是非果未可定也。①

　　在庄子看来，一切的物欲和情欲的追求与满足，都是自身主观的"俗
之所为"，这些"俗之所为"，并不是值得快乐的事情，都是痛苦。那么，
什么是快乐呢？只有那种超然于外来物的客观吸引而形成的绝对自由和自然
享有，才可算作是真正的快乐。这种状态，只有在进入到"物我两忘"的
"游"的境界才会形成。也就是说，人要成为"真人"以后才能享受到真正
的快乐。

　　庄子对于生死问题的认识同样别具一格："生也死之徒，死也生之始，
孰知其纪！人之生，气之聚也；聚则为生，散则为死。若死生为徒，吾又何
患！"② 又说："圣人其生也天行，其死也物化，静而与阴同德，动而与阳同
波。""其生若浮，其死若休，不思虑，不豫谋。"③ 在庄子看来，人的生死
是"气"聚散的结果，是一种自然现象，生与死都是不可避免的。有生必
然就有死，有死必然要有生。所以，人的出生不必为之欢呼雀跃，人的死亡
也不必悲伤不已。《庄子》书中记载有许多这样的故事，用以翻来覆去地说
明庄子的这种人生态度，比如，"孟孙才，其母死，哭泣无涕，中心不戚，
居丧不哀。"④ "庄子妻死，惠子吊之，庄子则方箕踞鼓盆而歌。"⑤ 在这一
点上，庄子与杨朱看待生死的态度有着高度的一致性。但杨朱只是说到了人
的生死问题，并没有解释出生死的本质；庄子把人的生死看作是"气"的
聚散，这又是杨朱所不可企及的。从社会学的角度看，人们把庄子的这种人
生态度往往看作是他对于社会现实的厌恶⑥。而从生命科学的角度看，庄子
把生命现象看作是客观的自然现象，解释为"气"的散与聚，这又有了朴
素的唯物辩证价值，是一种积极的科学态度，对于解脱生活中的思想包袱、

① ［清］王先谦：《庄子集解·至乐》，《诸子集成》，上海书店影印 1986 年版，第 109 页。
② ［清］王先谦：《庄子集解·知北游》，《诸子集成》，上海书店影印 1986 年版，第 138 页。
③ ［清］王先谦：《庄子集解·刻意》，《诸子集成》，上海书店影印 1986 年版，第 96 页。
④ ［清］王先谦：《庄子集解·大宗师》，《诸子集成》，上海书店影印 1986 年版，第 45 页。
⑤ ［清］王先谦：《庄子集解·至乐》，《诸子集成》，上海书店影印 1986 年版，第 110 页。
⑥ 参见阎立杰《论庄子的生命价值观》，载《沈阳师范大学学报》（社会科学版）2008 年第 3 期。

实现健康快乐生活，却又有着重要的理论指导意义。

由于庄子追求一种心身超俗的"游"的精神境界，由此而演化出来的体育思想便具有了多角度的理论价值，诸如李梦泽先生归结的无为体育观、对身体的保养之术、清静养神之术①；王云先生归结的静养观②等，都是建立在他的心身关系的二分理论③基础之上的。概括地看，超凡脱俗的身心观乃是庄子体育思想的突出特征，"游"便是这一特征的具体表现。由此而表现出来的精神风貌，体现出了极度的浪漫主义情怀，充满了对于超凡脱俗的美好理想的执着追求，反映着一种昂扬的进取精神。这是庄子超乎老子和杨朱至为重要的一面。

现存《庄子》一书，以"物我两忘"的精神追求来否定充满矛盾的现实世界，从而形成了"纯粹而不杂，静一而不变，惔而无为，动而以天行，此养神之道"④的养生观念，对后世养生思想的发展影响深远。庄子在提出养神的同时，还提出了追求健康与长生的"导引""养形"之术：

> 刻意尚行，离世异俗，高论怨诽，为亢而已矣；此山谷之士，非世之人，枯槁赴渊者之所好也。语仁义忠信恭俭推让，为修而已矣；此平世之士，教诲之人，游居学者之所好也。语大功，立大名，礼君臣，正上下，为治而已矣；此朝廷之士，尊主强国之人，致功并兼者之所好也。就薮泽，处闲旷，钓鱼闲处，无为而已矣；此江海之士，避世之人，闲暇者之所好也。吹呴呼吸，吐故纳新，熊经鸟申，为寿而已矣；此道引之士，养形之人，彭祖寿考者之所好也。"⑤

其中能够"吹呴呼吸，吐故纳新，熊经鸟申，为寿而已矣"的"道引之士，养形之人"，庄子认为这是"彭祖寿考者之所好也。"是一种健康长

---

① 参见李梦泽《再论庄子的体育思想》，载《西安体育学院学报》2005年第4期。
② 参见王云《庄子的静养观》，载《南京体育学院学报》2006年第6期。
③ 参见任俊圣《〈庄子〉的心身关系的演进》，载《甘肃理论学刊》2008年第6期。
④ [清]王先谦：《庄子集解·刻意》，《诸子集成》，上海书店影印1986年版，第97页。
⑤ [清]王先谦：《庄子集解·刻意》，《诸子集成》，上海书店影印1986年版，第95页。

寿的秘诀。这种观点也被后世的养生家所接受，形成了以呼吸配合肢体运动的健身活动方式，在体育思想史上占有很重要的历史地位。《庄子》书中还有《养生主》、《达生》两篇专论养生，但此之谓"养生"，与我们现代意义上通过身心锻炼或修养达到强身健体的"养生"有所不同。《养生主》篇说：

> 吾生也有涯，而知也无涯。以有涯随无涯，殆已；已而为知者，殆而已矣。为善无近名，为恶无近刑，缘督以为经，可以保身，可以全生，可以养亲，可以尽年。①

庄子认为，人不可为善太过，也不可为恶太甚，要像人体的任、督二脉那样常守"中道"，由此便可以实现养生。庄子在这里所说的养生，仍然是与思想行为的基本观念联系在一起的，并没有与道德层面上的内容区分开来。这一点不仅承继了老子的"道法自然"思想，而且吸收了儒学的"尚中贵和"内涵。提出的"缘督以为经"的养生方法，同样也是后世我国古代体育健身思想发展中的重要内容。《养生主》中还讲了"庖丁解牛"、"公文轩见右师"、"秦失吊老聃"三个故事，同样从不同的层面和角度阐释了这一理念。尤其在"庖丁解牛"中，庄子以庖丁善解牛作比，认为只有善于规避矛盾，才能求得良好的生存环境，所谓"彼节者有间，而两刀刃者无厚，以无厚入有间，恢恢乎其于游刃必有余地矣。"由此告诫人们要"依乎天理"，"因其固然。"② 也就是主张要按照肌体的构造和生理的客观规律来保健养生。这对于后世养生理论的发展来说，同样有着重要的指导意义。《达生》篇首先把生活条件和外物之累看作是养生的基本要素，认为"养形必先之以物，物有余而形不养者，有之矣；有生必先无离形，形不离而生亡者，有之矣。"③ 养育形体必须要以物质财富为必要条件，但财富充足有余而形体保养不好的人却也是大有人在的；人的存活必定离不开形体的存在，

---

① ［清］王先谦：《庄子集解·养生主》，《诸子集成》，上海书店影印1986年版，第18页。
② ［清］王先谦：《庄子集解·养生主》，《诸子集成》，上海书店影印1986年版，第19页。
③ ［清］王先谦：《庄子集解·达生》，《诸子集成》，上海书店影印1986年版，第114页。

但形体不死而生命本质死去的人同样大有人在。也就是说，人的养生既与物质保障有关，也与外在的形体劳累与否有关。必要的物质保障虽然是第一位的，但仅仅有了充足的物质保障还不行，还要免除那些多余的形体劳累："夫欲免为形者，莫如弃世。弃世则无累，无累则正平，正平则与彼更生，更生则几矣。"① 这样庄子把养生分成了"养形"与"养神"两部分，认为养生不仅是保养人的形体，还要保养心神。吃的好，喝的好，但外物所累太重了，形体也就不一定保养好；形体保养得很好，但不重视心神保养，结果形体没有死而生命却早已死去了。由于庄子所坚持的养生原则是"不务生之所无以为"，"不务知之所无奈何"，所以，在他的心目当中，仅仅保养形体也就不足以保存生命，即所谓"养形果不足以存生"②。按照这一观点，在庄子的理论中，人的一生就会有两次死亡，一是形体的死亡，一是心神的死亡。两者却又是可有条件分离的，这个条件就是心神早死。一旦心神早死，形体尽管不死，那也就是通常说的行尸走肉了。

　　庄子的体育思想与老子、杨朱的体育思想相比较，都是从认识人的个体生命角度反映出来的，他的独特之处突出表现在以下三个方面：

　　其一，提出了"游"的心身超凡脱俗观。庄子提出了"游"这一超脱于世俗的重要概念，以"道"为理论基础，以"物我两忘"为基本途径，试图用"游"来摆脱世俗的拖累，然后进入到一个超然于世俗之外的绝对的自由境界，从而实现生命的长久保存。当然，这只是一种理想。而这种理想所反映出来的精神，便是对于生命美好未来的执着追求。这种理想追求的模式，在先秦诸子当中是绝无仅有的。战国时期的伟大诗人屈原也曾提出了一个"游"的概念，屈原通过"游"表述的思想内涵，是面对去留两难的矛盾心境，感觉无路可走的时候的理想选择，与庄子的"游"并不是一回事③。

　　其二，提出了生命现象的"形"、"神"二分观。庄子把生命的来源归结于一个"气"，然后在"养形"与"养神"之逻辑关系上提出了"养形

---

①　[清] 王先谦：《庄子集解·达生》，《诸子集成》，上海书店影印 1986 年版，第 114 页。
②　[清] 王先谦：《庄子集解·达生》，《诸子集成》，上海书店影印 1986 年版，第 114 页。
③　参见王崇任《屈原的"神游"与庄子的"逍遥游"》，载《哈尔滨学院学报》2008 年第 11 期。

必先之以物"、"形不离而生亡者有之"的观点，形成了物质保障和免除世之所累是养生的必要前提、形体不死并不等于生命不死的观点。这不仅超越了当时时代的认识局限，具有了显明的唯物辩证特征，而且明确提出了生命价值中精神成分所占有的比重，突出强调了精神在人的生命过程中的价值和意义，从而进一步升华了以往理论上对于生命现象的认识。这一点，使道家的养生思想从杨朱那种极端个人主义的羊肠小道扩展到了广阔的社会层面上来，形成了有着普遍社会意义的理论观点，可谓意义重大。

其三，提出了"依乎天理，因其固然"的养生观念。庄子提出的"依乎天理，因其固然"观点，原本上是以老子的"道法自然"为基本理论基础的。但庄子提出的养生观念借助于"庖丁解牛"的故事，告诫人们面对复杂的世俗纷争，要学会在遵从自然规律的前提下规避各种矛盾，由此而解脱世俗纷争的拖累，进而实现养生的目的。庄子并没有像老子那样，单纯强调用"清静"与"无为"去笼统地摆脱世俗，而是主张积极地直面纷繁复杂的"天理"，只有认识并掌握了事物的"天理"，才能够做到"游刃有余"地摆脱各种世俗拖累。这与老子相比较显然又有着更积极的理论价值。

简而言之，今见《庄子》一书凡三十三篇，尽管自宋代苏轼以来就有了真伪之辩，但《内篇》七篇一般认为就是庄子自著，这就确定了《庄子》一书之思想核心的基本地位。庄子以"游"为核心的体育精神主张，虽然本于老子，但由于有着显明的逃避社会现实的倾向，而又偏离了老子积极入世的精神主张；虽然强调"物我两忘"，但对于"游"的积极追求，却又为人们提供了一个追求美好理想的积极状态。我们据此而联系自老子以来的道家思想发展，可见庄子对体育思想的贡献，无疑也是一座夺目的丰碑。

（四）稷下黄老学派以生命为本体的体育精神主张

黄老学派历来有南北两派之说。由于稷下百家争鸣这一文化中心在齐国的形成，使得稷下黄老之学形成了更大的影响。稷下黄老学派产生于战国时期的齐国，它的基本思想体系是由稷下先生慎到、田骈、环渊等人共同创造的。黄老学派的主要著作有《黄老帛书》和《管子》书中的《白心》、《内业》、《心术》上下四篇以及《慎子》、《田子》、《蜎子》等著作。慎到是稷下黄老学派的主要创始人。①

　　《汉书·艺文志》著录有《慎子》四十二篇，但大多佚失，至明代仅存五篇，清人钱熙祚据《群书治要》增补二篇，故今存七篇。1973 年湖南长沙马王堆汉墓出土的《黄老帛书》，一向被视为黄老之学的重要载体。长期以来，学术界对《黄老帛书》的研究非常深入，由于《黄老帛书》的思想内容、一般特点与战国黄老之学是一致的，而所谓战国黄老之学，实际上也就是稷下黄老之学。因此，也就有人认定《黄老帛书》是"齐国稷下学者整理汇编"而成的，是"稷下黄老学者的著作"②。在王玉哲先生主编的《齐黄老书》③ 中，不仅收入了马王堆汉墓出土的《经法》、《十六经》、《称》、《道原》，而且还收入了《素问》和《八十一难经》。

　　由于稷下黄老学派是以道家思想为宗旨的，稷下黄老学派的体育思想在主体上也就无法跨越道家的思想范围，但慎到和《齐黄老书》以及《管子》四篇中反映出来的体育思想观念，还是异彩纷呈、各有千秋的，可以看作是对道家体育思想的深化。

1. 慎子的"势"

　　慎子并没有像老子、杨朱、庄子那样对体育健身等方面的问题给出深入的阐释，而是多从社会政治学的角度阐释自己的学术观点，是一种关于社会政治的理论观点。相比较而言，慎子的思想观点表现出了很强的参政议政意识，这是老子、杨朱和庄子，尤其杨朱和庄子所不可企及的。中国古代体育的发展，对于慎子思想的借鉴与吸收，自然也离不开这一范围。大致上说，中国古代体育思想发展，在慎子这里吸取到的内容主要在于"势"。

　　"势"，在先秦思想史上是一个非常重要的概念。所谓"势"，指的是事物运动过程中所蕴涵的动力趋向。《孙子兵法》云："激水之疾，至于漂石者，势也。"④ 激水漂石、机发矢直、涧曲湍急，这些现象都是由于事物自身运动过程中产生的能量发挥造成的。而产生这种力量的根本原因，就在于"势"。

---

　　① 参见于孔宝《简论稷下诸子学说》，载《东方论坛》2002 年第 6 期。

　　② 刘蔚华、苗润田：《稷下学史》，中国广播电视出版社 1992 年版，第 360 页。

　　③ 参见王玉哲《齐文化丛书·8·文献集成·齐黄老书》，齐鲁书社 1997 年版。

　　④ ［春秋］孙武著，［汉］曹操等注：《孙子十家注·势篇》，《诸子集成》，上海书店影印 1986 年版，第 71 页。

许许多多的自然现象，都会按照"势"的作用而不断地发展变化，在不断地运动变化中寻求一种适宜于自身发展的最佳状态，万事万物的运动也就在"势"的不同作用下变得异彩纷呈。这个自然力量趋向造成的"势"，在人类社会的发展运动中被思想家们借了过来，于是"势"又派生出了权势、威势、位势等义项。《韩非子》说："国者，君之车也；势者，君之马也。无术以御之，身虽劳，犹不免乱。"① 《吕氏春秋》说："王也者，势也；王也者，势无敌也。势有敌，则王者废矣。"② 这里的"势"，说的便是权势、位势的意思。

先秦诸子中讨论"势"的言论很多，虽然角度往往不同，用意常常也是各取所好，但基本内涵却又有异曲同工之趣了。按照《汉书·艺文志》的说法，孙子在兵家，老子、庄子、管子均在道家，孟子、荀子归于儒家，墨子自在墨家，尽管这一分类归属问题后人时有不同，但他们以及他们的理论继承者们都对于"势"提出过一些见解，对于"势"的论述实在也是仁智互见。慎子所说的"势"，在当时已经是属于一个极为常见的概念，虽然归之于道家，但不仅别见新意，而且多有儒、道、兵、墨思想的相通之处。

慎子所说的"势"，具体说来突出有以下两点：

其一是另辟蹊径的贵势说。春秋末期以来，诸子百家先后都有名家辈出，他们都以不同的标准从不同的角度审视着社会。犹如儒家重"德"，法家重"法"一样，大多是站在宗法统治的贵族立场上判断是非，并由此明确社会的服从标准和方向。慎子则不同，他从道家超然于世的基本立场出发而走向了"法自然"之路，跳出了贵族统治者的圈子，因而明确认识到了这样一个深刻的问题：在社会的发展过程中，谁服从谁的问题，并不是单纯依靠品德、才能、法令来确定的，而主要在于"势"：

> 贤而屈于不肖者，权轻也；不肖而服于贤者，位尊也。尧为匹夫，不能使其邻家。至南面而王，则令行禁止。由此观之，贤不足以服不肖，而势位足以屈贤矣。故无名而断者，权重也。"③

① ［清］王先慎：《韩非子集解·外储说右下》，《诸子集成》，上海书店影印 1986 年版，第 259 页。

② ［汉］高诱注：《吕氏春秋·慎势》，《诸子集成》，上海书店影印 1986 年版，第 212 页。

③ ［清］钱熙祚校：《慎子·威德》，《诸子集成》，上海书店影印 1986 年版，第 1 页。

慎子把"权势"看作是社会秩序建立的根本要素。"权势"本身是没有属性的，贤者据有了它，不肖者就得服从；不肖者据有了它，贤者也必须要服从。用现在的话说，"权势"就是一种"实力"，没有实力就没有权力，一切都是由权势来决定的。《威德》篇中还用了多个比喻解释说，毛嫱、西施，是天下最漂亮的美女。让她们戴上打鬼驱疫用的假面具，看见的人都会被吓跑；要是换上一套漂亮的细料衣服，走路的人都要停步张望。可见，美女之成为公认的美女，要靠高级的服饰。壮士跋山涉水不知疲惫，是因为"药"（此当为"食物"、"营养"之意，并非今之"药物"之药）的作用，如果让他们食不果腹，壮士就不成其为壮士了。腾蛇游雾，飞龙乘云，离开了云雾的支撑，摔到地上与蚯蚓没有两样。同样，即使是在位的君主，一旦失去了权势的依靠，也就只能与匹夫为伍。所以，服饰对于美女、营养对于壮士、云雾对于龙蛇、权势对于君主，都是一种决定性的支撑，须臾离不开的。这就好比是"权势"的作用。显然，慎子在理论上把"势"提升到了一个极端的高度，无限地夸大了权势的地位和作用，是对于社会发展另类观察的结果。

其二是一元制衡的隆势说。正是由于慎子在"势"的认识上把"权势"推到了一个极为崇高的位置，因而也就自然而然地赋予了"权势"唯我独尊的职能，从而形成了他关于"势"的一元制衡理论。按照慎子的理论，整体的社会秩序要由"势"来行使绝对的一元制衡，绝对不能形成二元或者多元的制衡中心，权力的"两"和"杂"是家国天下的动乱之源。他是这样解释这一问题的：

> 立天子者，不使诸侯疑焉；立诸侯者，不使大夫疑焉；立正妻者，不使嬖妾疑焉；立嫡子者，不使庶孽疑焉。疑则动，两则争，杂则相伤。害在有与不在独也。故臣有两位者国必乱。臣两位而国不乱者，君在也，恃君而不乱矣，失君必乱。子有两位者家必乱。子两位而家不乱者，父在也，恃父而不乱矣，失父必乱。臣疑其君，无不危之国，孽疑其宗，无不危之家。①

---

① 〔清〕钱熙祚校：《慎子·德立》，《诸子集成》，上海书店影印1986年版，第5页。

慎子认为，权势的任何一个层面，都必须保证一个绝对的威势。要想使太平的景象得以实现，在各个权势层次上就必须立一人而尊之。这样，名分既定，纷争不起，家国和睦，天下就会大治。慎子通过对家、国、天下运行情况的考察，揭示出"两则争，杂则相伤"这一社会动乱的根源。为了确保权势的威力，就必须要保证权势的一元化制衡，杜绝同一种权力掌控过程中的"两"或"杂"，否则就会导致"两则争，杂则相伤"。慎子在这里强调的问题，突出表现在制衡过程中"权势"的绝对权威性。在这一点上，慎子的理论与儒家的理论走到了一起，这就是极力维护秩序井然的政治伦理。但是，儒家靠的是不可逾越的礼制而实现伦理秩序，慎子靠的则是绝对性的权势来维护社会秩序。

值得特别注意的是，慎子以一元制衡论为基础，一方面提出要尊君而不尊贤的主张，因为君主据有权势；另一方面又明确指出君主的权势来自于方方面面的支撑，认为势重之君主均"得助博也。"① 有了权就有了一切，权具有万能的吸引力或集聚力。慎子强调一元制衡的目的还在于要确保权势的公正性，防止因臣属的纷争而致乱，也就是所谓的"权衡，所以立公正也。"② 强调公正的目的，正是为了保障臣属对于权势的绝对向心力："古者，立天子而贵之者，非以利一人也。曰：天下无一贵，则理无由通，通理以为天下也。故立天子以为天下，非立天下以为天子也；立国君以为国，非立国以为君也；立官长以为官，非立官以为长也。"③ 这样，慎子的一元制衡论也就不仅仅突出了君主对于臣属的制衡，而且还突出了臣属对于君主权势的制约，形成了君主一元化制衡过程中的上下相互制约、一个国家君臣上下浑然一体的有机整体。这一思想由此而具有了非常显明的进步意义，成为"开亘古之新论，启迪后人之烛光。"④

慎子关于"势"的认识，得到了同时代强权政治思想家们的赞同。《韩非子》篇中有："势必于自然"和"势者，言人所设"⑤ 之说，认为人虽要

---

① ［清］钱熙祚校：《慎子·威德》，《诸子集成》，上海书店影印 1986 年版，第 2 页。
② ［清］钱熙祚校：《慎子·威德》，《诸子集成》，上海书店影印 1986 年版，第 2 页。
③ ［清］钱熙祚校：《慎子·威德》，《诸子集成》，上海书店影印 1986 年版，第 2 页。
④ 刘泽华：《中国政治思想史》，浙江人民出版社 1996 年版，第 274 页。
⑤ ［清］王先慎：《韩非子集解·难势》，《诸子集成》，上海书店影印 1986 年版，第 299 页。

受到"自然之势"的制约，但在"自然之势"面前并不应消极无为，而应有其主观能动作用。天道可改，时势可变，权势可设，人应充分发挥主观能动作用，设势而治。这是对慎子势治思想的进一步发展。《尹文子》甚至说："人君有术，而使群下得窥非术之奥者，有势。"① 尹文子的话十分直白地揭露出了"势"具有权术欺骗性的另一面。

慎子的"势"，首先突出强调的是把握众多事物之间的主动性，因而贵"势"表现出来的是一种积极争取和把握主动的行为精神。其次，"一元制衡论"还是一种同等于下列而平衡同层的方法。"贵势"的这一主张，突出强调了精神力量的强大制导作用，不仅吸纳了儒家的积极作为的精神主张，而且升华了道家"法自然"的思想理论，因而在战国诸子中俨然成了独领风骚的亮丽旗帜。慎子的"贵势"和"一元制衡"理论，在后来的社会发展中深深地渗入到了中国古代体育发展过程当中。汉代以来，中国武术发展虽然门派众多，套路各异，但无不注重身心的合一，其动静结合、虚实分明、刚柔相济、上线相随、快慢相间、内外合一的技术特色，无不受制于"势"的掌控。武术表演、武术比赛、武术格斗……任何的武术活动中都特别重视"势"的运用。"势"是武术的灵魂，失去了"势"，便没有了武术的魅力之所在。中国古代医学中非常讲究系统制衡，从阴阳协调，到任、督中和，都在强调一个以"和"为核心的"势"的一元制衡作用。诸如此类不可尽举。"势"在中国古代体育思想史上有着不可替代的地位和作用。正是由于应用十分广泛而妇孺皆知的缘故，中国古代体育史上"势"的应用和论述，足可谓俯拾皆是。

2.《管子》四篇中的"气"

《管子》书中有《白心》、《内业》、《心术》上下四篇。关于这四篇文章的作者，历来聚讼纷纭，但由于一般认为这四篇文章已经构成了一个完整的思想体系，属于稷下黄老学的著作。因此，我们在这里把这四篇文章中讲的"气"专门来说一下。

关于《管子》四篇文章的主旨，李景林先生说："四篇受老子'道'的

---

① ［战国］尹文著，［清］钱熙祚校：《尹文子·大道·上》，《诸子集成》，上海书店影印 1986 年版，第 1 页。

一元论的启发，改造了阴阳、五行、六气说的多元论，从中抽象出一个一般的'气'作为宇宙的本原；同时，它又用'气'规定'道'，使'道'成为一种兼含世界万事万物的质料与原理的宇宙本原，以此来说明宇宙万物的统一性，说明精神与物质的统一关系。"① "气"是这四篇文章所阐述的一个核心问题。但他所说的这个"气"，又是与"道"联系在一起的，"道—气"一元，这便是《管子》四篇的基本主旨。

实际上，关于"道"的问题，在战国时期来说并不是新的发明。关于"气"的问题，老子也曾经讲到过。但《老子》的经文里边虽然讲到了"气"，却并没有对"气"作出阐释，他说："万物负阴而抱阳，冲气以为和。"还说："知和曰常，知常曰明。益生曰祥。心使气曰强。物壮则老，谓之不道，不道早已。"② 我们从这里边并看不出老子所说的"气"具体指的是什么。"气"在《管子》四篇中倒是一个很显眼的发现，马非白先生曾这样解释说："总而言之，在本篇（指《内业》篇——作者注）及《心术》上下篇所使用的道、精、神、气、性等字，都是可以互相通用，都是指'精神'而言。而所谓'精'者，又是'气之精者也'。""气"在这四篇文章在可以说是一个提纲挈领的东西。正是这个"气"，在这一时期为中国古代体育思想的发展增添了一个崭新的分子，"气"便是人的肌体内部所固有的精气，运用人的身体之内的这个"气"，可以加强人的身体的锻炼与保健。马非白先生研究的结果，所谓"内业"，也就是今天众所周知的"气功"。③

气功是中国古代的伟大发现，在中国有着悠久的历史。1975 年在青海乐都地区柳湾三坪台出土的一件马家窑文化时期的浮雕彩陶罐上，在彩陶的腹部正中有一彩绘浮雕练功人像，研究气功的专家有人认为，"这种姿势与流传至今的龟息法中某个练功姿势几乎完全相同。"④ 而马家窑文化距今至少已有五千多年的历史了。按照这种观点，这应当是目前我国关于气功的最

---

① 李景林：《论〈管子〉四篇的"道—气"一元论》，《管子学刊》1989 年第 4 期。
② ［三国］王弼注：《老子道德经·五十五章》，《诸子集成》，上海书店影印 1986 年版，第 34 页。
③ 参见马非白《〈管子·内业〉篇之精神学说及其它》，载《管子学刊》1988 年第 4 期。
④ 李志庸：《中国气功史》，河南科技出版社 1988 年版，第 29 页。

早考古发现。著名的战国《行气铭》上，完整地记述了当时的行气方法。①
行气铭文是我国现存最早的气功理论文物资料，据考为战国后期的作品。有
人依据《庄子·刻意》篇的文意，甚至说"战国时已经有了专门研究导引
的士"②。后人还多把老子的"清静"和孔子的"守中"都看作是对于气功
理论的探索。这些材料都可以说明，战国时期对于气功的认识已经达到了一
个相当高的理论水平。但实际上，只有到了《管子》四篇当中，才形成了
关于气功的专门性的明确理论阐释。《管子》四篇是战国时期的作品没有问
题。但阐述气功理论更为精到的《庄子》、《黄帝内经》等著作，是否是战
国时期的著作，学术界的观点就不一致了，但最早是与《管子》四篇时代
相同或相近。因此，说《管子》四篇是中国古代最早的气功论著，应当是
没问题的。而从对战国《行气铭》以及《论语》、《庄子》等文献的解读
看，战国时期对于气功的理论和实践的大环境就已经形成了，《管子》四篇
作为中国古代气功的论述，表明气功当时在理论和实践层面上都应当具备了
成熟的客观条件。

　　《管子》四篇关于气功的阐述，主要阐述了以下这样几个问题：

　　其一，提出了"气"为生命本原的观点。"道"、"气"的概念都是战
国以前的发现。《管子》四篇首先承继了老子的基本立场，认为"道在天地
之间也，其大无外，其小无内"③，"道也者，动不见其形，施不见其德，万
物皆以得，然莫知其极。故曰可以安而不可说也。"④ "道"仍然是一个看不
见摸不着、说不清道不明的混沌体。老子在阐释"气"这一概念的时候，
主要还是站在精神层面上的。到了《管子》四篇当中，这个"气"就复杂
得多了："气者身之充也。"⑤ 又说："思之。思之不得，鬼神教之。非鬼神
之力也，其精气之极也。"⑥ 还说："耳目聪明，四肢坚固，可以为精舍。精
也者，气之精者也。"⑦ 这里所说的"气"，虽然仍然是精神层面上的东西，

---

① 参见李戎《战国玉杖首〈行气铭〉集考及其铭文新释》，载《医古文知识》2001 年第 1 期。
② 刘秉果、赵明奇：《汉代体育》，齐鲁书社 2009 年版，第 3 页。
③ 赵守正：《管子通解·心术·上》（精装本）下册，北京经济学院出版社 1989 年版，第 6 页。
④ 赵守正：《管子通解·心术·上》（精装本）下册，北京经济学院出版社 1989 年版，第 8 页。
⑤ 赵守正：《管子通解·心术·下》（精装本）下册，北京经济学院出版社 1989 年版，第 15 页。
⑥ 赵守正：《管子通解·心术·下》（精装本）下册，北京经济学院出版社 1989 年版，第 16 页。
⑦ 赵守正：《管子通解·内业》（精装本）下册，北京经济学院出版社 1989 年版，第 124 页。

但却明确指出了它是身体中必不可少的一部分，人的肌体乃是"气"赖以宿驻的"房舍"。人的智慧直接来源于"气"，而"气"则又必须要通过"肌体"这个"舍"才能表现出它的能量来。所以，所谓"精存自生，其外安荣"①，实际上就是"气存自生，其外安荣"。"气"既是生命的重要组成部分，又是生命生息的根本，自然也就是生命的本原，没有了"气"，生命便无所谓生息。《管子》四篇把"气"看作是生命万物的本原，由此而奠基了中国古代气功发展的最为基本的理论基础。

其二，提出了一套"气"以养生的理论。战国以前老子的"守静"、"守一"，孔子的"守中"，战国时期孟子的养"浩然之气"，庄子的"吐纳之术"，荀子的"治气养身术"，都是关于"气"以养生的理论探索。但这些探索却远不及《管子》四篇精深。它首先提出了一个"道—气"一元的问题："夫道者，所以充形也。"② 又说："气者，身之充也。""身"即"形"，"充身"也就是"充形"。于是，"道"、"气"在这里也就成为一元了。老子讲"道"、"德"，《管子》四篇讲"道"、"气"，二者相同者"道"也，所异者"德"、"气"也。《管子》四篇的"道—气"一元，指的是生命本体内部的构成，老子的"道"、"德"一体，说的则是生命本体的外在表象。老子的"道"与"德"具体表现为外在的相对分离，《管子》四篇也讲"道"、"德"，但它却把"道"与"德"看作是同一个体的两个方面："德者，道之舍。物得以生生，知得以职道之精。故德者得也。得也者，其谓所得以然也以。无为之谓道，舍之之谓德，故道之与得（德）无间，故言之者不别也。"③ 又说："虚而无形谓之道，化育万物谓之德。"④"道"、"德"虽然一体无间，但功能却又不同。"道"与"气"一元，是生命万物的本原之所在，这一观点所重点探讨的是人的肌体内部的运行规律。

正是在这样的一种理论指导下，《管子》四篇建立起了它的"气"以养生的身心修养理论。这一理论的主旨认为，人有精神和形体两个方面，是精

---

① 赵守正：《管子通解·内业》（精装本）下册，北京经济学院出版社1989年版，第127页。
② 赵守正：《管子通解·内业》（精装本）下册，北京经济学院出版社1989年版，第123页。
③ 赵守正：《管子通解·心术·上》（精装本）下册，北京经济学院出版社1989年版，第7页。
④ 赵守正：《管子通解·心术·上》（精装本）下册，北京经济学院出版社1989年版，第3页。

神与形体的统一体："凡人之生也，天出其精，地出其形，合此以为人。"① 而人之成为人的根本在于其有着丰富的思维或谓之精神活动，这便是得"道"或者谓之充"气"。人的生命、思维、精神等等的一切活动，又都是由人体内部的"气"的流动来决定的："气，道乃生，生乃思，思乃知，知乃止矣。"② 因此，它的养生理论实际上把握的要点只有两个：一个是"气"，也就是决定着人的生命本原的那种物质（大致上相当于精神）；另一个是"舍"，也就是人的肌体，"气"的住所。这两个要点又是相互依存而相辅相成的，把形体修养好了，精气自然会旺盛；把精气修养好了，形体自然也会强壮。这便是"精存自生，其外安荣"的道理。

其三，形成了"正形饰德"的养生方法。《管子》四篇中多次讲到"正形饰德"问题，或谓"正形饰德，万物毕得。"③ 或谓："形不正，德不来；中不静，心不治。正形饰德，天仁地义，则淫然而自至神明之极，照乎知万物。"④ 或谓："道也者，口之所不能言也，目之所不能视也，耳之所不能听也，所以修心而正形也；人之所失以死，所得以生也；事之所失以败，所得以成也。"⑤ 所谓"正形饰德"，也就是人的形体和身心的修养。怎样才能很好地实施这一养生方法呢？它提出了四条基本原则：

> 凡人之生也，天出其精，地出其形，合此以为人。和乃生，不和不生。察和之道，其情［精］不见，其征不丑。平正擅匈，论治在心，此以长寿。忿怒之失度，乃为之图。节其五欲，去其二凶，不喜不怒，平正擅匈。
>
> 凡人之生也，必以平正。所以失之，必以喜怒忧患。是故止怒莫若诗，去忧莫若乐，节乐莫若礼，守礼莫若敬，守敬莫若静。内静外敬，能反其性，性将大定。
>
> 凡食之道：大充，伤而形不臧；大摄，骨枯而血泝。充摄之

① 赵守正：《管子通解·内业》（精装本）下册，北京经济学院出版社1989年版，第130页。
② 赵守正：《管子通解·内业》（精装本）下册，北京经济学院出版社1989年版，第124页。
③ 赵守正：《管子通解·心术·下》（精装本）下册，北京经济学院出版社1989年版，第15页。
④ 赵守正：《管子通解·内业》（精装本）下册，北京经济学院出版社1989年版，第125页。
⑤ 赵守正：《管子通解·内业》（精装本）下册，北京经济学院出版社1989年版，第123页。

间，此谓和成，精之所舍，而知之所生。饥饱之失度，乃为之图。
饱则疾动，饥则广思，老则长虑。饱不疾动，气不通于四末；饥不
广思，饱而不废；老不长虑，困乃遫竭。大心而敞［敢］，宽气而
广，其形安而不移，能守一而弃万苛，见利不诱，见害不惧，宽舒
而仁，独乐其身，是谓云气，意行似天。

凡人之生也，必以其欢。忧则失纪，怒则失端。忧悲喜怒，道
乃无处。爱欲静之，遇乱正之，勿引勿推，福将自归。彼道自来，
可藉与谋，静则得之，躁则失之。灵气在心，一来一逝，其细无
内，其大无外。所以失之，以躁为害。心能执静，道将自定。得道
之人，理丞而毛［屯］泄，匈中无败。节欲之道，万物不害。①

分析这四条原则，一是"和"是长寿的根本。人的"形体"与"精
气"相辅相成才能保持健康长寿，也就是"和乃生，不和不生。"但"形"
与"气"两者是否能够和合相处，是不容易被察觉到的，"其情不见，其征
不丑。"怎么办呢？这里开出的方子是"平正擅匈，论治在心，此以长寿。"
就是说，要使平和中正占据胸怀，融化在心里，这样才能够长寿。这里强调
的是依靠"气"以养生的根本原则，也就是整个的身心要始终保持"和"
的状态，"和"是长寿的根本。二是心态情绪是养生的关键。人在日常生活
中会遇到许多事情，喜怒哀乐，往往都会引发情绪和心态的变化。这种变化
的波动如果幅度很大，也会影响到生命的健康。因此，要实现健康长寿，就
要始终保持心态和情绪的平和中正，做到"内静外敬"，这样就能够保持和
稳定精气，维持身体的健康状态。三是饮食要适度。日常饮食，既不要太饱
（"大充"），更不要太饿（"大摄"），要注意饥饱适度，也就是所谓"充摄
之间，此谓和成，精之所舍，而知之所生。"如果饥饱失度了，就要赶快想
办法解决。怎么办呢？"饱则疾动，饥则广（旷，停止之意。）思，老则长
（珍惜之意。）虑。"吃多了就要赶快动一动，太饿了就不要在那里想三想
四，老年人更要注意珍惜动脑筋思考问题。这些措施，都是为了保持体内的

① 赵守正：《管子通解·内业》（精装本）下册，北京经济学院出版社 1989 年版，第 130—133
页。

精气尽可能充足。但仅仅精气充足还是不够的，还要使充足的精气运动起来："大心而敞［敢］，宽气而广，其形安而不移，能守一而弃万苛，见利不诱，见害不惧，宽舒而仁，独乐其身，是谓云气，意行似天。"赵守正先生对于这段文字的理解是这样的："心胸宽广而敞亮，意气宽舒而开阔，形体安定而不游移，能保持心意专一而摆脱各种骚扰，见利不被引诱，见害不生畏惧，心情宽舒而仁慈，自身能独得其乐，这些就叫作'运气'的功夫，而且意念的运行也好像在天空一样。"这里提出了一个"运气"的概念，"运气"实际上就是让身体内的精气不停地流动，而且还要"意行似天"，这与我们今天所说的气功在本质上已经没有什么区别了。四是心情要欢畅。所谓"凡人之生也，必以其欢"，实际上就是告诉人们，生命的健康是一定要以心情的愉快欢畅为基础的，任何的忧愁恼怒，都将会打乱精气在肌体内的正常运转秩序，进而影响到身体的健康状况。时常保持平静而愉快欢畅的心情，自然就会身体健康。

《管子》四篇关于"气"的阐释，是中国古代气功基础理论的奠基石，同时，它对中国古代的医学、保健学等学科的发展也都有着杰出的理论贡献。这一理论，虽然有着明显的道家传承脉络，但对于儒家的思想也存在着明显的影响烙印，诸如"止怒莫若诗，去忧莫若乐，节乐莫若礼，守礼莫若敬"等，显然就是儒家的观点，这与儒学广泛渗透的社会大背景是连在一起的。秦汉时期，医学方面有了较大的发展，气功也因此得到了很好的继承。汉初的统治阶级一度崇尚"黄老"之术，"清静无为"之风盛行一时，政府休养生息，人民安居乐业，客观上对气功的发展也是一个促进。即使董仲舒提出"尊崇儒术，罢黜百家"以后，气功也并未因儒家经学的兴盛受到影响，反而在理论认识上出现了显著的提高。东汉时期，佛教传入中国，佛家的一些修持方法，也被人们用来作为摄生养性的手段。至此，中国气功明显地形成了以儒、道、释基本精神为特征而三足鼎立的发展态势。

《管子》四篇关于"气"的阐释，以"气"为核心，着重于人的肌体内部的运动规律，不仅为以往的儒家思想所未及，而且也已经远远超出了以往的道家思想视野，承继了道家关注生命现象的衣钵，在一定程度上引领着道家对于生命现象的认识向医学和体育学科学发展的新方向。但其形成的文化精神，却是同样充分地吸纳了诸子百家，尤其以礼乐文化为核心的儒家思想的营养因子。

3.《齐黄老书》的保健与养生思想

战国黄老学的发源向来有楚国、齐国二元之说，尤其黄老帛书的归属，有的学者也归之于楚国黄老学之源①。鉴于相关的新材料和研究的新观点不断出现，难以包罗万象，谨以王玉哲先生所著《齐黄老书》②为依据，对于其中有关保健养生方面的内容作以简要探讨。

《齐黄老书》的重点多在于医学和养生学，这对后来的体育生理学、养生学、医学和保健医学等学科而言，都是重要的理论基础。由于王玉哲先生的《齐黄老书》中包括了《素问》、《八十一难经》、《帛书四种》三组文献，内容涉及现代学科中的医学、养生学、政治学、哲学、体育学等多个学科，统而言之多有不便，因而我们采取分别讨论的办法，各择其侧重，这样或许更为清晰。

（1）《素问》对于生命现象的认识

《素问》一书，刘向在《汉书·艺文志》中并没有录其名，但列有《黄帝内经》十八卷，因而过去有人认为《黄帝内经》十八卷中的九卷就是《素问》。这种说法只是臆断，没有可靠的证据。东汉末年张机的《伤寒论·序》中出现了《素问》的书名，但其作者和成书时代并不明确。从其内容来看，《素问》大约是从战国初期以来经过多人之手积累而成的著作。其中的主要内容是古代的医学理论和临床经验。在这些内容当中，养生思想、气功理论都很丰富，还蕴含着十分丰富的哲学思想。《素问》作为一部古代医学著作，其中的体育思想主要是站在医学科学的立场上，从认识生命现象、养护生命肌体的角度表现出来的。其出于道家而安于科学的思想理论体系，既有着很强的学术理论意义，也有着极其重要的实践指导价值。其保健养生思想突出反映在以下几个方面：

第一，对于生命现象的科学认识。《素问》对于生命现象的认识经过了一个由表及里、从有形到无形的过程，从而开辟了一条科学认识生命现象的

---

① 参见丁原明《黄老学论纲》，山东大学出版社 2005 年版，第 5 页。

② 参见王玉哲《齐文化丛书·8·文献集成·齐黄老书·素问·上古天真论》，齐鲁书社 1997 年版。本书中所引原文注释，皆援自该书。

基本通道。

人生而有灵，从幼到盛到衰直至死亡，这是谁都无可回避的演变过程。但这一过程并非人人相同，不仅有长短之别，更有男女不同。从基本层面上看，《素问》篇观察的结果是："上古之人，春秋皆度百岁，而动作不衰；今时之人，年半百而动作皆衰者"[1]。而不同的性别，由于存在天然的生理差别，也就又有了不同的衰老时限之差。同篇中有这样的精到阐释：

> 女子七岁，肾气盛，齿更发长。二七而天癸[2]至。任脉通，太冲脉盛，月事以时下，故有子。三七，肾气平均，故真牙生而长极。四七，筋骨坚，发长极，身体盛壮。五七，阳明脉衰，面始焦，发始堕。六七，三阳脉衰于上，面皆焦，发始白。七七，任脉虚，太冲脉衰少，天癸竭，地道不通，故形坏而无子也。丈夫八岁，肾气实，发长齿更。二八，肾气盛，天癸至，精气溢写，阴阳和，故能有子。三八，肾气平均，筋骨劲强，故真牙生而长极。四八，筋骨隆盛，肌肉满壮。五八，肾气衰，发堕齿槁。六八，阳气衰竭于上，面焦，发鬓斑白。七八，肝气衰，筋不能动，天癸竭，精少，肾藏衰，形体皆极。八八，则齿发去。肾者主水，受五藏六府之精而藏之，故五藏盛乃写。今五藏皆衰，筋骨皆堕，天癸尽矣。故发鬓白，身体重，行步不正，而无子耳。男子不过尽八八，女子不过尽七七，精气皆尽矣。[3]

不同的性别有不同的身体发育成长变化规律，相比较而言，女性早于男性成熟，男性晚于女性衰老。其具体表现，诸如齿发的变化、筋骨肌肉的变化、面色的变化等，这些都是视而可见的外部表象。为什么会有这样的变化

---

① 王玉哲：《齐文化丛书·8·文献集成·齐黄老书·素问·上古天真论》，齐鲁书社1997年版，第21页。

② 天癸，男女之肾精。杨上善曰："天癸，精气也。"

③ 王玉哲：《齐文化丛书·8·文献集成·齐黄老书·素问·上古天真论》，齐鲁书社1997年版，第23页。

规律呢？这是由人的身体内部的变化规律造成的。根本原因归结为"天癸"的盛衰，也就是肾气的盛衰变化。肾气的盛衰决定着身体的强弱。人的肾气之盛衰，则是身体内在机理自然变化的结果，而肾气的盛衰，则又只能通过诸多外在的表象才能看得出来。所以，人的身体健康强壮，肾气自然就旺盛，身体衰弱，肾气自然也就不足。相形之下，这些观点，仅就对于生命现象的认识而言，孔子所说的"仁者寿"、荀子的治气养身术、老子的"道法自然"、杨朱的"贵己""重生"、庄子的"物我两忘"等，虽然道理不可谓不深刻，相对于对生命肌体本身的认识而言，却都是一些刺肤之作，完全没有进入到认识人的肌体规律的状态。而《素问》的作者们在观察人的生命变化规律的时候，完全超脱了社会政治的囹圄，形成了相对纯粹的认识生命现象的思维方式。这种抛开社会政治，从生命现象本身的角度科学认识生命现象的方法，以及提出的一整套思想理论，都是前不见古人的。这一科学的认识，不仅为中国古代医学科学的发展奠定了坚实的理论基础，而且，从此以后，中国古代的医学发展、养生学的发展、体育运动学的发展，等等，都走上了一条与生命现象自身发展规律相适应的道路，逐渐地与社会政治学剥离了开来，这是具有划时代意义的事情。

第二，对于生命与自然关系的科学把握。人的生命只有一次，具有绝对的不可再生性，由于人所观察认识问题的角度和方法各有不同，因而，如何养护生命也就有了不同的认识观点和方法。对此，《素问》提出了"把握阴阳，呼吸精气，独立守神"的观点，认为这样就可以"寿敝天地，无有终时"：

> 上古有真人者，提挈天地，把握阴阳，呼吸精气，独立守神，肌肉若一，故能寿敝天地，无有终时，此其道生。中古之时，有至人者，淳德全道，和于阴阳，调于四时，去世离俗，积精全神，游行天地之间，视听八达之外。此盖益其寿命而强者也，亦归于真人。其次有圣人者，处天地之和，从八风之理，适嗜欲于世俗之间，无恚嗔之心，行不欲离于世，被服章，举不欲观于俗，外不劳形于事，内无思想之患，以恬愉为务，以自得为功，形体不敝，精神不散，亦可以百数。其次有贤人者，法则天地，象似日月，辩列

星辰，逆从阴阳，分别四时，将从上古，合同于道，亦可使益寿而有极时。①

　　这里同样采取了托古喻今的方法，认为人之寿限之所以长，就是因为会保养，保养办法有三个要点，也就是"把握阴阳，呼吸精气，独立守神"。所谓"把握阴阳"，实际上指的就是要遵从事物自身的运行规律。② 这一点在《素问·四气调神大论》③ 中的明确解释就是按照春、夏、秋、冬四季的阴阳变化而变化生活规律。"把握阴阳"的关键在于掌握阴阳平衡，也就是按照自然变化的规律实现生命自身变化的平衡，用现代的话说就是人与自然的和谐相处，比如天冷的时候要多穿衣服，经常下雨的时候要注意预防潮湿，等等。这里强调的是生命肌体要去适应自然的变化。为什么要这样呢？因为把握阴阳便是把握万物变化之根本："阴阳者，天地之道也，万物之纲纪，变化之父母，生杀之本始，神明之府也，治病必求于本。"④ 所谓"呼吸精气"，意为吐故纳新，以养精气，也就是要通过吐故纳新保持生命肌体正常的新陈代谢，以达到保养"精气"的目的。"独立守神"，也就是后边所说的"举不欲观于俗，外不劳形于事，内无思想之患，以恬愉为务"。实际上这与庄子的"物我两忘"如出一辙，追求的是一种清心寡欲的宁静的内心世界。简要概括来说，这三个要点，其中最为重要的就是积极地适应自然，也就是与自然的和谐相处。这一点，今天来看也是极为重要的，因为人生活在自然世界当中而与自然社会不能和谐相处，这从根本上是违背客观规律的。至于保持良好的肌体代谢功能和宁静的内心世界，虽然同样非常重

---

　　① 参见王玉哲《齐文化丛书·8·文献集成·齐黄老书·素问·上古天真论》，齐鲁书社1997年版，第24页。

　　② 《素问》当中的阴、阳概念用途很广，并非单指自然世界，在论及身体内部的机理变化时，也常常用到阴、阳概念，比如《生气通天论》中就有"阴者，藏精而起亟也；阳者，卫外而为固也。"《阴阳应象大论》："阴阳者，血气之男女也；左右者，阴阳之道路也；……阴阳者，万物之能始也。"此类论述，其中也有"把握阴阳"之意。

　　③ 参见王玉哲《齐文化丛书·8·文献集成·齐黄老书·素问·四气调神大论》，齐鲁书社1997年版，第25页。

　　④ 王玉哲：《齐文化丛书·8·文献集成·齐黄老书·素问·阴阳应象大论》，齐鲁书社1997年版，第38页。

要，但这都是"把握阴阳"的后续。这里实际上提出了一个人的生命健康与否，与所处的环境条件以及适应这一环境条件的能力，都是至关重要的。

第三，对于肌体结构与功能的科学认识。《素问》中从不同的角度对人的肌体结构给予了清晰的解释，比如对于内脏器官的功能就有这样的解释：

其一：

> 愿闻十二藏之相使，贵贱何如？岐伯对曰：……心者，君主之官，神明出焉。肺者，相傅①之官，治节②出焉。肝者，将军之官③，谋虑出焉。胆者，中正之官，决断出焉。膻中者，臣使之官，喜乐出焉。脾胃者，仓廪之官，五味出焉。大肠者，传道之官，变化④出焉。小肠者，受盛之官，化物⑤出焉。肾者，作强⑥之官，伎巧出焉。三焦者，决渎⑦之官，水道出焉。膀胱者，州都⑧之官，津液藏焉，气化则能出矣。凡此十二官者，不得相失也。⑨

其二：

> 藏象⑩何如？岐伯曰：心者，生之本，神之变也，其华在面；其充在血脉，为阳中之太阳，通于夏气。肺者，气之本，魄之处也；其华在毛，其充在皮，为阳中之太阴，通于秋气。肾者主蛰，封藏之本，精之处也；其华在发，其充在骨，为阴中之少阴，通于

---

① 相傅：相当于辅佐君主的宰相之职。
② 治节：治理和调节之意。
③ 将军之官：比喻肝性易动及刚强之意。
④ 变化：指饮食消化、吸收、排泄的过程。
⑤ 化物：分别清浊、消化食物。
⑥ 作强：精力。
⑦ 决渎：张介宾曰："决，通也。渎，水道也。三焦气治，则脉络通而水道利，故曰决渎之官。"
⑧ 州都：指水液所聚之处。
⑨ 王玉哲：《齐文化丛书·8·文献集成·齐黄老书·素问·灵蓝兰秘典论》，齐鲁书社1997年版，第53页。
⑩ 藏象：指人体内脏功能所表现于外的征象。

冬气。肝者，罢极之本，魂之居也；其华在爪，其充在筋，以生血气，其味酸，其色苍，此为阳中之少阳，通于春气。脾、胃、大肠、小肠、三焦、膀胱者，仓廪之本，营之居也，名曰器，能化糟粕，转味而入出者也，其华在唇四白①，其充在肌，其味甘，其色黄，此至阴之类，通于土气。凡十一藏取决于胆也。故人迎②一盛，病在少阳；二盛，病在太阳；三盛，病在阳明；四盛已上为格阳。寸口③一盛，病在厥阴；二盛，病在少阴；三盛，病在太阴；四盛已上为关阴。人迎与寸口俱盛四倍已上为关格，关格之脉赢，不能极于天地之精气，则死矣。④

　　这两段材料，阐述的都是内脏器官的功能。前一段材料说的是心、肝、脾、肺、肾、膻中、胆、胃、大肠、小肠、三焦、膀胱十二个内脏器官各自的功能，以及它们之间的相互关联和作用。作者采用了形象的比喻方法，将心比作君主，肺比作宰相，肝比作将军，等等，其功能特性及其在生命肌体运转过程的地位和作用清晰可辨。后一段材料阐述的是人体内脏功能所表现于外的征象，心、肺、肾、肝、脾、胃、大肠、小肠、三焦、膀胱、胆之内部变化，皆与外部的某一部分紧密相连，内部的变化无不以鲜明的征兆彰显出来，归结到人迎、寸口之处的时候，也就有了"人迎与寸口俱盛四倍……则死矣"的表现。显然，这些科学观点的形成，都是经过长期的实践探索总结而形成的。由此而与《黄帝内经》中出现的人体解剖知识相印证⑤，可见我国对于人体器官肌理的科学认识确实是有着悠久历史的。

　　第四，对于养生理论的贡献。由于《素问》立足于对于人生的医学观

①　四白：指口唇四周白肉处。
②　人迎：在结喉旁两侧颈动脉搏动处。
③　寸口：指切脉部位。指两手桡骨头内侧桡动脉。
④　王玉哲：《齐文化丛书·8·文献集成·齐黄老书·素问·六节藏象论》，齐鲁书社1997年版，第58页。
⑤　参见任廷革点校《黄帝内经灵枢经·经水》："若夫八尺之士，皮肉在此，外可度量切循而得之，其死可解剖而视之；其藏之坚脆，腑之大小，谷之多少，脉之长短，血之清浊，气之多少，……皆有大数。"此段文献被认为是中国古代最早的人体医学解剖记载。人民军医出版社2006年版，第68页。

察，所站的角度不同，关于养生问题的理论观点也就多不同于老庄、孔孟之说。对此，下述几例可证之：

其一，提出了保持肌体的整体平衡是养生之根本的观点。生命肌体自身的运动是一个完整的系统，养生本身既需要肌体内部保持正常的阴阳平衡，也需要保持身体本身与外界环境的阴阳平衡。只有保持这种整体性的平衡，才能做到较好的养生。这种整体制衡的养生观点是与医学理论的发展紧密联系在一起的。《素问》首先指出人的身体内部外部皆分阴阳："夫言人之阴阳，则外为阳，内为阴。言人身之阴阳，则背为阳，腹为阴。言人身之藏府中阴阳，则藏者为阴，府者为阳。肝心脾肺肾五藏皆为阴，胆胃大肠小肠膀胱三焦六府皆为阳。所以欲知阴中之阴、阳中之阳者何也？为冬病在阴，夏病在阳，春病在阴，秋病在阳，皆视其所在，为施针石也。故背为阳，阳中之阳，心也；背为阳，阳中之阴，肺也；腹为阴，阴中之阴，肾也；腹为阴，阴中之阳，肝也；腹为阴，阴中之至阴，脾也。此皆阴阳表里内外雌雄相输应也，故以应天之阴阳也。"① 而外部内部之阴阳皆又相连通："夫自古通天者生之本，本于阴阳。天地之间，六合②之内，其气九州岛九窍③、五藏、十二节④，皆通乎天气。其生五⑤，其气三⑥，数犯此者，则邪气伤人，此寿命之本也。"⑦ 这样，由于内部之九窍十二节都与"天气"（自然之气）相通，因而身体的变化必然会因于自然的变化而变化。天地分阴阳，人处阴阳之间，而不合于天地之变化，必然会造成天、地、人三元之气失衡，这样自然就会导致"邪气伤人"。人的肌体内部之五脏六腑，皆按相生相克的自

---

① 王玉哲：《齐文化丛书·8·文献集成·齐黄老书·素问·金匮真言论》，齐鲁书社 1997 年版，第 35 页。

② 六合：指四时言，即春三月与秋三月为合。

③ 九州岛九窍：俞樾曰："九窍是衍文，九州岛即九窍，古谓窍为州。""九窍"指眼二、耳二、鼻二、口、前阴、后阴。

④ 十二节：指四肢言。《春秋繁露·官制象天》："人之身有四肢，每肢有三节，三四十二，十二节相持，而形体立矣。"

⑤ 其生五：沈祖绵曰："春木肝，夏火心，秋金肺，冬水肾，借由中五所生，故曰其生五。五者，中央主脾也。"

⑥ 其气三："三"即天地人三元之气。

⑦ 王玉哲：《齐文化丛书·8·文献集成·齐黄老书·素问·生气通天论》，齐鲁书社 1997 年版，第 28 页。

然规律运行，外界之"邪气"通过九窍十二节进入肌体，必然就会影响五脏六腑的正常运行。这样，人的身体如果内外都失去了正常的制衡，自然就会疾病缠身，影响寿命。

其二，提出了"食饮有节，起居有常"的养生观点。《素问》以老子的"道法自然"为理论依据，提出了饮食起居要合乎规律的养生主张，认为如果饮食起居为所欲为，"务快其心"，失于规律，身体自然就会失去阴阳平衡，导致过早衰老："上古之人，其知道者，法于阴阳，和于术数，食饮有节，起居有常，不妄作劳，故能形与神俱①，而尽终其天年，度百岁乃去。今时之人不然也，以酒为浆，以妄为常，醉以入房，以欲竭其精，以耗散其真，不知持满，不时御神，务快其心，逆于生乐，起居无节，故半百而衰也。"② 人的过早衰老，首先是由于"务快其心"而导致"形"、"神"不相称合造成的。"务快其心"是为了追求一时欲望的满足，在日常生活当中"务快其心"的直接结果往往便是饮食失节，起居无常，过度劳累。这些都会导致形、神失其称合，久而久之自然就会造成身体的过度衰老。"食饮有节，起居有常"的养生观点，实际上就是主张通过节欲而达到养生，不可因欲为而过度为，因不欲为而拒而不为，为而有度，保持形神称合，阴阳平衡，身体自然就会强健。恰如《生气通天论》所言："阴不胜其阳，则脉流薄疾，并乃狂。阳不胜其阴，则五藏气争，九窍不通。是以圣人陈阴阳，筋脉和同，骨髓坚固，气血皆从。如是则内外调和，邪不能害，耳目聪明，气立如故。"③《阴阳应象大论》中说得更是明确："天有四时五行，以生长收藏，以生寒暑燥湿风。人有五藏化五气，以生喜怒悲忧恐。故喜怒伤气，寒暑伤形。暴怒伤阴，暴喜伤阳。厥气上行，满脉去形。喜怒不节，寒暑过度，生乃不固。故重阴必阳，重阳必阴。故曰：冬伤④于寒，

---

① 形神与俱："形"指形体，"神"指神气，"俱"有合同的意思。"形与神俱"是说形神两者是相称合的。

② 王玉哲：《齐文化丛书·8·文献集成·齐黄老书·素问·上古天真论》，齐鲁书社 1997 年版，第 21 页。

③ 王玉哲：《齐文化丛书·8·文献集成·齐黄老书·素问·生气通天论》，齐鲁书社 1997 年版，第 32 页。

④ 伤：杨上善曰："伤，过多也。"

春必温病；春伤于风，夏生飧泄；夏伤于暑，秋必痎疟；秋伤于湿，冬生欬。"①

其三，提出了"伤在五味"的饮食养生观点。人之生命，要在精气，精气充满则强盛，精气枯竭则衰弱。精气何以来？来自饮食五味，也就是正常饮食对于身体能量的补充。但是，一方面，饮食五味能够对于身体能量（精气）进行补充；另一方面，饮食五味进食不当也可能对于人的身体造成直接的伤害。这就要求人对于饮食五味的摄取要有必要的调节："阴②之所生，本在五味，阴之五宫③，伤在五味。是故味过于酸，肝气以津④，脾气乃绝。味过于咸，大骨气劳，短肌⑤，心气抑。味过于甘⑥，心气喘满，色黑，肾气不衡。味过于苦⑦，脾气不濡⑧，胃气乃厚⑨。味过于辛，筋脉沮弛⑩，精神乃央⑪。是故谨和五味，骨正筋柔，气血以流，凑理⑫以密，如是则骨气以精。谨道如法，长有天命。"⑬古代并没有现代人检测体内营养构成和营养成分平衡状况的技术，只能通过日常的饮食而实现营养补给，也就是现代人所说的饮食养生。"伤在五味"的观点，首先告诫人们要注意不要挑食，也就是力求通过饮食来保持身体内部营养成分的平衡，俗语"想吃什么就是缺什么"，饮食全面才能保持营养平衡；其次，要警惕饮食"务快其心"对于身体的伤害，饮食是以身体需要和身体舒服为原则的，而不是以外在的其他因素为根本，要把"我喜欢吃"和"我应当吃"的问题分清

---

① 王玉哲：《齐文化丛书·8·文献集成·齐黄老书·素问·阴阳应象大论》，齐鲁书社1997年版，第40页。

② 阴：指阴精，泛指精血津液。

③ 五宫：即五脏。

④ 肝气以津："津"有聚义。

⑤ 短肌：是说皮肤干枯毫无润泽。

⑥ 甘：《太素》卷三《调阴阳》作"苦"。

⑦ 苦：《太素》卷三《调阴阳》作"甘"。《素问绍识》说："作甘为是。味过于甘，则脾气过实，胃气因而致病。

⑧ 濡：濡滞。过甘伤脾，脾气濡滞。

⑨ 胃气乃厚："厚"反训作"薄"。是说脾病不能为胃行其津液，胃气乃薄。

⑩ 筋脉沮弛：谓过食辛味，则筋脉弛败也。

⑪ 央：俞樾说："央，尽也。"有颓靡的意思。

⑫ 凑理：《太素》卷三《调阴经》"凑"作"腠"。指皮肤、肌肉和脏腑纹理。

⑬ 王玉哲：《齐文化丛书·8·文献集成·齐黄老书·素问·生气通天论》，齐鲁书社1997年版，第33页。

楚，否则就容易"伤在五味"。总之，饮食上挑挑拣拣和暴食暴饮等，对于养生来说都不是好的做法。这里把五味的功效与五脏的功能结合在了一起，明确地阐述了用之适度有益、用之过度有害的具体表现，形成了科学的饮食养生理念。

　　其四，提出了"治未病"的养生思想。"从阴阳则生，逆之则死，从之则治，逆之则乱。反顺为逆，是谓内格①。是故圣人不治已病治未病，不治已乱治未乱，此之谓也。夫病已成而后药之，乱已成而后治之，譬犹渴而穿井，斗而铸锥，不亦晚乎！"②"未病"，是指身体健康，疾病还没有进入肌体器官的一种状态。疾病没有侵入并不等于没有疾病会侵入，也就是说，现在看来健康的肌体，随时都有可能因疾病的入侵而使身体进入疾病状态。这样也就产生了一个"治未病"的问题。相对于肌体的整个大系统而言，"治未病"的基本含义大致有三：一是未病先防，二是即病防变，三是已病早治。所谓"治未病"，治疗的主要是两种病：一是没有病的"病"，也就是真正的身体健康，治疗这种病的办法主要是预防；另一种则是有病而没有被发现的"病"，也就是假健康，当然既包括今之谓"亚健康"，也包括讳疾忌医之类的假健康。治疗这种病的办法主要便是调理，或者说是简单的治疗。概括地说，"治未病"的宗旨就是无病防病，有病早治。有了病或者讳疾忌医，或者浑然不顾，等到病入膏肓的时候再去医治，这就像"渴而穿井，斗而铸锥"一样，其作用也就可想而知了。其中，还要求人们应根据不同季节的自然变化来注意生理卫生，以达到预防疾病、养生保健的目的："春三月，此谓发陈，天地俱生，万物以荣，夜卧早起，广步于庭，被发缓行，以使志生。……逆之伤肝。""夏三月，此谓蕃秀，天地气交，万物华实，夜卧早起，无厌于日，使志无怒，使华英成秀，使气得泄。……逆之伤心。""秋三月，此谓客平，天气以急，地气以明，早卧早起，与鸡俱兴，使志安宁，以缓秋刑，收敛神气，使秋气平。无外其志，使肺气清。……逆

---

　　① 内格：即"关格"，古病名。按照中医的解释，关格是指由于脾肾阴阳衰惫，气化不利，湿浊毒邪犯胃而致的以小便不通与呕吐并见为临床特征的一种危重病征。本病多由水肿、癃（long）闭、淋征等病征发展而来。

　　② 王玉哲：《齐文化丛书·8·文献集成·齐黄老书·素问·四气调神大论》，齐鲁书社1997年版，第28页。

之伤肺。""冬三月，此为闭藏，水冰地坼，无扰乎阳，早卧晚起，必待日光，使志若伏若匿，若有私意，若己有得，去寒就温，无泄皮肤，使气函夺。……逆之则伤肾。"① 这同样是以"治未病"为理论基础的。不管是古代还是现代，"治未病"的观点显然是有着极其重要的现实和理论意义的。但现实生活中人们面临的主客观方面的因素非常复杂，实际上人们往往说起来容易，做起来则非常困难，即使《素问》提出的饮食养生这类极为简单的"未病"医治办法，真正坚持使用的人并不是很多，从而导致了数千年来的人们往往都是把绝大部分的精力用在了"治已病"上。用现代科学的眼光看，"治未病"既是保持身体健康的重要措施，也是提高国民身体素质的重要措施，值得弘扬光大。研究推广这一理论观点，意义是十分重大的。

（2）《八十一难经》的医学理论与实践

《八十一难经》又称《难经》，传为扁鹊所著。扁鹊其人其事，司马迁曾经作过较为详细的记述，说他是"勃海郡郑人也，姓秦氏，名越人。"②扁鹊是以精通脉象的一代名医名垂青史的，其活动区域相当广阔，在齐，入赵，过雒阳，进咸阳，从黄河下游一直走到了黄河中上游。其行医特点是"随俗而变"，最后因遭人嫉妒而被刺身亡。扁鹊以从"未病"发现"已病"而医治"已病"为己任，留下了讳疾忌医等案例③。《韩非子》也好，《史记》也好，记述扁鹊见蔡桓公这个故事的本意是要证明扁鹊的医术之高明。但其间我们却可以获得另外的这样两个信息：第一，扁鹊发现了蔡桓公的"未病"之病，这一思想，与我们今天所说的有病治病，无病健身的保健理论是一致的；第二，蔡桓公的病是从小到大、由表及里不断发展的，扁鹊的主张是要把病原扼杀在萌芽中，而不是等到病发展到无可救治时才去医治，也就是有病要早治。扁鹊留下来的医学实践和理论，足以证明他不愧为中国古代早期伟大的医学理论的重要创造者和成功实践者。

---

① 王玉哲：《齐文化丛书·8·文献集成·齐黄老书·素问·四气调神大论》，齐鲁书社1997年版，第26页。

② ［汉］司马迁：《史记·扁鹊仓公列传》，中华书局1959年版，第2785页。

③ 参见［清］王先慎《韩非子集解·喻老》，《诸子集成》，上海书店影印1986年版，第118页。此事《史记·扁鹊仓公列传》也有记载，但主人公为齐桓侯。

扁鹊在当时是非常有名的医生，不仅具有很高的内科医术，而且还有着很高的外科技术，《列子》中记载有这样一个故事：

> 鲁公扈赵齐婴二人有疾，同请扁鹊求治。扁鹊治之。既同愈。谓公扈齐婴曰："汝曩之所疾，自外而干府藏者，固药石之所已。今有偕生之疾，与体偕长，今为汝攻之，何如？"二人曰："愿先闻其验。"扁鹊谓公扈曰："汝志强而气弱，故足于谋而寡于断。齐婴志弱而气强，故少于虑而伤于专。若换汝之心，则均于善矣。"扁鹊遂饮二人毒酒，迷死三日，剖胸探心，易而置之；投以神药，既悟，如初。二人辞归。于是公扈反齐婴之室，而有其妻子；妻子弗识。齐婴亦反公扈之室，有其妻子，妻子亦弗识。二室因相与讼，求辨于扁鹊。扁鹊辨其所由，讼乃已。①

在这个故事当中，扁鹊把两人麻醉以后，通过外科手术把他们的心脏交换了过来，从而导致了两人醒来之后连自己的妻子都不认识了，两家甚至因此还闹上了公堂。故事里扁鹊所做的手术是心脏移植手术，这种手术即使在今天来看也是非同小可的。按照当时的水平来看，这应当是好事者们对于扁鹊医术的神化，当时的扁鹊是不可能具备完成这样的心脏手术条件的。但即使如此，至少可以说明的问题是，在扁鹊所处的时代，是已经掌握了一些现今谓之外科的医疗技术的，至于交换心脏的这种手术，即便是完成不了，却已是形成了一种美妙的设想了。

《八十一难经》讲述的是医学里边的八十一个问题，该书以问难的形式，用假设问答、解释疑难的体例予以编纂，故名为《难经》。由于《八十一难经》重在提出疾病的诊断和治疗方案，因而其生命保健思想突出表现在深化《素问》"治未病"的思想理论上面。

《素问》对于具体病症的诊断和治疗方案远没有《难经》具体。比如：第十七难中说："病或有死，或有不治自愈，或连年月不已，其死生存亡"

---

①　［晋］张湛注：《列子·汤问》，《诸子集成》，上海书店影印 1986 年版，第 59 页。

尽"可切脉而知之。"① 其基本的根据就是对于身体经络脉象的精细研究："十二经皆有动脉，独取寸口，以决五藏六府死生吉凶之法，何谓也？然：寸口者，脉之大会，手太阴之脉动也。人一呼脉行三寸，一吸脉行三寸，呼吸定息，脉行六寸。人一日一夜，凡一万三千五百息，脉行五十度，周于身。漏水下百刻，荣卫行阳二十五度，行阴亦二十五度，为一周也。故五十度复会于手太阴，寸口者，五藏六府之所终始，故法取于寸口也。"② 其间对于脉象的形成以及运行规律，以人体结构为依据，计算十分精当，因而才能够断言通过脉象皆可尽知其病症。这里提出的"独取寸口"以决生死的脉象诊断法，历来被认作是中医诊断学上的极大发现，直到现在仍然被中医临床所应用。

《素问》虽然明确提出了"治未病"的保健思想，但对于怎样"治未病"等问题都没有提出明确的解释。《难经》里边有了明确答案："经言，上工治未病，中工治已病者，何谓也？然：所谓治未病者，见肝之病，则知肝当传之与脾，故先实其脾气，无令得受肝之邪，故曰治未病焉。中工者，见肝之病，不晓相传，但一心治肝，故曰治已病也。"③ 意思是说，上等的医生治"未病"，中等的医生治"已病"。"治未病"就是要看清病原入侵的器官以及在各器官之间的传播情况，针对病原的入侵和传播情况而及时根除病原体。所谓"治未病"，主要是指疾病的早期发现和治疗，"疾病的预防"只不过是"治未病"的题中之义而已。"治已病"则是"头疼治头，脚疼治脚"的医治办法。好的医生应当是综合诊断，务求根除病原，而不是"头疼治头，脚疼治脚"。这一点又与今之谓"西医"的医疗观念和方法有明显的区别。《素问》虽然反复强调了人体的阴阳平衡问题，但《难经》的阴阳平衡辩证理论则显得更为细致入微。比如："人形病脉不病，曰生。脉病形不病，曰死。何谓也？然。人形病脉不病，非有不病者也，谓息数不

---

① 王玉哲：《齐文化丛书·8·文献集成·齐黄老书·八十一难经·第十七难》，齐鲁书社 1997 年版，第 382 页。

② 王玉哲：《齐文化丛书·8·文献集成·齐黄老书·八十一难经·第一难》，齐鲁书社 1997 年版，第 357 页。

③ 王玉哲：《齐文化丛书·8·文献集成·齐黄老书·八十一难经·第七十七难》，齐鲁书社 1997 年版，第 450 页。

应脉数也。此大法。"① 人"形病脉不病"与"脉病形不病"都是以脉象的具体情况为依据的，即不可以人的外在"形"象而断定其病与非病，所依据的是人的肌体内部生理变化的基本规律，是人的肌体病与非病的根本。再如，《难经》还提出了诊断过程中的"阴病行阳，阳病行阴"② 的基本原则，这些都是临床经验的理论总结。这些理论，对于判断人的肌体是"已病"还是"未病"，都是十分具体的理论和实践措施，相对于《素问》提出的"治未病"理论来说，显然是有着很重要的实践应用价值的。

总之，《八十一难经》是一部诊断学方面的医学著作，不仅对于发现"未病"之病有着重要的积极意义，而且对于诊治"已病"同样有着重要的指导意义，同时，也为身体的保健提供了重要的科学理论指导。但我们也必须要看到，战国时期的人们不仅对治"未病"多有思考，而且对治疗"已病"问题也已经普遍有了很深刻的认识，这一时期的思想家们谈论医道的不少，比如《韩非子》中就有"夫弹痤者痛，饮药者苦，为苦惫之故，不弹痤饮药，则身不活，病不已矣"③ 之类的话，但真正懂医的不多，医学多半还应当是知识分子的爱好而非正业。大约是出于这样的缘故，医学理论中也会时与礼乐文化连在一起。

（3）《帛书四种》的修身观念启示

1973 年，长沙马王堆汉墓出土有一批帛书，其中有两种《老子》的抄本，称为甲本和乙本。在乙本的卷前，抄有《经法》、《十六经》、《称》、《道原》四篇古佚书，习惯上称为"帛书四种"。一般认为，这四篇古佚书的基本思路是道法结合，在理论观念上同时又吸收了儒、墨、阴阳、兵、名等派的思想观点。司马谈曾说："道家使人精神专一，动合无形，赡足万物。其为术也，因阴阳之大顺，采儒墨之善，撮名法之要，与时迁移，应物变化，立俗施事，无所不宜，指约而易操，事少而功多。"④ 这些评论与

---

① 王玉哲：《齐文化丛书·8·文献集成·齐黄老书·八十一难经·第二十一难》，齐鲁书社 1997 年版，第 389 页。
② 王玉哲：《齐文化丛书·8·文献集成·齐黄老书·八十一难经·第六十七难》，齐鲁书社 1997 年版，第 441 页。
③ ［清］王先慎：《韩非子集解·六反》，《诸子集成》，上海书店影印 1986 年版，第 319 页。
④ ［汉］司马迁：《史记·太史公自序》，中华书局 1959 年版，第 3289 页。

"帛书四种"的基本思想观念是吻合的。

按照葛荃、曹全禄两位先生的观点，黄老帛书的思想主要有"顺天合人"、"以法论治"、"文武并用"三个层次①，同样也没有出现专门的诸如健身、养生、娱乐之类的体育活动之论述，倒是完全可以归入政治、哲学的范畴当中。陈鼓应先生说："治身与治国是道家的两个重要的组成部分。《老子》主要谈治国，兼谈治身，庄子承杨朱而谈治身，尤重于个人精神境界的提升。黄老道家中，帛书《黄帝四经》仅谈治国，……"② 从具体的思想内容看，简要来说，我们可以从以下几个方面得到一些体育健身方面的启示：

第一，"宜之生在时"的养生观念启示。《经法》篇有这样一段话：

> 国无盗贼，诈伪不生，民无邪心，衣食足而刑伐［罚］必也。……天有死生之时，国有死生之正［政］。因天之生以养生，胃（谓）之文；因天之杀也以伐死，胃（谓）之武。［文］武并行，则天下从矣。人之本在地，地之本在宜，宜之生在时。

这段话的意思是说，如果一国之内，国泰民安，无盗贼横行，无奸诈邪恶之民，老百姓丰衣足食，就可谓天下太平了，但也必须要有刑罚准备，治理国家必须要有判定生死之政令。按照自然的滋养法则以养生民谓之"文"，按照自然的惩处法则以处不法之徒谓之"武"，"文"、"武"并用则会天下太平。人的根本在地，地的根本在于人合适，人能够适宜地生存根本在于合于时令、政令的变化。这段话讲述的是关于国家管理的道理，核心问题分三层递进：第一，一国之内，不管什么时候，一定要有"文"、"武"两种手段准备；第二，治理国家必须要采取"文"、"武"并用的办法；第三，人只有适应自己所处的环境（包括自然环境和社会环境）才能很好的生活下去。这个道理，不仅可以用之于治国，也可以用之

---

① 参见王玉哲《齐文化丛书·8·文献集成·齐黄老书·帛书四种》，齐鲁书社 1997 年版，第 458 页，葛荃、曹全禄注释"前言"。下引《帛书四种》文中注释皆采用葛荃、曹全禄注文。

② 丁原明：《黄老学论纲·序》，山东大学出版社 2005 年版。

于治身：身体强壮的时候要防止生病，身体有病的时候要及时去除病症。对于身体的滋养生息就是"文"，去除身体的病症就要动"武"了。没有"文"、"武"这两种手段，就很难以保障自己的身体健康。但这又仅仅是一些具体的措施，根本的问题还在于要积极地适应身边的环境变化。冬要保暖，夏要避热，不积极地适应自然环境，必然会带来身体的不适。对于社会环境同样如此，如果不遵守国家的政令法规，同样也会自寻苦恼，轻者身心受挫，重者损身毙命。因而，不管是从国家管理的角度，还是从个人养生的角度，都需要掌握一个"生""死"之间的适度平衡，不可"逆阴阳之命"："极阳以杀，极阴以生，是胃〔谓〕逆阴阳之命。"① 所谓掌握"生""死"之间的适度平衡，实际上就是"宜之生在时"之"宜"。"宜之生在时"不仅是一个国家管理的重要原则，而且也是一个非常重要的养生观念。

第二，"先德后刑"的保健启示。《十六经》篇中说：

> 春夏为德，秋冬为刑。先德后刑以养生。……夫并时以养民功，失德后刑，顺于天。②

通常人们所说的养生，指的是生命的保养、调养或颐养，是一种健身措施。这里所谓"先德后刑以养生"之"养生"，指的是"养活生民"之意。意思是说，一年四季，春夏为德，秋冬为刑，而春夏为万物生长之期，秋冬为收获万物之期，万物生长的过程中需要供应充足的养分，因而称之为"德"，而收获万物的时候，自然也就是万物长成到了肃杀的季节，因而称之为"刑"。国家管理的核心在于养育万民，养育万民如同大自然养育万物一样，先要施之以"德"，然后才能动之以"刑"。这里强调"刑"、"德"之于治国的重要意义，并根据春夏、秋冬的先后顺序提出了"先德后刑"的观点，认为这是合乎天道的。同篇中还指出，为政者若不按"先德后刑"

---

① 王玉哲：《齐文化丛书·8·文献集成·齐黄老书·帛书四种·经法·四度》，齐鲁书社1997年版，第472页。

② 王玉哲：《齐文化丛书·8·文献集成·齐黄老书·帛书四种·十六经·观》，齐鲁书社1997年版，第487页。

的顺序去治国，则是逆天道而动，就会给自身和国家招致灾祸："其时赢而事细，阴节复次，地尤复收。正名修刑，执虫不出。雪霜复清，孟谷乃萧，此（灾）口生，如此者举事将不成。其时细而事赢，阳节复次，地尤不收。正名施刑，执虫发声，草苴复荣。已阳而有（又）阳，重时而无光，如此者举事将不行。"①　意思是说，在春夏万物生长之时，行秋冬严急之政即动用刑罚，就会使秋冬再现，地气收缩。若春夏行刑，则会出现蛰虫不出、霜雪寒冷、植物枯萎等反常现象，灾祸就发生了。反之，如果在秋冬万物肃杀之时却行春夏之德政，就会使春夏再现，地气不收；若秋冬不用刑罚，则会出现蛰虫发声、枯草复荣等反常现象。春夏秋冬是一种自然变化规律，治理国家也必须要符合这一规律。规律是不可改变的，先德后刑，不可先刑后德。反之，先刑后德，必然就会带来灾祸。生命的保健也是同样的道理。人在青壮年之前，如同万物之在春夏之际一样，必须要保持充足的营养，使之身体强壮而保持旺盛的生命力，这样，人在进入中老年以后才会有利于延年益寿。否则，先天营养不良，身体自然状况就不好，不仅会提前进入到衰老阶段，而且会招致寿命的缩短。这是一个必然的规律。让少年时期的人去做壮年人做的事情，或者让老年人去做少年人做的事情，如同春夏行秋冬之刑、秋冬行春夏之德一样，都是违背自然规律的行为，对生命的保健有百害而无一益。

　　第三，"以求内刑（型）"的心态修养启示。心态修养是一种内功，说到底是属于精神层面的素质修养，当然也包括性格、品德等方面的内容。"以求内刑"的心态修养的启示源自于这样一段材料：

　　　　黄帝问阉冉②曰："吾欲布施五正（政），焉止焉始？"对曰："始在于身。……"黄帝曰："吾身未自知，若何？"对曰："后③身未自知，乃深伏于渊④，以求内刑⑤。内刑已得后□，自知屈后

────────────

①　王玉哲：《齐文化丛书·8·文献集成·齐黄老书·帛书四种·十六经·观》，齐鲁书社1997年版，第487页。

②　阉冉：传说中的黄帝之臣。

③　后：古代天子和列国诸侯皆称后，此处指黄帝。

④　渊：静默。《庄子·应帝王》："鲵桓之审为渊。"注："渊者，静默之谓耳。"

⑤　刑：通"型"，铸造器物的模子，引申为典型、式样，这里指法则。

身。"黄帝曰："吾欲屈吾身，屈吾身若何？"对曰："道同者，其
事同；道异者，其事异。今天下大争，时至矣，后能慎①勿争乎？"
黄帝曰："勿争若何？"对曰："怒者，血气也②；争者，外脂肤也。
怒若不发浸凛是为痈疽③。后能去四者④，枯骨何能争矣？"黄帝于
是辞其国大夫，上于博望之山，谈卧三年以自求也。⑤

　　黄帝要颁行五种政令，但不知道从哪里做起，做到什么程度才好，于是
就问他的大臣阎冉。阎冉说，要从自身的修养开始。自己的心态能够静默下
来，慢慢就会寻找到行为的法则。这样自然就会知道什么样的政令应当颁
行，什么样的政令不应当颁行了。当下大势，天下纷争，人心骚动，要想
"求内刑"，则必须要"慎勿争"。而要做到"慎勿争"，关键在于"去四
者"，也就是平抑自己的心态，打消占有他人之利的欲望，这样自然就会寻
找到"内刑"了。心态不平静，就会感情用事，一旦表现出来就会手脚瘙
痒，就会争打夺斗；强行压抑下来，久而久之，就会因气血阻滞而导致身生
疾病，造成大的隐患。"去四者"——"慎勿争"——"求内刑"——
"施五正"，这是一个环环紧扣的行为链，基本的思路是从"治身"推及到
"治国"——这与儒家的思想主张相通。也就是说，治国必须要从治身开
始，而"治身"的关键则是"治心"：心态平静了，就能做到"慎勿争"：
"枯骨何能争"！人所置身的社会是纷繁复杂的，声名利禄、声色犬马，无
时不在产生着强大的诱惑力，面对于此，行为上的"争"势必会造成身心
的伤害，只有通过自身修养的办法，让自己的心态平静下来"以求内刑"，
这样才能寻找到正确的行为方法，这也就是所谓的"好德不争"⑥。但是，
需要注意的是，这里的"求内刑"，追求的是一种行为的方式方法，从个人

---

　　① 慎：慎重、谨慎，表示"禁戒"的意思。
　　② 血气：指感情。
　　③ 浸凛：浸淫、浸寻，意为积渐而扩及，渐进；痈疽，恶性脓疮，比喻大的隐患。
　　④ 四者：似指血、气、脂、肤。
　　⑤ 王玉哲：《齐文化丛书·8·文献集成·齐黄老书·帛书四种·十六经·五正》，齐鲁书社 1997
年版，第 489 页。
　　⑥ 王玉哲：《齐文化丛书·8·文献集成·齐黄老书·帛书四种·十六经·顺道》，齐鲁书社 1997
年版，第 506 页。

修养的角度看，是一种人格境界的追求，而不是那种追求自然之道的"物我两忘"。"求内刑"的心态修养方法，核心在于首先要找到自己的内心的不足。这不仅有益于找到自己正确的行为措施，而且对于提升自己的情操水平、建设自身的道德品格都有着重要的现实意义。这种"求内刑"的内心修养方法，与儒家强调的"自省"① 有些相似，但儒家重视的是内向的检讨，这里强调的则是行为的要求，相对于健身养生而言，却又显得更为具体、更为主动了。

综上所述，从中华民族传统体育精神构架元素的形成来看，战国时期的道家与儒家，首先在理念上形成了分野：儒家沿着修身治国平天下的路子走过来，一下子就把目光放大到了平天下的视野当中；道家沿着"道法自然"的路子走过来，形成多元的分化，或与社会政治紧密配合，走上了积极入世的修身道路；或离开社会政治，开始专注于身心机理的研究；或以逃避社会现实为宗旨，开始了极度"为我"、"物我两忘"的理想追求。这样的一种发展局面，反映出来的基本态度，便是无不高扬着一种积极的进取精神。他们贡献出来的体育精神元素，作为儒家来讲，最重要的莫过于日臻完善的道德要求；作为道家来讲，最重要的便是对于生命和生命价值的高度关爱和重视。道家思想所达到的这一思想理论高度，是儒学思想在这一时期所不可企及的。

三、墨家以"兼爱"为核心的体育精神主张

墨家学派在战国时期是一个十分著名的特殊学派。班固说："墨家者流，盖出于清庙之守。茅屋采椽，是以贵俭；养三老五更，是以兼爱；选士大射，是以上贤；宗祀严父，是以右鬼；顺四时而行，是以非命；以孝视天下，是以上同；此其所长也。及蔽者为之，见俭之利，因以非礼，推兼爱之意，而不知别亲疏。"② 说它特殊，最为重要的原因是这一学派起源于布衣

---

① 参见 [清] 刘宝楠《论语正义·学而》："曾子曰：吾日三省吾身：为人谋而不忠乎？与朋友交而不信乎？传不习乎？"《诸子集成》，上海书店影印 1986 年版，第 5 页。

② [汉] 班固：《汉书·艺文志》，中华书局 1962 年版，第 1738 页。

之族，代表了社会底层劳动者的利益。其次，与诸如儒家、道家、阴阳家之属相比较，墨家学派的思想内容、组织形式、精神特征，都可谓独具一格。墨家学派对于中华传统体育精神的重要贡献，突出表现为以"兼爱"为核心的体育精神主张和以侠义精神为核心的行为表现两个方面。

　　墨子出于儒而别立墨家学派，在中国古代思想文化发展史上占据一席之地。《吕氏春秋》中说："老聃贵柔，孔子贵仁，墨翟贵廉，关尹贵清，子列子贵虚，陈骈贵齐，阳生贵己，孙膑贵势，王廖贵先，儿良贵后，此十人者，皆天下之豪杰也。"① 墨子成长于战国时的鲁地，而此时孔门之学早已成为"显学"。墨子深受儒学的影响，因而能够以积极入世的精神投入到了纷争的社会大潮当中。但他也深悉儒家礼制的弊端，"那'郁郁乎文'的礼教社会，只是当时的贵族阶级的囹圄；他们有农奴替他们劳动，吃饱了饭，一天到晚没事做，所以尽闹着种种的空场面，留下痕迹来，给后人玩想追吊。"② 由于墨子出身微贱而心忧天下，他自称"北方之鄙人"③，人称"布衣之士"④，自诩"上无君上之事，下无耕农之难"⑤，深深同情"农与工肆之人"，由此又形成了侠肝义胆般的铮铮风骨，养成了"摩顶放踵利天下为之"⑥ 的侠义精神。墨子的出身和社会经历与其他战国诸子多有不同，这一点反过来也在很大程度上决定了他的社会接触和生活范围。环境条件的制约，虽然制约了墨家学派的思想理论在王庭贵族领域之间的发展，但却反而促使他们在具体的社会实践领域获得了其他先秦诸子所无可企及的发现，不仅使他们能够以著名的能工巧匠名垂青史，而且使墨子与他的弟子们在哲学、数学、逻辑学、光学、机械学以及几何学等科学领域，都创造了中国科技史上极为辉煌的篇章。⑦ 墨子及其创立的墨学，虽然在战国时期一度成为"显学"，这只能是在天下纷争的社会大势造就的百家争鸣的特殊平台之上

---

① ［汉］高诱注：《吕氏春秋·不二》，《诸子集成》，上海书店影印1986年版，第213页。
② 童书业著，童教英校订：《春秋史》（校订本），中华书局2006年版，第90页。
③ ［汉］高诱注：《吕氏春秋·爱类》，《诸子集成》，上海书店影印1986年版，第282页。
④ ［汉］高诱注：《吕氏春秋·博志》，《诸子集成》，上海书店影印1986年版，第314页。
⑤ ［清］孙诒让：《墨子间诂·贵义》，《诸子集成》，上海书店影印1986年版，第269页。
⑥ ［清］焦循：《孟子正义·尽心·上》，《诸子集成》，上海书店影印1986年版，第540页。
⑦ 参见秦彦士《墨子与墨家学派》，山东文艺出版社2004年版，第45—61页。

才能出现的局面。秦汉以后，以宗法制为主导的封建专制统治建立并逐渐稳定下来，墨学倏忽之间从"显学"几乎成为"绝学"。直到清代中叶以后，在中外文化的撞击之下，中华民族到了生死存亡的危急关头，墨学才再次成为了学者们关注的亮点。

墨家学派的思想是在他们忧国忧民的社会行动当中总结和表现出来的，其思想理论和社会行为，以其强大的感染力和渗透力，对中华传统体育精神的构架产生了巨大的影响。墨家学派的思想核心是"兼爱"，主张以"人人爱我，我爱人人"的思想理念主导自己的社会行为。以此为出发点，墨子与他的弟子们以自己的理论和行为实践，为中华传统体育精神的发展作出了杰出的贡献。

（一）强烈的团队意识

墨子是继孔子之后的一位伟大教育家。孔子提出了"有教无类"① 的教育主张，墨子则主张"上说王公大人，次匹夫徒步之士。"② 他们在基本的教育主张上是相通的。郑杰文先生认为，墨家弟子主要有"从事"、"说书"、"谈辩"的不同，也就是根据弟子将来所要从事的工作不同而实施或采取不同的教育内容和方式③。这一点与孔子又有所不同。孔子的教育在主体上重点还是人才的战略储备；墨子的教育主张，体现了一种社会成员教育机会均等和因材施教的教育思想，在很大程度上有着"职业教育"的特征，培养人才的着眼点是社会的实时应用。墨子这一教育思想的形成，既与墨子所处的环境有关，也与他所持有的立场有关。当墨子站在社会底层人们的立场上审视社会的时候，清晰地看到了社会上普遍存在的贫富差距的不合理性，强凌弱、众劫寡、富侮贫、贵傲贱、诈欺愚等社会现象，都是有违于社会公正基本原则的，而他所处的环境，恰恰是一些弱势群体所处的环境。为了改变这种不合理的社会现实，墨子试图通过教育实现自己的理想："仁人之所以为事者，必兴天下之利，除去天下之害，以此为事者也。"④ 要通过

---

① ［清］刘宝楠：《论语正义·卫灵公》，《诸子集成》，上海书店影印1986年版，第348页。
② ［清］孙诒让：《墨子间诂·鲁问》，《诸子集成》，上海书店影印1986年版，第287页。
③ 郑杰文：《中国墨学通史》（上），人民出版社2006年版，第26页。
④ ［清］孙诒让：《墨子间诂·兼爱·中》，《诸子集成》，上海书店影印1986年版，第64页。

教育唤起天下之"仁人"的共同奋斗，因此，他提出了极具号召力的行为主张："为贤之道将奈何？曰：有力者疾以助人，有财者勉以分人，有道者劝以教人。若此，则饥者得食，寒者得衣，乱者得治。"① 这里的"有力者"、"有财者"、"有道者"分属于社会的三个不同类别，如果让这些人都能够肯于爱人、舍己而为人，那么天下必然就会走向一个人人平等、人与人之间互助相爱、国泰民安的理想社会。于是，他主张要"强教"于人："今夫世乱，求美女者众，美女虽不出，人多求之。今求善者寡，不强说人，人莫之知也。"② 认为荒乱之世，好人越少，社会需要得越多，培养教育好人的任务就越重，因而必须要实行"强教"。这种"强教"是功德无量的事情，何乐而不为："仁义钧，行说人者，其功善亦多，何故不行说人也。"③ 墨子这种以天下为己任、积极施教、矢志不移、教行天下的精神，在形式上似乎与孔门之教育差不多，但墨家学派主要是依靠理念信仰的吸引和社会正义的凝聚以及社会利益的均等来积聚门徒，因而能够形成一个坚强的团结集体，与现实的社会生活密切相连；孔门则主要是靠人格的魅力、正义的理念吸引和凝聚弟子，坐而论道，与现实的社会生活往往多有距离，因而孔门弟子远没有墨家弟子那样钢铁般的团体意志。

墨子试图通过教育来改变引起他极度不满的社会现实，便以"有道者"自居，把教育目标定位在了培养适宜于实现他社会理想的"兼士"上。墨子所寄予厚望的所谓"兼士"，在概念上是与"别士"相对的，依据《墨子》中的解释④，那些只顾自己，不顾他人，甚至损人利己的人，就是"别士"；那些以天下为己任，与人相处而不分彼此、亲疏、贵贱，随时随地都能做到"饥则食之，寒则衣之，疾病侍养之，死丧葬埋之"，甚至在必要的时候能够毫不犹豫地做到损己利人的人，就是"兼士"。只有通过矢志不移的教行，让天下的"别士"都能变成为"兼士"，才能从根本上解决天下"乱而不得治"的问题。当人人都成为"兼士"的时候，社会上的一切大大小小的争斗也就自然消失了，社会上没有了争斗，老百姓自然就会过上好日

---

① ［清］孙诒让：《墨子间诂·尚贤·下》，《诸子集成》，上海书店影印 1986 年版，第 42 页。
② ［清］孙诒让：《墨子间诂·公孟》，《诸子集成》，上海书店影印 1986 年版，第 272 页。
③ 参见［清］孙诒让《墨子间诂·公孟》，《诸子集成》，上海书店影印 1986 年版，第 273 页。
④ ［清］孙诒让：《墨子间诂·兼爱·下》，《诸子集成》，上海书店影印 1986 年版，第 73 页。

子。这是墨子为之执着奋斗的理想。

墨子的教育思想有着很大的理想化成分，他说："饥则食之，寒则衣之，疾病侍养之，死丧葬埋之"，实际上就是希望通过教育使全社会的人自觉主动地实现"均贫富"。这在当时的社会现实中是根本不可能实现的。但应当看到，墨子的这一主张是站在为社会最底层的人们谋福祉的立场上提出来的，旗帜所指，利益所向，人心所愿，其强大的号召力和凝聚力是不可否认的。墨子正是在这样的旗帜之下，组织形成了一个先秦诸子中无可匹敌的坚强学术团体。《吕氏春秋》说墨子死后"从属弥众，弟子弥丰，充满天下。王公大人从而显之，有爱子弟者，随而学焉，无时乏绝。"又说："孔墨之后学，显荣于天下者众矣，不可胜数。皆所染者得当也。"① 《淮南子》还说："墨子服役者百八十人，皆可使赴汤蹈火，死不还踵。化之所致也。"② 墨子依靠自己的理想和精神，不仅在自己周围团结培养了一大批弟子，而且这些弟子能够忠实地实践他的意愿，"赴汤蹈火，死不还踵"。其原因，或言"所染者得当"，或言"化之所致"，其实，说到底就是教育的功劳，他的教育有着明确的理想和信仰，与社会大众的最迫切愿望相一致，与自己的切身利益息息相关。有着共同的理想目标，这是墨家学派能够形成强烈团队意识的主要因素。

此外，与其他诸子学派不同，墨子的教育对弟子有着严格的组织纪律约束，这一点是先秦诸子其他学派中所未曾见到的。比如《墨子》书中记载有这样一个故事："子墨子使胜绰事项子牛。项子牛三侵鲁地，而胜绰三从。子墨子闻之，使高孙子请而退之，曰：我使绰也，将以济骄而正嬖也。今绰也，禄厚而谲夫子，夫子三侵鲁而绰三从，是鼓鞭于马靳也。翟闻之，言义而弗行，是犯明也。绰非弗之知也，禄胜义也。"③ 墨子让他的弟子胜绰去齐国项子牛那里做官，目的是希望通过胜绰对项子牛施加墨子思想的影响，阻止项子牛的骄气，纠正他身上的邪僻。可胜绰去了以后，把俸禄看得比仁义还重要，不久就被收买，不但未能改造项子牛，反而成了项子牛的帮

① ［汉］高诱注：《吕氏春秋·当染》，《诸子集成》，上海书店影印 1986 年版，第 21 页。
② ［汉］高诱：《淮南子注·泰族训》，《诸子集成》，上海书店影印 1986 年版，第 357 页。
③ ［清］孙诒让：《墨子间诂·鲁问》，《诸子集成》，上海书店影印 1986 年版，第 290 页。

凶。墨子知道后非常生气，就干脆把胜绰逐出了师门。胜绰之所以变成了墨家的叛徒，根本的原因就是在功利场中意志不坚定，头脑发昏，背叛了师门教义。墨子把他逐出师门，是因为他违反了师门家规："是犯明也"。在乱世纷争、物欲横流的时代，胜绰之辈并不罕见，但像墨子这样开除弟子的学派却又并不多见。即便是《管子》书中的"弟子职"，郭沫若认为是"齐稷下学宫之学则"①，可算是中国历史上最早的学生守则了，其中也没有开除学生之条目。墨子教育过程中的组织纪律性之严格，由此也可见一斑。

能够用一种理想、一种信念、一种精神和切身的利益团结培养一批人，从而形成一个坚强的团队，这是一件很了不起的事情。孔子虽弟子众多，但团体凝聚力并不是很强，因为他只是引导学生"怎样做"，而很少禁止学生"不能这样做"，更不会开除学生。子路当年很顽皮，以至于敢于冒犯孔子，但孔子并不以为怪，通过循循诱导，最后成了孔子的优秀弟子②。孔子是靠人格的力量影响学生，墨子是靠信念、理想、精神、利益和严格的组织纪律来教育学生，让大家主动为理想而积极奋斗，这是非常了不起的。墨家学派所表现出来的这种强烈的团队意识，在先秦诸子中是当之无愧的佼佼者。

（二）积极的进攻意识

同其他的先秦诸子一样，谋求和平，消弭战争，也是墨子思想的基本核心内容。但不同的是，墨子提出的"非攻"，在他整个思想体系中是一个非常突出的重要内容。在《墨子》当中，"攻"指的是战争，"非攻"就是反对战争。墨子主张"非攻"，反对的是以损人利己为目的的那些"非正义"的战争，同时又以积极防御的态度，主张用正义的战争制止各种非正义的战争，从而形成了以积极的进攻为主导的军事思想，形成了以积极的进攻消弭战争的"非攻"观点。在先秦诸子当中，反对战争的很多，却只有墨子提出了这种"以动制动"的"非攻"主张。

墨子以积极的进攻为主导的军事思想对于中华民族传统体育精神的贡

---

① 《郭沫若全集·历史编·第七卷》，人民出版社 1984 年版，第 387 页。

② 参见 ［汉］司马迁《史记·仲尼弟子列传》："子路性鄙，好勇力，志伉直，冠雄鸡，佩豭豚，陵暴孔子。孔子设礼稍诱子路，子路后儒服委质，因门人请为弟子。"中华书局 1959 年版，第 2191 页。

献，突出表现在以下几个方面：

第一，注重武艺技能和勇敢精神的培养。墨子认为，勇敢是战士在战场上取胜的根本，即使是再好的战阵和智谋，离开战士的勇敢都是不可能取胜的："君子战虽有阵，而勇为本焉。"① 在墨子的教学实践中，军事体育教育的内容占有重要的地位，《墨子》中有这样的一段记载："二三子有复于子墨子学射者，子墨子曰：不可。夫知者必量亓力所能至而从事焉。国士战且扶人，犹不可及也。今子非国士也，岂能成学又成射哉。"② 意思是说，有些学生来了之后就要求学习射，墨子不同意。墨子认为，聪明的人一定要量力行事。那些军士们经过专门的训练尚且未必能学好射，刚刚来的弟子，既没有战阵经历，文化课还没学好，怎么能马上就学射呢。"射"，虽然也是墨子教学的重要内容，不过射的技术，是要根据学生文化课学习的成绩来决定是否教授或什么时候教授，并不是想什么时候学就能什么时候学的。可见，墨子的教育是一个整体，有着很强的系统性，并不是单纯的射术（技能）教育。"岂能成学又成射哉！"这一观点告诉我们，墨子的军事体育教育，首先是以思想和文化教育为基础的，思想文化教育达到了一定的水平，然后才能进行射术教育。这种体育教育并不像孔子那样重视各方面技能的全面开发，把技能教育与礼仪教育并列在一起，而是一种排列于思想文化教育之后、具有更高级意义的技能素质教育。孔子的教育更重视的是形式上是否合乎"礼制"，追求的是一种道德与技能的完美结合；墨子的教育更重视人才的社会实用性，追求的是具备一定基本素质水平的技能特长。因而，道德文化素质之外，墨家弟子多以武勇著称于世，这种"勇"，虽然与孟子所倡导的"大勇"很是接近，但这只是从人才培养的结果上来看的，其过程也是不同的。所谓"使赴火蹈刃，死不还踵，化之所致也。"墨家弟子的武勇精神正是武艺技能与勇敢精神教育的结果。墨子之所以能够通过教育而使得弟子们具有了这种勇往直前的精神，根本的原因就在于墨子在他实施教育的过程中，首先改造了弟子们的灵魂，然后训练了他们的技能，使他们明确自己的行为是在为自己的理想目标而奋斗。墨子的这种教育方式，为人才的健

① ［清］孙诒让：《墨子间诂·修身》，《诸子集成》，上海书店影印 1986 年版，第 4 页。
② ［清］孙诒让：《墨子间诂·公孟》，《诸子集成》，上海书店影印 1986 年版，第 280 页。

康成长提供的是全面的营养，形成了勇敢精神养成的内在动力，因而培养出来的人才也就有着坚强的信念和无畏的斗争精神。

第二，注重以战止战的实际行动。自古以来，有战争就有消弭战争之说。春秋战国之际，伴随着诸侯争霸战争的愈演愈烈，关于怎样消弭战争的争论也是一浪高过一浪。孔子讲"克己复礼"，孟子推"仁政"，老子论"无为"，韩非重"法术"，这些都属于意识形态里的理性论述，缺少现实的可实用性，自然而然地成了特定社会环境中的不切实际之谈。在这样的社会环境条件下，墨子以战止战的理论与实践，以显明的实践性，构成了时代旋律中一个亢奋的音符。墨子认为，战争是那些"好攻伐之君"为了自己的私利而发动的不义行为，对少数人有利，给大多数人只会带来灾难："今师徒唯毋兴起，冬行恐寒，夏行恐暑，此不可以冬夏为者也。春则废民耕稼树艺，秋则废民获敛。今唯毋废一时，则百姓饥寒冻馁而死者，不可胜数。"① 为了获取战争的胜利，好战之君往往对于作战士卒多加鼓励："死命为上，多杀次之，身伤者为下。又况失列北桡乎哉，罪死无赦！"② 基于这样的认识，墨子极力反对战争，把侵略行为称之为"至大不义"③。他认为，制止战争的方法，最有效的是用正义的战争消弭非正义的战争，主张国家要建立强大的军事武装，要努力提高战士的地位和待遇："欲众其国之善射御之士者，必将富之贵之，敬之誉之，然后国之善射御之士，将可得而众也。"④ 有了强大的军事力量，就能够有效地制止外来的侵略。在"止楚攻宋"⑤ 这一故事中，楚国要进攻宋国，墨子主动来到了楚国，通过先后与公输班、楚王的斗争，最后终于打消了楚国攻宋的念头。故事说明的根本的问题，就是以积极的军事备战遏止侵略动机。墨子在制止这次战争的过程中所采取的方法很有意思，首先是"请献十金"，试图通过和平谈判的方法把战争消弭在萌芽状态，但不奏效；然后采取斗智的办法，告诉楚国，宋国有能力战胜楚国，试图用智慧制止这场战争，但仍然不奏效；最后不得已只能采取斗勇的办法，

---

① ［清］孙诒让：《墨子间诂·非攻·中》，《诸子集成》，上海书店影印1986年版，第82页。
② ［清］孙诒让：《墨子间诂·非攻·下》，《诸子集成》，上海书店影印1986年版，第89页。
③ ［清］孙诒让：《墨子间诂·非攻·上》，《诸子集成》，上海书店影印1986年版，第81页。
④ ［清］孙诒让：《墨子间诂·尚贤·上》，《诸子集成》，上海书店影印1986年版，第25页。
⑤ ［清］孙诒让：《墨子间诂·公输》，《诸子集成》，上海书店影印1986年版，第292页。

明白地告诉楚王，如果楚国敢于攻宋，宋国早已准备好了要与楚国拼个鱼死网破，这样楚国才不得不"请无攻宋矣"。这里有三点值得特别注意：一是主动出击——墨子得到楚国要攻击宋国的消息后就立即采取了措施："起于齐，行十日十夜，而至于郢"，不辞劳苦，亲身为之，体现了一种大无畏的英雄主义精神；二是步步逼近——从"请献十金"到斗智斗勇，从文请到武斗，体现了一种积极的"非攻"态度，显示着用积极的战争准备消弭外来侵略的策略；三是矢志不移的战斗精神——墨子不仅本人把个人的生死早已置之度外，而且他的弟子也早已做好了誓死斗争到底的准备。应当说，墨子这次以战止战的成功，根本上决定于精心的准备（包括精神准备、智谋准备、物质准备），有备而出战，战而实现了必胜，是智谋与勇气、胆识的全面展示。以积极的态度成功地实践自己的主张，而并不是停留在单纯的理论说服上。这种做法，反映着墨家学派的典型做派，在其他先秦诸子们那里是十分罕见的。

（三）强烈的科学探求精神

与其他先秦诸子相比较，墨家学派强烈的科学探索精神，为他们的军事体育思想增添了迷人的光彩。

在《墨子》书中，虽然没有多少科学技术方面的理论阐述，但在《墨经》和《备城门》诸篇中，我们可以见到大量的关于科学实践活动的记载，可谓先秦诸子文献中"未见其言而先见其形"之典型。其中保存下来的材料，或者利用机械原理而制造攻防器械，或者解释光学原理，或者利用声学、力学等科学知识而构筑防御阵地，这都是其他先秦诸子所不可企及的。比如曾详备地记载了一个"削木为鹊"和"镂为车辖"的故事："公输子削竹木以为鹊，成而飞之，三日不下，公输子自以为至巧。子墨子谓公输子曰：子之为鹊也，不如匠之为车辖。须臾刘（通"镂"，亦作"斫"字）三寸之木，而任五十石之重。"① 墨子还擅长把械器制造技术应用于军事攻防，墨子在"止楚攻宋"过程中与公输般的斗争就可以证明这一点："子墨子解带为城，以牒为械，公输般九设攻城之机变，子墨子九距之。公输般之攻械尽，子墨子之守圉有余。"墨子又把他的这一特长传给了他的弟

---

① ［清］孙诒让：《墨子间诂·鲁问》，《诸子集成》，上海书店影印 1986 年版，第 292 页。

子，"臣之弟子禽滑厘等三百人，已持臣守圉之器，在宋城上而待楚寇矣。"墨家学派这种强烈的科学探求精神，为他们的军事体育教育注入了勃勃生机。应当说，墨子在传道授业过程中形成的这种科学探究精神，是这一学派在当时能够迅速崛起而成为"显学"的重要因素，无以此而作后盾，他的勇敢行为也就只能是以卵击石。在战国时代，儒家重伦理，法家重权术，兵家重智谋，道家虽然重"自然"，但老子所说的"道法自然"并不是科学意义上的自然界，也不是以客观的科学态度去认识、探究客观事物，而是要求人们以"无为而无不为"的态度去顺应客观规律，按照自然的法则去顺应自然。墨子的科学探索精神，不仅立足于具体的社会实践当中，而且以切身的实践探索解决现实困难的办法，正是这样，墨子的军事体育教育才显现出了显明的科学探索精神和突出的历史地位以及深远的历史影响。

（四）显明的道德要求

"兼爱"是墨家学派最重要的道德要求，《庄子》说："墨子泛爱兼利而非斗，其道不怒，又好学而博不异。"① 《孟子》说"墨氏兼爱"②。墨子的"兼爱"主张，从简单的劳动协作开始，先是走向了社会道德追求，然后又走向了社会政治希望，最后，因政治上的过度理想化而昙花一现，却因道德上的高度适应性而流芳千古，影响至今。足可谓影响深远。

墨子的"兼爱"思想来源于集体的劳动协作过程："子墨子曰：譬若筑墙然，能筑者筑，能实壤者实壤，能欣者欣，然后墙成也。为义犹是也。能谈辩者谈辩，能说书者说书，能从事者从事，然后义事成也。"③ 墨子从协作劳动的过程中得到了启示，认为一项工程的完成，并非是某一人的功劳，而是参与劳动的所有人齐心协力的共同结果。也就是说，人与人之间只有和谐相处，团结友爱，互帮互助，才能够成就理想的事业。墨子从这种社会的具体实践中得到了启发，由劳动关系推及到了社会关系，于是也就有了

---

① ［清］王先谦：《庄子集解·天下》，《诸子集成》，上海书店影印 1986 年版，第 217 页。

② ［清］焦循：《孟子正义·滕文公·下》，《诸子集成》，上海书店影印 1986 年版，第 269 页。

③ ［清］孙诒让：《墨子间诂·耕柱》，《诸子集成》，上海书店影印 1986 年版，第 257 页。

"兼爱"思想的产生：

> 若使天下兼相爱，爱人若爱其身，犹有不孝者乎？视父、兄与君若其身，恶施不孝？犹有不慈者乎？视弟子与臣若其身，恶施不慈？故不孝、不慈亡有，犹有盗贼乎？故视人之室若其室，谁窃？视人身若其身，谁贼？故盗贼亡有。犹有大夫之相乱家、诸侯之相攻国者乎？视人家若其家，谁乱？视人国若其国，谁攻？故大夫之相乱家、诸侯之相攻国者亡有。①

按照墨子的设想，人人都能够爱人如爱身，爱人家如爱己家，爱人国如爱己国，那么自然就不会有盗贼出现，也不会有攻伐发生，天下自然就会相安无事。可惜这只能是一种美好的愿望，这一愿望距离现实社会还很遥远。墨子对此也有着清醒的认识："今诸侯独知爱其国，不爱人之国，是以不惮举其国，以攻人之国。今家主独知爱其家，而不爱人之家，是以不惮举其家，以篡人之家。今人独知爱其身，不爱人之身，是以不惮举其身，以贼人之身。……凡天下祸篡怨恨，其所以起者，以不相爱生也。"② 人有私欲而必生盗贼之心，私欲横流，盗贼遍野，这样便无以谈及"相爱"，自然也就导致了"天下祸篡怨恨"迭生。可见，墨子的"兼爱"之"爱"，大大超越了儒家学派基于血缘关系的"仁爱"之"爱"，形成了具有广泛社会意义的"普爱"意识，有着很强的现实价值。但人之私欲是不可避免的，孔子说："饮食男女，人之大欲存焉；死亡贫苦，人之大恶存焉。"③ 又说："富与贵，是人之所欲也……贫与贱，是人之所恶也。"④ 还说："贫而无怨难。"⑤ 早在孔子那里就充分肯定了人性的两大基本欲望——物欲与性欲的必然性，墨子要人们舍弃这种人性的必然而追求"普爱"社会属性的使然，显然只能是一种愿望，一种理想，从广泛的社会意义上说，至多也就是一种

---

① 〔清〕孙诒让：《墨子间诂·兼爱·上》，《诸子集成》，上海书店影印 1986 年版，第 63 页。
② 〔清〕孙诒让：《墨子间诂·兼爱·中》，《诸子集成》，上海书店影印 1986 年版，第 64 页。
③ 杨天宇：《礼记译注·礼运》，上海古籍出版社 1997 年版，第 275 页。
④ 〔清〕刘宝楠：《论语正义·里仁》，《诸子集成》，上海书店影印 1986 年版，第 76 页。
⑤ 〔清〕刘宝楠：《论语正义·宪问》，《诸子集成》，上海书店影印 1986 年版，第 306 页。

理想的号召，产生的只能是一种引导性的鼓舞作用。

可贵的是，墨子用这种"兼爱"的理论把美好的"普爱"愿望教之于弟子，认为这是兴天下之利，除天下之害的根本性措施："子墨子言曰：仁人之所以为事者，必兴天下之利，除去天下之害，以此为事者也。"又说："国之与国之相攻，家之与家之相篡，人之与人之相贼，君臣不惠忠，父子不慈孝，兄弟不和调。"① 这些都是天下之"害"。除去这些天下之害的办法就是兴天下之利，这个"利"不是通常意义上的"物利"，而是"兼爱"。墨子的这种"兼爱"教育，虽然有着显明的理想色彩，但无疑是一种超越时空的道德教育。这种精神，源自于儒学，而又超越于儒学，成为中华传统文化精神的重要组成因子，是中华传统体育精神当中极其重要的行为规范之成分。

（五）舍己为人的侠义精神

侠义精神是中国传统文化当中非常重要的一种特质，不仅是中华民族人文精神的重要因子，而且对于中华传统体育精神的发展，从一开始就产生着非常重要的影响。

侠义精神在中国有着十分深厚的文化渊源，其直接的源头在墨子这里。儒家讲"义"，《中庸》说："义者，宜也。尊贤为大，亲亲之杀，尊贤之等，礼所生也。"② 《说文》段注："义之本训谓礼容各得其宜。"③ 儒家的"义"就是适宜、恰到好处的意思，与"尚中贵和"之"中"几可同一。孟子虽然提出过"舍生取义"的观点，但孟子所说的这个"义"，只不过是完善自身人格的一种追求目标，这种追求需要得到的东西便是自身的人格，是一种按照儒家标准认为自己应当具有的东西，说到底还是一种利己行为。墨家的"义"就不是这样了，墨家的"义"是"路见不平，拔刀相助"，是一种积极的社会行为，对社会，对他人，都没有任何的索取，是一种心甘情愿的利他行为。儒、墨两家都讲"义"，但形同而神异。至于"侠"的思想内涵，墨家与儒家的要求也有很大的距离。侠，《说文》解作"俜也，从

---

① ［清］孙诒让：《墨子间诂·兼爱·中》，《诸子集成》，上海书店影印 1986 年版，第 64 页。

② 杨天宇：《礼记译注·中庸》，上海古籍出版社 1997 年版，第 700 页。

③ ［汉］许慎撰，［清］段玉裁注：《说文解字注》，上海古籍出版社 1982 年版，第 633 页。

人，夹声。"① "傅，使也，从人，尃声。"② "侠"在战国时期已经是一个十分活跃的社会阶层，似乎并没有很好的社会形象。韩非子就曾经把侠士与儒士并列而痛斥： "儒以文乱法，侠以武犯禁，而人主兼礼之，此所以乱也。"③ 但事实上韩非子的认识是有所偏颇的，关于"侠"的源起，有一些较为公允的解释，班固说："周室既微，礼乐征伐自诸侯出。桓、文之后，大夫世权，陪臣执命。陵夷至于战国，合从连衡，力政争强。于是列国公子，魏有信陵、赵有平原、齐有孟尝、楚有春申，皆藉王公之势，竞为游侠，鸡鸣狗盗，无不宾礼。"④ 按照班固的观点，"侠"当是在战国时期出现的。司马迁对于这些"游侠"的特征还有过这样的概括："自秦以前，匹夫之侠，湮灭不见"。"今游侠，其行虽不轨于正义，然其言必信，其行必果，已诺必诚，不爱其躯，赴士之阸困，既已存亡死生矣，而不矜其能，羞伐其德，盖亦有足多者焉。"⑤ 按照司马迁的观点，真正的"侠"是不会依附于任何的势力的，可惜这样的"匹夫之侠"秦以前就绝迹了。那些浪迹于乡里陌间的"布衣之侠"、"匹夫之侠"、"乡曲之侠"，大约无缘于"王公之势"，虽冒以"侠士"之名，最终也就不得不淹迹于鸡鸣狗盗之徒之属了。这是一些社会渣滓。

这样来看，早期的所谓"侠"，也就与司马迁所说的汉初的游侠特征联系起来了："言必信，其行必果，已诺必诚，不爱其躯"。墨子所倡导的侠义精神，便正是这样的一种理论阐释和积极实践，具体的表现，便是既追求一种高尚的人格，又积极地实践一种无私的利他行为，但又决然不事那种偷鸡摸狗的作为。中国人所谓勇于为朋友两肋插刀，"毫不利己，专门利人"之精神，最早的根源便是在这里。

墨子的侠义精神突出表现为以下三方面特点：

第一，贵义。"义"是侠义精神的本质之所在，离开"义"，便无所谓"侠"。墨子对"义"非常重视，《墨子》书中有《贵义》一篇，专门阐述

---

① ［汉］许慎：《说文解字》，中华书局 1963 年影印版，第 164 页。
② ［汉］许慎：《说文解字》，中华书局 1963 年影印版，第 164 页。
③ ［清］王先慎：《韩非子·难势》，《诸子集成》，上海书店影印 1986 年版，第 344 页。
④ ［汉］班固：《汉书·游侠传》，中华书局 1962 年版，第 3697 页。
⑤ ［汉］司马迁：《史记·游侠列传》，中华书局 1959 年版，第 3181 页。

"贵义"的问题。篇中第一句话就说："万事莫贵于义。"为什么会这样呢？因为"义"本自于天道，"天欲义而恶不义"，"天下有义则生，无义则死，有义则富，无义则贫，有义则治，无义则乱。"①"义"就是天道，而天道是公正的，是利天下的，所以墨子说："义者，政也。"② 又说："义，利也。"③ 公正而利天下的行为就是"义"。墨子的"义"是建立在"兼爱"而利天下的思想理论基础之上的。当时的巫马子就直截了当地称赞他"兼爱天下，未云利也。"④ 因而他所主张的"义"充满了凛然的坦荡之气，并没有掺杂任何的个人私利在里边。

第二，重信。信守承诺是儒家非常重视的道德要求，孔子讲："言必信，行必果，硁硁然，小人哉。"⑤ 不论青红皂白，只是单纯地信守自己的承诺，是不被儒家所推崇的。但在墨家这里就不是这样了，墨家讲究的是绝对的信守承诺，一旦承诺，而不能为任何条件所改变，必须做到义无反顾。《吕氏春秋》中记载，墨家巨子孟胜和楚国的贵族阳城君交好，受阳城君所托为他守卫封地。后阳城君因参与楚国内乱而出逃，楚国决心用武力收回阳城。孟胜打算为朋友死难，并对其弟子言道："吾于阳城君也，非师则友也，非友则臣也。不死，自今以来，求严师必不于墨者矣，求贤友必不于墨者矣，求良臣必不于墨者矣。死之所以行墨者之义而继其业者也。"⑥ 此役中，墨家弟子与孟胜共同殉难的达 183 人。墨家对于"信"的坚守是无条件的、绝对的。墨家对于"信"的这一要求，是中国古代侠义之士的重要特征。

第三，急难。急难也就是急危扶难，也就是路见不平拔刀相助，也就是为朋友两肋插刀。这一点，在墨子那里也就是所谓的"摩顶放踵，利天下为之"。利天下的急难行为，战国诸子多有所为。儒家推礼义行仁政，道家重道德行无为，相对于当时动乱的社会环境而言，其行为都可以说是一种急难行为。但墨家与儒家、道家不同，墨家以"义"为标杆，以自己的实际

---

① ［清］孙诒让：《墨子间诂·贵义》，《诸子集成》，上海书店影印 1986 年版，第 265 页。
② ［清］孙诒让：《墨子间诂·天志·上》，《诸子集成》，上海书店影印 1986 年版，第 119 页。
③ ［清］孙诒让：《墨子间诂·经上》，《诸子集成》，上海书店影印 1986 年版，第 191 页。
④ ［清］孙诒让：《墨子间诂·耕柱》，《诸子集成》，上海书店影印 1986 年版，第 257 页。
⑤ ［清］刘宝楠：《论语正义·子路》，《诸子集成》，上海书店影印 1986 年版，第 293 页。
⑥ ［汉］高诱注：《吕氏春秋·离俗览·尚德》，《诸子集成》，上海书店影印 1986 年版，第 243 页。

行动投身于急危扶难的实践之中，完全没有停留在儒、道那样的抽象说教层面上。墨子"止楚攻宋"是一个十分典型的例子。在这一过程中，首先，墨子不是使者，并没有接受谁的派遣，他到楚国去止楚攻宋完全是出于道义："子墨子闻之，起于齐，行十日十夜，而至于郢，见公输般。"其次，墨子为了解除宋国面临的危难，义无反顾，死且不惧，面对楚国君臣的威胁，墨子表现出的是一种玉石俱焚的豪迈气魄："杀臣，宋莫能守，可攻也。然臣之弟子禽滑厘等三百人，已持臣守圉之器，在宋城上而待楚寇矣。虽杀臣，不能绝也。"墨家的这种急难精神，是以他的"兼爱"、"非攻"理论为基础的，社会的行为如果与他所坚持的道义标准相背离，那就必然要仗义急难。急难精神是中国古代社会中所谓侠风义骨的具体体现。

中国历史上的侠义传统，主要根源于墨子，经秦汉以后更为广大，后经武林界的兴风鼓浪，文人们的推波助澜，遂成为游离于儒、道之外的另一传统流派，由此而渗透到了中华传统体育精神的建设过程当中，成为中华民族传统文化中夺目的灿烂亮点。

墨子立足于社会基层，出于儒而别立新说，形成了他的"兼爱"主张。他所有的思想认识和行为实践，都是以这一理想化的普爱思想为基础生发出来的，"兼爱"而"非攻"，"兼爱"而侠义，"兼爱"而有天下，形成了独特而丰满的精神风貌。墨子的思想，在道德层面上，有着儒学的光彩；在行为层面上，放射着急难的光辉；在实践过程中，体现着"任智而不任力"的文化传统。墨家思想以"兼爱"为基本核心，为中华传统体育精神的构架贡献了别具韵味的文化元素。

四、阴阳五行学派辩证思维方式
对中华传统体育精神的贡献

阴阳五行学说是中国历史上影响巨大的思想流派。"阴阳"、"五行"观念的出现虽然由来已久，但战国时期的邹衍将之整合升华成为"阴阳五行"学说，形成完整的思想理论体系，却是一个非常了不起的创举。与原来的"阴阳"与"五行"相比较，阴阳五行学说是一次质的飞跃，它作为一种世界观和方法论对后世产生的影响，并不像儒学、道学那样以思想理念影响作

用于后世，而是以思想认识的工具和方法渗透到了人们的思想行为和日常生活当中的。因此，阴阳五行学说是一种地地道道的世界观和方法论，它为中华民族传统文化的发展，贡献了一种独具民族特色的辩证思维方式。中华传统体育精神基本框架的构架和发展，由于得到了这一思维方式的指导而显现出了自身独具特色的科学性和系统性。

阴、阳的概念，在商代后期开始，以刚柔配阴阳的观念萌芽，进而引申成了贯穿于一切事物的两个对立的方面和相互消长的物质势力，逐渐开始有了哲学的意义。据《汉书》的说法，阴阳家大概起源于黄帝时代的羲和之官："阴阳家者流，盖出于羲和之官，敬顺昊天，历象日月星辰，敬授民时，此其所长也。及拘者为之，则牵于禁忌，泥于小数，舍人事而任鬼神。"[①] 按照这一观点，阴阳家则是专门负责观察天象、确定季节变化的官员。他们懂得历法天象，了解日月星辰，能够顺应天道自然，教授民众顺应农时耕作。《国语》说："周将亡矣！夫天地之气，不失其序；若过其序，民乱之也。阳伏而不能出，阴迫而不能烝，于是有地震。今三川实震，是阳失其所而镇阴也。阳失而在阴，川源必塞；源塞，国必亡。"[②] 这里不仅明确地把阴阳变化看成了"气"的作用，而且把阴阳的概念与自然界的运动变化、社会政治命运连在了一起，其意义所指，范围已经十分广阔了。但后来的阴阳家却在一定程度上走上了另外的异端，班固就说："阴阳者，顺时而发，推刑德，随斗击，因五胜，假鬼神而为助者也。"[③]

"五行"说在先秦哲学中与"阴阳"说齐名。"五行"之说，初见于《尚书》："有扈氏威侮五行"[④]。此之谓"五行"，实际上就是以水、火、木、金、土作为五种最根本的物质，其中还没有"五行"相生相克的理念。"五行"相生相克的观点，在《逸周书》中则有了端倪："陈彼五行，必有胜，天之所覆，尽可称。故万物之所生也，性于从；万物之所及也，性于同。"[⑤] 到

① ［汉］班固：《汉书·艺文志》，中华书局1962年版，第1734页。
② 上海师范大学古籍整理研究所校点：《国语·周语·上》，上海古籍出版社1988年版，第26页。
③ ［汉］班固：《汉书·艺文志》，中华书局1962年版，第1760页。
④ 李民、王健：《尚书译注·夏书·甘誓》，上海古籍出版社2000年版，第219页。
⑤ 黄怀信、张懋镕、田旭东：《逸周书汇校集注》（修订本）（下册），上海古籍出版社2007年版，第1066页。

了《左传》中，则明确记载有了"火胜金"之说："六年及此月也，吴其入郢乎，终亦弗克。入郢必以庚辰，日月在辰尾。庚午之日，日始有谪。火胜金，故弗克。"① 《左传》也有"水胜火"之说："炎帝为火师，姜姓其后也。水胜火，伐姜则可。"② 这都是利用五行生克理论对于战争胜负的推测。五行相生相克的理论在《国语》中明明白白地出现了：

> 夫和实生物，同则不继。以他平他谓之和，故能丰长而物归之；若以同裨同，尽乃弃矣。故先王以土与金木水火杂③，以成百物。是以和五味以调口，刚四支以卫体，和六律以聪耳，正七体以役心，平八索以成人，建九纪以立纯德，合十数以训百体。出千品，具万方，计亿事，材兆物，收经入，行姟极。故王者居九畡之田，收经入以食兆民，周训而能用之，和乐如一。夫如是，和之至也④。

史伯在这里第一次明确地把地上所能观察到的五种具有固定形态的元素（水、火、木、金、土）"和"在一起，作为一个体系而当作构成自然万物的基础，形成了"五行"相生相克理论的基本雏形。综合其他文献记载的信息推测，史伯并非这一理论的创造者，"五行"相生相克理论的形成，可能还要在更早一些时候。

到战国时期的邹衍进一步把阴阳与五行结合在一起形成阴阳五行理论以后，在理论上便实实在在地构成了一个纵向生克变化有序、横向阴阳辩证无尽的完整理论体系。五行相生相克理论出现以后，首先是以为统治者服务的政治工具活跃于社会舞台上的，这便是五德终始说。对于体育思想发展的影响，却又是以思想行为方法的形式体现出来的。这方面的例证很多，试举几例如下：

第一，被古代医学借用过来，成为保健养生的重要理论指导。《素问》说："阴阳者，数之可十，推之可百，数之可千，推之可万，万之大，不可

---

① 杨伯峻：《春秋左传注·昭公三十一年》，中华书局 1990 年版，第 1513 页。
② 杨伯峻：《春秋左传注·昭公三十一年》，中华书局 1990 年版，第 1653 页。
③ 杂：韦昭注；合也。成百物，谓若铸冶煎烹之属。
④ 上海师范大学古籍整理研究所校点：《国语·郑语》，上海古籍出版社 1988 年版，第 515 页。

胜数，然其要一也。"[①] 意思是说，任何事物都是一个统一的整体，这一整体也同样都可以分为阴、阳两个方面，而阴、阳这两个方面的任何一个方面又是一个相对的整体，每一个方面又可以再分为阴、阳两个方面。这样，阴、阳之中再分阴、阳，原有事物或现象的阴阳属性划分，并不限定在某一层次上，而是以层分作基础，可以无限度地划分下去。两种属性相反的事物或现象可以分阴、阳，而其中的某一方又可再分为阴、阳两个方面，即所谓阴、阳之中复有阴、阳。这便是阴、阳的第三个特点，即事物在不同状态下的相互转化，从而形成了一种永久存在的阴阳辩证关系。我国的古医学对于阴阳学说的应用，贯穿了中医学理论体系的各个方面，即所谓"阴阳者，天地之道也，万物之纲纪，变化之父母，生杀之本始，治病必求于本。"[②] 比如反映在人体上就是："故清阳出上窍，浊阴出下窍；清阳发腠理，浊阴走五藏；清阳实四肢，浊阴归六府。"[③] 生命本身的运动变化也是按照阴阳相互转化而完成的。中国古代用生、长、收、藏来说明生命的变化形式和过程，而推动这一过程得以实现的力量就是阴阳变化："清阳上天，浊阴归地，是故天地之动静，神明为之纲纪，故能以生长收藏，终而复始。"[④] "人有四经（肝、心、肺、肾）十二从（子、丑、寅、卯、辰、巳、午、未、申、酉、戌、亥十二时辰）"，"四经应四时，十二从应十二月，十二月应十二脉。"而脉分阴阳，所以，要"知阳者知阴，知阴者知阳"，然后"谨熟阴阳，无与众谋。"[⑤] 经过对人的身体内部的这种阴阳划分比对以后，体内五行运行之气相互承袭，周而复始，由此便形成了生命运动变化的自然规律，有了"五运之始，如环无端"、"五运相袭，而皆治之"[⑥] 之说。古代中医学中用阴阳五行理论解释了身体内部以及肌体本身与外界关系的运动变化规律，对于肌体的"未病"与"已病"的治疗都形成了极其重要的理论指导，对后世的影响是极其深远的。

---

① 王玉哲：《齐文化丛书·8·文献集成·齐黄老书·素问校注》，齐鲁书社1997年版，第46页。
② 王玉哲：《齐文化丛书·8·文献集成·齐黄老书·素问校注》，齐鲁书社1997年版，第38页。
③ 王玉哲：《齐文化丛书·8·文献集成·齐黄老书·素问校注》，齐鲁书社1997年版，第38—39页。
④ 王玉哲：《齐文化丛书·8·文献集成·齐黄老书·素问校注》，齐鲁书社1997年版，第44页。
⑤ 王玉哲：《齐文化丛书·8·文献集成·齐黄老书·素问校注》，齐鲁书社1997年版，第48—49页。
⑥ 王玉哲：《齐文化丛书·8·文献集成·齐黄老书·素问校注》，齐鲁书社1997年版，第56页。

第二，被古代兵学借用过来，成为作出判断决策的理论指导。《孙子兵法》是春秋末期形成的兵家学派的重要代表，其中就把阴阳五行的理念借用了过来：

> 夫兵形象水，水之行避高而趋下，兵之形避实而击虚；水因地而制流，兵因敌而制胜。故兵无常势，水无常形。能因敌变化而取胜者，谓之神。故五行无常胜，四时无常位，日有短长，月有死生。①
>
> 凡战者，以正合，以奇胜。故善出奇者，无穷如天地，不竭如江河。终而复始，日月是也。死而复生，四时是也。声不过五，五声之变，不可胜听也；色不过五，五色之变，不可胜观也；味不过五，五味之变，不可胜尝也；战势不过奇正，奇正之变，不可胜穷也。奇正相生，如循环之无端，孰能穷之！②

《孙膑兵法》中也有阴阳五行理念的借用：

> 五地之胜曰：山胜陵，陵胜阜，阜胜陈丘，陈丘胜林平地。五草之胜曰：藩、棘、椐③、茅、莎。五壤之胜④：青胜黄，黄胜黑，黑胜赤，赤胜白，白胜青。五地之败曰：溪、川、泽、斥。五地之杀曰：天井、天宛、天离、天隙、天招。⑤

---

① ［春秋］孙武著，［汉］曹操等注：《孙子十家注·虚实篇》，《诸子集成》，上海书店影印1986年版，第101—103页。

② ［春秋］孙武著，［汉］曹操等注：《孙子十家注·势篇》，《诸子集成》，上海书店影印1986年版，第68—70页。

③ 椐：一种小树，有肿节，可以做手杖。

④ 五壤之胜：即五行之胜，古代以青、黄、黑、赤、白五为东、中、北、南、西五方色，配木、土、水、火、金五行，东方为木，色青，以此类推，按五行木胜土，土胜水，水胜火，火胜金，金胜木对应，即青胜黄，黄胜黑，黑胜赤，赤胜白。

⑤ 吴如嵩：《齐文化丛书·7·文献集成·齐兵书·孙膑兵法注》，齐鲁书社1997年版，第158—159页。

古代兵学借用阴阳五行理论以后，突出地表现在分析判断用兵布阵各方面形势的发展变化中，其中的"避实而击虚"，"因敌而制胜"，以及"奇正相生"的观点，就是很好的例证。这里的"五行无常胜"、"五壤之胜"都是五行概念的直接借用。当然，用兵是来不得半点马虎的，孙膑曾说："夫兵者，非士恒势也。此先王之傅道也。战胜，则所以在亡国而继绝世也。战不胜，则所以削地面而危社稷也。"① 意思是说，战争不是可以长期仰仗的手段，使用战争手段是非常危险的，战胜了虽然可以存亡国继绝世，但战败了就要削地而危社稷了。因此，诸如"五壤之胜"之类带有浓厚主观色彩的思想观念决然是不可采取的。阴阳五行理论被古代兵学借用，对于古代体育发展的积极影响恰恰是在这里：教会了人们用辩证的、主动的方法去分析判断形势，从而制定战胜对方的具体方针和方法，这对于体育竞技的发展很有帮助。

阴阳五行学说是实实在在的辩证科学，尽管它曾在历史的发展过程中有过这样那样被扭曲或滥用的历史，但这丝毫也不会动摇它作为世界观和方法论的地位和价值。正如孔德立先生所说："在空间上，阴阳五行把天地、阴阳、物候变化和人的生产生活联系起来，形成牵一发而动全身的宇宙统一论。阴阳、季节之变化和人的身体器官、五脏六腑都密切相关，因此，阴阳五行学说成为中医学的理论基础。在时间上，阴阳五行说把古今联系在一起，认为当代就是古代的延续，考察当今的问题，必须要知道古代的事情。秦朝以后，阴阳五行学说因其蕴涵着的合理因素依然保持着旺盛的生命力，继续影响着诸多学术的发展，为多种思想所吸收，表现出阴阳五行学说特有的渗透性。"② 中国古代体育思想在发展过程中，充分借鉴与吸收了阴阳五行学说的理论，同其他学科的理论一样，在发展过程中深受其影响。

阴阳五行学说的思想理论与后世的养生思想的发展也有着一些扯不清的瓜葛。战国时期齐国的长生不老说对后世的影响非常巨大，对养生学的发展更是起到了极大的推动作用。《史记》记载说："自齐威、宣之时，驺子之徒论著终始五德之运，及秦帝而齐人奏之，故始皇采用之。而宋毋忌、正伯侨、充尚、羡门高最后皆燕人，为方仙道，形解销化，依于鬼神之事。驺衍

---

① 吴如嵩：《齐文化丛书·7·文献集成·齐兵书·孙膑兵法注》，齐鲁书社1997年版，第135页。
② 孔德立：《先秦诸子》，南开大学出版社2009年版，第296页。

以阴阳主运显于诸侯，而燕齐海上之方士传其术不能通，然则怪迂阿谀苟合之徒自此兴，不可胜数也。"① 战国时期齐国邹衍的五德终始学说不仅在齐国产生了广泛的影响，在燕国也得到了广泛的传播，据《史记》记载，燕昭王即位以后，"卑身厚币以招贤者"，在这种情况下，"乐毅自魏往，邹衍自齐往，剧辛自赵往"，以至于"士争趋燕。"② 邹衍的理论在这时候传入到燕国，有了一个发扬光大的机会。秦灭六国以后，邹衍的学说又曾经引起了秦始皇的兴趣，于是也就引来了宋毋忌等众多依附于鬼神而追求长生不老之术的方术仙道之徒。事实上，邹衍以五行学说"显于诸侯"，其理论对于古代医学指导下的身体保健都有所指导。邹衍死后，那些方术仙道之徒在没有弄明白邹衍学说理论的前提下，假借了邹衍阴阳五行学说的名义而大肆鼓吹，反而把邹衍的"经文"念歪了，走上了欲通鬼神之邪路。因此，齐地的养生之术也就与后来的各式各样的长生不老之术有了难以割舍的渊源关系。后来的长生不老术多在宗教中的神仙家们那里得到了宣扬，阴阳五行的观念也随之得到了光大。事实上，阴阳五行学与气功的健身功能说一样，有许多科学合理的内容，在后世都曾得到了人们的青睐。

五、杂家学派对中华传统体育精神构架的贡献

先秦诸子学派中的杂家，《汉书·艺文志》著录著作二十种四百零三篇，其中包括有许多秦汉以来的著作。我们这里选取两种著作来作以简要阐释。

（一）《管子》反映的军国主义体育精神

《管子》假托春秋时期管仲相齐桓公"九合诸侯，一匡天下"之名而成，书的包括了春秋至战国乃至西汉时期的一些内容。书中内容庞杂，思想广博，在先秦诸子文献中素以经世致用之学著称。由于《管子》成书情况极其复杂，其归属学派也有道家说和杂家说不等。但其核心思想是在春秋时期管仲治齐的时候就形成了的。后来，由于管仲相桓公功业恢弘，泽被后世，时事变化，

---

① ［汉］司马迁：《史记·封禅书》，中华书局1959年版，第1368页。
② ［汉］司马迁：《史记·燕召公世家》，中华书局1959年版，第1558页。

在当时的传播条件下，窜入后人的阐释内容是自然的。尤其战国百家争鸣过程中，稷下先生对《管子》的增删润色更是不可避免。汉代的刘向父子编订《管子》的时候就见到了好多的版本，整理《管子》的过程中，窜入汉代的内容也是势所难免。正是由于《管子》成书极其复杂的原因，对于他的学派归属历来也是多有争议。谨此，除却《心术》上、下和《内业》、《白心》四篇，学者们归之于道家外，其余大部分作品一般归入杂家之列。

《管子》对古代体育思想的贡献，关于"气功"的理论当是第一位的，鉴于这一内容与道家的密切关系，前面已经单独列出。除此之外，突出的表现还有以下几点：

第一，首次记载了中国古代的民间习武活动。古代体育的起源与军事活动是密切相关的。最初的时候，古代军事活动是部落、民族或者国家的群体行为，"体育"则基本上属于人的个体行为。① 军事活动的某些因子转化为以民间习武为特征的体育活动，在中国古代经历了一个漫长的嬗变过程。这一嬗变过程的实现，从文献记载上看，在西周，甚至于商代的时候就已经开始了，这在《尚书》、《周礼》、《诗经》等一些早期文献中的相关记载中可以看出来。但作为一种系统性的管理制度的全面实施，最早则应当是从春秋时期的齐国开始的。《管子·小匡》篇有这样一段记载：

> 正月之朝，乡长复事，公亲问焉。……曰："于子之乡，有拳勇、股肱之力、筋骨秀出于众者，有则以告。有而不以告，谓之蔽才，其罪五。"……公又问焉，曰："于子之属，有拳勇、股肱之力、秀出于众者，有则以告。有而不以告，谓之蔽才，其罪五。"②

《国语·齐语》当中也有几乎同样的记载。两相对照，对选拔出来的人才，《小匡》谓之"蔽才"，《齐语》谓之"蔽贤"。但不管是"贤"，还是"才"，都是国家选拔出来的栋梁。从选拔进行的时间上看，具有明显的持

---

① 谭华：《体育史》，高等教育出版社2006年版，第1—2页；刘秉果：《中国古代体育史话》，文物出版社1987年版，第7页。

② ［清］戴望：《管子校正·小匡》，《诸子集成》，上海书店影印1986年版，第123—125页。

续性。由于这是在"正月之朝"乡长、属大夫向国君汇报工作或者作述职报告的时候，国君对地方官吏提出的具体要求，不同于临时的部署工作，因而应当具有相对的稳定性和连续性；从选拔范围上看，具有广泛的社会普及性。国君要求选拔的这类"才"或"贤"，既包括都城之内（乡），也包括鄙野之中（属）①，是在国家全部的管辖范围之内的选拔，因而普及性很强。从选拔的对象来看，具有很强的针对性。国君要求，从基层选拔人才的过程中要注意三种类型的人，包括"居处为义、好学、聪明、质仁、慈孝于父母、长悌闻于乡里者"、"拳勇、股肱之力、筋骨秀出于众者"和"不慈孝于父母，不长悌于乡里，骄躁淫暴，不用上令者"，前两类人才是国家需要重点选拔培养使用的，后一类则是国家需要重点打击的对象。国家重点选拔培养使用的这两类人才，一类属于品德高尚的人才，大致上可以归之于文职人员，这一类人才，对于建设和巩固良好的社会环境有着重要的作用；另一类属于军事精英人才，这一类人才大致上可以归之于武职人员，选拔培养使用这一类人才，对于国家军事力量的壮大有着重要的意义。这一段材料告诉我们，早在春秋时期，齐国的军事技能训练，对于齐国民间体育技能的发展就形成了很大的影响和带动作用。《管子》书中的这段记载，再加上《齐语》为佐证，在我国古代关于推行民间习武活动状况的文字记载中，可以算得上是最早而又最为系统的。

春秋及其以前的时候，习武是贵族的特权。习武多以参战为目的，战争的根本目的在于满足统治者自身的欲望，连人身自由都没有的奴隶，是不可能发动战争的。参战又以车马为本，没有一定地位和财富的人，根本无力自备甲兵车马参战。进入春秋以后，随着奴隶制的逐渐解体，劳动者对于奴隶主的人身依附关系相对减弱，大量"自由人"中的优秀人才进入了统治集团选拔使用的视野。与此同时，练武也就成为这些"自由人"追求进身立命的重要途径。民间习武逐渐发展起来后，这些自由了的人才，为了通过军功而实现进身立命的目的，逐渐成了军队的主体。《左传》中的"故春蒐、夏苗、秋狝、冬狩，皆于农隙以讲事也。三年而治兵，入而振旅，归而饮

---

① 《管子·小匡》、《国语·齐语》都记载说，管子制国为"三其国而五其鄙"，"三其国"以二十一乡，乡有乡长，由国君和高子、国子分属；"五其鄙"即鄙野设五属，一属有三乡，每属设一大夫。

至，以数军实。"① 所谓"搜、苗、狝、狩"，都是当时的军事训练活动，"讲事"就是军事训练。杨伯峻注曰："搜、苗、狝、狩皆田猎名，亦以之习武，因四时而异。"春秋时期，各诸侯国已经普遍建立了国家的常备部队，专门的军士训练活动、专门的训练机构、具有一技之长的专门军训人才都已出现，《左传》记载，晋悼公即位后，就分别任命"弁纠御戎，校正属焉，使训诸御知义。荀宾为右，司士属焉，使训勇力之士时使。卿无共御，立军尉以摄之。祁奚为中军尉，羊舌职佐之，魏绛为司马，张老为候奄。铎遏寇为上军尉，籍偃为之司马，使训卒、乘，亲以听命。程郑为乘马御，六驺属焉，使训群驺知礼。"② 私学中也开设了军事技艺教育："以不教民战，是谓弃之。"③ 孔子曾经亲自为他的弟子开设"射"和"御"的课程。由于齐国率先称霸而使这些活动走在了其他诸侯国的前面。这些军事训练活动在春秋时期是国家的常规训练，《管子》所谓通过固定的民间选拔的办法带动和影响民间的体育技能训练，当是齐国优长于其他诸侯国的做法。

　　齐国推行广泛的民间习武制度，极大地推动了走向军事强国的步伐。齐国成为军事强国以后，各诸侯国也开始鼓励民众习武从军，希望实现军事力量的强大。但是，由于各诸侯国之间的生产力发展水平参差不齐，到战国时期，这一措施才得到了广泛的推广。魏国曾对武卒进行严格的训练和考核，"中试则复其户，利其田宅"④ 甚至以射箭决定疑难官司："中之者胜，不中者负。"⑤ 这些措施致使魏国民间射箭之风盛行。秦国也实行了以军功授田宅和爵位的办法，让民众"三时务农，一时讲武"，使得秦国民众多为训练有素，"虎挚之士跿跔科头，贯颐奋戟者，至不可胜计也。"⑥ 赵武灵王甚至排除重重阻力，"胡服骑射以教百姓。"⑦ 这种兵民合一的做法，同样也是极大地促进了民间习武风气的形成。

---

① 杨伯峻：《春秋左传注·隐公五年》，中华书局1990年版，第42页。
② 杨伯峻：《春秋左传注·成公十八年》，中华书局1990年版，第909页。
③ ［清］刘宝楠：《论语正义·子路》，《诸子集成》，上海书店影印1986年版，第299页。
④ ［清］王先谦：《荀子集解·议兵》，《诸子集成》，上海书店影印1986年版，第180页。
⑤ ［清］王先慎：《韩非子集解·内储说·上》，《诸子集成》，上海书店影印1986年版，第172页。
⑥ 张清常、王延栋：《战国策笺注·韩策一》，南开大学出版社1993年版，第674页。
⑦ ［汉］司马迁：《史记·赵世家》，中华书局1959年版，第1806页。

齐国由于较早地开始注重对民间习武活动的引导和鼓励，因而齐国的军事力量也就率先发展了起来，齐国因此才有能力实现首霸春秋的政治目的。相对于古代体育发展来说，正是由齐国开始大力推行民间习武之风，有效地促进了军事活动向体育活动的转化，这在中国古代体育发展史上可以看作是一个重要的标点。因此，《管子》的这一记载，在中国古代体育发展史上是有着重要历史意义的。

第二，最早对"养生"作出了解释。养生是中国古代体育发展过程中的重要内容，在春秋战国时期就已经形成了比较成熟的理论。①

中国早期的养生思想，最早见于《左传》的"味以行气，气以实志"②，从中演化出了通过吸纳"后天之气"而补充逐渐损耗的"先天之气"的办法，以实现延年益寿的"行气术"。《山海经》是我国古代唯一一部神话了的历史地理文献，袁珂先生认为是战国初期或中期的楚国或楚地人所作。③在《山海经》里，我们可以见到一些通过食用某些食物或者药物而实现"善走"、"不夭"、"多力"、"美人色"等的记载④，这些都是从古代相沿而来的"食养术"。受物质条件的限制，"食养术"在古代虽然只是主要在社会上层的富有阶层流行，但这也是非常重要的一个养生方法。《周易》从阴

---

① 参见王京龙《先秦养生思想对传统体育观念的影响》，载《山东体育学院学报》2006 年第 5 期。
② 杨伯峻：《春秋左传注·昭公九年》，中华书局 1990 年版，第 1312 页。
③ 参见孙玉珍《〈山海经〉研究综述》，载《山东理工大学学报》（社会科学版）2003 年第 1 期。
④ 参见袁珂《山海经校注》：《南山经》云："有兽焉，其状如禺而白耳，伏行人走，其名曰狌狌，食之善走。"禺是传说中的一种野兽，像猕猴而大一些，红眼睛，长尾巴。狌狌，传说是一种长着人脸的野兽，也有说它就是猩猩。它能知道往事，却不能知道未来。这段话的意思说，山中有一种野兽，形状像猿猴，长着一双白色的耳朵，既能匍伏爬行，又能像人一样直立行走，名称是狌狌。人吃了它的肉可以走得飞快。《中山经》云："又东三十里，曰大䰂之山，其阴多铁、美玉、青垩。有草焉，其状如蓍而毛，青华而白实，其名曰葰，服之不夭，可以为腹病。"意思说，大䰂山山北面有丰富的铁、优质玉石、青色垩土。山中有一种草，形状像蓍草却长着绒毛，开青色花而结白色果实，名称是葰，人吃了它就能不夭折而延年益寿，还可以医治肠胃上的各种疾病。《西山经》云："又西三百里，曰中曲之山，……有木焉，其状如棠，而员叶赤实，实大如木瓜，名曰櫰木，食之多力。"意思说，中曲山……山中还有一种树木，形状像棠梨，但叶子是圆的并结红色的果实，果实像木瓜大小，名称是櫰木，人吃了它就能增添气力。《中山经》云："又东十里，曰青要之山，实惟帝之密都。……有草焉，其状如葌，而方茎黄华赤实，其本如槁本，名曰荀草，服之美人色。"槁本，也叫抚芎、西芎，一种香草，根茎含挥发油，可作药用。这段话的意思说，青要山是天帝的密都。……山中生长着一种草，形状像兰草，四方形的茎干，黄色的花朵，红色的果实，根部像槁本的根。名称叫做荀草，服用它能使人的肤色洁白漂亮。上海古籍出版社 1980 年版。

阳五行角度对人的精、气、神、意进行阐释，强调从"性"（神）、"命"的本原上的护利御害，由此而形成了以遵从自然界的阴阳变化规律为主导的"养性之学"、"性命之学"。《黄帝内经》则从医学角度阐述了"不治已病治未病"的医学养生思想；老子提出了"见素抱朴，少私寡欲"[①]的静功养生思想。这些又形成了以养性为主体的养生理论。对于延年益寿的理想，古人有着强烈的追求，所以，也就出现了五花八门的养生理论，按其思想特点不同，或者归入道家，或者归入儒学，有的也并入到了阴阳五行学。但是，这些养生思想或者理论观点，都停留在了养生的一些具体的行为之上，也就是指出了怎样从某一个角度或者利用某一种方法来养生。至于从理论上对养生问题作出比较合理的解释的，还要算《管子》。前面我们曾经引用过《管子·内业》篇的这样一段文字：

> 凡人之生也，天出其精，地出其形，合此以为人。和乃生，不和不生。察和之道，其情〔精〕不见，其征不丑。平正擅匈，论治在心，此以长寿。忿怒之失度，乃为之图。节其五欲，去其二凶，不喜不怒，平正擅匈。

意思是说，人的生命是由天给他精气，地给他形体，两者相结合而成为人。两者调和则有生命，不和就没有生命。考察"和"的规律，它的真实情况是不可能看得见的，它表现的征象是不可能模拟的。但能使平和中正占据胸怀，融化在心里，就是长寿的来源。忿怒过度了，应该设法消除。节制五种情欲（耳、目、口、鼻、心），除去两种凶事（喜、怒），不喜不怒，平和中正就可以占据胸怀了。此处提出的"天出其精，地出其形"的观点，承认人的生命是自然的客观实在，只有"精"与"形"合为一体才能成为"人"。这与人的生命是"精神"（或者"灵魂"）与"躯体"的有机结合体的观点是一致的。站在这样的理论基础之上，认为"人君唯无好全生，则群臣皆全其生，而生又养生。养何也？曰：滋味也，声色也，然后为养生。

---

① 〔三国〕王弼注：《老子道德经·十九章》，《诸子集成》，上海书店影印 1986 年版，第 10 页。

然则从欲妄行，男女无别，反于禽兽。然则礼义廉耻不立，人君无以自守也。"① 又说："欲爱吾身，先知吾情。君亲六合，以考内身。以此知象，乃知行情。既知行情，乃知养生。"②《管子》中的"养生"，指的就是抛却声名利禄之类与身心健康相害的欲望追求，致力于"滋味"和"声色"等满足个人本能需要的行为。所以，养生的目的就是为了"道血气，以求长年、长心、长德。此为身也。"③ 但同时它又以积极入世的态度反对事不关己、纵欲妄行的所谓养生之道，认为大家都去追求个人养生，明哲保身，就会使得"人君无以自守也"。这却又是很有社会现实意义的。这样，《管子》对于"养生"的理论解释，就形成了一个与它同时代的论者明显的差别：讲"气以养生"的时候，不忘"人君无以自守也。"这是这一时代养生思想中的异曲。同时，提出养生过程中要做到"平和中正"，以及"起居时，饮食节，寒暑适，则身利而寿命益。"④ 还有"饱则疾动，饥则广思，老则长虑"⑤ 等观点，实际上是把"气以养生"的理论推及到了身体的正常保健过程中，用我们传统的医学观点实现"利身体，便形躯，养寿命"⑥ 的保健目的。这不仅有着很强的现实指导价值，而且对后世的影响更是极其深远。

先秦典籍当中多见对于养生问题的论述，对于中国古代的养生思想，历来也多有学者研究。《管子》对于养生思想的解释是当时社会大环境的产物，《内业》篇一般也认为并非春秋时期的作品，但作为一种明确的养生思想认识，即使在战国时期的士大夫阶层中也是耀眼的思想火花。

第三，最早记载了武术的动作要求。中华武术在世界上享有很高的声誉。对于中华武术的起源问题、武术动作的形成问题，历来众说纷纭。武术的精髓在于技击，武术中的技击动作，如击、踢、劈、闪等，是人们在最原始的社会生产和生活中逐渐习得的。但就文献中关于武术动作的记载情况来看，则罕见早于《管子》者。撮其要者如：

---

① ［清］戴望：《管子校正·立政九败解》，《诸子集成》，上海书店影印1986年版，第338页。
② ［清］戴望：《管子校正·白心》，《诸子集成》，上海书店影印1986年版，第227页。
③ ［清］戴望：《管子校正·中匡》，《诸子集成》，上海书店影印1986年版，第118页。
④ ［清］戴望：《管子校正·形势解》，《诸子集成》，上海书店影印1986年版，第325页。
⑤ ［清］戴望：《管子校正·内业》，《诸子集成》，上海书店影印1986年版，第272页。
⑥ ［清］戴望：《管子校正·任法》，《诸子集成》，上海书店影印1986年版，第255页。

收天下之豪杰，有天下之骏雄。故举之如飞鸟，动之如雷电，发之如风雨，莫当其前，莫害其后，独出独入，莫敢禁圉。是故以众击寡，以治击乱，以富击贫，以能击不能，以教卒练士击驱众白徒，故十战十胜，百战百胜。[①]

这里的所谓"收天下之豪杰，有天下之骏雄"与《小匡》篇所说的选拔"拳勇、股肱之力、筋骨秀出于众者"是一致的，可谓异语同声。所谓的"教卒"、"练士"，正是经过训练后的"拳勇、股肱之力、筋骨秀出于众者"，是训练的结果。所谓"故举之如飞鸟，动之如雷电，发之如风雨，莫当其前，莫害其后，独出独入，莫敢禁圉。"是训练过程中的动作要求，是对训练过程的描述，明确地提出了动作的形象、速度、态势等要求。与此相照应的，还有另外的一些材料：

故善战者，求之于势，不责于人，故能择人而任势。任势者，其战人也，如转木石。木石之性，安则静，危则动，方则止，圆则行。故善战人之势，如转圆石于千仞之山者，势也。[②]

左右旁伐以相趋，此谓镞钩击。[③]

简练剽便，所以逆喙也。[④]

持短入长，倏忽纵横。[⑤]。

这些材料，时间与《管子》大致相同，反映的都是齐国的情况，因而可以从不同的侧面说明，齐国在首霸春秋以来，作为当时的军事强国，完全

---

①　［清］戴望：《管子校正·七法》，《诸子集成》，上海书店影印 1986 年版，第 31 页。

②　［春秋］孙武著，［汉］曹操等注：《孙子十家注·势篇》，《诸子集成》，上海书店影印 1986 年版，第 79 页。

③　银雀山汉墓竹简整理小组编：《孙膑兵法·略甲》，文物出版社 1975 年版，第 94 页。

④　银雀山汉墓竹简整理小组编：《孙膑兵法·官一》，简练剽便，意为训练选拔骁勇敏捷的士卒。文物出版社 1975 年版，第 74 页。

⑤　［汉］司马迁：《史记·刺客列传》，［集解］引《吕氏剑技》；《司马相如列传》，［索引］：《吕氏春秋》剑伎云："持短入长，倏忽纵横之术也。"《魏文·典论》云："余好击剑，善以短乘长也。"中华书局 1959 年版，第 2999 页。

有可能具备很好的武术训练环境。这也可以佐证《管子》对于武术动作记载的可靠性。

综之，《管子》书的思想内容，主体乃"霸王之术"，是军国主义思想主导下强权政治的产物。其中潜在的文化精神，不仅襟怀博大，而且锐意进取。关于体育的思想，与一般认定为春秋时期的"一年树木，莫如树谷；十年之计，莫如树木；终身之计，莫如树人"①，以及一般认定为战国时期稷下学宫学生守则的《弟子职》等相比较，都是相辅相成、交相辉映的。这说明，《管子》体育思想与其教育思想的深刻认识是一致的，《管子》的体育思想是其社会教育思想的一部分，基本教育思想是其体育思想形成的土壤。扩而展之，《管子》体育思想的贡献，既是中国古代教育思想的重要组成部分，更是中国古代体育思想的宝贵财富。它对中华民族传统体育精神构架的贡献，要在"齐文化的杰出代表"这样一个层面上来看待，远非如上几条关于体育方面的记载所能够全面反映出来的。

（二）《吕氏春秋》中反映的体育养生精神

先秦时期中国思想文化的重心，从总体上看是从东部的山东地区逐渐向西部的陕西地区转移的，战国时期的东部齐国出现的稷下学宫和秦始皇时期吕不韦"招致士，厚遇之，""著书布天下"以及汉武帝的"独尊儒术"，这三个高峰是突出的表现。《吕氏春秋》是秦相吕不韦召集其门客集体撰写的一部巨著，参与撰写这部书的吕氏门客，很多是来自其齐国稷下学宫的学者。这部书的内容异常丰富，囊括了当时的诸子百家之学，在很大程度上就是稷下学术思想的总结。但由于这些学者们是在吕不韦的思想主导下完成的，书中又必然地贯穿了吕不韦的思想。因而，这部书实际上是以吕不韦的思想为主导，对战国末期学术思想的总结或反思。它是我国先秦时期的最后一部诸子论著，也是唯一一部不存在成书疑问的先秦文献。《吕氏春秋》虽然不属于战国百家争鸣的产物，但其中的体育思想，在很大程度上却代表着参与百家争鸣的众多学派的体育思想观点。

① ［清］戴望：《管子校正·权修》，《诸子集成》，上海书店影印1986年版，第8页。

吕不韦出身于商贾而以强烈的参政意识投机入仕，而后一反秦国只重法家、摈斥百家的旧政，大开延揽之门，引进了来自六国的数千名各派学者，鼓励他们畅述己见，互相切磋，连手撰写了《吕氏春秋》。司马迁在说到这一情况时，写过一段很是客观公允的话："当是时，魏有信陵君，楚有春申君，赵有平原君，齐有孟尝君，皆下士喜宾客以相倾。吕不韦以秦之强，羞不如，亦招致士，厚遇之，至食客三千人。是时诸侯多辩士，如荀卿之徒，著书布天下。吕不韦乃使其客人人著所闻……以为备天地万物古今之事，号曰《吕氏春秋》。"① 吕不韦编著《吕氏春秋》并非一时心血来潮，而是一种对学术思想的积极总结和探索。其目的大致有二：一是要改变秦国文化落后于六国的状况，使秦国的文化繁荣与国家实力相称，填补秦国没有著述的空白；二是为秦国统一六国准备理论依据和史料参考。这两点都表明了吕不韦以国家发展为己任的积极进取精神。这是我们认识《吕氏春秋》中的体育精神所需要总体把握的原则。

《吕氏春秋》中的体育思想突出反映在以下几个方面：

第一，对生命现象的科学认识。与以往的诸子著述相比较，《吕氏春秋》对于生命现象的探究，在战国稷下黄老学说的基础上有了更为科学的认识。《素问》说："人以天地之气生，四时之法成。"② 又说："人生于地，悬命于天，天地合气，命之曰人。"③ 把人之形成看作是天地之"气"的产物，而生命的长短则是"悬命于天"。在《吕氏春秋》里，性命天定这一类的观念得到了新的突破。《贵生》篇对子华子的全生理论作出了这样的解释：

> 子华子曰："全生为生［上］，亏生次之，死次之，迫生为下。"故所谓尊生者，全生之谓；所谓全生者，六欲皆得其宜也。所谓亏生者，六欲分得其宜也。亏生则于其尊之者薄矣。其亏弥甚

---

① ［汉］司马迁：《史记·吕不韦列传》，中华书局1959年版，第2510页。

② 王玉哲：《齐文化丛书·8·文献集成·齐黄老书·素问·宝命全角论》，齐鲁书社1997年版，第110页。

③ 王玉哲：《齐文化丛书·8·文献集成·齐黄老书·素问·上古天真论》，齐鲁书社1997年版，第111页。

者也，其尊弥薄。所谓死者，无有所以知，复其未生也。所谓迫生者，六欲莫得其宜也，皆获其所甚恶者。服是也，辱是也。辱莫大于不义，故不义，迫生也。而迫生非独不义也，故曰迫生不若死。奚以知其然也？耳闻所恶，不若无闻；目见所恶，不若无见。故雷则掩耳，电则掩目，此其比也。凡六欲者，皆知其所甚恶，而必不得免，不若无有所以知。无有所以知者，死之谓也，故迫生不若死。嗜肉者，非腐鼠之谓也；嗜酒者，非败酒之谓也；尊生者，非迫生之谓也。①

这段话的意思是说，人的一生，全生是最上等的，亏生次一等，死又次一等，迫生是最低等的。所谓尊生，也就是全生，全生就是指人的七情六欲都能够适可而止。所谓亏生，指的是人的七情六欲只有部分恰当合宜，七情六欲受到亏损，生命就会遭到削弱，情欲亏损得越厉害，生命被损害得也就越厉害。所谓死，是指人的七情六欲没有了感觉，相当于回到了未生时的状态。所谓迫生，是指人的七情六欲没有一样合宜，情欲所能够得到的都是情欲本身所厌恶的东西。从事不道义的事情就会伤害情感，这是迫生；欲望没有了感觉，也是迫生。迫生就是没有了兴趣、感情和欲望，实际上也就近乎于行尸走肉了。所以说"迫生不若死。"仔细想来，在现实的社会生活当中，"全生"只不过是一种理想，"亏生"才是正常的状态，"迫生"则是一种人所不欲的生命状态。七情六欲是人之常情，"天生人而使有贪有欲。欲有情，情有节。"② 因此，向往"全生"，规避"迫生"是人之天性。但向往"全生"也要有原则，"尊生者，非迫生之谓也。"就是说，珍爱生命并不是苟且偷生，七情六欲"皆得其宜"，并不是纵情声色。《吕氏春秋》对于生命现象的这些认识，同样把精神与肌体作为生命的统一体来看待，但其"迫生不若死"的观点显然与极端的"贵己"、"重生"有着很大的区别，"六欲皆得其宜"的"全生"追求，则把人的精神保养看作生命保健的第一要素。这些观点，对于科学的养生保健理论体系的建立，都有重要的理

---

① ［汉］高诱注：《吕氏春秋·仲春纪·贵生》，《诸子集成》，上海书店影印 1986 年版，第 15 页。
② ［汉］高诱注：《吕氏春秋·仲春纪·情欲》，《诸子集成》，上海书店影印 1986 年版，第 16 页。

论参考价值。在此基础上，《吕氏春秋》对于生命现象的认识，还提出了以下三个方面值得特别重视的观点：

其一，认为人的生命养护权是由自己来掌握的。"始生之者，天也；养成之者，人也。"[①] 意思是说，生命本身是由上天创造出来的，而生命的保障和养护则是由人自己来决定的。又说："人之有形体四枝（肢），其能使之也，为其感而必知也。感而不知，则形体四枝（肢）不使矣。"[②] 四肢运动的过程，实际上就是一个体内神经运动的过程。所以，人应当自己把握好自己生命的养护权。

其二，认为人的生命才是世间万物的重中之重。它说："圣人深虑天下，莫贵于生。"[③] 意思是说，圣人虽然整日思虑着天下数不尽的大事，但这些大事与生命相比较却又是不值一提的，任何事情都没有生命重要。"人之性寿，物者抯之，故不得寿。物也者，所以养性也，非所以性养也。今世之人惑者，多以性养物，则不知轻重也。"[④] 本来人的生命本质上是可以更长寿的，之所以不能够实现长寿，就是因为人们自己把生命和外物混在了一起，自己损耗了自己的生命。也就是说，相对于人本身来说，世间一切外物的作用，都是用来供养生命的，而不是用生命作代价去追求外物。时下的人们大多以损耗生命作代价去追求外物，这不仅是自己损耗了自己的生命，而且实在就是轻重倒置了。这样的人也就自然不会长寿。所以，对于那些五彩缤纷充满诱惑力的外物，采取的正确态度只能是"利于性则取之，害于性则舍之。"[⑤] 这里的"性"乃是"生命"之意。对于那些不利于生命的所谓"利"，是断不可垂涎三尺、恋恋不舍的，不可舍命不舍"财"。这些观点显然吸收了道家，尤其杨朱、庄子的一些思想因子。

其三，认为人生应有正确的富贵观。贫贱的人总想富贵，富贵的人总要贪图享乐，这是人之常情，是一种常见的现象。这样做是否正确呢？《吕氏春秋》认为，人应当建立正确的富贵观，人生如果没有正确的富贵观，往

---

① ［汉］高诱注：《吕氏春秋·孟春纪·孟春》，《诸子集成》，上海书店影印 1986 年版，第 3 页。
② ［汉］高诱注：《吕氏春秋·季春纪·圜道》，《诸子集成》，上海书店影印 1986 年版，第 32 页。
③ ［汉］高诱注：《吕氏春秋·仲春纪·贵生》，《诸子集成》，上海书店影印 1986 年版，第 14 页。
④ ［汉］高诱注：《吕氏春秋·孟春纪·本生》，《诸子集成》，上海书店影印 1986 年版，第 4 页。
⑤ ［汉］高诱注：《吕氏春秋·孟春纪·本生》，《诸子集成》，上海书店影印 1986 年版，第 4 页。

往就会陷入到自我戕害的泥潭里边去，这样富贵便不如贫贱了："贵富而不知道，适足以为患，不如贫贱。"① 为什么呢？出门乘车，门内坐辇，自己的行动可谓安逸舒适，但长期使用这些器械，却容易招致正常生命的颠覆；吃肥肉，喝醇酒，自己可谓享受到了美味佳肴，但长期食用这些美味佳肴，却容易腐化自己的肠胃；贪恋女色，陶醉于淫靡之音，自己的性情虽然可以得到愉乐，但长期享用则会使自己的身体受到伤害，因为这都是一些"伐性之斧"。所以，人应当建立正确的富贵观，所谓"贵富而不知道"，实际上与儒家的"君子爱财，取之有道"还不是一回事。儒家的"取之有道"指的是要合乎道义，不管自己有还是没有，只要合乎道义，取之何妨。《吕氏春秋》主张的富贵要知"道"，指的是要与自己的需要适度，只寻求自己生命的需要"适度"，而不是满足自己的贪婪的欲望。"知道"就是要明白其中的规律，自己的欲望要适可而止，不要贪得无厌。

由于生命的保养是由人的自身努力来完成的，所以，寿命的长短，并非完全决定于"天"，而是决定于人自身的行为和观念。恰如《重己》篇所云："夫死殃残亡，非自至也，惑召之也。寿长至常亦然。"② 死亡和灾祸都是自身的迷惘和惑乱招来的，是否长寿也是这样的道理。《吕氏春秋》的上述观点，从对于生命现象的科学认识入手，牢牢地抓住了人的生命寿限长短在于人自己把握的这一根本问题，提出了"贵富而不知道，适足以为患，不如贫贱"这一震人心弦的呼喊，可谓先秦时期对于生命现象认识的崭新篇章。

其二，对保健养生理念的凝炼。先秦时期的保健养生理念归结起来大致上有两种：一种叫"静以养生"，另一种叫"动以养生"，都在中国传统的体育思想当中占据着极其重要的位置。"静以养生"的理念，最初是由道家在春秋时期就已经提出来的，而后历经春秋战国而多有继承和发展。这在老子、杨朱、庄子的著作中是很明确的。即使在儒家经典中也不乏此类论述："仲夏之月，……日长至，阴阳争，死生分。君子齐戒，处必掩身，毋躁；止声色，毋或进；薄滋味，毋致和；节嗜欲，定心气，百官静，事毋刑，以

---

① ［汉］高诱注：《吕氏春秋·孟春纪·本生》，《诸子集成》，上海书店影印1986年版，第5页。
② ［汉］高诱注：《吕氏春秋·孟春纪·重己》，《诸子集成》，上海书店影印1986年版，第7页。

定晏阴之所成。"① 意思是说，进入夏季以后，阴阳二气相争，死物和生物各半，这时候就要注意静养了：居处要遮蔽身体，不要受凉，安而勿躁；不要迷恋乐舞和女色；饮食滋味要清淡，不要嗜欲；要平定心气，使身体的各个器官都能守静才好。"静以养生"思想最初便是萌发于"劳逸适度"、"张弛相辅"、"不妄作劳"等有关劳逸结合的观点。到了战国时期的时候，进而发展成了与"动以养生"相对的一派主张，汉以后得到了进一步的丰富和发展，逐渐形成了一个庞大的思想理论体系。

"静以养生"的理念从理论上看应当是"动以养生"理念深化的结果，但事实上却并非如此，"动以养生"的思想理念似乎有着更深的渊源。《尚书》中有"惰农自安，不昏作劳"② 一句，意思是说，懒惰的农民贪图安逸就不会努力地劳作。其中已经包含有了贪逸恶劳的意思。至于后来儒学中的"食无求饱，居无求安"③、"一张一弛，文武之道也。"虽然这些文献都已经提出了一个劳逸结合或者劳逸的自我适配问题，但还没有从健身养生角度提出运动的理念问题。从《管子》的精气说，到《庄子》的"吹呴呼吸，吐故纳新，熊经鸟申"，再到《荀子》的"养略而动罕，则天不能使之全"，显然已经有了运动健身的理念。这一时期还出现了"动静有常"的观点，《周易》是"动静有常"养生思想的代表。要求人们去效法天地，按自然规律去以动养生，强调"动静有常"，从而达到养生的目的。可见，在古代养生思想的发展过程中，主动和主静是两种最为主要的思路，主动派、主静派在相对独立中相互促进发展，同时又相互融和，逐渐形成了动静结合的养生理论，标志着中国古代养生理论一步步走向了成熟与全面的发展。

在这样的一个过程中，相比较而言，真正从运动的角度比较系统地阐述养生问题的材料，则是在《吕氏春秋》中出现的，其中"数尽"（或作"尽数"）篇中有这样一段具体论述：

> 天生阴阳、寒暑、燥湿、四时之化、万物之变，莫不为利，莫不为害。圣人察阴阳之宜，辨万物之利，以便生，故精神安乎形，

---

① 杨天宇：《礼记译注·月令》，上海古籍出版社 1997 年版，第 191 页。
② 李民、王健：《尚书译注·尚书·盘庚·上》，上海古籍出版社 2000 年版，第 153 页。
③ ［清］刘宝楠：《论语正义·学而》，《诸子集成》，上海书店影印 1986 年版，第 18 页。

而年寿得长焉。长也者，非短而续之也，毕其数也。毕数之务，在乎去害。何谓去害？大甘、大酸、大苦、大辛、大咸，五者充形，则生害矣。大喜、大怒、大忧、大恐、大哀，五者接神，则生害矣。大寒、大热、大燥、大湿、大风、大霖、大雾，七者动精，则生害矣。故凡养生，莫若知本，知本则疾无由至矣。

　　精气之集也，必有入也。集于羽鸟，与为飞扬；集于走兽，与为流行；集于珠玉，与为精朗；集于树木，与为茂长；集于圣人，与为夐明。精气之来也，因轻而扬之，因走而行之，因美而良之，因长而养之，因智而明之。

　　流水不腐，户枢不蝼，动也。形气亦然。形不动则精不流，精不流则气郁。郁，处头则为肿、为风，处耳则为挶、为聋，处目则为瞙、为盲，处鼻则为鼽、为窒，处腹则为张、为疛，处足则为痿、为蹷。

　　轻水所，多秃与瘿人；重水所，多尰与躄人；甘水所，多好与美人；辛水所，多疽与痤人；苦水所，多尪与伛人。

　　凡食无强厚味，无以烈味重酒，是以谓之疾首。食能以时，身必无灾。凡食之道，无饥无饱，是之谓五藏之葆。口必甘味，和精端容，将之以神气，百节虞欢，咸进受气。饮必小咽，端直无戾。

　　今世上卜筮祷祠，故疾病愈来。譬之若射者，射而不中，反修于招，何益于中？夫以汤止沸，沸愈不止，去其火则止矣。故巫医毒药，逐除治之，故古之人贱之也，为其末也。[1]

　　这段论述非常精彩，涉及的内容也非常丰富。从内容上看，是论述养生之道和如何长寿的。所谓"尽数"，指的是终其寿数、终其天年的意思。首先解释的是什么算作长寿和怎样才能长寿。长寿就是使生命尽可能地延长，而生命的延长却又不是"短而续之"，而是使生命完成正常的过程。也就是说，所谓长寿，就是使生命自然地完成正常存在的过程，否则便不能算作长寿。那么什么又是生命的正常过程呢？在没有受到任何侵害的情况下生命结

---

①　［汉］高诱注：《吕氏春秋·孟春纪·数尽》，《诸子集成》，上海书店影印 1986 年版，第 25 页。

束了，这就可以算作是生命正常过程的结束。导致生命过程非正常结束的因素，也就是侵害生命的因素，不外乎正常因素和非正常因素两种。正常因素主要是指导致生命过程结束的肌体内部的各种衰亡和病变，非正常因素主要是指导致生命过程结束的来自肌体外部的各种侵害，比如雷击、溺水、坠崖、处死，等等。非正常因素往往是不可预见和极易规避的，正常因素才是人实现长寿的大敌。因此，保健养生的重点也就是防病和治病，也就是所谓的"毕数之务，在乎去害。""去害"就是养生，也就是规避一切包括正常和非正常的肌体侵害因素。其具体措施主要有以下四个方面：

首先，"察阴阳之宜"。美味、情感、气候，都会因人的喜好和时令的不同而变化，过分追求个人喜好，固执己见，必然会阴阳失度，造成肌体的伤害。因而，人必须既要注意外界气候的变化，又要注意控制自己的欲望。美味虽好，但不可贪恋，喜怒哀乐人之常情，但不可喜而忘其形或痛而不欲生。人的养生，关键在于要善于避开各种各样的危害，避开危害的关键又在于"顺生"，就是要"察阴阳之宜"。按照阴阳变化的自然规律寻找养生的适宜措施，这就是所谓的"顺生"。当然，这个"顺生"并非仅仅指顺应自然的因素，也包括肌体内部的内在规律和外在感知，比如"强令之笑不乐，强令之哭不悲。"[①] 情感的变化同样也要"顺生"。"顺生"是防治疾病入侵的重要措施。

其次，"形动""精流"。《吕氏春秋》充分地继承了道家的精气学说，认为只有充分保障人体精气之存在，才能实现人的生命的长寿，也就是所谓的"精神安乎形，而年寿得长焉。"其基本的理论依据是"形不动则精不流，精不流则气郁。"通过肌体运动而促进精气流动，从而消除精气在肌体内部的郁结，使肌体内部的精气畅通，精气畅通肌体就不会通过郁结而发生病变。这里第一次在理论上提出了运动健身养生观点，代表了先秦时期"动以养生"观念的最高理论水平。

再者，科学饮食。科学饮食的保健作用并不是《吕氏春秋》的发明，早在春秋时期，孔子就说过"食不厌精，脍不厌细"的话，在先秦文献当

---

① ［汉］高诱注：《吕氏春秋·仲春纪·功名》，《诸子集成》，上海书店影印 1986 年版，第 21 页。

中也有许多关于"食不重味"①的说法，但很少有从保健养生角度论述科学饮食问题的。《吕氏春秋》在这里提出了科学饮水和科学饮食问题。在饮水问题上，认为水中含盐分及其他矿物质过少的地方，多产生秃发和粗脖子的人；水中含盐分及其他矿物质过多的地方，多产生脚肿和行走困难的人；水味甜美的地方，多产生健康和漂亮的人；水味辛辣的地方，多产生长疽疮和痈疮的人；水味苦涩的地方，多产生鸡胸和驼背的人。在饮食上，主张要避免滋味过浓，不吃滋味浓烈的食物，不饮烈性酒，因为这些会导致疾病的发生。按时饮食，身体必然没灾没病。饮食要保持不饥不饱的状态，这样五脏就能安舒。一定保持旺盛的食欲，进食的时候要精神和谐，姿势端正，涵养自己的精气，这样，周身就舒适愉快，都受到了精气的滋养。饮食一定细嚼慢咽，坐要端正，不要躁动。饮食对于人的身体和性格影响，是一个由来已久的话题。《吕氏春秋》关于水对人的身体及性格影响的认识，尤为深刻。此前，《论语》书中有"知者乐水，仁者乐山。知者动，仁者静。知者乐，仁者寿"②之说，《管子》书中有"水者何也？万物之本原也，诸生之宗室也，美恶、贤、不肖、愚俊之所产也"③之论。但远不及《吕氏春秋》所说确切精当。《吕氏春秋》在这里不仅明确提出了水质对于人的身体健康有着重要的影响，而且指出了水中所含的成分不同对人的容貌、性格以及身体健康的影响也不同。当然，《吕氏春秋》所产生的时代还不可能弄清楚水的具体化学成分，更不可能知道水的化学成分对人体健康的影响作用。但这并不影响它作为中国历史上最早提出科学饮水者的历史地位。相对于饮食而言，诸如"食能以时"、"无饥无饱"、"饮必小咽"，等等，同样也是很重要的科学饮食习惯。

最后，"抽薪止沸"。《吕氏春秋》把当时疾病越来越多的现象归结于两方面的原因：一是崇尚占卜祈祷，二是依赖药物。认为人有了病之后去占卜

---

① ［清］王先慎：《韩非子集解·外储说·左下》："食不二味，坐不重席。"《诸子集成》，上海书店影印 1986 年版，第 226 页。《史记·吴太伯世家》："越王勾践食不重味，衣不重采。"中华书局 1959 年版，第 2510 页。此说多从节俭而论，似无有"重而无味"之意。《吕氏春秋·孟春纪·用众》："齐王之食鸡也，必食其跖数千而后足。""跖"为鸡爪之意。齐王食鸡爪乃达千数之多，看来这只能是其个人爱好而已。《诸子集成》，上海书店影印 1986 年版，第 42 页。

② ［清］刘宝楠：《论语正义·雍也》，《诸子集成》，上海书店影印 1986 年版，第 127 页。

③ ［清］戴望：《管子校正·水地》，《诸子集成》，上海书店影印 1986 年版，第 237 页。

或者去吃药，都是没有办法的方法，就像射箭的人，没有射中箭靶，反而去
修正箭靶的位置一样。养生的关键在于把疾病拒之于肌体之外，有了病之后
而去崇尚巫医和依赖药物，这样做对于养生来说并非良策，最好的办法就是
"抽薪止沸"。用冷水阻止水的沸腾，沸腾越发不能阻止，撤去下面的火，
沸腾自然停止了。养生同样如此。疾病侵入肌体就会影响人的健康，防止疾
病入侵就是"抽薪"，肌体没有疾病，人自然就会长寿。"抽薪"的具体措
施，就是"察阴阳之宜"，保障"形动"、"精流"和科学饮食。现代的人
们虽然不太相信巫医了，但对于药物的依赖程度却与日俱增，这同样不是一
个好的办法。依赖药物养生，实际上就好像人的肌体是一座房子，始终把房
门大开，让疾病随时自由进入，然后在里边再用药物与疾病进行战斗。这样
做的结果是，身体成了疾病和药物厮杀的战场，不管是药物把疾病战败，还
是疾病把药物战败，身体受到伤害都是必然的。这样的做法，对于养生来说
都是百害而无一益的。所以，最好的养生方法就是要保证肌体不受侵害。实
际上，《吕氏春秋》所说的"养生"，就是"治未病"，"治已病"并不是他
所欣赏的养生方法的首选。

　　其三，对音乐健身功能的升华。音乐有着很强的健身功能，这在孔子、
孟子、荀子时代就已经有了明确的阐释。虽然在战国时期也出现了一些不同
的声音，比如墨子就从反对虚谈纹饰的角度提出了"非乐"的主张，但这
种观点是偏执一隅的。在《吕氏春秋》里边，有"世之学者有非乐者，安
有出哉"① 的话，显然就是针对墨子的"非乐"而言，是对墨子"非乐"
观点的直接否定。纵观《吕氏春秋》对于音乐的认识，不仅与儒学里重视
音乐的观点相一致，而且形成了更为进一步的认识。

　　《吕氏春秋》当中在多处地方对音乐进行了深刻的论述，提出了一些发
人深思的观点，现摘录几段如下：

　　　　音乐之所由来者远矣。生于度量，本于太一。……形体有处，
　　莫不有声。声出于和，和出于适。和适先王定乐，由不而生。……
　　凡乐，天地之和，阴阳之调也。……道也者，至精也，不可为形，

---

　　① ［汉］高诱注：《吕氏春秋·仲夏纪·大乐》，《诸子集成》，上海书店影印1986年版，第47页。

不可为名，强为之，谓之太一。①

故乐愈侈，而民愈郁，国愈乱，主愈卑，则亦失乐之情矣。凡古圣王之所为贵乐者，为其乐也。……则失乐之情，其乐不乐。乐不乐者，其民必怨，其生必伤。……乐之有情，譬之若肌肤形体之有情性也。有情性则必有性养矣。②

夫音亦有适：……太巨、太小、太清、太浊，皆非适也。何谓适？衷，音之适也。何谓衷？大不出钧，重不过石，小大轻重之衷也。黄钟之宫，音之本也，清浊之衷也。衷也者，适也。以适听适则和矣。乐无太平，和者是也。故治世之音安以乐，其政平也；乱世之音怨以怒，其政乖也；亡国之音悲以哀，其政险也。凡音乐，通乎政而移风平俗者也。俗定而音乐化之矣。③

乐所由来者尚也，必不可废。有节，有侈，有正，有淫矣。贤者以昌，不肖者以亡。④

上述四段文字，集中在《仲夏纪》当中。从这些文字来看，《吕氏春秋》对于音乐健身功能的认识突出反映在以下几个方面：

首先，音乐是自然规律变化的产物。按照《吕氏春秋》的观点，音乐虽然产生于律管，但本原却是"太一"。"太一"就是"道"，这个"道"，精妙无形，但却有着自身变化的规律。因于此，音乐也就从"太一"繁衍而来了。这一过程就是："太一"生天地，天地生阴阳，阴阳生万物，万物的运动合乎自然变化的规律，音乐也就形成了。音乐类同阳光和空气一样，是以世间万物为滋润对象的，无处不在，高兴的人有音乐，不高兴的人也有音乐，只不过不高兴的人的音乐并不是表达欢乐而已，这就是所谓"亡国戮民，非无乐也，其乐不乐。"⑤

---

① ［汉］高诱注：《吕氏春秋·仲夏纪·大乐》，《诸子集成》，上海书店影印1986年版，第46—47页。

② ［汉］高诱注：《吕氏春秋·仲夏纪·侈乐》，《诸子集成》，上海书店影印1986年版，第48页。

③ ［汉］高诱注：《吕氏春秋·仲夏纪·适音》，《诸子集成》，上海书店影印1986年版，第50页。

④ ［汉］高诱注：《吕氏春秋·仲夏纪·古乐》，《诸子集成》，上海书店影印1986年版，第50页。

⑤ ［汉］高诱注：《吕氏春秋·仲夏纪·大乐》，《诸子集成》，上海书店影印1986年版，第46页。

其次，音乐贵"适"。"适"就是"和"，"和"就是包容万物，合宜适中。世间万物，"形体有处，莫不有声。声出于和，和出于适。和适先王定乐，由不而生。"意思是说，万物的形体无不占有一定的空间，都会发出自己的声音。声音产生于和谐，和谐来源于适合的节奏。音乐的制定正是从这个原则开始的。按照音乐本身发出的声响来分，有大、小、清、浊之别；从性质来分，又有适中、奢侈、纯正、淫邪之异。《适音》篇解释说，声音过大，就会使人心志摇荡，以摇荡之心听巨大的声音，耳朵就容纳不了。容纳不了的时候，耳朵里边就会充溢阻塞导致失聪。耳朵失聪，心志就会更加恍惚不安。声音过小，就会使人心志得不到满足，以不满足之心听微小的声音，听力就得不到充实。耳朵听力得不到满足，心志也就会得不到满足，因此心志就不会安定。声音过清，就会使人心志高扬，以高扬之心听过清之音，耳朵就会空虚困顿，这时候对事物就会鉴别不清，心志也就会逐渐衰竭。声音过浊，就会使人心志低下，以低下之心听过浊之音，耳朵就不能专注，不能专注去听，就容易因心烦躁动而发怒。所以，声音过大、过小、过清、过浊，都是不好的，只有"适中"的音乐才是最好的。那么，所谓"适中"的标准是什么呢？是"黄钟之宫，律吕之本。"① 黄钟律的宫音便是乐律的本原，这个黄钟律的宫音，便是音乐"适中"的标准，所有和谐的声音，都是从这个黄钟律的宫音派生出来的。离开这一基本的原则，音乐也就失去了应有的愉悦心智功能。

最后，音乐有着强烈的教化功能。《适音》篇说："凡音乐，通乎政而移风平俗者也。俗定而音乐化之矣。"意思是说，大凡音乐都是与政治相通的，而且起着移风易俗的作用。风俗的形成是音乐教化的结果。音乐为什么会有这样的功能呢？因为音乐本身是有情感的，"乐之有情，譬之若肌肤形体之有情性也。有情性则必有性养矣。"音乐的情感就像身体肌肤的本性一样。身体感受到外物之后就会有知觉，音乐接受到异样的信息也会有匡正的信号。因此，音乐不仅对于人的身心健康有着保健功能，而且通过对人的教化，进而对社会的风气也会产生一定的教化作用。

总而言之，吕不韦编撰《吕氏春秋》的根本目的在于资治国家管理，

① ［汉］高诱注：《吕氏春秋·仲夏纪·古乐》，《诸子集成》，上海书店影印1986年版，第52页。

其中关于健身养生的有关思想，只不过是阐述治国理论过程中的延伸。因而，整部《吕氏春秋》当中充满着积极的进取精神，伴随于此而形成的体育思想，也同样包含着强烈的与时俱进的理念。《吕氏春秋》成书于秦而总括战国，战国末期《庄子》、《荀子》的有关言论，有助于诸家摒弃门户之见，增进彼此之间的相互了解和思想理论的自我完善。但庄、荀仍各有所宗，他们是分别站在儒家和道家的立场来承继和吸收、评论百家的。真正完全打破门派，平等地对待诸子百家，对各家的思想学术进行客观总结并全面继承，实在是由《吕氏春秋》来完成的。其中所表现出的承前启后的变革精神，正是它在我国历史上的重要贡献之一，也正是在这样的大的思想框架之中，《吕氏春秋》的体育思想成了战国百家争鸣过程中的高亢谢幕余音，是中国古代体育思想发展史上的重要里程碑。

下　编

百虑一致：中华传统
体育精神基本框架的构建

先秦诸子的激烈思辨，构架了中华传统体育精神的基本框架。对中华民族传统体育精神的扬弃，是中华民族走向世界体育强国的根本途径。

纵向上看，中华传统体育精神的构架，根本的问题取决于中国历史发展过程中早期各种思想观念的不断汇聚和升华。这里恰也符合顾颉刚先生在20世纪初期提出的著名论点，叫作"累层地造成的中国历史"。"所有的'历史'都具有'不确定'的性质，都在客观上有可能被'愈放愈胖'、'积薪般层累起来'，这是历史'神话'产生的本体论根源。"① 中华传统体育精神正是在这样一个"累层"的过程中凝聚而成的，只不过战国时期的百家争鸣作为诸子百家思想理论火山爆发的第一个高峰时期，自然地构架起了一个基本的框架而已。总体上看，中华体育精神是中国人民在长期的劳动生活和体育实践活动中形成的特有的体育思想体系，是中华民族精神与体育活动共同作用的结晶，是中华体育发展的灵魂和精髓，是一座"积薪般层累起来"的民族精神之高山。中华传统体育精神是中华体育精神的重要组成部分，中华传统体育精神的最初构架是中华体育精神建设过程中最为基础的理论原点。

一、精神、体育精神与中华传统体育精神

要认识中华传统体育精神的构架状况，有必要先来说一说与中华传统体育精神关联极为密切的几个基本概念之间的关系。

（一）"精神"与"体育精神"、"奥林匹克精神"

我们这里所要讨论的"精神"，首先是一个哲学意义上的概念，其次才是诸如生理等其他意义上的概念。哲学意义上的"精神"，指的是"人的意

---

① 王学典、李扬眉：《"层累地造成的中国历史"——一个带有普遍意义的知识论命题》，载《史学月刊》2003年第11期。

识、思维活动和自觉的心理状态，包括情绪、意志、良心等等。唯物主义者常把精神当作和意识同一意义的概念来使用，认为它是物质的最高产物。"① 指的是"同物质相对立、和意识相一致的哲学范畴，是人的意识、思维活动和一般心理状态的总称。一般把人的思想、认识、观念、计划、方针、办法等看作是精神的东西。"② 从文化学的层面看，"精神"则是指"文化的精粹和精髓"，它位居文化的核心层，以价值观和信念为内核，是内在价值观和信念的外在表现。从地位上看，"精神"在整个文化系统中居于主导和核心位置。简单地说，精神就是人的思想的各种形式的外在表现或者表述。没有思想便没有精神，离开精神便无所谓思想。由于我们首先承认"精神"是一种物质的所在，因而它既有科学的一面，也有人文的一面，是人类社会当中，从个体到群体，再到国家与民族所共有的东西，是生命赋予人类所共有的宝贵财富。

"精神"只会因地域、民族、国别、环境、性别等因素的不同而有所差异，而绝不会因之而你有我无或我有你无。但是，由于人类社会本身是一个极其复杂的共同体，"精神"这一共同财富的特征，往往只能通过某一"个体"或"群体"的具体行为反映出来。比如，民族精神可以通过民族的某些行为特征反映出来，武勇精神可以通过某个人的行为特征反映出来，科学精神可以通过某一科学研究的具体过程反映出来，体育精神可以通过不同个体或群体参加体育活动的行为反映出来。诸如此类，这也就是哲学里通常所说的普遍性寓于特殊性之中。总之，生命的活动是需要精神来支撑的，人没有了精神的支撑就会形同行尸走肉，国家或民族没有了精神的支撑就会走向灭亡，体育活动没有了精神的支撑，既不会显现出精彩的表演功能，也不会显现出科学的竞技功能，更不会显现出基本的健身功能。这是客观发展的规律。体育精神是体育本身发展的核心动力源，更是体育自身发展的基本支柱，没有了体育精神的支撑，体育活动只能是一些散乱的本能活动，它是人类体育活动的共有特征。

关于"体育精神"的概念，学术界有着多角度的阐释。黄莉先生在总

---

① 《辞海》，上海辞书出版社 1989 年版，第 2176 页。
② 《马克思恩格斯选集》第 4 卷，人民出版社 1995 年版，第 251 页。

结了关于这一概念的不同解释后，认为，体育精神"是指人们在体育实践活动中形成的，以健身快乐、挑战征服、公平竞争、团结协作为主要价值标准的意识、思维活动和一般心理状态。"并且认为，体育精神的内涵主要包括"人本精神、英雄主义精神、公平竞争精神、团队精神"，它们分别反映了体育在"健康快乐、挑战征服、公平竞争、团结协作"这四个方面的价值标准。[①]　由于体育本身是一种国际语言，不同的民族、不同的国家和地区的人们，甚至不需要翻译、解释，都可以通过体育活动而实现自由的交流。因此，所谓"体育精神"，首先应当包含的是人类共同的价值标准，这个"价值标准"，也就是体育活动过程中超越于民族、国家和地区的需要而被人类社会所共同认可的"体育精神"。显然，这并不是"体育精神"的全部。更为具体的便是以不同的民族、不同的国家和地区为具体特征表现出来的体育"价值标准"，也就是"民族体育精神"。体育精神既有着全人类的共同性，也有着不同民族的特殊性。体育精神反映着体育的共性，民族体育精神反映着体育精神的个性。体育精神的人类共同性，反映在人文的一面，突出的特征就是追求健康快乐的功能，反映在科学的一面，突出的特征就是追求卓越的成绩和更优秀的方式方法。这些内容，则由于不同民族的不同文化传承而呈现出了不同的民族特征。体育自身的人类共有特征，决定着体育精神的发展，对民族体育精神始终存在着一个求同存异的强烈要求和规范。即使是伟大的奥林匹克精神，在具体渗透到某一民族、国家和地区的时候，也只能寻求尽可能多的民族、国家和地区所能够接受的共同层面的最基本内容，追求的也是人类体育之所"共有"。《奥林匹克宪章》明确规定："每一个人都应享有从事体育运动的可能性，而不受任何形式的歧视，并体现相互理解、友谊、团结和公平竞争的奥林匹克精神"[②]。"以友谊、团结和公平精神互相了解"，这些内容，全世界的每一个角落都是能够接受的。面对五彩缤纷的世界民族体育精神，奥林匹克精神给予了充分的"求同"。至于世界不同民族中客观存在的诸如种族、性别、信仰崇拜、行为禁忌等差异，奥林

---

①　参见黄莉《中华体育精神研究》，北京体育大学出版社 2008 年版，第 25 页。

②　国际奥林匹克委员会：《奥林匹克宪章·基本原则》（1991 年），奥林匹克出版社 1991 年版，第 1 页。

匹克精神则给予了充分的"存异"。总之，体育精神当中，张扬的是人类共有的内容，包容的是不同民族特有的民族特征。体育活动虽然受到了体育精神的主导，但体育活动本身而言，却只有人类共有的特征，并不具备此民族可为、彼民族不可为的问题。这正是民族的体育活动能够依托体育精神而传播全世界的原因之所在。体育作为"国际语言"所体现出来的，正是体育精神和体育活动的"人类共有"特征。

体育精神突出反映出来的还是一种积极的生活态度。体育活动的根本目的是通过人的自我锻炼而拥有健康的体魄、乐观的精神和对美好生活的热爱与追求。因此，体育是人的生命乐章中的重要旋律，体育是人类万能的美丽塑造机，平常有些人说"我不喜欢体育"，实际上他是不喜欢这一种或者那一种体育活动方式，只要他有着对美好生活热爱与追求的欲望，就一定有他喜欢的体育运动方式。这就是体育精神的主旨，更是体育的巨大魔力。1952年6月10日，毛泽东主席为中华全国体育总会成立大会题词："发展体育运动，增强人民体质"，这个题词言简意赅地指出了体育的本质和意义。增强体质，目的就是要增强人们的生命活力。

体育精神的最重要特征之一，是人类生活的一种动力源。体育有两个大的部类，一是竞技体育，一是健身体育。日常生活当中，能够进入到竞技体育赛场上的人是极少数的，绝大部分人是以健身体育为参与方式的。不管是竞技体育运动，还是健身体育运动，只要你参与进来了，力量的释放与制造便形成了循环。在这一力量的循环过程中，体育活动便是控制器，体育精神则是这一控制器的操作手。所以，通常情况下，体育不仅仅是少数人在运动场上争夺奖牌的比赛，更是千千万万民众坚持不懈地参与日常健身运动，通过多姿多彩的体育运动，获得更为精彩和健康的生活方式。我们大力弘扬体育精神，根本的目的，就在于要让每一个人都有一个取之不尽、用之不竭的生活动力源。鲁迅先生曾说："我每看运动会时，常常这样想：优胜者固然可敬，但那虽然落后而仍非跑至终点不止的竞技者，和见了这样竞技者而肃然不笑的看客，乃正是中国将来的脊梁。"[1] 体育精神并不是竞技优胜者的专利，而是日常生活中每一个向往美好生活的人都具有的优秀潜质。

---

[1]　鲁迅：《华盖集·这个与那个》，人民文学出版社 1973 年版，第 113 页。

现代奥林匹克运动开展以来，逐渐形成了以奥林匹克精神为代表的体育精神。"体育精神"与"奥林匹克精神"虽然并不是一回事，但由于奥林匹克运动在全世界范围内形成了极其广泛的社会影响，在当代社会当中，奥林匹克精神便成了"体育精神"的集中代表。奥林匹克精神是皮埃尔·德·顾拜旦1919年4月在瑞士洛桑庆祝奥林匹克运动恢复25周年纪念会上的演说中提出来的，他曾经用诗歌般的语言阐述了奥林匹克精神的内涵与价值，明确指出了奥林匹克精神与纯粹的竞技体育精神的不同。他认为，纯粹的竞技体育精神只能带给运动员心理上自得其乐的感受，奥林匹克精神带给人们的将是美感、荣誉感。美与荣誉，这是顾拜旦崇尚的体育精神，也就是奥林匹克精神的核心内容，并不是人们通常所认为的对于"金牌"与"第一"的追求。顾拜旦在他著名的诗作《体育颂》中，十分热情地赞美体育是美丽、艺术、正义、勇敢、荣誉、乐趣、活力、进步与和平的化身①。他在阐述奥林匹克精神过程中还提出了一个十分重要的理念：大众参与。即使"地位最低下的公民"，也应该能够"享受"这种精神。这同样也是对奥林匹克精神的深刻理解。在另一次演讲中他又指出："先生们，请牢记这铿锵有力的名言。这个论点可以扩展到诸多领域。对人生而言，重要的绝非凯旋，而是战斗。传播这些格言，是为了造就更加健壮的人类——从而使人类更加严谨审慎而又勇敢高贵。"② 可以看出，顾拜旦对于提倡和复兴奥林匹克运动有着非常广阔的胸怀，是以全人类的不断完善和健美为出发点，绝非号召人们单纯为夺取桂冠和金牌而拼搏。

按照《奥林匹克宪章·基本原则》③ 的规定，综合学术界的观点，奥林匹克精神的基本思想内涵突出反映在以下几个方面：

第一，奥林匹克运动是一种完美的生活哲学。《奥林匹克宪章·基本原则》第二条中明确指出："奥林匹克主义是增强体质、意志和精神并使之全

---

① 皮埃尔·德·顾拜旦的《体育颂》中有："啊，体育，/天神的欢娱，生命的动力。"/"啊，体育，你就是美丽！"/"啊，体育，你就是培育人类的沃地！"/"啊，体育，你就是进步！"/"啊，体育，你就是和平！"等诗句。引自：http：//baike. baidu. com/view/139914. htm? fr=ala0

② 资料来源：http：//baike. baidu. com/view/3271. html

③ 国际奥林匹克委员会：《奥林匹克宪章·基本原则》（1991年），奥林匹克出版社1991年版，第1页。

面发展的一种生活哲学。"奥林匹克运动首先是体育运动，在这一运动中所倡导的体育精神，将体育运动与文化和教育、艺术融为一体，使人们身体与心灵，精神与质量，在体育运动中都得到尽可能完美的和谐发展，使人类的潜能与美德得到充分的开发，从而构成了迄今为止人类最优良、最完善的生活哲学。因而，为人类缔造尽可能完美的生活哲学，让人们能够获得一种充满美好希望的生活环境，这便是奥林匹克精神的理想追求。

第二，奥林匹克运动是一种积极的现代伦理。《奥林匹克宪章·基本原则》第三条规定："奥林匹克主义的宗旨是使体育运动为人的和谐发展服务，以促进建立一个维护人的尊严的、和平的社会。"奥林匹克运动所倡导的是人人都能够有尊严的生活方式和人与人之间都能够和平相处的人文环境，这种以人的尊严和人与人之间的和谐相处为目标的社会伦理，不仅是对人的基本权利的极大尊重，而且是对人的社会关系的极大尊重，也是对人的潜能与自由创造、人类的文明与优良秩序的最大尊重与倡导，是对人类一切优良道德价值与伦理规范的继承与弘扬。它坚决摒弃了以往的那些所有人与人之间的歧视与偏见，引导人们去积极地追求一种最为优化的生存与发展的伦理观念，而这种伦理观念，恰恰是人类与环境和谐共处、个人与社会协调发展的基本保证。这样的一种精神内涵，在本质上摒弃了种族歧视、性别歧视、经济差别、地区差别等客观存在着的不合理，为人类设计出了一种美好的现代伦理制度，成为人类文明进步过程中的共同追求。

第三，奥林匹克运动是一种崇高的教育手段。《奥林匹克宪章·基本原则》第六条规定："奥林匹克运动的宗旨是，通过没有任何歧视，具有奥林匹克精神——以友谊、团结和公平精神相互了解——的体育活动来教育青年，从而为建立一个和平的更美好的世界做出贡献。"奥林匹克精神强调，人要通过体育活动实现自我锻炼、自我参与而拥有健康的体魄、乐观的精神和对美好生活的热爱与追求，进而培养教育青年人乐观积极的生活态度，并使之拥有完全自信和战胜一切挑战的强大动力。这是一种积极而健康的教育方式，奥林匹克精神告诉人们，体育运动可以给予人们任何金钱都不可买到的美好生活与未来。

第四，奥林匹克运动是一种高尚的竞技运动。奥林匹克运动首先是一种竞技性体育比赛，失去了竞技性也就失去了奥林匹克运动的光彩。因此，

"以友谊、团结和公平精神相互了解"为目的的奥林匹克精神，把单纯的竞技比赛改造成了高尚的竞技运动，从而使分别胜负的比赛成了友谊、团结、了解的天堂，奥林匹克运动也就由此而构成了当代人类自我完善和社会交往的基石。

第五，奥林匹克运动是一种人类文明的共同遗产。《奥林匹克宪章·基本原则》第七条规定："奥林匹克运动的活动是持续的、全球性的。其最高层次的活动是使世界上的运动员在盛大的体育节，即在奥林匹克运动会上相聚一堂。"热烈兴奋的比赛、青年志愿者的培训、体育场馆的兴建、城市规划的构思、精彩纷呈的艺术表演、覆盖全球的赛事转播与收看，都成为宝贵的奥运财富。在全球化的今天，奥林匹克运动已成为各国文明与文化共同进行精神创造的盛会。

实际上，奥林匹克精神是对于各民族体育精神升华的结晶体，代表的是人类体育运动发展的基本方向。今天，奥林匹克已经成为全人类的一种共同的愿望，一种共同的期待，一种共同的祝愿。它随着时间的流逝而不断丰富，不断增添新的内涵，成为人类不断创新、不断增长的宝贵精神文化遗产。奥林匹克精神伴随着奥林匹克运动的全球化发展，正在成为各民族体育发展的热烈向往。但是，从理论上看，奥林匹克精神的发展与丰富，源自于对不同民族的体育精神的提炼与升华，是通过体育运动对人类社会美好未来的实践与设计。因此，就当代社会来说，奥林匹克精神既不能取代各民族体育精神的存在，更不能取代各民族传统体育精神的存在。因为人类社会走向大同，现在还仍然是一种美好的愿望，各民族体育精神的特色发展还是当代社会的主旋律。

（二）"中华体育精神"与"中华传统体育精神"

"体育"是人类共有的文化制品。不同民族的文化氛围，必然酿制出不同的民族体育精神。伴随时代的发展，民族文化必然又会形成新的民族传统体育精神。因此，民族传统体育精神不仅有着鲜明的民族性，而且有着鲜明的时代性。文化本身所具有的职能，使得不同的民族传统体育精神，始终引领着五彩缤纷的民族传统体育不断向前发展。"中华体育精神"与"中华传统体育精神"是两个血肉相连的不同概念，有着直接的联系，它们都植根于共同的中华文明背景之下，有着鲜明的时代特征，是中华民族精神的重要体现和重要组成部分。

关于中华传统体育精神的研究，首先开始于对中华民族精神的探讨，是以中华民族的文化精神为基本背景的。

关于中华民族精神的探讨，近代以来不乏其人。辜鸿铭先生说："我所指的中国人的精神，是中国人赖以生存之物，是本民族固有的心态、性情和操守。"① 张岱年、方克立先生指出，中华"民族精神，广义地讲，就是指导中华民族延续发展、不断前进的精粹思想，是民族文化的主导思想。"② 韩东屏先生认为，"中华民族精神是中华民族在漫长的历史发展过程中积淀形成的，为大多数成员认同、信守的思想观念和价值取向的特殊构成，是民族的心理特征、思想情感和精神气质的综合反映。"③ 黄莉先生从体育学的角度指出，"中华民族精神——是中华民族在长期的共同生活和共同的社会实践基础上形成发展的，为民族多数成员认同和接受的思想观念、价值取向和道德规范，是中国人的意识、思维活动和一般心理状态。"④ 实际上，中华民族精神是中华民族在自有的传统文化影响下凝炼形成的思想特征的具体表现，其基本特征是由中华民族文化发展过程中的主流文化观念和社会的时代要求所决定的。"中华体育精神"与"中华传统体育精神"是中华民族精神发展过程中不同阶段的结晶，"中华体育精神"是相对于中华民族体育发展而形成的概念，并不具有特定的时代性，"中华传统体育精神"则是专指"这一个"时代中华民族体育发展的精神反映。二者有着明确的不同时代性所指，但却有着共同的民族性和文化特征。

关于"中华体育精神"的研究，早在 20 世纪中国改革开放之初就有人提出来了⑤。随后，在中国体育国际地位快速上升的过程中，这一课题得到了社会各界的广泛关注。目前来看，对于这一课题的研究，有三项成果很有代表性：

---

① 辜鸿铭著，黄兴涛、宋小庆译：《中国人的精神》，海南出版社 2007 年版，第 29 页。
② 张岱年、方克立：《中国文化概论》，北京师范大学出版社 1994 年版，第 376 页。
③ 韩东屏：《论民族精神的可说与不可说》，《河北学刊》2004 年第 6 期。
④ 黄莉：《中华体育精神研究》，北京体育大学出版社 2008 年版，第 43 页。
⑤ 参见谭华《论体育道德》，载《体育科学》1982 年第 3 期。

其一，《中国体育报》对中华体育精神的系列论述。"中华体育精神"的概念，最早是从《中国体育报》开始叫响的。1996 年的亚特兰大奥运会上，中国体育健儿取得了 16 枚金牌的成绩，金牌榜列第四位，中国体育运动健儿的奋斗历程和辉煌业绩感人至深，这一成绩也极大地鼓舞了全国人民。《中国体育报》作为体育报道的专业媒体，在报道体育新闻的同时，以潜心提炼、凝聚、阐发体育精神为己任，推出了《祖国至上——一论中华体育精神》等六篇文章，系统地阐述了中华体育精神的基本内涵。按照当时的解释，中华体育精神主要由"祖国至上"、"敬业奉献"、"科学求实"、"遵纪守法"、"团结友爱"、"艰苦奋斗"等六个方面组成。这样一个概括，体现了理论与实践的统一，传统与现实的统一，体育的独特性与社会普遍性的统一。这组文章的刊出，在社会上立时引起了极大反响，受到了社会各界的好评。[①] 同年，张振亭先生还出版了他的《中华体育精神》[②] 一书。之后，散见于报刊上的关于中华体育精神的阐述文章，虽然表述文字不尽相同，但基本上没有离开这一主旨[③]。现在社会上关于中华体育精神的一般认识，正是承继了这样的一些理论观点，认为中华体育精神应当包含着这样一些内容：热爱祖国、祖国至上的爱国主义精神；无私奉献、团结协作的集体主义精神；坚韧不拔、不屈不挠的民族主义精神；顽强拼搏、勇攀高峰的为国争光精神；自尊自信、超越自我的革命英雄主义精神；锻炼身体、振兴中华的奋发图强精神；"友谊第一，比赛第二"的和平友谊精神；"胜不骄、败不馁"的文明精神；科学求实、勇于创新的开拓精神，等等。总之，《中国体育报》的这一阐述，由于形成了深刻的社会印象和较为广泛的社会认同，因而有着极为广泛的社会影响。

其二，黄莉先生对中华体育精神的专题论述。北京体育大学出版社在2008 年出版了黄莉先生的博士论文《中华体育精神研究》，这是一项很有价值的研究成果。书中对中华体育精神从概念到内容、价值、来源、价值的实现等问题进行了系统的理论探讨，认为，"中华体育精神也如此，它在整个

---

① 《中国体育报》http：//sports. sina. com. cn2008 年 6 月 16 日。

② 张振亭：《中华体育精神》，北京体育大学出版社 1996 年版。

③ 参见周强《体育精神：中华民族精神的重要表现形式》，载《河南师范大学学报》（哲学社会科学版）2008 年第 5 期。

中国体育文化中位于其核心层。"① 由此而对中华体育精神这一概念给出了如下的定义:"中华体育精神——是指中国人在体育实践活动中形成的,以爱国奉献、团结协作、公平竞争、拼搏自强、快乐健康为主要价值标准的意识、思维活动和一般心理状态。"又说:"该定义若简化,中华体育精神就是'爱国奉献、团结协作、公平竞争、拼搏自强、快乐健康。'"② 应当说,这一成果是目前为止对中华体育精神最为系统和全面的研究成果。

第三,胡小明先生的重构观。胡小明先生在 2009 年的《武汉体育学院学报》上刊发文章,提出了中华体育精神的重构问题。认为,"现代中国体育在制度层面特色鲜明但缺乏主体的文化观念,我们现有的体育理论既不是东方文明、也不完全是西方文明的传承,不辨东西。我们现有的所谓体育'理论'或'基本理论',其实主要是如何服务于政治或服务于经济的经验总结。在动荡的社会环境中产生的极为鲜明的功利需求,有助于制订阶段性的方针政策,能够短期产生很大的作用,但不能形成体育如何有助于人类长远发展的理念,体育的自身价值和本体目标模糊。"认为造成这一现象的原因在于中华体育精神中"西方人文精神的缺失"和"对东方传统文化的遗弃。"并且严正指出:"多年来,我国主流报刊等媒体认为,中国体育在铸造一个又一个辉煌的同时,也一直在精心培育以'祖国至上','顽强拼搏','胜不骄,败不馁'为核心的中华体育精神。冷静思索,这对中华体育精神的认知度早已整体脱离了中国优秀传统文化的积淀,甚至基本没有多少东方传统美德的呈现,仅仅是对普世性体育精神的部分攫取而已。"胡小明先生的中华体育精神重构观,既是对现在流行的中华体育精神的重新审视,也开辟了中华体育精神研究的一个新视野,这就是:"中华体育精神需要以中华传统文化中的优秀成分为基石,重新构建具有中华文明特色的体育新观念"③。

"中华传统体育精神"是相对于"中华体育精神"而形成的概念。"中华传统体育精神"就是以中国传统文化为基本材料而构成的体育精神,它既具有中国传统文化的特性,又具有体育精神的共性,是有着独特东方文化

---

① 黄莉:《中华体育精神研究》,北京体育大学出版社 2008 年版,第 10 页。
② 黄莉:《中华体育精神研究》,北京体育大学出版社 2008 年版,第 49 页。
③ 胡小明:《论中华体育精神的重构》,载《武汉体育学院学报》2009 年第 3 期。

魅力的精神产品。中国古代虽然没有"体育"的概念，但却有着丰富多彩的体育活动。中国古代文化的思想主流是以"人"为思考对象的，因而对于体育活动现象的思考无不以人的行为利弊为核心。因此，所谓中华传统体育精神，实际上就是指在中国传统主流文化影响下凝炼形成的体育精神，在本质上指的是那些有别于其他民族文化因素影响下形成的体育精神，指的是中华体育精神的特性，而不是隐藏于中华传统体育精神中的体育精神的那部分共性。

中华传统体育精神同样也是一个动态发展的概念。两千多年前的先秦时代，在中华民族思想文化基本框架的构建过程中，中华传统体育精神就形成了基本主体，尔后，伴随着中华民族思想文化的发展与丰富而逐渐壮大。可惜的是，在漫长的历史长河中，博大精深的中华民族传统文化养育了中华民族的传统体育精神，但中华传统体育精神却就像一个放养的山娃，并没有获得哪怕是最正常的打理，一直就是在那里寂寞地成长着。近代史上，面对帝国主义列强的坚船利炮，一代热血志士开始振臂高呼，要用传统的武勇精神，甩掉中华民族"东亚病夫"的帽子。但他们想来想去，不但没有很好地去清算封建皇帝们这些始作俑者的罪过，反倒把责任归到了传统的主流思想文化身上，这一作为，实实在在的就像梁山好汉："只反贪官，不反皇帝"。——这也是天大的冤枉，中国历史上的儒学、道学这些主流思想文化，连"贪官"也不是。近代以来，中华传统体育精神在其文化母体总体上受到排斥和打击过程中，实际上并没有抬头的机会。新中国成立后，有一段时间，我们对于民族传统文化的认识，多半是以社会政治需要为风向标的，直到我们打开国门初期，这一影响仍然可以找到清晰的烙印。现代社会当中，我们对于中华体育精神的建设，正是由于过分地注意到了政治和经济社会的现实需要，又把西方社会对于功利文化的追逐方式借鉴了过来，于是，我们的中华体育精神也就变得似乎与传统的体育精神脱节了，体育变成了政治与经济社会的附庸，成了功名利禄的竞技场。这显然不是中华传统体育精神的初衷，也不符合中华体育精神发展的正确方向。正所谓正本必须要清源，我们只有从根本上弄清楚中华体育精神的元初，才能更好地校正中华体育精神的现代发展问题。

事实上，在漫长的历史发展过程中，中华体育精神也是多灾多难的。秦汉以来历代封建皇帝对于中华民族传统文化的反复扭曲，才是编织中华民族"东亚病夫"帽子的罪魁祸首。中华民族传统文化的原生时期，并不是后来的样子，中华传统体育精神的原生乳汁，培养的也绝不是穿长袍的孔乙己。中华传统体育精神的原生精华，正是我们现在建设中华体育精神的有益补充和迫切所需。战国百家争鸣作为中华民族文化精神的奠基石，对中华传统体育精神的构架起到了决定性的作用，既提供了丰富多彩的材料，也建设了不可或缺的理论支柱，由此而奠定了中华传统体育精神两千年来绵延传承的宏伟基业。这便正是我们审视中华体育精神发展历程的基本起点。

二、战国诸子体育思想反思

概括地说，中华传统体育精神构架材料的最初来源主要有三个：一是东夷文化背景下形成的齐鲁文化传统，这些材料主要蕴涵于以行为习惯为主体的区域性传统民俗当中，突出以体育娱乐活动的方式表现出来；二是殷商，尤其西周以来形成的礼乐文化传统，这些材料主要表现为以政治文化势能为主体的价值取向；三是诸子百家学术思辨过程中形成的思想火花，这些材料纷繁复杂，景象万千，突出以中国传统主流文化的形成为参照系而显现出来。分析这三个方面来源的基本材料，它们对于中华传统体育精神构架的贡献，虽互有交叉，但着力点各有侧重。其中最重要、最关键的便是诸子思想的思辨火花。中华民族的传统体育精神之所以区别于其他民族的传统体育精神，根本的原因不在别处，就在于先秦诸子贡献出来的这些思想文化特质。由于众多先秦诸子思想文化体系在构架中华民族精神的同时，也构架起了中华传统体育精神的基本框架，因而，先秦诸子丰富多彩的思辨材料，也就成了中华传统体育思想最初构架过程中最重要、最关键的材料来源。

战国百家争鸣对于中华传统体育精神的构架，是发生在两千多年前的事情，我们现代人今天对它的认识和分析，自然存在着诸如环境条件、语言文字、真伪甄别等一系列的困难。但一代代的文化传承，使得我们的骨子里始终流淌着不变的鲜血。正如辜鸿铭先生所说："中国人之用毛笔，可以象征中国人之理智。毛笔自然没有钢笔尖利清楚，运用也较难。但学会了以后，倒反轻重如意，浓淡得中，写来比钢笔美观动人。"① 考察中华民族的传统体育，认识中华民族的传统体育精神，同样也是如此。需要注意的是，先秦诸子的思想内容，无论后人将之归属于何学派，大凡对于人与人生的思考留有只言片语者，几乎无不存有对体育或体育精神思索的痕迹。但这些思索的踪迹，又几乎全部淹没在了他们对于社会生活关系的深入思考当中，或人与人，或人与自然，或人的本身，最多的当是关于人与人之间的关系问题。而这些思考，大多是他们对于社会生活中各种理念思考的衍生，直白一些，也可以说是对于人生自身及社会生活规律的认识。把他们这一认识过程中发现的一些规律性的东西汇总整理之后，我们所说的"体育精神"也就显现出了端倪。所以，条理先秦诸子对体育精神思考的脉络，实际上也就是凸显先秦诸子体育思想的发展轨迹。还有一个需要注意的现象，先秦诸子思想体系的形成，都是以春秋战国时期的社会文化为基本背景的，由于战国百家争鸣这一思想文化高峰在齐国形成，因而自然也就大多置身于齐文化的社会环境当中，但战国百家争鸣又是在齐文化土壤上对多元文化的融合，所以，战国百家争鸣与中华传统体育精神的构架，实际上也是一个中华民族的多元思想文化的熔铸过程。

先秦诸子思想体系的形成，在整体上是以周代社会为成长环境的。周代社会的发展，历经西周、春秋至战国，宗法伦理观念不仅始终未可言逝，而且呈现着越来越深入人心、越来越根深蒂固的趋势。这一问题，从政治统治秩序层面上看，王室式微，诸侯竞强，原来统一的天下日渐混乱是大趋势；从人们的思想观念层面上看，宗法伦理显现出了明显的不可改变性，大家都说周天子的办法不好，天下的诸侯却都在仿照的周天子的办法去做，所有的诸侯都在拼命争夺那个谁都曾想推翻过的天子之位。这便是由春秋战国时代一步步走过来的政治历史。有周一代的"社会秩序"，我们的古人叫作"礼"。一切都合乎"礼"，社会秩序就好，一切都不按照"礼"去做，社会秩序就混乱，春秋战国之际士人们对于社会的思考大多便是从这一点切入的。以孔子为代表的儒学终生为维护"礼"的统治秩序而奋斗，以老子为代表的道家提出了一个"无为无不为"的主张，但同样也没有超越于周礼

---

① 辜鸿铭著，黄兴涛、宋小庆译：《中国人的精神》，海南出版社 2007 年版，第 269 页。

之上。"礼"是一条最基本的轴线，先秦诸子无一游离于其外者。"礼"的观念早在商代就出现了，加上有周一代的八百多年，作为一种行为理念，"礼"在社会生活中存在和渗透的时间，至少也有近千年了。周代的后半段，春秋战国之际的"礼崩乐坏"，实际上只是对于社会秩序的描述，当时的所谓"尚礼"与"非礼"之论，只不过是社会上层缘于利益之争的口水仗而已，丝毫不会影响"礼"作为社会观念向社会基层的渗透。所以，"礼"，在整个的先秦诸子思想中都是一个不可缺少的东西。这不单是因为"尚礼"与"非礼"是当时论争的时髦话题，关键是当时整个的社会环境已经离不开了这个"礼"。这也就是说，我们中华民族的基本人文精神，从一开始便是在"礼"的文化土壤中萌芽的。

战国百家争鸣是纯粹的中国本土文化的发酵。战国百家争鸣从酝酿到高峰，经历了一个漫长的过程，具体的表现是"尚礼"与"非礼"之争，轴心线索是儒学的社会适应性问题。其中，儒墨之争、儒道之争、儒法之争、儒与阴阳五行之争，构成了不同时段最为突兀的高峰。中华传统体育精神在争鸣过程中的构架，自然离不开这一社会文化发展的轴心。上一编中，我们大致上分析了参与战国百家争鸣的主要学派对于中华传统体育精神构架的主要贡献，实际上，参与战国百家争鸣的学派还有很多，但就对中国古代体育的发展影响来说，这些学派却是最为重要、影响最大的。由于战国诸子都没有超越于周代社会的政治和文化背景，因而诸子百家无不带有儒学的印痕，无不围绕着"礼"这个轴心打转转，诸如道家、墨家之属，都不例外，所不同的只是对于儒学的态度问题；儒、墨、道、法、阴阳五行，都与"礼"字有着不解之缘，所不同的只是亲和力的大小而已。就战国百家争鸣的黄金时段而言，儒学的社会适应性问题似乎成了众矢之的，道家、墨家先后成了鲜明的进攻旗帜。与此同时，儒学则以博大的胸怀进行着自身不间断的升华。这样的一种文化潮流，反映出来的基本态度，便是以服务社会为目的的积极进取精神。所以，中华传统体育精神的构架，从起点上看就以中华本土文化的自身发酵显现着鲜明的民族特色。

在诸子学派当中，儒学的渊源最为深远，其文化精髓对于传统体育精神的影响也就最为彻骨。按照胡适先生的观点，最初的儒都是殷人，都是殷的遗民，在西周时期甚至还有着很高的社会地位。他们外貌文弱迂缓，且有着专门的知识技能，在西周时期的时候甚至可以算是"最高等的一个阶级了"①。到了孔子所处那个时代，"儒"已经有了"君子儒"和"小人儒"②的分别。"也已经有了很明确的秉性要求："儒有不陨获于贫贱，不充诎于富贵，不恩君王，不累长上，不闵有司，故曰'儒'。今众人之命'儒'也妄，常以'儒'相诟病。"③ 但客观的事实是，春秋以来，诸侯争霸斗争的日趋白热化充分表明，儒学的社会适应性已经成了一个非常重要的问题。

对于儒学社会适应性问题的讨论，应当说在春秋末期的孔子创立之初就开始了，晏婴是第一个站出来摇旗呐喊的人。《史记》记载有孔子在齐国发生的一段故事，可资窥其斑貌：

> 景公问政孔子，孔子曰："君君，臣臣，父父，子子。"景公曰："善哉！信如君不君，臣不臣，父不父，子不子，虽有粟，吾岂得而食诸！"他日又复问政于孔子，孔子曰："政在节财。"景公说，将欲以尼谿田封孔子。晏婴进曰："夫儒者滑稽而不可轨法；倨傲自顺，不可以为下；崇丧遂哀，破产厚葬，不可以为俗；游说乞贷，不可以为国。自大贤之息，周室既衰，礼乐缺有间。今孔子盛容饰，繁登降之礼，趋详之节，累世不能殚其学，当年不能究其礼。君欲用之以移齐俗，非所以先细民也。"后，景公敬见孔子，不问其礼。异日，景公止孔子曰："奉子以季氏，吾不能。"以季孟之间待之。齐大夫欲害孔子，孔子闻之。景公曰："吾老矣，弗能用也。"孔子遂行，反乎鲁。④

这个故事发生在春秋末期。孔子为避难第一次来到齐国，当时的齐国正值齐景公当政，齐景公虽有厚赋重敛之名，但也有着光复祖宗霸业的理想。齐景公以晏婴为相，使得齐国的国势能够渐渐得以恢复。这是这一故事发生的基本背景。孔子来到齐国后，以维护宗法秩序为己任，建议恢复宗法伦理

---

① 《胡适论学近著·说儒》第一集，上海书店出版社 1989 年版，第 9—17 页。

② [清] 刘宝楠：《论语正义·雍也》，《诸子集成》，上海书店影印 1986 年版，第 122 页。

③ 杨天宇：《礼记译注·儒行》，上海古籍出版社 1997 年版，第 798 页。

④ [汉] 司马迁：《史记·孔子世家》，中华书局 1959 年版，第 1911 页。

制度，很是得到了齐景公的赏识，但他却并没有能够在齐国留下来。为什么呢？这里有两个连贯性的直接原因，一是晏婴对齐景公的一番进言，一是齐大夫对孔子的威胁。晏婴历任齐灵公、齐庄公、齐景公三朝，辅政长达四十余年，齐景公时是齐国的相，也是他政治生涯最为辉煌的时期。晏婴因不接受孔子的观点而进言，自然作用很大；至于"齐大夫欲害孔子"，尽管原因可能很复杂，但起码说明孔子的观点在齐国遇到了强烈的反对。晏婴的进言把矛头直指孔子所代表的"儒者"这样一个阶层，明确地指出了反对的原因：第一，能言善辩，桀骜不逊，很难有效地用法度来规范他们的行为；第二，高傲自大，自以为是，不能任用他们来教育百姓；第三，崇尚丧礼，尽情致哀，破费财产厚葬死人，不可以此改变习俗；第四，四处游说乞求借贷，不可以此治理国家。实际上，孔子向齐景公推荐的君臣纲纪是恢复周礼的一项具体措施，齐国是以改革而霸诸侯起家的，晏婴作为齐国重臣，既不可能公然否定周礼，更不可能接受孔子的"复礼"主张，这便是晏婴决意要赶走孔子的根本原因。晏婴代表的绝非仅仅是他自己的观点，而是齐文化本身的价值观念，是春秋末期的时代潮流。晏婴对于儒学的批评，实际上已经开启了儒学社会适应性问题的论战序幕。对于儒的这一弱点，到了汉代的班固仍然直言不讳："夫儒者，以六艺为法，六艺经传以千万数，累世不能通其学，当年不能究其礼，故曰：博而寡要，劳而少功。"[1] 孔子在齐国的碰壁，从根本上说，正是齐文化与儒学价值观念的冲突，冲突的焦点，便是儒学的社会适应性问题。

老子在春秋末期提出了"道"的概念，主张"法自然"，由此也与儒家主张的"礼治"分庭抗礼，并从此开始一直延续了下来，与儒学一道成为中国传统文化发展的两大基本流派。

老子、孔子是同时代的人物，老子以"道"而替代了西周以来的"礼"，正是看到了儒家所主张的"礼"对于现实社会的不适应性。所以道家学派主张"无为"，强调人不应当去人为地追名逐利，老子说："祸莫大于不知足，咎莫大于欲得。"[2] 认为人去积极地做事一定是为名为利，不为

---

① ［汉］班固：《汉书·司马迁传》，中华书局 1962 年版，第 2712 页。
② ［三国］王弼注：《老子道德经·四十六章》，《诸子集成》，上海书店影印 1986 年版，第 28 页。

名不为利那就是为成就感，成就感是名利得到满足后的感觉，本质上也是名利。人的名利都应当是在积极的作为中自然而来的，这便是法"道"。为名利而积极地作为，一味地追名逐利，这便是违"道"。由此而明确地显现出了道学与儒学的直接对立。道家和儒家的思想观念、理论主张，都形成了鲜明的差别，儒家重"有为"，道家重"无为"。道家所主张的"无为"，强调的是按照客观规律办事；儒家主张的"有为"，强调的是按照人的主观意志办事。这样，乍看起来儒道之间很有些背道而驰的味道，但事实上，它们的基本精神上却无一不是在积极地探讨治世救民方式方法，其关注社会、积极进取的人文精神是一致的。战国时期稷下黄老学派在齐国的兴起，在许多方面弥合了儒道之间的纷争，比如《管子》篇提出"止怒莫若诗，去忧莫若乐，节乐莫若礼，守礼莫若敬，守敬莫若静。内静外敬，能反其性，性将大定。"在主体目标上虽然与道家的主"静"观念是一致的，但却在具体措施上与儒家的诗、乐、礼"和"了一起。这样，战国时期的儒、道之争，在承继了各自不变的思想立场基础上，最重要的形成了两个突出点：一个是两个学派之间内容上的相互吸收融合，另一个便是道家以杨朱、庄子为代表的思想分化。

进入战国以后，首先竖起"非儒"大旗的是孔门弟子墨子。《墨子》一书原有《非儒》上、下两篇，现仅存"下"一篇，这是墨子非儒的主要著作。墨子对于儒家学说推崇的礼仪思想大加反对，明确指出，儒家的礼乐主张对于社会政治和生产毫无益处，并且假借晏婴之口，指责孔子所讲的仁义，实质上就是惑乱百姓、鼓动叛乱①。墨子出于儒而反儒，认为儒家的烦琐礼节，特别是"厚葬"、"久丧"（三年之丧）的主张，浪费财物，耗费民力，既损伤活人的身体，又妨害从事生产。所以他就背弃周礼而倡行"节财"、"薄葬"、"简服"（三月之丧）的简朴精神："墨子学儒者之业，受孔子之术，以为其礼烦扰而不说，厚葬靡财而贫民，服伤生而害事，故背周道而用夏政。"② 墨子是社会基层生产者利益的代表，孔子始终是统治阶层的代言人。超脱一点看，儒墨之间的思想争辩，关键不在于对错，而在于

---

① ［清］孙诒让：《墨子间诂·非儒·下》，《诸子集成》，上海书店影印1986年版，第177页。
② ［汉］高诱：《淮南子注·要略》，《诸子集成》，上海书店影印1986年版，第375页。

各自的立场不同，代表的利益群体不同。应当承认的是，他们的理想目的在大方向上是一致的，都是为了安定社会，让社会大众摆脱动荡不安的生活，但由于代表的立场不同，提出的观点方法不同，因而也就无法判定孰是孰非。战国末期的荀子就曾明确指出："故人一之于礼义，则两得之矣；一之于情性，则两丧之矣。故儒者将使人两得之者也，墨者将使人两丧之者也，是儒、墨之分也。"① 此说虽有一定道理，但由于"一之于礼义"的缘故，却是与儒学站在一起的，因而自然也就失却了公允。墨家学派源于儒家而成了儒家的叛逆者，同样是看到了儒家在现实社会中存在的若干不适应性。可惜的是，墨家虽然用了许多极其激烈的辩词"非儒"，但其"兼爱"、"非攻"等思想，却又与儒家"仁爱"思想息息相通。墨子的所谓"非儒"，"非"的只是一些儒学主张的现象，而不是儒学的根本主张。

儒、法之间的争论在战国时期不仅同样没有消停下来，而且形成了愈演愈烈的趋势。儒法之争也不是战国时期才出现的。春秋末期郑国子产铸刑书，晋国叔向首先表示反对②。二十余年后，晋国赵鞅（范宣子）铸刑鼎，孔子又发表了言辞激烈的评论："晋其亡乎，失其度矣！夫晋国将守唐叔之所受法度，以经纬其民，卿大夫以序守之，民是以能尊其贵，贵是以能守其业。贵贱不愆，所谓度也。文公是以作执秩之官，为被庐之法，以为盟主。今弃是度也，而为刑鼎，民在鼎矣，何以尊贵？贵何业之守？贵贱无序，何以为国？且夫宣子之刑，夷之搜也，晋国之乱制也，若之何以为法？"③ 孔子反对铸刑鼎是儒法之争过程中的典型性事件。孔子这段话的意思是说，晋国另立新法而铸刑鼎这是要灭亡的征兆。晋国应该遵守唐叔④时期传下来的法度。现在废弃旧有法令而铸造刑鼎，还怎么治理国家！孔子所主张的是要使晋国坚持使用西周以来的礼乐制度，实际上也就是儒家所倡导的宗法伦理管理制度，根本不需要另立新法。而郑国铸刑书、晋国铸刑鼎，另立新法，

---

① ［清］王先谦：《荀子集解·礼论》，《诸子集成》，上海书店影印 1986 年版，第 233 页。
② 杨伯峻：《春秋左传注·昭公六年》，中华书局 1990 年版，第 1274 页。
③ 杨伯峻：《春秋左传注·昭公二十九年》，中华书局 1990 年版，第 1504 页。
④ 参见［汉］司马迁《史记·晋世家》：晋唐叔虞者，周武王子而成王弟。初，武王与叔虞母会时，梦天谓武王曰："余命女生子，名虞，余与之唐。"及生子，文在其手曰"虞"，故遂因命之曰虞。中华书局 1959 年版，第 1635 页。

这些都是对西周以来的传统伦理管理制度的挑战和否定。这与儒学的主张是水火不容的。是建立新的法制管理体系，还是恢复西周以来的宗法伦理管理体制，这是春秋末期开始的儒法之争的核心问题。

战国时期，儒法之间的斗争出现了新的态势。在形式上有了相互吸纳的趋势，不仅儒家出现了孔门子弟走向法家的例子（如子夏），而且法家也形成了实际上的两大派别阵营，这便是以苛刑峻法为特征的秦法家和以礼法并重为特征的齐法家。实际上，儒法之争只是对于国家管理的具体方式方法利弊的争论，其争论的目的同样也是异途同归。简单来说，提倡道德教化，追求与民无争，终达"无讼"的和谐境界，这是儒家的主张，采取的主要手段便是"礼"。法家则主张建立人们的行为规范标准，以积极的态度去干预世事，终于社会平安稳定，采用的主要手段即是"法"。齐法家与秦法家的不同，只不过是使用手段的方式方法各有侧重而已，齐法家在用法的过程中把"礼"放在第一位，秦法家在用法的过程中把"法"放在第一位。总体上看，法家重视法律运用的目的，是为了"去私"，使民无争，因而，他们把刑、赏二柄作为实现这一目标最有效的手段。儒家重视礼制运用的过程，强调教化的作用和明确的引导。儒法两家在政治上的追求，最后都归结到了一个共同的目的上来，这就是和平与和谐的社会生活环境。

战国时期的儒法之争，也出现了一些极端化的现象，但结局都不是很好。大凡极端化了的儒或法，不是被看作不合时宜，就是最终走向作法自毙。战国以来儒法之争的持续发展，在很大程度上促进了儒、法之间的相互吸收和融合，儒中有法，法中有儒，这在战国末期的思想家们（比如荀子）那里已经看得很清楚了。

阴阳五行学派也是从儒家学派当中分化出来的叛逆者。邹衍是阴阳五行学派的创始人，他本身就是儒者出身。邹衍创立阴阳五行学说的原因，也是看到了儒学的诸多社会不适应性。司马迁是这样说的："驺（邹）衍睹有国者益淫侈，不能尚德，若《大雅》整之于身，施及黎庶矣。乃深观阴阳消息而作怪迂之变。"① 桓宽说："邹子以儒术干世主，不用，即以变化始终之

---

① ［汉］司马迁：《史记·孟子荀卿列传》，中华书局 1959 年版，第 2344 页。

论，卒以显名。"① 邹衍最初以儒术走上社会，失败以后才创立了阴阳五行学说。《汉书·艺文志》概括《邹子》四十九篇和《邹子五德终始》五十六篇的内容，说："敬顺昊天，历象日月星辰，敬授民时，此其所长也。及拘者为之，则牵于禁忌，泥于小数，舍人事而任鬼神。"② 可见邹衍的阴阳五行说，不仅是关于五德终始的历史哲学，也是以天文、历法知识为基础将天道运行和天命转移贯通一串的统一论者，更是一种演绎社会、自然和人事的方法论。由此而与儒学分了开来，走上了朴素的科学辩证之路。

阴阳五行学说的出现，一方面是看到了"有国者益淫侈，不能尚德"的社会现实，一方面是"以儒术干世主，不用"，碰了钉子，由此而形成了儒学发展过程中的另一异端③。儒学的这一"异端"，并不像韩非子所说的"儒分为八"那样仍归属于儒学的大范围之中，而是运用儒学的一些理念把阴阳与五行结合在一起，升华成了一个新的学派。邹衍这一创举的成功，首先在于它的许多成分，比如阴阳、五行、重德等基本观念，殷商以来便有了深厚的社会基础和广泛的社会影响，具备了另立门户的基本条件；其次，适应了时代的需要，《史记》说："其后战国并争，在于强国禽敌，救急解纷而已，岂遑念斯哉！是时独有邹衍，明于五德之传，而散消息之分，以显诸侯。"④ 后来的阴阳五行学说与儒学的距离也就越来越清晰，越来越大了，秦汉之际又得到了封建统治者极度推崇，产生了很大的社会影响。从战国末期开始，阴阳五行学说对燕齐方士也产生了很大影响，东汉时期开始，又被道教借用了过去，具有了更为浓厚的迷信色彩。这样，阴阳五行学说逐渐地形成了别离于儒学的鸿沟。但是，从本质上看，阴阳五行学说骨子里仍然流淌着儒学的血液，理论演绎上却充满了朴素的唯物辩证观点。这是我们所不可忽视的。

总而言之，诸子百家争鸣的学术盛况有三个特点非常突出：第一，所用

① 王利器：《盐铁论校注·论儒》（增订本）上册，天津古籍出版社1983年版，第149页。

② ［汉］班固：《汉书·艺文志》，中华书局1962年版，第1735页。

③ 参见［汉］司马迁《史记·孟子荀卿列传》，第2344页云：（邹子）"其术……然要其归，必止乎仁义节俭，君臣上下六亲之施，始也滥耳。"《盐铁论校注·论儒》（增订本）上册，第149页亦云："邹子之作变化之术，亦归仁义。"中华书局1959年版。

④ ［汉］司马迁：《史记·历书》，中华书局1959年版，第1259页。

材料基本相同。诸子百家争鸣所用材料，大多是《诗》、《书》、《礼》、《易》、《乐》、《春秋》等这些儒家的看家典籍，因而争来争去只是各门派的侧重点不同，或者对于这些典籍中的观点理解不同而已。这一点反映着儒学的理论基础地位和深厚的思想文化渗透力；第二，所提主张之目的基本相同。诸子百家相互诘难的目的，虽然有时看来似乎纠缠于一些细枝末节，但总体上并没有离开"适应社会需要"这样一个大主题，正如《淮南子》所分析的那样，诸子之学，皆出于救时之弊①。依据相同的材料，围绕共同的主题，各自从不同的角度提出自己的观点，这样也就使得主题更加显明，门派更加清晰了，如同千辐所指轴心一般。这一点体现着战国诸子极其鲜明的文化精神；第三，所持态度基本一致。从文献记载来看，战国诸子之间的相互诘难大多都是以学术观点的争论为基本平台的，观点鲜明，语言激烈，态度友善，这是基本的状况。但也有个别，像墨子那样用尖刻的语言"非儒"者，可谓极为罕见。观点争论而不涉及人身攻击，表现出了一种高度的文化包容性，显现着礼乐文化的普遍渗透。墨子刻薄言语的出现，可能就与墨家"清庙之守"的社会出身有关，这只能是一个特例。以平等的态度发表不同的观点而进行争论，这一点体现着及其博大的人文胸怀。宏伟的中华民族精神框架正是在这样的一个历史发展过程中熔铸成形的。

循着中华民族精神在战国百家争鸣过程中的构架轨迹，反思中华传统体育精神基本框架的构建，战国百家争鸣过程中以诸子思想体系为基本材料，大致形成了以下这样几条主要的思想干支：

第一，以儒学为主体的思想主干。儒家学派藉以起家的礼乐制度，从殷商时期发端，在周代初期社会相对稳定的社会环境中，对于周代建立的宗法统治秩序确实起到了决定性的保驾护航作用。进入春秋时期，由于宗法统治的社会秩序受到了诸侯纷争的严重挑战，西周以来形成的礼乐制度的去留便成了一个亟须要选择的问题。这一过程虽然进行得十分艰难而漫长，但却促使儒学思想在这一过程中以宗法统治卫道士的身份形成了独立的儒家学派。客观地看，礼学的人伦管理理念所反映的是一种人类社会关系当中最基本、最普遍的行为规则，它维护的是一种人类社会当中"人有所主"而"天下

---

① 参见〔汉〕高诱《淮南子·要略》，《诸子集成》，上海书店影印1986年版，第376页。

共主"的社会秩序。进入战国时期以后，弱肉强食的诸侯纷争逐步升级，儒学的卫道士形象便成了理所当然的众矢之的，代表不同利益的学术流派也就站出来向儒学宣战了。但这些论争多是出于儒而反于儒，差不多都可以看作是儒学内部的自我完善与分化。"古之欲明明德于天下者，先治其国；欲治其国者，先齐其家；欲齐其家者，先修其身；欲修其身者，先正其心；欲正其心者，先诚其意；欲诚其意者，先致其知；致知在格物。物格而后知至；知至而后意诚；意诚而后心正；心正而后身修；身修而后家齐；家齐而后国治；国治而后天下平。自天子以至于庶人，壹是皆以修身为本。其本乱而末治者否矣。"① 这是儒学的基本主张，儒学之士无不以修身、齐家、治国、平天下为己任。因此，从儒学自身的分化，到诸子百家对于儒学的发难，都是与儒学联系在一起的，差别只在于学术思想间隙的亲疏远近问题。以儒、道为例，按照老子略大于孔子而与孔子同时代的观点，似乎孔子创立儒学与老子创立道学大有并驾齐驱之可能。我们由孔子向老子问"礼"推知，老子对于周礼很精通的；老子的后学，《庄子》书中见于《德充符》、《天地》、《田子方》、《天道》、《天运》篇者，记载孔子与老子关系的材料有八处之多，其中，"庄子及其后学所引老子之言，基本上符合五千言的理论旨归。如对儒家仁义的批判，对无为的倡言，对心灵虚静的体悟与追求等。"② 老子之学对儒学的批判，恰好证明了道家也是以儒学理念为基础起家的。战国诸子之学纷纷以儒学为矢兴盛起来，充分证明了儒学在战国时期就已经成为了当时思想文化大系的基本主干，只不过在当时是以思想文化基础理论的形式表现出来，而不是以社会文化主导的形式凸显出来而已。后来的汉武帝时期罢黜百家而独尊儒术，恰是对于这样一个思想文化大系继承和升华的结果。由此我们而知道，儒学思想是构架中华传统体育精神最重要的思想元素。

第二，与时俱进的爱国主义情结。战国诸子纷争最激烈的战场在齐国，但活跃在稷下学宫里边的学者们却是来自四面八方的。争论的方式主要在于

---

① 参见杨天宇《礼记译注·大学》，上海古籍出版社1997年版，第801页。

② 刘坤生：《孔老晤面考——〈孔老之和〉系列研究之一》，载《暨南学报》（哲学社会科学版）2008年第5期。

"各著书言治乱之世，以干世主。"学术门派不同，思想观点各异，表面上五花八门，但目的却是一致的，都在围绕儒学的社会适应性问题，探求匡正时弊的方式方法。孟子有"老吾老，以及人之老；幼吾幼，以及人之幼；天下可运于掌"①之论；墨子把"兴天下之利，除天下之害"②定为墨家学派的宗旨；邹衍的阴阳五行学说，也是在以五德终始理论为世代替换寻找理论依据；庄子则说："夫圣人之治也，治外乎。正而后行，确乎能其事者而已矣。"③意思是说，圣人之治的根本要旨在于"正而后行"，即圣人先正自己的性命而后感化他人，诸如此类。他们以"治身"为"治国"和"治天下"的前提，突出正己修身的重要性，关心的突出问题都没有离开社会时势的变化发展趋势。相对于战国诸子的社会态度而言，人们往往以儒、道为代表，笼统地用"出世"与"入世"两派来评判。然而事实上并非如此。战国末期的思想家荀子在谈到庄子时曾说："庄子蔽于天而不知人。"④意思是说，庄子只重视代表自然的"天"，而忽视了社会现实中的"人"，即用自然掩盖了人。司马迁也说过这样的话："世之学老子者则绌儒学，儒学亦绌老子。'道不同不相为谋'，岂谓是邪？"⑤站在道家这边看儒家和站在儒家这边看道家一样，都不会得出客观公允的结论。儒、道两家，以及参与到战国百家争鸣过程中来的其他学派，思考的对象或有差异，但无疑都充满了对于时势的极度关注和对于国计民生的充分关爱，凝聚着满腔的爱国主义热情，忧国忧民忧天下，这是战国时期思想家们的共同特征。这一特征，同时构筑成了中国知识分子千百年来的优良传统，也是炎黄子孙爱国主义精神传统的重要文化渊源。

第三，修身养性的基本立足点。孔子创立儒家学派，所做的工作突出表现为对儒学思想的提炼和升华。其实，儒学思想的理念和若干的因子，早在孔子之前就已经很形成了。儒学的形成源自于礼制的出现，而礼制的出现则与宗法统治秩序的形成密切相关。由于宗法统治秩序的巩固和完善，是建立

---

① ［清］焦循：《孟子正义·梁惠王·上》，《诸子集成》，上海书店影印1986年版，第53页。
② ［清］孙诒让：《墨子间诂·兼爱·下》，《诸子集成》，上海书店影印1986年版，第72页。
③ ［清］王先谦：《庄子集解·应帝王》，《诸子集成》，上海书店影印1986年版，第48页。
④ ［清］王先谦：《荀子集解·解蔽》，《诸子集成》，上海书店影印1986年版，第262页。
⑤ ［汉］司马迁：《史记·老子韩非列传》，中华书局1959年版，第2143页。

在严格的"君君，臣臣，父父，子子"的社会伦理基础之上，因而，具体到社会个体的人而言，在先秦诸子们那里，"修身"与"养性"也就成了人生接触最早而又终生学不完的必修课。这门功课怎么做呢？先秦诸子们都曾提出过相应的主张。孔子非常重视修身的理论和实践，主张通过"修己"、"修德"等身体力行的实践活动而达到修身的目的，《论语》记载有这样一段话："子路问君子。子曰：修己以敬……己以安人……修己以安百姓。修己以安百姓，尧舜其犹病诸！"① 意思是说，孔子认为，修养自己来严肃认真地对待工作就是君子。通过修养自己可以使上层人物安乐，可以使所有百姓安乐，使所有百姓安乐，尧舜大概还没有完全做到呢！孟子主张人要修"浩然之气"，通过滋养身体内的"浩然之气"而提升自己的品格水平："夫志气之帅也。气，体之充也，夫志至焉，气次焉。故曰持其志无暴其气。"② 荀子不仅专门写了《修身》一篇，而且提出了一个"治气养心之术"。可以说，以孔、孟、荀为代表的原始儒学，思想原点就是修身养性。不能修身，便无可谈及治国平天下，这是儒家的经典逻辑。道家同样把修身看作是立身之本。老子提出"圣人处无为之事，行不言之教；万物作焉而不辞，生而不有，为而不恃，功成而弗居。夫唯弗居，是以不去。"③ 主张圣人应当以"无为"的态度去对待世事，对待万物实行"不言"的教导。认为"治人事天莫若啬。"庄子虽然与老子的思想中心出现了一定程度的错位，但同样很是重视修身。《庄子》明确指出，人们追求功名利禄、声色美味，"其为形也亦愚哉。"④ 墨家不仅是最早驳难儒学的学派，而且还是驳难儒学的激进派，但墨子同样主张要把修身问题放在第一位。在现存的《墨子》一书中就有专门的《修身》一篇，其中提出了君子务本的观点，明确指出："是故置本不安者，无务丰末。"⑤ 也就是说，根基树立不牢的人，不要期望他能有很大的成就。这里所说的"根基"，实际上指的就是个人的修养。由于诸子立论的角度往往不同，在论及"修身"问题的时候所持原则和所主张的

①　[清] 刘宝楠：《论语正义·宪问》，《诸子集成》，上海书店影印 1986 年版，第 329 页。

②　[清] 焦循：《孟子正义·公孙丑·上》，《诸子集成》，上海书店影印 1986 年版，第 115 页。

③　[三国] 王弼注：《老子道德经·二章》，《诸子集成》，上海书店影印 1986 年版，第 2 页。

④　[清] 王先谦：《庄子集解·至乐》，《诸子集成》，上海书店影印 1986 年版，第 109 页。

⑤　[清] 孙诒让：《墨子间诂·修身》，《诸子集成》，上海书店影印 1986 年版，第 5 页。

方法也多见异趣。正所谓"条条大道通罗马"，尽管诸子的立论方法多有不同，但"修身为本"的立足点和终于"平治天下"的宏伟目标却是一致的。这里还有两个枝节问题，一个是战国诸子本于修身的立足点应当看作是以儒学为基础的，二是诸如杨朱、庄子等"为我"的思想主张，虽是一些极端的认识，但根基本于道，本于修身。因而，先秦诸子所共同主张的修身观念，实际上与中国传统文化当中以德为本的政治理念是一体的。"修身"是一个必须的要求，标准是什么？儒、道、墨不同，孔、孟、荀也不一样。但这一点却造就了我们的传统文化中千百年来不可改变的价值标准，这就是道德第一的价值取向。

第四，异彩纷呈的生命认识观。战国诸子对于生命现象的认识已经达到了相当的高度。甚至可以说，战国诸子对生命的认识和对于生命权利的珍爱，已经达到了无以为加的程度，诸如杨朱的"贵己"说，直至现代仍无法超越。在儒学当中，孔子曾经从伦理教化的角度倡导对于生命肌体的珍爱："身体发肤，受之父母，不敢毁伤，孝之始也。立身行道，扬名于后世，以显父母，孝之终也。"[1] 当然，这句话是否是孔子所说，由于《孝经》一书的成书年代问题而多有存疑。但孔子还有一句名言："吾十有五而志于学，三十而立，四十而不惑，五十而知天命，六十而耳顺，七十而从心所欲，不踰矩。"[2] 这段话通过对人的一生不同年龄段的生理变化而形成的心理特征表述，反映了孔子对于生命现象自然规律的深刻认识。到了战国中、后期的孟子和荀子，已经专门讨论到了人性问题，孟子提出了"性善"说，荀子有了《性恶》一篇，尤其提出了"人之性恶，其善者伪也"[3] 的观点，深刻地揭示了人性先天与后天的两面性。在道家，从老子的"重身惜生"到杨朱的"重生"、"贵己"和"全性保真，不以物累形"，再到庄子的"物我两忘"，无不强调对生命的珍爱。相比较而言，墨家学派是最不珍惜身家性命的，比如墨子崇尚"兼士"，"兼士"的突出特征就是以天下为己任，与人相处而不分彼此、亲疏、贵贱，随时随地都能做到对人"饥则食

---

① 中华书局编辑部编：《汉魏古注十三经·下册·孝经·开宗明义章》，中华书局1998年版，第1页。

② ［清］刘宝楠：《论语正义·为政》，《诸子集成》，上海书店影印1986年版，第23页。

③ ［清］王先谦：《荀子集解·性恶》，《诸子集成》，上海书店影印1986年版，第289页。

之，寒则衣之，疾病侍养之，死丧葬埋之"，甚至在必要的时候能够毫不犹豫地做到损己利人。但是，墨子所主张的这一点，是以人人相爱的天下"兼爱"为基本条件的，他说"爱人若爱其身"，"爱身"仍然是第一位的。至于稷下黄老书、《吕氏春秋》等文献中，从医学角度对于生命现象的认识，则更具有明显的珍爱生命特征，没有对于生命的极度珍爱态度，绝不可以形成如此精妙的身体保护理论和措施。这些异彩纷呈的生命认识观点，从表面上看，似乎是诸子百家对于人生修养问题的探讨，但事实上远不止于如此，而是在很大程度上已经演化成了对于生命现象认识的专门学问，稷下黄老书中的《素问》等就是如此。

第五，显明的礼制文化取向。中国古代的礼制文化不仅起源很早，而且也是在不断发展变化的，孔子曾说："殷因于夏礼，所损益，可知也；周因于殷礼，所损益，可知也；其或继周者，虽百世可知也。"[1] 按照孔子的说法，中国古代礼制文化的起源是早在夏代就有了的，殷因于夏，周因于殷，世代相传，各有损益。有周一代的宗法统治，在本质上依赖的是血缘伦理关系，在管理手段上则主要是礼制。血缘伦理关系是周代社会统治的根本基础，礼制文化是维护这一统治基础的基本保障。春秋末期以来，周天子的宗法统治秩序虽然已经土崩瓦解，但由于先秦诸子的推波助澜，礼制文化不但得到了很好的继承和传续，而且实实在在地变成了中国古代两千多年封建社会发展中最重要的精华因子，同时也演化成了中国传统文化区别于西方传统文化最重要的内容之一。

中国古代的礼制文化源自于礼乐制度，礼乐制度是以"乐"从属"礼"的思想制度，以"礼"来区别宗法远近等级秩序，以"乐"来和同共融"礼"的等级秩序，两者相辅相成。这既是礼乐制度的本质要求，也是礼制文化的核心内涵。周代的礼乐制度，从西周时期创建以来，到战国时期已经形成了以《周礼》、《仪礼》为主体而比较完备的文字记载，西汉时有人又把《周礼》和《仪礼》的解释文字进行了辑录，于是又有了《礼记》。东汉时期的郑玄在遍注群经的过程中通过注释"三礼"而确立了"三礼"之学，礼制文化遂定于一尊。按照郑玄等人的观点，《周礼》、《仪礼》都是西

---

① ［清］刘宝楠：《论语正义·为政》，《诸子集成》，上海书店影印 1986 年版，第 39 页。

周时期的周公所作，那么，从春秋到战国诸侯纷争的社会大动荡和孔子提出"克己复礼"的政治主张，以及战国诸子言必以礼的理论实践看，礼制文化在战国时代实在是已经深入人心了。但战国时人对于周礼的总结和反思也是多元的，他们对于"礼"的认识并不完全一致，这一现象直到汉代才逐渐得到改变。在战国诸子的心目中，"礼"，大多可以释作"规范"、"法律"、"制度"之意，实际上是一个与今之谓"法律"之"法"十分相似而又关乎社会秩序大局的概念。由于战国百家争鸣都是围绕着匡正时弊展开的，因而无不把"礼"看作行为的标尺，由此而使"礼"成了一种鲜明的思想文化取向："礼器，是故大备。大备，盛德也礼释回，增美质，措则正，施则行"①。意思说，礼能够使人修养成器，因此能够使人更加完备。完备，是说人具有完美的德行。礼能够使人消释邪念，增加美质，言行举止妥帖得当。一个"礼"字，有嬉笑怒骂声色犬马，也有血雨腥风尔虞我诈。由于礼制文化同样以儒学思想为基本精神的，因而礼制文化所显现出来的价值取向在意识层面上与儒学精神同出于一辙。礼制文化中的"尚中贵和"等道德本质，是贡献于中华传统体育精神的重要因子。

综之，战国百家争鸣是以儒学的社会适应性为起点开始的，儒墨之争、儒道之争、儒法之争等等，都是与积极地医治社会时弊密切联系在一起的。这是一个非常重要的共同点。此外，先秦诸子思想体系的各自发展，无不以"人"为核心而展开，因而"修身"又是共同的要求。通常我们说，中国传统文化的核心就是人的学问，其本源也要从先秦诸子的这一共同特征说起。还有，先秦诸子都非常重视道德伦理建设，礼制文化的渗透，构成了战国诸子道德文化建设的核心价值观念。战国时期的百家争鸣，诸子学派之间并没有严格的师学或家学界限，学派之间各自都有着很强的包容性和吸纳性，只有观点归派的不同，而没有人身门户的分别。像墨家那样有着强烈团队意识的学派，是非常罕见的。参与百家争鸣的这些思想文化的弄潮儿，以自己的实际行动实践了传统道德文化的高度包容性。因此，在这样的思想文化建设环境中滋生出来的诸子体育思想，在总体上看来，共性是主流，这些共性，伴随着中华民族传统文化的发展而成为中华传统体育精神的主干。

---

① 杨天宇：《礼记译注·礼器》，上海古籍出版社 1997 年版，第 284 页。

当然，战国诸子相互之间也存在着显明的差异，其不同的个性特征，突出表现为一些重要理念问题上的不同认识，比如：第一，养性与养生之别。修身养性是战国诸子的共同要求，只是侧重点不一样。"养性"是儒家的要求，道家则尤其重视到了养生的问题。这一点后来的发展，使儒家与道家在体育思想的体系建设上形成了明确的分流；第二，静养与动养之别。不管是养生还是养性，静养的观点儒家、道家都很重视。动养问题，以《管子》、《荀子》、《吕氏春秋》最为典型，虽然《荀子》多归于儒家，《吕氏春秋》多归于道家或杂家，但就动以养生的观点而论，显然又有着多家融合的痕迹。从后来的发展来看，静养与动养，作为健身理念，同样形成了中国古代体育发展的两个最为重要的流派；第三，治身与治国之别。由于战国诸子都有着强烈的积极用世精神，因而他们提出的治身思想与治国思想在基点上都有着十分密切的关联。但后来的发展却同样出现了分野，儒家始终把治身与治国连在一起，道家之属却逐渐的走上了专于治身的道路，比如气功、医学之类。但无论如何，中国古代竞技体育之所以没有发展起来，战国诸子治身与治国紧密相连的理念基点和对于道德的极度要求，确实产生了十分重要的作用。这是因为，在儒家看来，体育并不是人的生命活动的组成部分，而是社会政治活动需要的一种工具。事实上，现实生活中并非完全是这样，早在春秋乃至之前就出现了一些追求潇洒快乐生活方式的娱乐观念，《诗经·蟋蟀》通过描写秋天蟋蟀活动，极力地宣扬了一种"好乐无荒"的人生观点；《诗经·山有枢》中甚至劝告人们活一天就要享乐一天，不要吝惜财物，否则死后财物就被别人占有了。可惜这样的生活态度和精神，在战国诸子的思想体系中都被积极的用世精神排斥掉了，虽然在庄子那里可以见到类似的影子，但庄子的思想本质上却又并不是这个样子。战国时期，治身与治国的思想理念也出现了分野，在儒家当中有了"穷则独善其身，达则兼善天下"①之说，"治身"的时候便成了修心养性、养精蓄锐之为，在道家则有了"物我两忘"的观点，"贵己"成了健身养生的重点。魏晋时期大量隐士的出现，与这一时期治身与治国理念的分离趋势也有着直接的关系。

战国末期，荀子作为一代儒学大师，以高屋建瓴的姿态，以儒学思想为

---

① 〔清〕焦循：《孟子正义·尽心·上》，《诸子集成》，上海书店影印 1986 年版，第 525 页。

基本指导，对以前的诸子思想进行了系统性的总结，从而基本确立了中国古代体育思想发展过程中儒学的基本主导地位，这一点，到《吕氏春秋》以及董仲舒的罢黜百家、独尊儒术，都曾为以浓厚的泛道德色彩为基本特征的中华传统体育精神的外显层面添砖加瓦。而与此同时，以道家的"道法自然"为主体的体育思想，不仅逐渐地发展成为以健身养生为基本特征的体育精神，而且经过战国末期阴阳五行学说、方仙道家的演绎，在汉代又进一步演生成了道教，更是加剧了道家养生健身思想的发展，最终形成了以珍爱生命为基本特征的中华传统体育精神的内在核心支柱。

毋庸置疑，战国诸子体育思想的形成，对于中华传统体育精神的构架所产生的作用是极其重要的，没有战国诸子的积极思辨，中华传统体育精神的构架就无从说起。但是，由于战国诸子本身的思辨重点以及方式的局限，使得中华传统体育精神的构架与现代体育的发展需要，从一开始就存在着明显的软肋。这首先具体表现在先秦诸子对于体育活动的思辨上，主要有四个方面：其一是活动方式强调心理运动而不太重视肌体运动；其二是活动过程强调道德而不重视结果；其三是活动目的强调健身而少有竞争；其四是强调健身为国而少为己。由此而上升到文化精神层面的时候，便出现了爱国重于爱身、"贵和"强于竞争、集体优于个人、任智而不任力的体育精神风貌。其中，诸如竞技性弱、强调群体意识、对于道德过度要求、肢体运动不发达等等，在现代体育发展过程中，尤其是当与西方的竞技体育接轨的时候，都处于十分突出的弱势一面。但我们却又必须要清醒地看到，这些东西，既是中华传统体育精神在当今世界体育舞台上显现出来的软肋，也正是中华传统体育精神的基本优势之所在。取其所长，补其所短，弘扬和发展我们的民族体育事业，振兴我们伟大的中华民族，这才是我们今天所需要努力完成的伟大而又光荣的任务。

三、中华传统体育精神的构架

先秦诸子对于中国人文精神的阐述与糅合，在自觉与不自觉地思辨过程中，从整体上反映出了中华传统体育精神的基本构架状况。

关于中华传统体育精神构架的思考，早在 20 世纪初期的时候就有人提出了精辟的论述。毛泽东的《体育之研究》、梁启超的《少年中国说》等，都是影响深广的著述。郭绍虞先生在他的《中国体育史》中曾明确指出，中国古代体育之不发达，主要有两方面原因：其一是"政治方面"的原因。认为我国春秋战国时期的"尚武之观念，遂深入人心，忠勇义侠之士，巍然为一代之光。"秦汉以后，"一人为刚，万夫为柔"，"日流文弱"，"今以体质羸弱之故，以致颓唐其精神，脆薄萎靡其志气"。此皆政治方面之原因；其二是"学术方面"的原因。认为我国古代的儒学重礼，"以雍容揖让为娴雅"，道家尚无为，"以疏懒为达"，这些思想观念，"足以阻体育之发达者也。"① 反思先秦诸子对于体育观念的认识，近代学术界矫枉过正，认识大多有失偏颇。事实上，先秦诸子的体育观念是与他们基本的世界观和价值观连在一起的，至于什么是体育他们虽然没有作出解释，但他们对于单纯的肢体运动却大多是不感兴趣的。近代以来的国人们顾此而失彼，断章取义，自然也就容易偏于一隅，失于公允，走向非传统而至于媚外之路了。

反思先秦诸子对于体育精神的思辨，在整体上的突出表现，便是在构架过程中确立了以下几条主干。

（一）以人为本的基本理念

综合春秋战国时期的中国古代体育发展，一方面，在先秦诸子们那里，"养"这个字有着很重要的作用，或者养性，或者养生，都离不开这个"养"字。"养"是修身最重要的基础和起点。另一方面，战国时期，即使在急需的军事体育教育实践活动中，也没有形成突出的肢体竞技体育教育方式，思想家们对于社会的关注目光，全在于对于人的精神培养和改造。因而，透过先秦文献反映出来的中国古代体育思想，差不多就是一种"养"的学问，是关于"养"人的学问。简而言之，先秦诸子对于人的思考不外乎三个要点：一是人与社会的问题，这是儒家的重点，墨家、道家兼而有之；二是人与自然的问题，这是道家的重点，儒家、墨家、阴阳家五行家兼而有之；三是人本身的问题，这是宗于道家的黄老学中医学的重点。这三个问题，都没有离开"人"这个核心，不管是养生还是养性，体现出来的基

---

① 郭希汾：《中国体育史》，上海商务印书馆民国二十八（1919）年版，第3—6页。

本精神的主体便是以人为本，以人的社会实用性和人的生命养护为根本。政治上以人为管理根本，哲学上以人为思考主体，反映在体育观念上，则以"养"人为基本出发点，这是中国文化的一个突出特点，更是这一时期体育思想的基本特征。

　　商周之际，中国古代的人文主义精神还是天真而带着疑虑的。一方面，已经朦胧的认识到了人类社会历史的发展有其自身的发展规律，并不一定需要天命鬼神的安排；另一方面，人道又总是放在与天道的关系中考虑，当骨子里怀疑天命鬼神的时候，却总是还要经营出一副替天行道的样子，表现出了对于否定天命的疑虑。在宗法统治的政治环境里边，人始终是以统治同类为根本的，这样，如何在天、人关系中以人为本，或者以人道为天道的最终归依，也就形成了早期的"人本"思想萌芽。春秋战国之际，人文主义精神更加彰显，由于诸子百家对于天人关系的认识不尽相同，其人本思想的内在结构也多有不同，显现着先秦人本思想的丰富多元特征。春秋末期的孔子与老子是人文思想发展中的两位巨擘，老子要把人还给自然，孔子要把人还给社会，从而奠定了中国历史上人文思想的理论基础。战国时期的墨子，由于主张天志、明鬼，似乎把人放在了天鬼的意志之下，认为天和鬼是人间祸福疾病的裁判者，但又主张人的命运应当由自己来决定，而且他还明确告诉人们，"非命""尚力"本身就是天意，天的意愿想让居于上层的人廉洁清政，居于下层的人强力从事劳作，如此，则尊天事鬼与"非命""尚力"就实现了统一。显然这又与与儒家、道家所提倡的人文精神相对立，形成了别具一格的人本思想观念。黄老学派对于人自身问题的思考则主要建立在了古代医学基础之上，实际上就是把人放在了客观自然的层面上了。在这样的思想文化背景之下，先秦诸子对于体育思想的认识，自然也就始终不可能脱离人文精神发展的时代步伐。

　　中国古代对于人本精神的自觉系统性思考，首先开启于孔子对于儒学的创立。战国时期的孟子、荀子，沿着孔子发现的光束，都对人本精神进行了积极的探索。尽管角度不尽相同，目标也不尽一致，但都没有离开"以人为本"这样一个共同的思考原点。孔子出身于没落的贵族，在他幼年的时候，与上层贵族就已经有了很大的距离。长成以后，虽然靠学识能够出入宫廷了，但他的内心世界却充满了矛盾：既在观念上非常重视尊卑贵贱的等级划分，又在行为和理论上却形成了博大的人文情怀。《论语》记载，孔子家的马棚中失火了，孔子从外面回来，首先关注的是"伤人乎?"而"不问马"①。马在当时是十分重要的生产生活资料，马与马夫在当时都应当是孔子家的私有财产，孔子贵"人"而不贵"马"，这个"人"，在孔子的心目中似乎没有了尊卑贵贱的社会定位，只是一个基本的社会成员。这便是孔子可贵的价值取向。在理论上，孔子提出了"天地之性（生）人为贵"②的主张，认为人世之间，人是最可宝贵的。到了孟子那里，不仅出现了"仁者爱人"③的主张，而且提出了著名的"民贵君轻"④的观点。荀子则从"明于天人之分"的角度，主张不仅要区分物、我，严别天、人，而且明确指出了人与其他动物的不同："人之所以为人者何已也? 曰：以其有辨也。饥而欲食，寒而欲暖，劳而欲息，好利而恶害，是人之所生而有也，是无待而然者也，是禹、桀之所同也。然则人之所以为人者，非特以其二足而无毛也，以其有辨也。今夫狌狌形笑，亦二足而毛也，然而君子啜其羹，食其胾。故人之所以为人者，非特以其二足而无毛也，以其有辨也。夫禽兽有父子，而无父子之亲，有牝牡而无男女之别，故人道莫不有辨。辨莫大于有分。"⑤ 认为与其迷信天的权威去敬畏它、思慕它、歌颂它、等待它的恩赐，不如积极主动地去"制天命"、"裁万物"⑥、"骋能而化之"⑦，表现出了在认识世间万物过程中的强烈人本意识。儒家的人本理念，首先是认为人乃万物之灵，人生是最可宝贵的，所以主张人要做社会的主人，从孔子的"天地之性（生）人为贵"到荀子的"明于天人之分"，完成了人不但有别于自然，而且还应改造和征服自然的理论飞跃。在整个的儒家学派里边，关于以人为本的话题，思考的核心问题，始终定位于人与社会的关系和人在社会中的地位上。

---

① ［清］刘宝楠：《论语正义·乡党》，《诸子集成》，上海书店影印 1986 年版，第 228 页。
② 中华书局编辑部编：《汉魏古注十三经·下册·孝经·圣治章》，中华书局 1998 年版，第 13 页。
③ ［清］焦循：《孟子正义·离娄·下》，《诸子集成》，上海书店影印 1986 年版，第 350 页。
④ ［清］焦循：《孟子正义·尽心·下》，《诸子集成》，上海书店影印 1986 年版，第 573 页。
⑤ ［清］王先谦：《荀子集解·非相》，《诸子集成》，上海书店影印 1986 年版，第 50 页。
⑥ ［清］王先谦：《荀子集解·王制》，《诸子集成》，上海书店影印 1986 年版，第 105 页。
⑦ ［清］王先谦：《荀子集解·天论》，《诸子集成》，上海书店影印 1986 年版，第 212 页。

　　老子以及后来道家学派的发展，对于人本问题的思考则走上了与儒家学派不同的道路，他们思考的核心问题是人与自然的关系以及人在自然中的地位。老子说："故道大，天大，地大，人亦大。域中有四大，而人居其一焉。"老子把人放在了与"道"、"天"、"地"同等的地位，"道"是"可以为天下母"的万物之规律，"天"、"地"是世间之母体，而人则是其中唯一的生灵。老子把"人"与"道"、"天"、"地"并举为"四大"，从而把人从世间万物当中凸显了出来，构成了道家学说人本思想的坚实理论基础。"道法自然"一语归结了道家思想主张的基本要义。人生活于天地万物之间，就必须要遵循天地万物的自然法则。因而，道家反对人与自然相对立，积极主张彻底消弭人与自然之间的不协调，"法自然"之道、"为无为"之事。后来的杨朱、庄子以及黄老学派，在理论宗旨上虽然坚持了老子的思想主张，但杨朱走上了"一毛不拔"的极端"贵己"之路，庄子走向了"物我两忘"的逍遥之路，黄老之学在保健养生方面取得了突出的成就。这些理论，本身就是对于"人"以及人与自然、人与社会关系的研究结果，仍然是以"人"自身为核心的本位思考。

　　墨家学派是积极的"非儒"者，但是，墨家的"非儒"与"道家"的非儒不同。道家非儒看到的是儒家崇尚的周礼对于现实社会的不适应性，墨家非儒则是看到了儒家"厚葬"、"久丧"等繁文缛节造成的社会现象。道家看到的是根本，墨家看到的是枝叶。因而，墨家的思想主张与儒家的相通之处是显示于外的，道家的思想主张与儒家的相通之处是纠结于内的。墨家与儒家在理念上的若干相通，使它同样有着以人为本的宽广情怀。《墨子》书中的天志、明鬼思想与人文精神的关系是一个十分值得重视的题目。在墨子的天人关系思想中，人本思想的结构与儒、道人本思想的结构出现了明显的不同。这主要表现在以下几点上：第一，假借"天道"而推崇"人道"的总体思路。墨子言"天志"，现存《墨子》书中有《天志》上、中、下三篇和《明鬼》下一篇。在这些论述中，墨子一方面构架了一条清晰的冥冥天道，另一方面却又高唱起了人间的"兼爱"之歌，主张通过人与人之间的真诚相爱而实现人类社会的"大同"①。实际上是举天道之名而言人道之

———————

① 刘玉明：《从〈墨子〉中感悟墨子追求社会和谐的理想》，《管子学刊》2009 年第 1 期。

实。墨子天人关系的基本结构中有四大要素：天、鬼（神）、君、民，鬼、神外在于人而又对人的行为具有制约能力和赏善罚恶的本事。因此，对于人来说，不但要尊天意，还要事鬼神。天人关系中的"人"，在现实社会政治中又包括了"君"和"民"。墨子在君、民关系上所持有的态度，同样回归到了民本的高度，成为墨子人本思想的制高点。从本体上看，墨子只不过是要通过旧有的传统"天道"而强化他的新"人道"而已，所以他这样说："故欲富且贵者，当天意而不可顺。顺天意者，兼相爱、交相利，必得赏。反天意者，别相恶、交相贼，必得罚。"① 第二，"兼爱"是理想目标。墨子的思想当中，"天志"与"兼爱"密不可分。"兼爱"是"天志"的内容，"天志"是"兼爱"的终极目标。在墨子的心目中，天意就是兼爱天下百姓。天意爱人的直接表现以及终极目标，乃是天赋予人民以生存的自然条件和自然资源，并给人世间安排好社会秩序："且吾所以知天之爱民之厚者有矣，曰：以磨为日月星辰，以昭道之；制为四时春秋冬夏，以纪纲之；雷降雪霜雨露，以长遂五谷麻丝，使民得而财利之；列为山川溪谷，播赋百事，以临司民之善否；为王公侯伯，使之赏贤而罚暴；贼金木鸟兽，从事乎五谷麻丝，以为民衣食之财。自古及今，未尝不有此也。"② "天"只有一个，包含很多属性和能力，赋予人以自然资源是其能力之一。但这并不意味着这个"天"就是"自然之天"。在墨子的心目中，这个"天"，既不是自然之天、鬼神之天，也不是主宰之天，而是天道之天，是负责赏善惩恶维护正义的天。说到底，还是一个"意志之天"，不然"天"怎么又会赏善惩恶呢？在现实世界中，天以"赏善惩恶"的姿态维护人世秩序，爱人者，人亦爱之；杀不辜者，必有不祥，这是一种总体上的因果关系："然则何以知天之爱天下之百姓？……且吾言杀一不辜者，必有一不祥。杀不辜者谁也？则人也。予之不祥者谁也？则天也。若以天为不爱天下之百姓，则何故以人与人相杀，而天予之不祥？此我所以知天之爱天下之百姓也。"③ 在墨子的心目中，天和鬼神具有同构性，都具有根据人的行为而进行赏善罚恶的意志

① 孙诒让：《墨子间诂·天志·上》，《诸子集成》，上海书店影印 1986 年版，第 120 页。
② 孙诒让：《墨子间诂·天志·中》，《诸子集成》，上海书店影印 1986 年版，第 125 页。
③ 孙诒让：《墨子间诂·天志·上》，《诸子集成》，上海书店影印 1986 年版，第 121 页。

和能力，所以，人要敬天。同时，墨子仍然还要期冀通过上帝鬼神来实现他的"兼爱"理想，因而人之于天，需要遵从它的意志；人之于鬼神，则需要祭祀供奉。敬事天、鬼的目的最终归结到了实现"兼爱"的政治理想上来。第三，尚贤是突出特征。选贤任能是儒、墨共同的思想特征，但由于墨子立足于社会基层的产业阶层，因而墨家的尚贤思想更为直接、坚决而彻底。墨子说："夫尚贤者，政之本也。"① 又说："官无常贵，而民无终贱。"② 由于墨子立足于具体的社会实践基础之上，这些思想主张，不管是在理念上、态度上，还是在实践上，都要比孔子的"举直错诸枉，能使枉者直"③、"为政以德"④、孟子的"不用贤则亡"⑤、"不信仁贤，则国空虚"⑥、荀子的"论德使能而官施之者，圣王之道也，儒之所谨守也"⑦ 要彻底得多。他的民本思想中，有着丰富的发挥人的主观能动性的尚贤成分，因而也就显得更为突出。

在道家学派、黄老学派的思想基础上形成的古代医学，对于人的肌体、精神及其关系的认识，同样达到了前所未有的高度，由于这一领域认识的基本点就是人自身的问题，无所谓本末之分，把整个的思辨视野全部集中到客观世界中人的身体之上，这是当时对于客观世界中的人所重视的最突出表现。通常我们说，孟子的民本思想是先秦民本思想的高峰，这只是从政治理念这一角度来看的。实际上，道家，尤其这一时期的古代医学对于人的关注，同样也是一种空前的人本意识，完全可以与孟子的人本思想并驾齐驱，只不过角度变成了对于人的生命的关注而已。

春秋以来的民本意识已经达到了相当的高度，战国时期的民本思想得到了进一步的升华。正是在这样的社会环境条件下，战国诸子对于人的问题的思考，方才爆炸式地出现了若干的崭新观点。人对自身及其周边关系的重

---

① 孙诒让：《墨子间诂·尚贤·中》，《诸子集成》，上海书店影印 1986 年版，第 28 页。
② 孙诒让：《墨子间诂·尚贤·上》，《诸子集成》，上海书店影印 1986 年版，第 27 页。
③ ［清］刘宝楠：《论语正义·颜渊》，《诸子集成》，上海书店影印 1986 年版，第 278 页。
④ ［清］刘宝楠：《论语正义·为政》，《诸子集成》，上海书店影印 1986 年版，第 20 页。
⑤ ［清］焦循：《孟子正义·告子·下》，《诸子集成》，上海书店影印 1986 年版，第 490 页。
⑥ ［清］焦循：《孟子正义·尽心·下》，《诸子集成》，上海书店影印 1986 年版，第 572 页。
⑦ ［清］王先谦：《荀子集解·王霸》，《诸子集成》，上海书店影印 1986 年版，第 139 页。

视，标志着人的自我认识的进一步觉醒，标志着人对于自身价值和自我生命珍爱程度的迅速提高，而这却也正是体育精神自身发展的本质需求之所在。

（二）以静为主的行为要求

现代的体育观念当中，"动"是体育活动中最为基本的要素之一，似乎没有"动"也就无所谓体育。强调了体育的"动"，忽视了体育的"多元"，这一点，在理论主体上是以西方社会的体育观念为基本参照的。春秋战国时期就十分流行的蹴鞠、六博、斗鸡、走狗、赛马、投壶、射箭、投掷、跑步，等等，这些体育活动乍一看来虽然也是一些运动型的体育活动项目，但这些活动往往只是以"暂时的娱乐需要"形式出现，大多属于达官贵人的消遣工具，有的或者是一些社会底层的市井民众的游戏工具。这一基本属性决定了活动过程的竞技色彩的淡薄，从而使得作为参与活动的主体的人的活动量，始终处在"尽可能减少"的活动状态。后来，伴随着战国时期思想家们对于体育精神的提炼，体育精神对于体育活动的支配功能越来越突出，体育行为中对于"静"的欲望逐渐地也就占据了优势地位。

春秋战国时代，中华民族传统体育的发展，为什么会走上以静为主的路子呢？这是一个很复杂的问题，概括来看主要表现在以下三个方面原因：

首先是文士社会地位的迅速上升。春秋战国之际，士阶层的急剧分化加速了文武分途的步伐。战国时期士阶层的文武分途日渐清晰，文士地位急剧上升，武士们的政治话语权在很大程度上受到了排挤甚至被侵夺。战国时期的文士们已经成为一个非常活跃的自由阶层，思想文化，包括对于体育精神的思考，则主要是由战国时期的这些自由活跃的文士们来完成的。战国以前的所谓体育活动，大致上不外乎存在于两类活动中，一是官方的政治需要附属活动，诸如官学中的教学项目，比如射、御等，官方的军事人才选拔，比如齐国的秀才选练之类，这些都是明确的国家政治需要的附属行为，有着明确的组织性；二是民间的娱乐生活活动，诸如市民阶层出现的六博、蹴鞠、斗鸡、走狗，王公贵族之间出现的投壶、乐舞、弈棋之类，这类活动带有明显的随意性，即使活动本身需要的群体行为，恐怕大多也是局限在很小的范围之中。官方出现的体育教育活动，大多同时也具有军事训练的功能，目的主要在于培养国家的御用统治工具。民间的体育活动，基本上处在游戏消遣层面上，只是一种社会生活的反映和社会经济状况的折射。由于社会上形成的体育活动基本上或被作为统治者的御用工具，或被作为饱食终日者们的消遣方式，这都是那些对诸侯竞强深恶痛绝而忧国忧民的战国诸子们所不屑一顾的。巧舌如簧的文士们自以为是，目空一切，纵横驰说，过分地强调智谋、精神的作用，不用说这些所谓的体育活动，对于那些驰骋疆场的武士们恐怕也多有不屑之意，孟子就说过"劳心者治人，劳力者治于人"① 的话，"武士"属于"劳力者"之列，当然要被"劳心者"们所治。虽然诸侯征战风起云涌，但文士在政治上占有上风，武士们成了战场厮杀的工具，"任智而不任力"成了时代的风尚，武士们的政治话语权以及动以健身的特点，自然都受到了有效的排挤。文士社会地位的攀升和对于"任智而不任力"的行为观念的倡导，在理念上推进了"静以养生"体育观念的逐步发展。

其次，文士们的主流思考意识带有明显的外向性。战国时期最为活跃的是那些拥有知识、创造思想文化的士人，因为他们既不肯于接受妄自尊大的诸侯们的约束，更不安于现实的迷惘与沉沦。他们的长项便是对于社会的洞察与人世的思考，汉代的刘向说："辨然否，通古今之道，谓之士。"② 指的主要就是"文士"。从春秋中后期开始，宗法势力对于社会人身自由的控制能力逐渐减弱，由于宗法统治体系中的士人阶层处在贵族与庶人阶层的交接点上，贵族中的卿大夫，可能转眼之间便沦落到了士阶层当中，庶人甚至奴隶，也可能转眼之间青云直上进入到了士阶层甚而贵为卿大夫。士阶层的这种变化原因很复杂，比如战争失败、被逐流亡、各种避难等，都可以让卿大夫沦落到庶人甚至奴隶阶层当中。而庶人、奴隶之类的人要进入到士人阶层中去，则必须要付出很大的努力，其中获取知识，则是一个非常重要的手段。这也就是孔子说的"学而优则仕"。《吕氏春秋》中记载了六位"刑戮死辱之人"，分别拜师于孔子、子夏、墨子、禽滑厘，最后都因学识而"王公大人从而礼之"③。他们原来的身份地位都在庶人平民之下，由于通过学习获得了文化知识，从而改变了自己的身份和地位，成了"名士显人"。由

① ［清］焦循：《孟子正义·滕文公·上》，《诸子集成》，上海书店影印1986年版，第229页。
② ［汉］刘向撰，向宗鲁校证：《说苑校证·修文》，中华书局1987年版，第479页。
③ ［汉］高诱注：《吕氏春秋·孟春纪·尊师》，《诸子集成》，上海书店影印1986年版，第39页。

于这一类士人获取知识的目的带有强烈的功利性，成功以后也就大多以忧国忧民、匡世救主为己任，表现出了强烈的追求独立人格和言论自由的精神，思考的多是社会现实亟须要解决的问题，他们关注的重心并不是"自我"，其基本的思维方向有着显明的外向性。即便是道家的所谓"物我两忘"，本质上看也并不是纯粹的"利己主义"者，老子、庄子乃至于黄老学派，他们的基本主张，同样也是希望通过探求事物发展的规律而济世的，对于社会的现实发展走向始终有着难以割舍的情怀。文士们这种积极关注社会的外向情怀，实际上在很大程度上作为时代的社会达人，他们自身对于"静"的体育观念的行为偏好和眷恋，自然以楷模的姿态，对社会产生着巨大的影响和导引作用。

其三，社会道义建设的需要。道义建设，既是战国时期社会发展的需要，也是当时士人阶层自身的基本奋斗目标。春秋战国之际诸侯纷争局面的形成，归根结底是由于各方诸侯不苟于旧有的宗法管理秩序造成的。春秋以来，弱肉强食的诸侯竞强，严重地摧残着西周以来建立起来的宗法统治秩序，战国时期，周天子作为天下共主的政治地位已经荡然无存。诸侯蜂起而对于这种宗法统治秩序的破坏，在当时的思想家们眼里无疑是乱臣贼子的行径，孔子说的"天下有道，则礼乐征伐自天子出。天下无道，则礼乐征伐自诸侯出。"正是这个情况。道义的败坏摧毁了西周以来建立起来的宗法大厦，孔子高喊要"克己复礼"，实际上就是对这种行将崩坏的道义的捍卫，所以孟子就说："孔子成《春秋》，而乱臣贼子惧。"① "孔子们"的摇旗呐喊，虽然不能改变天下纷争的局面，但却反映了时代发展的强烈要求，这是因为恢复或建立有序的社会统治是社会发展的必然趋势。战国诸子的积极用世目标，主要也就体现在了恢复或者组建有效的社会统治秩序上。至于是恢复旧有的秩序，还是建立新的秩序，则仁者见仁，智者见智。但总括战国百家之说，无不起以修身立论，而终以道义之说，所不同的只是修身治国平天下的方式方法而已，诸如儒家倡"仁政"，法家讲法术，道家重"无为"，墨家行"兼爱"，阴阳五行论"五德终始"……归根结底都在试图通过个人品德的建设，进而把自己的思想主张应用到平治天下的社会实践当中去。战

---

① ［清］焦循：《孟子正义·滕文公·下》，《诸子集成》，上海书店影印1986年版，第271页。

国时期生活在桃花源中"不知秦汉，无论魏晋"的隐士在实践中几乎是找不到的。士人们的主张，几乎都是要通过人的自身道义修养，来实现社会的安定。诸如墨子、孟子、荀子、韩非子等，他们手中并没有统治权力，但都希望自己的主张能够影响君主们的施政方向。由此，道义的建设，也就成了这一时期社会发展和士人阶层共同需求的呼声。文士们对于道义建设的这种积极作为，都在呼吁着社会秩序的积极建设，而这种秩序首当其冲的便是反对社会的动荡，倡导的是一种秩序和安定的理念，追求着一种全社会公认的道义建设目标。

实际上，宗法社会的礼治要求和文士们的大肆鼓动，以及主流思考意识形成，这是中华民族传统体育精神走上以静为主的发展道路的主要原因。

周代是以礼乐为道德教化工具的，但战国时期的锵锵战鼓，早已遮掩了西周以来的悠悠丝竹之音。在这样一个礼乐教化逐渐远去的背景之下，道德建设的呼唤，伴随着消弭战争的高亢呼声，以静为主的运动理念，便在士人阶层崛起之后渐渐地形成了。"求和"，"求稳"，求"法自然"，不仅是这一时期社会的主流呼声，而且在整体上对后世社会发展产生着巨大的影响。反映在体育精神方面，对于"动"的要求只是"点"，对于"静"的要求则是主体。前面我们说到，"静以养生"与"动以养生"是中国古代两种重要的养生理念。道家的"静"是建立在"无为"便是"有为"的理论基础之上的。儒家的"静"是一种雍容与礼仪的包容，源自于西周以来形成的礼乐道德教育模式。孔子是周礼的崇拜者，而周礼的基本精神便是"和"，"礼之用，和为贵。"[①]"和"的基本特征首先便是排斥矛盾的斗争性。《论语》记载孔子的话说："君子有三戒：少之时，血气未定，戒之在色；及其壮也，血气方刚，戒之在斗；及其老也，血气既衰，戒之在得。"[②]孔子反对那种过度的追求和激烈的争斗。孟子也说过"好勇"的话，但他喜好的却是"一怒而安天下之民"以德取胜的文王、武王之勇。荀子虽然提出了"动静和节"的修养观，并且提出了"养备而动时，则天不能病"、"养略而动罕，则天不能使之全"的运动健身观点，但他的所谓"合节"却是要合

---

① [清] 刘宝楠：《论语正义·学而》，《诸子集成》，上海书店影印 1986 年版，第 16 页。
② [清] 刘宝楠：《论语正义·季氏》，《诸子集成》，上海书店影印 1986 年版，第 359 页。

乎"礼"的规范："人无礼则不生，事无礼则不成，国家无礼则不宁。""合节"便是"合礼"，"合礼"便是有序，有序亦便如孔子所说的"文质彬彬"之属："质胜文则野，文胜质则史。文质彬彬，然后君子。"① 墨子出于儒而非儒，极力主张"兼相爱，交相利"。"兼相爱，交相利"既是墨家治国救世的政治纲领，也是墨家修身的根本准则。所谓"兼相爱"就是不分亲疏，彼此相亲相爱。所谓"交相利"就是兴天下之利，使天下人都得到"利"。"兼爱"与"交利"是一个整体，要爱天下所有的人，就必须利天下所有的人。墨家的"利"、"爱"有着鲜明的功利主义色彩。以此为基础，墨子也重视礼学，强调礼的等级性，在尊天明鬼思想指导下，肯定祭祀之礼的社会功能与道德作用，承认乐的审美价值。但墨子反对礼的宗法性，批评三代丧礼和儒家丧礼的厚葬久丧，又否定乐的政治作用。墨子之礼学呈现出了对儒家礼学明显的批判性和创造性特征。② 墨子也有《修身》一篇，其中主要讲述了修身的原则与目的，主张：第一，修身以是固本为先，务末次之。"君子战虽有陈，而勇为本焉；丧虽有礼，而哀为本焉；士虽有学，而行为本焉。"③ "本"是主要内容，"末"是外在形式。修身也要抓住主要内容，如果只重视外在的形式，就是舍本逐末，就会失去修身的意义；第二，修身以致贤。"志不强者智不达，言不信者行不果。据财不能分人者不足与友；守道不笃，遍物不博，辩是非不察者，不足与游。"④ 墨子提出了修身应当达到的标准：志强言信、慷慨大方、守道不笃、博学多才、明辨是非。墨家修身的目的看起来与儒家的主张很有不同，但我们只是看到了墨子"非儒"中的一部分，实际上，墨子的修身观点在根本上并没有跳出儒家的窠臼，儒学所提倡的那些人生修养所必需的美好品德，墨子同样也是大力提倡的，比如"兼爱"与儒家的"爱人"相通，"士虽有学，而行为本"与儒家的"先行其言而后从之"⑤ 基本一致等。这样，虽然墨子的体育思想里边多有义不惜身的要求，但实际上墨子对于道德培养的培养主张，还是又回

① ［清］刘宝楠：《论语正义·雍也》，《诸子集成》，上海书店影印 1986 年版，第 125 页。
② 参见陆建华《墨子之礼学》，载《安徽大学学报》（哲学社会科学版）2007 年第 6 期。
③ ［清］孙诒让：《墨子间诂·修身》，《诸子集成》，上海书店影印 1986 年版，第 4 页。
④ ［清］孙诒让：《墨子间诂·修身》，《诸子集成》，上海书店影印 1986 年版，第 6 页。
⑤ ［清］刘宝楠：《论语正义·为政》，《诸子集成》，上海书店影印 1986 年版，第 31 页。

到了儒学的"静"的基点上来了。

综之，由于战国诸子多是活跃于诸侯王庭之上的文士阶层之属，他们积极的用世精神与追求显达的功利情结，激发了以规范人的社会行为和君主的政治行为为主体的思想火花。而礼学作为西周以来的传统理念，始终没有离开诸子修身观念的基础地位，从而也就使"静以修身"的行为观念得以逐步的传承巩固下来，并成了中国千百年来修身行为的主干。于战国时期这一修身观念形成的同时，"动以养生"的体育观念作为"静以修身"的辅助产品也在这一时期形成了，后来逐渐与"静以养生"形成了两个重要的体育思想大动脉，但求"静"始终是处在求"动"的上风，在总体上代表着中国古代体育思想观念发展的基本特征。

（三）以德为主的行为规范

中国文化强调不断变化主体以适应客体的发展，注重以人为核心的内向探求，以便认识自身，完善自身，将"道德"作为文化体系的重心，因而将人格作为人类文化的最高的价值追求，形成了以"人伦"为本位，注重道德完善的人文主义传统。这一点，在先秦诸子的体育思想当中有着明确的反映。

先秦诸子对于体育精神中的道德要求，儒学仍然是表现得最为突出的。孔子说："君子无所争。必也射乎！揖让而升，下而饮，其争也君子。"《孟子》当中还讲了一个故事，说孟子和公明仪讨论逢蒙向羿学习射箭的事情。逢蒙向羿学习射箭，羿是当时最有名的射箭高手，逢蒙完全学会了羿的射箭技术后，就以为天下只有羿比自己强了，于是就把他的老师杀掉了。孟子认为这是羿的错误。接下来讲了这样一个故事：郑国曾派子濯孺子去进攻卫国，卫国派庾公之斯去追击他。子濯孺子说：今天我的病发作了，不能拿弓，我活不成了！急切之中问驾车的人，追我的人是谁呀？驾车的人回答说是庾公之斯。子濯孺子听后高兴地说：我死不了啦。驾车的人就问这是怎么回事，子濯孺子回答说，庾公之斯曾向尹公之他学射箭，而尹公之他的箭术是向我学来的。尹公之他是正派人，他的学生也一定是正派的。正派的人是不会杀死他的老师的。庾公之斯很快就追上来了，问子濯孺子说，您为什么不拿弓箭呢？子濯孺子说，今天我的病发作了，不能拿弓。庾公之斯就说，我向尹公之他学射箭，尹公之他又向您学射箭，我不忍心用您的技术反过来伤害您。虽然如此，今天的事是国君的大事，我不敢废弃。于是拔出箭，在车轮上敲了几下，去掉箭头，射了四箭，然后就径自回去了。子濯孺子果然正像自己预料的那样，没有被庾公之斯射死。① 孟子用这样一个故事说明了羿的错误，这就是羿在教育学生的时候没有把道德教育当做一个重要的内容，结果自己丧了命。事实上，在儒家那里，道德要求永远是任何行为的第一要义。

道家同样重视体育精神中的道德建设。《庄子》书中有"说剑"一篇②，说赵文王癖好剑术，天天召集一些好剑的人练习击剑，不理国政，以至于国力日益衰退。各国诸侯都在谋算怎样攻打赵国，太子悝十分担忧。于是就请庄子去劝说他的父王改掉这一毛病。庄子在劝谏赵文王的过程中，从具体的剑术一直上升到了他提供的所谓"三种剑"，即"天子之剑"、"诸侯之剑"和"百姓之剑"。天子之剑，一旦使用，可以匡正诸侯，使天下人全都归服。诸侯之剑，一旦使用，没有不归服而听从国君号令的。所谓百姓之剑，一旦使用，跟斗鸡没有什么区别，一旦命尽气绝，对于国事就什么用处也没有。庄子最后的结论是，赵文王拥有夺取天下地位的本领却喜好百姓之剑。言外之意，是说赵文王的好剑行为，与他所处的地位和应有的奋斗目标极不相称，如此好"百姓之剑"不是他作为一国之君所应当做的事情，他的"剑士"，所具有的只是孟子所说的"匹夫之勇"而已。庄子希望赵文王所好的"天子之剑"，其中很重要的一项内容，就是要"制以五行，论以刑德"，靠五行来统驭，靠刑律和德教来论断，要求的首先仍然是"好勇以德。"

周代建立以来，在宗法统治体制框架之下，以孝悌为根本，以伦理为核心，形成了优良的"敬德"传统，尤其儒家"修身为本"的思想主张，影响极其深远，先秦诸子无不囿于其中。上述三个故事，孔子在正常的射箭比赛过程中注入了浓郁的道德内容，认为在正常的比赛过程中胜负的争夺要合乎礼仪，便会成为"君子之争"。言外之意，倡导君子之争的目的，便是不

---

① 参见［清］焦循《孟子正义·离娄·下》，《诸子集成》，上海书店影印 1986 年版，第 341 页。
② 参见［清］王先谦《庄子集解·说剑》，《诸子集成》，上海书店影印 1986 年版，第 439 页。

要为争夺胜负而比赛。因为"君子无所争"，所以，君子比赛的过程，胜负并不是重要的，是否合乎礼仪，是否表现出了君子的道德风范，这才是最重要的。逢蒙杀羿是一个古老的传说故事，龚维英先生说，"（逢蒙）此人在杀羿之前，已有弑师之行了……后来投靠弈……只有再次弑师，始可夺得'天下第一射手'称号，攫得他想占有的一切。逢蒙杀羿之心非一时冲动，由来久矣。"① 应当说，龚维英先生的话是有道理的，逢蒙杀羿是中上古时代的传说故事，当时人们的性情野蛮，兽性未泯，并没有战国时代那样的道德观念，武力决定着权力和财富的归属，正如《左传》所说："昔有夏之方衰也，后羿自鉏迁于穷石，因夏民以代夏政。恃其射也。"② 但是孟子却作出了跨时代的是非判断，认为羿是有过错的，为什么？因为羿是逢蒙的老师，逢蒙杀羿是学生杀老师，不管是宗法统治的礼制规定，还是按照儒家的思想道德观念，这都是大逆不道犯上作乱的行为，孔子就说："其为人也孝弟，而好犯上者，鲜矣；不好犯上，而好作乱者，未之有也。君子务本，本立而道生。孝弟也者，其为仁之本与！"③ 在孟子的心目当中，老师教育学生，首先应当让学生具有良好的道德品质。逢蒙之所以杀死老师羿，就在于羿只是教了逢蒙射箭的技术，而没有让逢蒙培养出良好道德品质。由于子濯孺子是按照孟子的观点要求教育学生的，所以子濯孺子在知道后边追赶他的是他的徒孙的时候，就肯定自己不会被杀死了。但碍于儒家不可因私废公的原则，庾公之斯就拔出箭来在车轮上敲了几下回去了。庾公之斯的所谓不敢废君事，实际上是一种虚伪表现，他的真实动机只在于"不忍以夫子之道反害夫子"。在这个故事当中，孟子的观点，一方面，教师不可只是教授知识和技术，道德品质是非常重要的内容，否则反受其害，逢蒙杀羿便是一个很好的例证。庾公之斯不杀子濯孺子之事，不仅让我们看到了儒学的道德教育好的一面，同时也让我们看到了儒学道德教育中迂腐和固执的另一面，这就是为了满足个人道德的要求，完全可以置国家利益于不顾。在庄子论剑这个故事当中，剑术本来只不过是一种可以用于格斗的技巧，但赵文王喜之过

---

① 龚维英：《中国式的〈金枝〉故事——由民俗学神话训释"逢蒙杀羿"》，载《贵州社会科学》1995 年第 2 期。

② 杨伯峻：《春秋左传注·襄公四年》，中华书局 1990 年版，第 936 页。

③ ［清］刘宝楠：《论语正义·学而》，《诸子集成》，上海书店影印 1986 年版，第 3 页。

度，造成了"死伤者岁百余人"和国力日衰的严重后果。庄子劝谏赵文王的办法便是在"剑术"当中充入丰富的道德内涵：天子之剑用于统御天下，诸侯之剑用于威震一方，百姓之剑用于格斗刺杀，"无异于斗鸡"。庄子最后说赵文王拥有夺取天下地位的本领却喜好百姓之剑，在逻辑上把赵文王逼到了非此即彼的交叉口上，实际上也是一种道德品格要求。

　　总之，由于中国传统文化始终持有"德治为本"的理念，人在社会活动中，大至经纬天下，小至饮食起居，无不受制于道德礼仪的制约。体育娱乐活动中反映出来的体育精神的浓厚道德色彩，正是这一整体文化特征的深刻体现。

（四）以利相导的激励原则

　　人类社会进入文明时代以后，所追求的目标越来越清晰，追求目标的动机也形成了多元化的趋势。从价值观念的角度来看，总体上不外乎两类：一是外显性的功利价值，二是内在性的生命价值。在中国，从思想文化发展的大系来看，儒、道两家影响至大，儒家侧重于外显的功利价值的追求，确切地说也就是自身应有的功名；道家侧重的是内在的生命价值追求，确切地说便是自身生命需要的满足。翦伯赞先生曾分析说，先秦时期的儒家，"一般地说，并不是为升官发财，而是为了追求他们所信奉的真理，董仲舒以后的儒家则不然，他们把儒家哲学当做政治的敲门砖。"① 实际上，战国时期的士人，虽然高唱着不为升官发财的战歌，但进身立命、施展抱负的愿望却显而易见，其中潜在的"功利诱导"因素是非常重要的。所不同的是，儒家在追求自己所信奉的真理的同时，无时无刻不在急切希冀获得进身立命的机会，并且有着"明知非然而仍然"的固执。道家则不是这样。他们虽然在追求自己所信奉的真理的同时，也迫切希冀获得进身立命的机会，但却大多表现出了一种"知道非然而非然"的态度，有时候便很有些吃不到葡萄酸就说葡萄酸的意思。真正能够"法自然"之道的，大多与儒家"独善其身"的那一部分在一定程度上重合在了一起。儒、道两家正是在这样的一个功利引导的临界点上分开了，儒家热情地鼓动所谓"三不朽"，道家则鼓吹要"道法自然"。实际上，道家的"道法自然"有着更隐蔽的潜台词，"重

---

　　① 《翦伯赞历史论文选》，人民出版社1980年版，第426页。

生"、"贵己"、"无为而无不为"，看起开好像没有什么追求，但这种没有追求的追去同样也是一种追求，这些主张也并没有离开功利的目的，只不过他们为功利的目的并不像儒家那样外显，而是披上了"道法自然"这样一具颇具遮掩能力的外衣罢了。

趋利避害是人的本能，对于人的社会行为"以利相导"，符合于人的本性所需。《管子》书中曾明确指出人有着趋利避害的本能，对于人的管理必须要"围之以害，牵之以利"："凡治乱之情，皆道上始。故善者围之以害，牵之以利。能利害者，财多而过寡矣。夫凡人之情，见利莫能勿就，见害莫能勿避。其商人通贾，倍道兼行，夜以继日，千里而不远者，利在前也。渔人之入海，海深万仞，就彼逆流，乘危百里，宿夜不出者，利在水也。故利之所在，虽千仞之山无所不上，深源之下，无所不入焉。故善者势利之在，而民自美安。"① 对于这一基本问题的认识，春秋末期以后的思想家们在理论上多有更为深刻的见解。

在先秦诸子那里，人性的两大基本欲望——物欲与性欲的必然性都得到了充分的肯定："食色，性也。"② 儒家主张从"人性"的角度实行以利相导的原则。孔子明确指出了"富与贵，是人之所欲也……贫与贱，是人之所恶也"的现实问题。孟子、荀子虽然对于人性问题的认识观点截然相反，但却同样也承认人的趋利避害本能，主张应当用适度的利益激励人的社会积极性。孟子以人性本善为基点，积极肯定了人皆有物利需求，认为这种物利需求从根本上说是必然的、合理的："口之于味也，目之于色也，耳之于声也，鼻之于臭也，四肢之于安佚也，性也。"③ 美色和富贵皆是"人之所欲"④。人的需求，有些是不可或缺的，有些是人所共有的："饥者易为食，渴者易为饮。"⑤ "口之于味也，有同耆焉；耳之于声也，有同听焉；目之于色也，有同美焉。"⑥ 但物质生活并不等于人的全部生活，人的社会生活除

---

① ［清］戴望：《管子校正·禁藏》，《诸子集成》，上海书店影印1986年版，第291页。
② ［清］焦循：《孟子正义·告子·上》，《诸子集成》，上海书店影印1986年版，第437页。
③ ［清］焦循：《孟子正义·尽心·下》，《诸子集成》，上海书店影印1986年版，第582页。
④ ［清］焦循：《孟子正义·万章·上》，《诸子集成》，上海书店影印1986年版，第362页。
⑤ ［清］焦循：《孟子正义·公孙丑·上》，《诸子集成》，上海书店影印1986年版，第109页。
⑥ ［清］焦循：《孟子正义·告子·上》，《诸子集成》，上海书店影印1986年版，第451页。

了物利因素外，还有道德性，失去了道德性，也就失去了人与一般动物的差异，与禽兽也就差不多了："人之有道也，饱食、暖衣、逸居而无教，则近禽兽。"① 孟子虽然肯定了人对于物利有着自然的需求，或者说物利对于人的愿望有着激励和诱导作用，但他显然认识到了单纯物利的激励和诱导作用潜在的巨大危害，因而提出了三条非常重要的原则：第一，保障基本需求原则。"民事不可缓也……民之为道也，有恒产者有恒心，无恒产者无恒心。苟无恒心，放辟邪侈，无不为已。"② 人如果没有一定的财用作为生存的保障，就很难形成一种稳定的道德观念。人失去了基本的道德约束，就容易"放辟邪侈"，违法乱纪，胡作非为；第二，遵从义利并重原则。孟子把社会动荡，民不聊生的社会局面归咎于"圣人之道衰"和"上下交征利"，他说："尧舜既没，圣人之道衰，暴君代作，坏宫室以为污池，民无所安息；弃田以为园囿，使民不得衣食……世衰道微，邪说暴行有作，臣弑其君者有之，子弑其父者有之。"③ 又说："王曰何以利吾国，大夫曰何以利吾家，士庶人曰何以利吾身，上下交征利而国危矣。"④ 实际上，孟子所说的"圣人之道衰"和"上下交征利"，也就是整个社会义利天平的失衡问题。因而他极力呼吁倡导"义"，梁惠王接见孟子时说："叟，不远千里而来，亦将有以利吾国乎？"孟子马上诘问："王，何必曰利，亦有仁义而已矣。"⑤ 希望通过自身的努力实现社会道德天平的制衡；第三，舍生取义原则。孟子继承了孔子"志士仁人，无求生以害仁，有杀身以成仁"⑥ 和"不义而富且贵，于我如浮云"⑦ 的精神，主张人应该有"舍生而取义"的崇高精神和"富贵不能淫，贫贱不能移，威武不能屈"的伟岸人格。荀子以人性本恶基点，认为人虽"最为天下贵"⑧，但"生而好利"⑨，因而明确指出了义与利的不

---

① ［清］焦循：《孟子正义·滕文公·上》，《诸子集成》，上海书店影印 1986 年版，第 226 页。
② ［清］焦循：《孟子正义·滕文公·上》，《诸子集成》，上海书店影印 1986 年版，第 196 页。
③ ［清］焦循：《孟子正义·滕文公·下》，《诸子集成》，上海书店影印 1986 年版，第 264—266 页。
④ ［清］焦循：《孟子正义·梁惠王·上》，《诸子集成》，上海书店影印 1986 年版，第 22 页。
⑤ ［清］焦循：《孟子正义·梁惠王·上》，《诸子集成》，上海书店影印 1986 年版，第 22 页。
⑥ ［清］刘宝楠：《论语正义·卫灵公》，《诸子集成》，上海书店影印 1986 年版，第 337 页。
⑦ ［清］刘宝楠：《论语正义·述而》，《诸子集成》，上海书店影印 1986 年版，第 143 页。
⑧ ［清］王先谦：《荀子集解·王制》，《诸子集成》，上海书店影印 1986 年版，第 104 页。
⑨ ［清］王先谦：《荀子集解·性恶》，《诸子集成》，上海书店影印 1986 年版，第 289 页。

可或缺性："义与利者，人之所两有也。虽尧、舜不能去民之欲利，然而能使其欲利不克其好义也。虽桀、纣不能去民之好义，然而能使其好义不胜其欲利也。"① 既然好利乃人之本性，"虽桀、纣不能去民之好义"，"好义"也便成了人的一种本性。由此，荀子也与孟子一样走到了"义利并重"的道路上来了。但荀子显然要比孟子高明得多，他首先把社会动乱的根本原因归罪于人的本性的放任，说："人生而有欲，欲而不得，则不能无求；求而无度量分界，则不能不争；争则乱，乱则穷。"② 在此基础上，他提出了通过改造人的本性而实现义利并重的主张。如何解决这一问题呢？荀子提出了两个非常重要的概念，一个是"分"，一个是"伪"。何谓"分"？荀子是这样解释的："（人）力不若牛，走不若马，而牛马为用，何也？曰：人能群，彼不能群也。人何以能群？曰：分。分何以能行？曰：义。"③ 人区别于其他动物之处，首先在于人能够形成严密的社会组织，并能够以这种严密的社会组织长期生活在一起，荀子将之称为"群"。人之所以能够"群"，根本的原因就在于人懂得"分"。人懂得"分"，就讲究"义"。荀子这里提出的这个"分"，用现代的话说就是人的社会自我定位，找准了自己的位置，并能够规范地约束自己的行为，不侵占别人，也就做到了"义"。"分"是"义"的前提。所谓"伪"，就是人为，就是后天的加工与改造。用他的话说就是："人之性恶；其善者伪也。"又说："性者，本始材朴也；伪者，文理隆盛也。无性则伪之无所加；无伪则性不能自美。"④ 在荀子看来，人与人之间产生争夺的原因就在于物欲的贪婪，这便是人性之恶。人类社会中如果物欲横流，必然就会导致弱肉强食，社会混乱无序。人如果能够注意改造自己的"本性"（"伪"），明确自己的"分"，社会自然就会安定下来。在这一认识过程中，荀子首先也是承认物利的诱导作用的，认为物欲就是人性的"本始材朴"，至于能否把自己的物欲控制在一个合理的范围当中，关键就在于后天"伪"的程度了。

在先秦诸子百家中，墨家最富具侠肝义胆的自我牺牲精神，其理论观点

---

① ［清］王先谦：《荀子集解·大略》，《诸子集成》，上海书店影印 1986 年版，第 330 页。
② ［清］王先谦：《荀子集解·礼论》，《诸子集成》，上海书店影印 1986 年版，第 231 页。
③ ［清］王先谦：《荀子集解·王制》，《诸子集成》，上海书店影印 1986 年版，第 104 页。
④ ［清］王先谦：《荀子集解·礼论》，《诸子集成》，上海书店影印 1986 年版，第 243 页。

同样承认人的趋利避害本能。《墨子》说："利，所得而喜也。"① 又说："利，得是而喜，则是利也。其害也，非是也。"② 认为趋利避害是人的天性。相比较而言，墨家并没有像儒家那样从人的自然本能角度去认识物利的作用，而是着眼于人与人之间和谐关系的建立过程中利的功效。李雷东先生认为，在墨家义利观的生成过程中，前期墨家重在"义"的"量的扩张"，后期墨家"通约"了前期墨家的义利思想，注重探究义与利在心理层面上的内容③。整体而言，墨家学说以救天下为己任，所云之"利"，多为社会现实利益之属，即所谓"兴天下之利，除天下之害"之意。因而把消弭"凡天下祸篡怨恨"④ 作为最大的利益奋斗目标："处大国不攻小国，处大家不乱小家，强不劫弱，众不暴寡，诈不谋愚，贵不傲贱。观其事，上利乎天，中利乎鬼，下利乎人。三利无所不利，是谓天德。"⑤ 对于社会个体的私利言之甚少。这正是墨家以拯救天下为己任的侠义精神的重要佐证。

表面上看，道家对于物利没有强烈的追求和奢望，以能够维持自己的生命而不伤生为度，认为过分地追求物利毫无意义。老子主张"圣人去甚、去奢、去泰"⑥，意思就是说，圣人是不会追求那些极端、奢侈、过分的东西。但是，道家对于道德的追求却是一以贯之的。道家的"道"、"德"与儒家的"道德"虽都具有精神修养层面的含义，但却是两种不同的概念：儒家的"道德"，强调的是个体的人对社会的责任与义务，是与个人利益相对应的范畴；道家的"道"，指的是一种纯粹的自然状态，人对"道"的追求强调的是一种"无为"的作为，主张通过行为上的"无为"实现目的上的"有为"。"德"则融入了更多的人为因素，但最终仍然回到了自然状态，也就是所谓的"归真"。实际上，道家是以追求人类社会的自然和谐为目的的，这与儒家所倡导的礼乐教化重在改造很有不同。但道家是在发现了社会现实的动荡纷争根蒂之后提出要"道法自然"的，儒家同样对于社会现实

---

① ［清］孙诒让：《墨子间诂·经上》，《诸子集成》，上海书店影印 1986 年版，第 193 页。
② ［清］孙诒让：《墨子间诂·经说·上》，《诸子集成》，上海书店影印 1986 年版，第 205 页。
③ 李雷东：《先秦墨家的义利观》，载《西北大学学报》（哲学社会科学版）2009 年第 3 期。
④ ［清］孙诒让：《墨子间诂·兼爱·中》，《诸子集成》，上海书店影印 1986 年版，第 65 页。
⑤ ［清］孙诒让：《墨子间诂·天志·中》，《诸子集成》，上海书店影印 1986 年版，第 127 页。
⑥ ［三国］王弼注：《老子道德经·二十九章》，《诸子集成》，上海书店影印 1986 年版，第 17 页。

的动荡纷争深恶痛绝，孔子的"克己复礼"、孟子的"仁政"、荀子的"王道"等，都是针对医治现实社会开出的处方。从这一角度看，道家追求的"道"与儒家追求的"义"又有着很大程度的相似之处。换言之，道家追求的"道"，同样并不仅是一种孤单的哲学理念，物利对于人的诱惑同样在其视野当中。《庄子》中记载了这样一个故事：庄子在雕陵栗树林里游玩，看见一只奇异的怪鹊从南方飞来，翅膀宽达七尺，眼睛大若一寸，碰了庄子的额头而停歇在果树林里。庄子说，这是什么鸟呀，翅膀大却不能远飞，眼睛大视力却不敏锐？于是迅速拿起弹弓等待着时机。这时突然看见一只蝉，正在浓密的树荫里美美地休息而忘记了自身的危险；一只螳螂用树叶作隐蔽打算见机扑上去捕捉蝉。螳螂眼看即将得手而忘乎所以；那只怪鹊紧随其后认为那是极好的时机，怪鹊即将捕到螳螂而自己也处于危险之中。庄子于是大发感慨：世上的物类原本就是这样相互牵累、相互争夺的，两种物类之间也总是以利相招引的呀！① 道家对于物利的态度，在形式上虽不同于儒家，但在本体上却很是类同，因为他们都没有离开人的本性这一基点。庄子所谓"非梧桐不止，非练实不食，非醴泉不饮"②，不是因为其他的东西不可栖、不可食、不可饮，而是因为梧桐、练实、醴泉比其他的东西更好。

由于先秦诸子的思想主张都是以疗治社会疮病为基本出发点的，显明的积极用世态度，使得他们的思想主张都带有浓厚的朴素唯物主义色彩，对于人的趋利避害本能都有着清醒的认识，这是以利相导的激励原则得以普遍倡行的基本原因。对于人的社会行为的诱导，春秋战国之际出现了很多，诸如《管子》书中的"察能授官，班禄赐予"③、齐威王的悬赏纳谏、孙膑赛马中的千金赌注等，都是非常典型的具体措施，《荀子》还说，当时的功利诱导，曾经导致了齐国的军队"是其去赁市、佣而战之几矣。"同时还有这样的分析："齐之技击，不可以遇魏氏之武卒。魏氏之武卒，不可以遇秦之锐士。秦之锐士，不可以当桓、文之节制。桓、文之节制，不可以敌汤武之仁义。有遇之者，若以焦熬投石焉。兼是数国者，皆干赏蹈利之兵也，佣徒鬻

---

① 参见〔清〕王先谦《庄子集解·山木》，《诸子集成》，上海书店影印 1986 年版，第 127 页。

② 〔清〕王先谦：《庄子集解·秋水》，《诸子集成》，上海书店影印 1986 年版，第 108 页。

③ 〔清〕戴望：《管子校正·权修》，《诸子集成》，上海书店影印 1986 年版，第 7 页。

卖之道也，未有贵上安制綦节之理也。"① 单纯依靠功利诱导，长此以往，必然弊要大于利。这是社会发展过程中必然的规律。由于先秦诸子对此都已经有了清醒的认识，所以，作为思想文化界的主流意识，无不始终坚守在道义方面，战国诸子摇旗呐喊所极力倡导的，也正是这样的一些观点和内容。从战国诸子的具体言行看，道义无不是他们心目中最为崇高的"利"，这个"利"与世俗所谓的"物利"并不是一回事，确切地说应当是一种美好的理想，是一种抽象于物利而高于物利的"利"。他们对世俗所谓"物利"的倡导与追求，实际上是掩饰于道义之下的，恰如孔子所说："富与贵，是人之所欲也，不以其道得之，不处也。"② 承认物利的积极作用，但却又羞羞答答，把对物利的欲望掩饰于道义的旗帜之下，这便是先秦诸子对于物利激励原则的基本态度。

可见，儒家、道家、墨家等，都是非常重视功利的社会导引作用的，只不过这个"功利"往往多是以"功名"的身份出现，甚至被一些所谓"道义"之类的东西所遮掩，但物利的诱惑始终都是被充分肯定的，只不过多数情况下处在一种"犹抱琵琶半遮面"的状态罢了。在本质上，战国时期的思想家们对于物利的诱导作用是很重视的。这样的一种情形，虽然显现着欲盖弥彰的意味，但秦汉以后封建皇帝们对于儒学思想的不断歪曲和强化渗透，却使得这一传统美德变成了封建皇帝巧取豪夺的工具。

四、中华传统体育精神构架的基本动因

进一步来看，中华传统体育精神为什么会在春秋战国这样一个特殊的时期构架起来呢？我们以为，它的构架与形成，有着多方面的动因。突出表现在以下四个方面：

（一）士人阶层的崛起

春秋战国以来，宗法统治秩序的破坏，给士阶层的成员开辟了极为广阔

---

① ［清］王先谦：《荀子集解·议兵》，《诸子集成》，上海书店影印 1986 年版，第 183 页。
② ［清］刘宝楠：《论语正义·里仁》：《诸子集成》，上海书店影印 1986 年版，第 76 页。

的活动空间。原来在等级森严的宗法制度统治下，他们要老老实实低下头来听命于至少是卿大夫们的约束。现在，他们高傲地昂起了头，连诸侯君主都可以直面而一争高下了。《战国策》中记载有这样一个故事：

> 齐宣王见颜斶，曰："斶前！"斶亦曰："王前！"宣王不悦。左右曰："王，人君也；斶，人臣也。王曰'斶前'，亦曰'王前'，可乎？"斶对曰："夫斶前为慕势，王前为趋士。与使斶为趋势，不如使王为趋士。"王忿然作色曰："王者贵乎？士贵乎？"对曰："士贵耳，王者不贵。"①

这个颜斶就是一位自命不凡的"士"，他居然在大庭广众之下和雄心勃勃，正要"辟土地，朝秦、楚，莅中国而抚四夷"的齐宣王论起了尊卑贵贱。可见当时的士确乎已经脱离了以往那些宗法伦理的羁绊。同时，诸侯争霸斗争的迫切需要，也在客观上推涨了士人阶层社会地位的提升。《吕氏春秋》曾总结说："天下虽有有道之士，国犹少。千里而有一士，比肩也；累世而有一圣人，继踵也。士与圣人之所自来若此其难也，而治必待之，治奚由至？虽幸而有，未必知也，不知，则与无贤同。此治世之所以短，而乱世之所以长也。故王者不四，霸者不六，亡国相望，囚主相及。得士则无此之患。此周之所封四百余，服国八百余，今无存者矣，虽存皆尝亡矣。"②

士阶层摆脱宗法伦理的羁绊是一个渐变的过程。春秋中期以后，作为最低等贵族士阶层逐渐壮大，孔子创立儒学，首先吸纳的主要就是这一阶层的人。王钧林等先生就说，孔子创立儒学的重大历史意义之一，就在于为知识分子找到了一条进身立命的金光大道。儒学为知识分子打通了两条重要的谋生之路：一是招徒讲学，二是出世入仕。这也正是孔子之后两千多年来中国知识分子阶层的基本生活道路。③ 从这一时期开始，士阶层开始走上了创造、传承思想文化，并以自己所学服务社会，以图进身立命、施展抱负、永

---

① 张清常、王延栋：《战国策笺注·齐策四》，南开大学出版社1993年版，第272页。
② ［汉］高诱注：《吕氏春秋·先览》，《诸子集成》，上海书店影印1986年版，第181页。
③ 参见王钧林、齐姜红《孔子》，山东文艺出版社2004年版，第51页。

垂不朽的道路。战国时期出现的那些纵横捭阖的游说之士便是典型的代表。但是，这一变化并不是原来的贵族士阶层的群体行为，进入到创造、传承思想文化行列中来的，只是那些企望通过获取知识而改变自己社会地位的士。春秋中期以后，士作为最低等贵族阶层的变化，首要的便是在整体上摆脱了宗法伦理的羁绊，士人们获得了充分的自由，有了充分施展自己才能的空间；其次便是出现了一些以创造和传承思想文化为己任的士，战国时期思想文化高峰的出现，主要是这些士人们的功劳。

士阶层的这样一个演变过程，对于当时社会的发展产生了巨大的推动作用。这些摆脱了宗法政治统治圈套的士，往往既无土地资财可依，也无公卿权势可仗，所有的只是自己的聪明和才智，大多也就是那种纯粹"无产阶级知识分子"的样子，因而他们有着勇往直前、义无反顾的斗争精神。他们在战国时期的风云变幻中，"入楚楚重，出齐齐轻，为赵赵完，畔魏魏伤"[1]，翻手为云，覆手为雨，所到之处均有举足轻重之作用。对于中国古代的思想文化建设作出了不可磨灭的贡献。

其一，造就了学术文化的高峰。春秋末期孔子开创私学制度以后，进一步加剧了士阶层原有群聚模式的分化，天下之士于是出现了一种新的类聚模式，这便是以思想文化知识传授为核心的收徒讲学，由原来单一的"贵族士群聚"模式，分化形成了一种新的"文化士聚"模式。这些"文化士"与原来的"贵族士"有了很大的不同，他们拥有知识，理所当然地成了创造文化、继承和传播文化的主体。获得了知识的这些士人，一般来说并非仅仅满足于获取知识而用之于进身立命，而是大多具有积极的探索和传播文化的热情和精神，把认识和探索社会、事物及其发展变化规律作为自己的责任，并以此作为实现自身生命价值的重要方式。比如儒家主张的"三不朽"，墨家主张的"赴火蹈刃，死不旋踵"，道家主张的"无为而无不为"，等等，都体现着一种强烈的社会责任感。正如《庄子》书中所说："知士无思虑之变，则不乐；辩士无谈说之序，则不乐；察士无凌淬之事，则不乐。"[2] 将探索自然和社会某一方面的发展变化规律作为自己追求的目标，

---

① ［汉］王充：《论衡·效力》，上海人民出版社 1974 年版，第 204 页。
② ［清］王先谦：《庄子集解·徐无鬼》，《诸子集成》，上海书店影印 1986 年版，第 361 页。

就是这些士人们赋予自己的责任。所谓"究天人之际，通古今之变①"，"正其谊不谋其利，明其道不计其功。"② 正是新的士人群体普遍的内在追求。这一点是中国知识分子从春秋战国以来就形成的特有品质。这一"文化士人"群体的出现，以及所形成的这种强烈的社会责任感和积极的进取精神，不仅推动了社会文化的进一步广泛传播，而且促进了社会文化的不断创新，形成了战国时期空前的思想文化领域巨子林立、学说纷呈的思想文化大繁荣局面。无此而中华民族的人文精神便无从说起，当然也就根本谈不上中华传统体育精神的构架问题。

其二，形成了强烈的用世传统。战国时期的士，表现出了多重的功能，比如，有的士人仍然要担当保家卫国的重任："明君之蓄勇力之士也……内可以禁暴，外可以威敌，上利其功，下服其勇，故尊其位，重其禄。"③ 这一类士人承继了原来士人"武"的一面，属于国家的高级将领之类。有的士人仍然还要充任各级政权机构中的职事官，《荀子》说："大儒者，天子三公也。小儒者，诸侯大夫士也。众人者，工农商贾也。"④ 又说："天子三公，诸侯一相，大夫擅官，士保职，莫不法度而公，是所以班治之也。……上贤使之为三公，次贤使之为诸侯，下贤使之为士大夫，是所以显设之也。"⑤《韩诗外传》同样说："天子三公，诸侯一相，大夫擅官，士保职，莫不治理，是所以辩治之也。"⑥ 这些材料告诉我们，战国时期的"贵族士人"还是大量存在的，这些士人虽然没有脱离宗法政治统治的窠臼，但却能够在"宠贤尚士"的社会大环境中得以进身立命。这些士人都是国家机器实现正常运转的必须，国家必须要为他们提供固定的工作岗位和生活保障。还有一部分士人，这就是那些自由职业者了。著名的比如孟子、荀子、苏秦、张仪等人，这一类士人朝秦暮楚，仅凭自己的学识谋取名利。《史记》中记载有张仪的一个故事，说张仪学成以后到楚国游说，在楚国的相

① ［汉］班固：《汉书·司马迁传》，中华书局 1962 年版，第 2735 页。

② ［汉］班固：《汉书·董仲舒传》，中华书局 1962 年版，第 2524 页。

③ ［清］张纯一：《晏子春秋校注·内篇·谏下第二》，《诸子集成》，上海书店影印 1986 年版，第 63 页。

④ ［清］王先谦：《荀子集解·儒效》，《诸子集成》，上海书店影印 1986 年版，第 92 页。

⑤ ［清］王先谦：《荀子集解·君道》，《诸子集成》，上海书店影印 1986 年版，第 156 页。

⑥ 韩婴撰，许维遹校释：《韩诗外传集释·卷五·第三十一章》，中华书局 1980 年版，第 198 页。

家里喝了一次酒，顺手牵羊就把人家的一块玉偷走了。楚相的家人发现后，就把丢玉的事怀疑到了张仪的身上，认为"仪贫无行，必此盗相君之璧。"于是就把他抓起来揍了一顿。张仪回到家，他的妻子埋怨说，你不读书游说，怎么会遭受这样的侮辱呢！张仪反倒不以为然，问他的妻子说，你看我的舌头还在吗？他妻子说还在。张仪就说，好，只要舌头还在就够了。① 这类士人依靠自己的学识而生活，可以说是标准的文士。还有一类非常著名的士人，他们可以归之于地地道道的自由武士了。比如要离、专诸、聂政、荆轲等，这一类士人代表着春秋战国之际新兴的侠士群体。他们同样也是自由职业者，靠自己的不凡身手或者谋取功名，或者报效知遇之恩，或者路见不平拔刀相助，居无定所，死无所惧，侠肝义胆，声名卓著。在战国时期盛行的养士之风的庇荫下，本来分散在民间的这一类武士迅速成为战国时代最为活跃的社会阶层之一——侠士。士人供职于君主或者卿大夫之家，这在战国之前就是正常的事情。春秋以来剧烈的社会变动，造就了许许多多这样自由流动着的"游士"（既包括"义士"，也包括"武士"），这些士人，实际上大多都是来自那些"失了业的旧贵族"。当时的社会条件是，一方面，诸侯公卿、大夫强族在激烈而复杂的政治斗争中形成了"急难索士"的迫切要求；另一方面，这些失去了旧有社会地位的士人们却又迫切希望有朝一日能够指点江山，一展宏图。于是，有着"特殊技艺"的士人便摆出了"合则留，不合则去"的高傲姿态，表现出了强烈的积极用世精神。战国的游士绝无忠于一国一姓的观念，他们有很大的选择权，随时都可以流动到适合自己发挥才能的地方去，他们的共同特征的是都有着一种强烈的用世精神。这一点，虽然可以看作是士人阶层不甘沦落的旧有贵族精神的一种表现方式，但在思想文化层面上形成的积极用世精神，却是千百年来中国人的民族精神特征。

其三，形成了独立的人格意识追求。战国时期士人们所表现出来的对于独立人格的强烈追求和自由意识的执着向往，大多是由那些作为自由职业者的士人们表现出来的，那些安心于朝廷之上而乐享其成的士人们是做不到的。士人们的这种独立人格追求，早在孔子那里就直白地表现了出来："三

---

① 参见［清］王先谦《荀子集解·修身》，《诸子集成》，上海书店影印1986年版，第15页。

军可夺帅也，匹夫不可夺志也。"① 战国时期的孟子说："儒有可亲而不可劫也，可近而不可迫也，可杀而不可辱也。其居处不淫，其饮食不溽，其过失可微辨而不可面数也，其刚毅有如此者。"② 荀子也说："志意修则骄富贵，道义重则轻王公。内省而外物轻。"③ 凭借着自己的才能，战国时期的士往往都底气十足，目无权贵，对于自己的独立人格和自由意识有着执着的追求。《荀子》记载说："子夏贫，衣若县鹑。人曰：子何不仕？曰：诸侯之骄我者，吾不为臣；大夫之骄我者，吾不复见。"④《战国策》记载的颜斶见齐宣王的故事更为生动真切。战国时期诸侯间对人才的竞争，既为士人们营造了进身立命的平台，同时也滋养了这些士人们志存高远、傲骨铮铮、器宇轩昂、不畏权贵的独立人格。士人们的这种独立人格，是对人身自由意识的高度张扬，这一点，直到秦汉以后，大一统的君主专制政权建立，强权统治得到了有效稳固，尤其在汉武帝"独尊儒术"以后，才出现了明显的变化，权势的尊贵和威严，软化了士人的脊梁，战国时期士人们的那种器宇轩昂、不畏权贵的独立人格精神渐渐地也就远去了。

春秋战国之际，所谓士人阶层的崛起，本质上是社会关系大调整的结果。这一时期崛起的士人，绝大多数属于那些不甘于沉沦的没落贵族。这些崛起的士人们，在寻找到了新的发展道路之后，迅速地集合在一起，形成了崭新的士人群体。这样，尤其是作为自由职业者的士人群体队伍的壮大，对于中华民族人文精神的形成产生了巨大的推动作用，他们的出现，极大地改变了宗法统治机构的运转方式，提升了社会发展过程中的人文水平。后来的中国人文精神形成过程中，战国时期士人的积极用世精神、对于独立人格的积极追求、积极修身而丰富自我的丰富实践，都是极其重要的精神内涵，同时也形成了建设中华传统体育精神的直接推动力。

（二）学术思想的繁荣

战国时期的学术思想，在诸子百家的思想激辩过程中，以儒家的礼乐文

① ［清］刘宝楠：《论语正义·子罕》，《诸子集成》，上海书店影印 1986 年版，第 191 页。
② 杨天宇：《礼记译注·儒行》，上海古籍出版社 1997 年版，第 794 页。
③ ［清］王先谦：《荀子集解·修身》，《诸子集成》，上海书店影印 1986 年版，第 16 页。
④ ［清］王先谦：《荀子集解·大略》，《诸子集成》，上海书店影印 1986 年版，第 337 页。

化观念和积极的入世精神为中心，得到了急速的升华，从而形成了空前繁荣的学术盛世。学术思想的空前繁荣，为中华传统体育精神的构架提供了最为直接的巨大推动力。

儒家重伦理，重礼仪，重功名，主张人要积极地设想规划社会的运转方式，强调人对社会的积极作为。墨家同样强调人对社会的积极作为，但与儒家的作为方式有区别，重"兼爱"，重"交相利"，反对烦琐的礼节，特别是对"厚葬"、"久丧"更是避之犹恐不及，追求的是一种天下普爱的理想社会模式。道家则追求法自然之道，"贵己"、"重生"，强调通过自身的道德修养，遵从自然的法则而实现社会的秩序性运转。同样也是追求对于社会发展的积极作为。法家虽然并没有抛开儒家的伦理观念，但由于主张仗势用术，不避亲贵，以冷酷的法律程式进行社会统治，从而形成了与儒家思想观点的显著不同。阴阳五行学说认为，阴阳是事物本身具有的正反两方面对立和转化的力量，可用以说明事物发展变化的规律，万物皆可由阴阳五行相生相克，阴阳五行相生相克决定着宇宙万物的起源和变化。邹衍的理论学说在政治领域的光大，直接地带给了人们一种更为彻底的辩证思维方式。其他诸家，同样形成了崭新而又影响深远的学术思想，比如名家重在逻辑思辨，提出了著名的"离间白"、"白马非马"说，在逻辑学上可以说是不朽的命题；兵家重在阐释用兵之道，提出的战争性质正义与非正义之别，以及"知己知彼，百战不殆"的观点，也是一个普遍的真理。总之，战国百家争鸣过程中造就的学术思想大繁荣，其基本特征是非常突出的，具体表现有二：

其一，儒学是基本的思辨对象。一方面，由于儒学的基本观念形成于西周以来的宗法伦理统治，战国时期周天子王权旁落，只是形式上的衰变，人们在思想观念上并不可能完全超脱周代数百年来形成的宗法伦理文化约束。齐国田氏代齐是战国中期发生的事情，田齐太公和把姜齐康公迁诸海上，要废除姜齐政权而建立田齐政权的时候，甚至还不敢明目张胆，而是在转请魏文侯请示周天子，获得了周天子的准许后才正式改元纪年。齐国是春秋第一霸主，有着这样的历史背景的齐国尚且如此，可见当时的宗法伦理制度影响之深。另一方面，儒学所主张的伦理观念、道德标准、行为精神，大多带有普遍的社会价值。综观道、法、墨、兵、阴阳五行等诸家诸派，无不首先是以人的社会道德为基本要点的。由于儒学是对于人类社会普遍规律的一种理论总结，战国诸子种种学术思辨新观点的提出，也就既不可能跳出宏观社会背景的桎梏，也不可能超脱于人类社会之外。因而，这些学术观点，要么是对于儒学的抗争与思辨，如道学、墨学之属；要么是在儒学基础上的发生与发展，如法学、阴阳五行学之类；似无一例外。总而言之，离开儒学，便无以言战国百家争鸣。这样一种局面，在所谓"学无所主"的百家争鸣过程中，实际上毫无疑问地确立着精神层面学术思想主流中儒学思想的宗主地位。

其二，新思想、新观点层出而林立。战国时期空前活跃的士人阶层表现出来的积极入世精神，激发出了无以计数的新思想、新观点、新理念。比如，儒家有"儒分为八"之说，所谓"儒分为八"，实际上也就是解释和传承孔子儒学的八个门派。不同的解释和传承门派，自然就会形成不同的新观点。法家也是这样。《韩非子》说，管子和商鞅之法的传播，当时已经到了"家有之"的程度。从当时的情况来看，所谓"家有之"，实际上也就是对于社会普及程度的一种夸饰，意为社会上对于商、管之法认识了解得人很多。因为那时候根本没有现在这样的印刷传播能力，每一种版本的出现，除去抄写，只有口授。我们现在见到的《管子》书，就是汉代刘向从"中外书五百六十四"中"定著八十六篇"而形成的。① 这些众多的新思想新观点，突出表现为四方面的基本特点，一是横向来看，若干自成一系的独立学派的出现，诸如道家、墨家、阴阳家、名家等，都坚持着一贯的学术主张和思辨方式，形成了以学术流派为特征的传承方式；二是纵向来看，同一学派的升华与分化持续不断，如儒学的思孟学派和荀子学派，不仅有着很大不同，而且间隔有年；道家的杨朱之学与庄子之学，不仅中间出现了一个稷下黄老之学的高峰，而且也显现出了各自不同的学术倾向；三是各派内部的思辨家都富具"不慕古，不留今，与时变，与俗化"的与时俱进精神，诸如苏秦、张仪的合纵连横说、墨子的兼爱、非攻说，邹衍的阴阳五行说，等等，都是依据时代需要而迸发出的崭新思想观点。同是儒家之属，孟子与孔子的主张不同，荀子与孟子的观点有别，都与时代环境的变化不同有着直接关系。而法家也形成了秦法家与齐法家两个特征鲜明的思想派系。这样一些

---

① 参见［清］戴望《管子校正·管子书序》，《诸子集成》，上海书店影印1986年版，第2页。

新思想、新观念在同一时代的集中出现，首先都是适应时代的需要而形成的，时代的发展变化，推动着他们学术思想的不断更新。因而，他们的学术思想，既是前所未有的，更是后所罕见的，集中代表着这样一个时代所出现的思想学术发展状况。新思想、新观念的大量涌现，恰好反映着崭新的社会文化精神的熔铸过程。

（三）侠义精神的形成

侠义精神在中华传统体育精神当中是很重要的一部分，与传统的中华民族精神血肉相连。侠义精神最初在春秋末期由那些游离失所的游士们表现了出来，在墨家学派形成以后得到了有效的规范和升华，从而成为中华侠义精神的基本源头。

专诸是春秋末期著名的侠士，经司马迁的描写以后，其侠义精神流传千载。春秋末期，吴国公子光为了谋取君位，接受了来自楚国的伍子胥的建议收买了勇士专诸。结果，专诸就伺机刺杀了吴王而帮助公子光夺取了王位，成为著名的吴王阖闾（庐）。《史记》中生动的记述了这一事件：

> （公子光）告专诸曰：不索何获！我真王嗣，当立，吾欲求之。季子（指季札，是公子光的叔叔。）虽至，不吾废也。专诸曰：王僚可杀也。母老子弱，而两公子将兵攻楚，楚绝其路。方今吴外困于楚，而内空无骨鲠之臣，是无奈我何。光曰：我身，子之身也。四月丙子，光伏甲士于窟室，而谒王僚饮。王僚使兵陈于道，自王宫至光之家，门阶户席，皆王僚之亲也，人夹持铍①。公子光伴为足疾，入于窟室，使专诸置匕首于炙鱼之中以进食。手匕首刺王僚，铍交于匈，遂弑王僚。公子光竟代立为王，是为吴王阖庐。阖庐乃以专诸子为卿。

这一事件发展过程中，专诸的行为表现有四个特点：一是坚持正义。专诸能够明辨自己的行为是否应该，他确定自己应当刺杀吴王的根据，就是弄

---

① 铍：兵器，一种双刃的小刀。

明白了"王僚可杀"的原因。二是有着很强的社会和家庭责任心。当专诸认识到吴王当杀以后，首先考虑到的不是自己的生死，而是这时候国家外有大兵压境，内无忠贞之臣，自己死后家中母老子弱无以奉养。三是专心致志，视死如归。行刺国君，凶多吉少，百死难得一生。这一点专诸是很清楚的，但他不怕；公子光请吴王来府上喝酒，吴王也有着严格的保护措施，但专诸视若不见，最终勇敢地完成了刺杀任务，他也在预料之中地付出了生命的代价。四是专诸本人也有所回报。公子光与专诸计划的这个刺杀项目，实际上就是一份生死合同。专诸很明白，所以他在为他认为的道义而献身的同时也提出了条件，这就是公子光要替他担负起供养老母幼子的重任。公子光果然也兑现了诺言："乃以专诸子为卿"。专诸行刺吴王是一个很典型的例子，春秋战国之际这样的游侠之士很多，其行为过程和表现出来的精神风貌和意识特点大多也与之相似。

司马迁曾经对秦汉以前的游侠发展状况有过总结性的评说：

> 古布衣之侠，靡得而闻已。近世延陵、孟尝、春申、平原、信陵之徒，皆因王者亲属，藉于有土卿相之富厚，招天下贤者，显名诸侯，不可谓不贤者矣。比如顺风而呼，声非加疾，其执（势）激也。至如闾巷之侠，修行砥名，声施于天下，莫不称贤，是为难耳。然儒、墨皆排摈不载。自秦以前，匹夫之侠，湮灭不见，余甚恨之。①

按照司马迁的观点，自秦以前的"布衣之侠"或称之为"匹夫之侠"的踪迹早已湮灭了，春秋末期以来的诸如延陵、孟尝、春申、平原、信陵之徒养的所谓的"客侠"，其行为虽然很有一些侠义精神，但都是一些豪门势人所为，他们的行为之所以广为流传下来，并不是因为他们的作为有什么特别，而大多是因为他们"因王者亲属，藉于有土卿相之富厚"。那些藏匿于巷闾之间，"修行砥名"的真正大侠，"儒、墨皆排摈不载。"也就是说，在司马迁眼里，"侠"是古已有之的，但正史记载下来的所谓"侠"，都是一

---

① ［汉］司马迁：《史记·游侠列传》，中华书局1959年版，第3183页。

些假借豪门权势的"赝侠",真正的"大侠"都是儒家、墨家所"排摈不载"的。这样也就形成了战国天下混乱之际,侠义行为广为所见,真正的侠士却不见诸史籍的局面。按照这样的逻辑,"侠"的历史发展也就有了明显的两面性,一是既然历史文献并没有真正的侠士记载,那么,真正的侠士究竟是一个什么样子便不得而知了;二是司马迁所认定的真正的"侠士",只是那些没有豪门权势依靠的"布衣之侠"、"匹夫之侠",活跃在社会上的所谓"侠士",只是一些"侠士"的影子。事实上,"侠士"也是"士",也是士阶层分化的产物,他们基本上都是那些游离失所的士人阶层中的一部分。至于那些所谓的"布衣之侠"、"匹夫之侠",之所以被"儒、墨皆排摈不载",大约皆是无名之辈,因其行为与儒、墨道德要求多有不合而受到鄙视,也就自然而然地湮灭在了历史之中。司马迁把那些所谓的"布衣之侠"、"匹夫之侠"视为真正的侠士,只不过反映的是司马迁自己的一种思想倾向而已。事实上,士阶层的分化是周天子王权旁落、诸侯竞强引发的结果,所以,游侠必定在春秋战国之际士阶层的急剧分化过程中才会出现。他们既有独特的行为方式,也便必有独特的思想主导,似儒而非儒,似墨而非墨,自有风貌。

侠士作为士阶层的一部分,从思想文化的基础层面上看,对于社会文化的吸收应当是多方面的,把侠义精神的起源归之于任何一个学术流派的影响都不尽合理。虽然文献没有把所谓的真正侠士流传下来,但却传承了侠义的精神,侠士们表现出来的舍己为人的精神,在墨家那里得到了集中的凝练和升华,这是需要肯定的。侯外庐先生曾干脆把游侠直接称之为墨侠,认为是后期墨家中很重要的一支。[①] 此说虽然影响很大,但也有争议,薛柏成先生就提出了"'侠'不出于或归之于墨家,但墨家的思想却在很大程度上影响了中国'侠义'精神"[②] 的观点。总之,墨家学派在思想主旨上的侠义精神非常突出,很有些西方社会中的骑士风格。从理论上看,墨家是中国古代侠义精神的主要源头,这是没有问题的。

---

① 侯外庐:《我对中国社会史的研究》,载《历史研究》1984 年第 3 期。

② 薛柏成:《墨家思想对中国"侠义"精神的影响》,载《东北师范大学学报》(哲学社会科学版)2005 年第 5 期。

从春秋末战国初期开始，侠义精神风靡诸侯列国，具体表现方式不外乎两种：首先是以墨家学派为代表的团体性侠义行为。墨子游说楚王不要攻打宋国，墨子就明确表示："臣之弟子禽滑厘等三百人，已持臣守圉之器，在宋城上而待楚寇矣。虽杀臣，不能绝也。""墨子服役者百八十人，皆可使赴汤蹈火，死不还踵。"墨家学派所表现出来的团体侠义精神，在战国诸多流派当中是无可伦比的。再就是聂政、荆轲之类的个体侠义行为。聂政本是战国时期一个作奸犯科逃难事屠的人。严仲子事韩哀侯，因上奏韩相侠累的过失，怕被报复，就找上聂政，想先下手为强。严仲子用黄金百镒为聂政母亲祝寿，聂政不受，并辞以母在，身未敢许人。后来聂母过世，聂政为酬知己，就主动去见严仲子，最终杀侠累，伤哀侯，力战至死。聂政自知无法脱困，反剑刺毁颜面削双目，再切腹自杀。死后被曝尸于市，千金悬赏，却无人能指认。一直等到他姊姊前来认尸，说：这就是轵深井里的聂政啊。他怕连累我，自毁容貌，我怎么能因为怕死，让弟弟无名而终呢！说完就在尸体旁边自杀了。① 姐弟两人的行为都闪耀着侠义精神的光辉。尽管战国以来的儒家、墨家对于侠士多有排斥，但战国时期的侠义精神，却都可以在儒家、墨家的文化精神那里找到似曾相识的影子。战国时期，伴随着墨家社会影响力的迅速崛起，活跃于社会生活中的侠士们给人们留下的印象，似乎不是儒家、墨家对侠义精神的影响，反倒是侠士出自墨家之圈了，这当然需要厘清。

本来，在春秋战国时代的教育当中，基本的理念还是文武并重的，士作为最底层的贵族，特殊的社会环境和地位使得他们很讲究技艺和礼节，会行侠尚义，"最典型的武士，把荣誉看得重过安全，把信用责任看得重过生命；但他们又是不拘小节的。"② 由于墨家本出于儒家，因而，儒家、墨家对于侠义精神的影响应当是共同的，墨家出现以后，社会上流行的所谓侠，自然也就有了许多儒墨精神的影子。客观地看，儒家、墨家对于侠义精神的影响主要表现为两个方面：

其一，忠孝思想观念。诸如专诸、聂政之属，皆对父母子女怀有深切的眷念之心，而对自己的主人同样忠心不二。即是荆轲那样四处流浪的无家无

---

① 参见［汉］司马迁《史记·刺客列传》，中华书局1959年版，第2522页。
② 童书业著，童教英校订：《春秋史》（校订本），中华书局2006年版，第77页。

业的侠士，为"解燕国之患"，同样视死如归："风萧萧兮易水寒，壮士一去兮不复还！"何等慷慨悲壮。这种根深蒂固的忠孝思想观念，与自身的文化修养有关，与儒学的伦理观念密不可分。荆轲并不是通常意义上的那种流氓无赖，他是有着较高的文化修养的人，司马迁就说："荆卿好读书击剑。"① 或以父母子女为念，或以知遇情义为念，或以某种道义为念，总之，忠孝为先，死不变节，战国时期侠士们所表现出来的这种行为观念，与儒家、墨家的思想文化观念是血肉相连的。

其二，仗义行侠观念。仗义行侠是古往今来侠士们的优良传统。荆轲刺秦王的原因，据《史记》中的介绍，嬴政做了秦国国君以后，野心迅速膨胀，开始出兵东方，蚕食诸侯。燕国的君臣都害怕这一灭国之祸的来到，太子丹更是惶恐至极。太子丹是既有私怨要报，也有国难要解。在这种情况下，荆轲答应太子丹的请求刺杀秦王。可以说，荆轲与秦王政没有任何的利害冲突和个人恩怨，与燕国以及燕太子丹更没有任何的利益挂牵。他的行为纯粹是一种拔刀相助的仗义之举。这种仗义行侠的行为，与墨子的"止楚攻宋"极为相似。按照司马迁的观点，墨子止楚攻宋很有些保家卫国的意味②，保家卫国本来就是国人的一种责任。但墨子的出身却并非"肉食者"③，"肉食者"还没有出场，墨子的行为自然并非是他这时候必须应尽的义务。因而，墨子和他的弟子们在得到楚将攻宋的消息后挺身而出，全然也是一种仗义行侠的积极作为。这样看，与荆轲刺秦王可谓异曲同工了。这种仗义行侠的行为观念。在本质上首先是有着一种坚定的积极入世观念，其次，在墨家学派那里也可以找到直接的思想渊源。墨家天下为公的大无畏精神，与荆轲刺秦王之类的行为几乎如出一辙，在这样一种侠义精神里边，儒家思想的道德因子，同样是最为基础的思想内核。

（四）珍爱生命意识水平的提升

在人类社会文明发展的进程中，从"未有火化，食草木之实，鸟兽之

---

① ［汉］司马迁：《史记·刺客列传》，中华书局 1959 年版，第 2526 页。
② 参见［汉］司马迁《史记·孟子荀卿列传》，中华书局 1959 年版，第 2350 页。
③ 参见杨伯峻《春秋左传注·庄公十年》："十年春，齐师伐我。公将战，曹刿请见。其乡人曰：肉食者谋之，又何间焉?"中华书局 1990 年版，第 182 页。

肉，饮其血，茹其毛"①，到"制礼作乐"，这是一个非常大的飞跃；从易牙杀子而食于齐桓公②，到杨朱的"贵己"与"重生"观念的提出，这又是一个非常了不起的飞跃。总而言之，人类对于本身生命的认识以及珍爱程度，是伴随着人类社会文明程度的不断提高而逐步提高的。春秋战国时代，相对于生命现象的认识水平而言，基本上尚处在文明社会的初级阶段，人类本身对于生命现象的认识水平并不是很高，理论上还处在一个相对肤浅的认识阶段，现实中人与人之间存在着巨大的社会地位和生命价值的差别，不仅人对于自我生命价值的认识远远不够，而且人与人之间仍然处在一个某些人可以随意剥夺他人生命的层面上。所以，我们见到的一些关于生命价值的认识，基本上都是一些很前卫的理论问题，并不是当时社会基本层面上的东西。比如，春秋末期的齐景公特别喜欢鸟，有一次他得到了一只漂亮的鸟，就派一个叫烛邹的人专门负责喂养它。可几天后那只鸟飞了。齐景公气坏了，就下令要把烛邹杀死。③ 一个人的生命竟然比不上一只鸟的性命。战国时期的赵文王因为自己喜剑，就让蓄养的剑士"日夜相击于前"，以至于"死伤者岁百余人"。国君居然会用剑士们无谓的自相残杀来满足自己的嗜好。诸如此类，出于政治或军事或个人嗜好的原因而随意处置人命的例子不可胜举。正因为如此，儒学的"人本"观念和道家珍爱生命的观念，也就成了超然于时代发展的亢奋旋律。战国时期人们极度珍爱生命意识的形成，实际上还不能完全看作是时代发展的潮流，应当是思想家们超前觉悟后形成的弥足珍贵的思想火花。

战国时期关于珍爱生命的认识主要有五种表现方式：

其一，重视人的生命。先秦诸子提出的道德修养准则，在很大程度上都与珍爱生命相关。比如孔子说，自己的身体发肤受之父母，不可随意处置，否则就是不孝。孔子强调的虽然是道德问题，但同时也提出了一个爱惜自己身体的主张。这一时期儒家的修身养性，道家的"贵己""重生"，墨家的

① 杨天宇：《礼记译注·礼运》，上海古籍出版社 1997 年版，第 268 页。

② 参见［清］戴望《管子校正·小称》："夫易牙以调和［味］事公，公曰：惟烝婴儿之未尝。于是烝其首子而献之公。"《诸子集成》，上海书店影印 1986 年版，第 181 页。

③ 参见［清］张纯一《晏子春秋校注·外篇·第七》，《诸子集成》，上海书店影印 1986 年版，第 191 页。

"兼爱"与"非攻",等等,几乎所有的诸子学者们都没有离开这一基础。战国时期的思想家们开始特别重视人本问题,珍爱人的生命,就是抓住了以人为本的根本。

其二,重视饮食娱乐。重视饮食娱乐是儒家的一贯主张,即使是一向激烈非儒的墨子也非常重视饮食娱乐:"是故子墨子之所以非乐者,非以大钟鸣鼓琴瑟竽笙之声以为不乐也,非以刻镂华文章之色以为不美也,非以犓豢煎炙之味以为不甘也,非以高台厚榭邃野之居以为不安也。虽身知其安也,口知其甘也,目知其美也,耳知其乐也,然上考之不中圣王之事,下度之不中万民之利。是故子墨子曰为乐非也。"① 道家虽然不主张追求美色、美声、美味,但特别重视顺应自然规律,他们所反对的只是过度地追求美色、美味、美声,对于适度的、自然的饮食娱乐之美,却并没有提出反对的意见。

其三,养生术的出现。荀子、老子、庄子、《吕氏春秋》等都从不同的角度提出了一些各具特色的保健养生方法,或主动,或主静,或主张从礼乐而先修心,或主张法自然而先修身,或主张治"未病"而修身,诸如此类,这些观点主张,都反映出了对于生命的高度珍爱意识。

其四,医学的高度发展。以黄老学的出现为标志,战国时期的医学得到了充分的发展,不仅从医学角度对人的生命过程中所产生的种种疾病展开了斗争,而且形成了积极的治"已病"与治"未病"的医学保健思路。这些专业化医学理论的出现,标志着珍爱生命的意识在理论水平上有了很大提高。

其五,长生不老术的出现。长生不老术从战国时期的燕齐之地萌芽,在秦始皇、汉武帝那里发展到了极致。到东汉时期道教形成以后,逐渐成了中国传统文化的重要流派。齐地长生不老术的出现,与这一地区养生思想的兴盛有着密不可分的关系。长生不老术最初应当是养生思想发展的另一阶段,反映的是养生思想中的一种理想,与后来道教"造神运动"中对于生命的理想化还不能相提并论,与后来人们认定的迷信更不可归为一隅。由于杨朱等道家一派的思想,始终在极端的个人主义范畴中论述人生以及生命的价值问题,因而在诸子驰说、风云跌宕的战国时代,长生不老术所代表的便基本

---

① 〔清〕孙诒让:《墨子间诂·非乐》,《诸子集成》,上海书店影印 1986 年版,第 155 页。

上还是人类对于生命价值的认知程度，正面反映出来的同样也是对生命现象的高度珍视。

徐春林先生曾总结了中国传统文化中超越生死的五种模式①，认为儒家的"三不朽"、道家的回归自然、道教的长生不老、佛教的遁入空境、民间的传宗接代，这五种观点都超越了生死观念的羁绊。但这只是从精神追求角度看到的一面。战国时期珍爱生命思想理念的高度发展，则是从人类文明进步的角度看到的另外一面。珍爱生命意识的提升，同样是当时社会经济发展、思想学术繁荣的产物，在中国社会发展史上是一个了不起的进步，既反映了当时社会的科学认识程度，也代表着社会文明程度的进步水平。在这一过程中，儒家的修身观、道家的养生观、黄老学中的医学思想等，都是中国古代关于生命认识的重要奠基石。后世由于宗教、封建迷信的渲染而影响至深的长生不老术，虽然由此而步入歧途，进入到了另外的一种虚无缥缈的梦幻境界，但在这一时期的基本情状，却毫无疑问地代表着人类对于生命的强烈渴求欲望。这些崭新的思想认识，以前所未有的姿态，体现着中国古人对于生命价值认识的高度觉醒，代表着珍爱生命意识所能够达到的新水平。

五、中华传统体育精神的基本特征

哲学上有矛盾的普遍性与特殊性之说。普遍性就是共性，特殊性就是个性，就是特点、特征，就是此一个体有别于其他个体的东西。所谓"中华传统体育精神"，指的应当是既属于"传统体育精神"的内容，又不同于其他民族体育精神的那一部分内容，而断不可以采取削足适履的办法，把共性中的东西抽象出来当作个性来表述。这是因为，一方面是科学的认识规律所不容许，东施效颦，扯大旗作虎皮，毫无实际意义，断无实用价值；另一方面，中华民族有着源远流长的文明发展历史，有着博大深厚的文化积淀，有着独树一帜的文化精神传统，在这样广阔而深厚的文化背景下形成的中华传统体育精神，自然有着区别于其他民族的传统体育精神的突出特征。因此，

---

① 参见徐春林《中国传统文化中超越生死的五种模式》，载《郑州大学学报》（哲学社会科学版）2008年第5期。

从科学认识的角度看，我们没有的东西，断然不可臆造，而必须要凸显出来。中华传统体育精神的基本特征，在本质上看，既有着与其他民族的传统体育精神不同质的一面，这是由中华民族的传统文化精神的特殊质地所塑造的那一部分，也有与其他民族的传统体育精神相通的一面，这就是不同民族在共同的文明进程中相同的那一部分。总而言之，古往今来的无数事实证明，中华民族任何伟大事业的发展，都不曾离开中华民族自身深厚的文化底蕴的滋润。现代社会当中，中华体育事业的伟大复兴，同样期冀于中华传统体育精神的坚强支撑。

经由战国百家争鸣而构架起来的中华传统体育精神，在主体上反映出来的基本特征突出表现为以下几个方面：

（一）强烈的爱国主义精神

周代宗法统治和礼乐教化的政治文化，哺育了中国传统文化中浓厚的"家"、"国"、"天下"意识，修身、齐家、治国、平天下，先秦时期所有的学术流派，几乎都没有跳出这样的一个意识桎梏。《管子》说，"以家为家，以乡为乡，以国为国，以天下为天下。"① 可以说是先秦诸子思想观念一个很有代表性的概括。由修身延及爱家，由爱家延及爱国，由爱国延及治天下，这便是中国传统文化中强烈爱国主义精神的一种最为基本的意识反映。

在中国传统文化里边，"家"是基本的社会单位。春秋战国时代的"国"，一般意义上指的是诸侯国。"天下"则包含了所有的诸侯国，相当如今"世界"、"全球"的概念，反映着中国古人最广阔的社会视野。夏、殷、周三代，天子是各诸侯国的最高首领，"天子"的责任，就是"奉天以子民。"所以才有"家天下"之说。春秋以来"礼崩乐坏"的根本原因，突出的是财富和人口都大量增长了，但社会制度、行为规范、文化、艺术等却没有得到相应的发展、调节和完善，"家长"失去了权威，"家庭成员"之间、"家庭成员"与"家长"之间积累了一些不和谐的因素，于是，社会矛盾日渐积深，逐渐形成星火燎原之势，出现了天下大乱的局面。孔子深究其责，

---

① ［清］戴望：《管子校正·牧民》，《诸子集成》，上海书店影印 1986 年版，第 3 页。

认为导致天下大乱的责任在统治者，"君不君，臣不臣；父不父，子不子。"① 因而主张所有的"家庭成员"都要"克己复礼"。实际上是在处理这种家庭矛盾的时候代表"家长"采取了"只许州官放火不许百姓点灯"的办法。孟子主张要调整君主、国家和人民的关系，把原先那种君主利益高于国家利益，国家利益高于人民利益的旧秩序颠倒过来，提出"民为贵，社稷次之，君为轻"② 的观点，以此来建立稳固的国家统治秩序。实际上相当于对于君主提出了一个"大人要照顾到孩子的利益，家长要照顾到每一位家庭成员的利益"的合理主张。老子以及后来的道家诸子则与之恰恰相反，提出了由大乱走向大治的"无为而治"主张。墨子主张大家应该径自和平互爱，至于社会成员之间由"兼爱"而形成一种什么样的秩序，是继续受制于体现宗法统治的礼法统治，还是以其他另外的形式，墨子并没有设计出来。可以说，究其先秦诸子的所有主张，无不"以天下为己任"。儒家志在"治国平天下"，主张"天下为公"；墨家的宗旨是"摩顶放踵，利天下为之。"法家更主张以集权专制主义的"法治"一统天下。就连主张"无为"的道家，议论的也都是"天下"之事："以其不争，故天下莫能与之争。"③ "受国之垢，是谓社稷主，受国不祥，是为天下王。"④ 杨朱学派所要解决的中心问题也是个人和天下的关系："人人不损一毫，人人不'利'天下，天下治矣。"还说："悉天下奉一人，不取也。"⑤ 他们都越出了"国"、"家"的局限而神驰九州，放眼天下。孔子、孟子、墨子，不辞辛苦地穿梭于各诸侯国，宣扬、推行他们的政治主张。在当时竟没有一个人，包括他们祖国的君臣和人民，给他们扣一顶"叛国者"的帽子。更有甚者，楚国的伍子胥，一家人遭到楚王的残害屠戮。伍子胥逃亡到吴国借兵报仇，攻陷了楚国的郢都，对楚王挖坟鞭尸⑥，竟没人指责伍子胥"不爱国"甚或"卖国"。他们所钟爱的并不是自己所在的诸侯国，而是周天子治下的"天

① ［清］刘宝楠：《论语正义·子罕》，《诸子集成》，上海书店影印1986年版，第271页。
② ［清］焦循：《孟子正义·尽心·下》，《诸子集成》，上海书店影印1986年版，第573页。
③ ［三国］王弼注：《老子道德经·六十六章》，《诸子集成》，上海书店影印1986年版，第40页。
④ ［三国］王弼注：《老子道德经·七十九章》，《诸子集成》，上海书店影印1986年版，第46页。
⑤ ［晋］张湛注：《列子·七十九章》，《诸子集成》，上海书店影印1986年版，第83页。
⑥ ［汉］司马迁：《史记·伍子胥列传》，中华书局1959年版，第2171页。

下"。因而，相对于诸侯国意义上的"国"、"家"而言，战国诸子都是一些地地道道的"国际主义者"。以"国"为"家"，以治"家"的办法治"国"、治"天下"，这是先秦诸子所共同的思维模式。正是有了这样的一种思维定势，战国诸子才都能够义无反顾地积极投身于社会现实发展当中，为社会的现实需要而贡献自己的聪明才智。这便是先秦诸子伟大爱国主义精神的具体体现，也是中国知识分子最具特色的价值追求。

中华传统体育精神中的爱国主义精神，便是通过战国诸子这样的一种高度关注社会的积极入世精神反映出来的。

先秦诸子的爱国精神，后世多见有"出世"、"入世"之辨。"出世"、"入世"本乃佛家用语，出世是指出家修行，入世是指在家修行。后人们把这两个词语借过来用以表述人们的社会行为，言谈举止囿于"自我"小圈子的便谓之"出世"，反之便谓之"入世"。佛学传入中国乃是汉代以后的事情，后人用"出世"、"入世"分辨先秦诸子思想也是一种"削足适履"。由于战国诸子大多崛起于士阶层的分化过程当中，他们或关注社会治乱，或关心民众疾苦，或洞察社会发展规律，或揣度自然变化法则，这些行为事实上都体现着一种积极的入世精神。只不过这种积极入世精神的表现方式各不相同而已。从宏观上看，文士、武士入世的贡献方式不同，汉代的王充就曾十分中肯地指出了这一点："夫壮士力多者，扛鼎揭旗；儒生力多者，博达疏通。故博达疏通，儒生之力也；举重拔坚，壮士之力也。"[1] 那些"以学问为力"的文士，或者供职于庙堂之上，或者奔走于诸侯之间，以自己的聪明才智博取自己渴求的一番天地。儒家、纵横家、墨家、法家多是如此；兵家之属则要靠"举重拔坚"出人头地。此自不必多说。道家多被认为是"出世"的一派，其实并不尽然。道家的"法自然"、尚"无为"，实际上是对于改造社会现实提出的另类主张，"贵己"、"重生"、"物我两忘"、逍遥超然，与屈原的投江而死走的是一条路子，屈原试图用生命撞开楚国君主昏聩的脑门[2]，杨朱、庄子以及众多道家之徒则采取了"不管主义"的态

---

① ［汉］王充：《论衡·效力》，上海人民出版社 1974 年版，第 201 页。

② ［汉］司马迁：《史记·屈原贾生列传》："屈平既嫉之，虽放流，睠顾楚国，系心怀王，不忘欲反，冀幸君之一悟，俗之一改也。其存君兴国而欲反复之，一篇之中三致志焉。"中华书局 1959 年版，第 2485 页。

度，实际上都是一些"没有办法的办法"，遮掩起来的是内心的愤怒与怨恨。墨家本是一些"青庙之守"，起自于社会最底层，其仗义侠行，勇干世主的精神不仅难能可贵，而且表现得是那样的直白与透明。就是由自然现象提炼出来的阴阳五行之说，也上升到"五德终始"的层面上来，走上了"干世主"的路子。由"身"及"家"及"国"及"天下"。总凡战国诸子，无论起于何家何派，无一超然于此。战国诸子的言行所反映出来的这种积极入世精神，代表着一种明显的思想倾向，这就是对于社会现实的高度关注，积极地投身于社会现实当中，以追求自身生命价值实现的最大化。

战国诸子这种积极入世的精神，又是以宗法统治环境下的人伦道德为核心的。在此基础上，这样的一种精神，首先构架了中国传统文化中关注社会、关心他人的高度利他主义情怀，形成了以责无旁贷为特征的高度社会责任心。这一点，对于后世中国传统文化背景下的爱国主义精神的丰富和发展有着无与伦比的贡献，中华传统体育精神的爱国主义情怀，正是通过这样的一种高度的社会责任心体现出来的。爱国、爱家、爱父母、爱他人，责无旁贷的利他主义情怀奠基了中华传统体育精神的爱国主义特征。在战国诸子的思想内容当中，强烈的爱国主义精神就是以这样的一种执着的利他济世情怀表现出来的。由于这种精神的基本思想原动力来自于以伦理道德为本体的人生价值观修养，因而当需要他们的时候，便可以舍身以报国，鞠躬尽瘁，死而后已。这便是我们中国传统文化的伟大功力。在当代一些重大的体育比赛中，中国的运动员往往把争得好的成绩看作是国家的荣誉，看作是国家的骄傲，看作是父母的骄傲，看作是对社会的贡献，看作是自身生命价值理想的实现，为什么？并不是一种虚伪，而是中华民族传统的文化理念，于无声处滋润出来的一种高尚的精神品德。这样的一种精神，是中华民族传统文化区别于世界其他民族传统文化的特质，是流淌在华夏子孙血液里的遗传基因。

（二）坚强的集体主义精神

中华传统体育精神的坚强集体主义特征，来源于两个方面的因素影响最大，一是以专制统治为依托的社会结构形式，一是以儒学为主导的思想文化观念。

以血缘关系为基本纽带的宗法统治秩序，在中国数千年的古代社会中可谓万变未离其宗。中国传统文化的创生和流变所依托的社会结构，根本上是以血缘关系为纽带的宗法统治。纵向来看，起始点上便有炎、黄二帝，传说当中他们是兄弟关系，有着直接的"血缘之亲"。战国百家争鸣，不仅是炎黄文明后续思想文化的深度融合，而且还吸纳了其他的一些文化元素，包括丰富多彩的地域文化和通过不同方式传播过来的异域文化。在以血缘关系为纽带的宗法统治环境中，中国古代的政治统治史，或封建，或郡县，从没有离开血脉相传的世袭路子。中央高度集权的君主专制政体，虽然更嬗变化，同样也没有从根本上动摇过。相对于皇帝以及所有的大小专制君主来说，"国"与"家"实际上从来就是一回事，"国"是他们的一个名副其实的大"家"，从大臣到庶民，由于都离不开真实的或虚拟的血缘关系，也就不可能跳出"宗法"的圈子。这样的一个政治环境，无形之中从制度上强化了人们以皇权为核心的强大凝聚力，"君叫臣死，臣不得不死"、"文死谏，武死战"、"官大一级压死人"，诸如此类的例子不胜枚举。似乎中国的封建社会是一个军事化管理的整体，"服从"便是所有臣民们的天职。"官本位"这一以血缘关系为纽带的宗法专制政体，把服从、奴性意识深深地溶进了国人的血液当中，形成了一种不可更改的行为意识。只知求同，不善求异，这是国人的一般习惯。这种习惯，最突出的优点便是明显的群体意识，要好大家都好，要不好大家都不好，只有群体的对错，没有个人的对错。坚强的集体主义精神在古代的中国，最初的时候，基本层面上便是以这种奴性和服从意识体现出来的。

国人强大的集体主义精神，在思想文化层面上的影响作用尤其巨大。中国古代的文化是以"人"为核心的，周灭殷商以后，随即开始制礼作乐，主张以等级森严的礼制规范人们的社会行为，"礼不逾节"成为人们当然的行为标准："道德仁义，非礼不成；教训正俗，非礼不备。分争辨讼，非礼不决；君臣、上下、父子、兄弟，非礼不定；宦学事师，非礼不亲；班朝治军，莅官行法，非礼威严不行；祷祠祭祀，供给鬼神，非礼不诚不庄。"①汉武帝"罢黜百家，独尊儒术"以后，儒学定于一尊，人们对于礼制的遵从意识得到了进一步的强化。儒学对于人们思想的巨大影响，一方面为维护封建皇帝的一统天下提供了坚强的思想保障，同时也为凝聚社会向心力提供

① 杨天宇：《礼记译注·曲礼·上》，上海古籍出版社1997年版，第2页。

了明确的目标。儒学之外，还有法家。齐法家一派自然和儒学紧密相连，极力鼓吹"礼法并重"的。秦法家一派的苛刑峻法，到了后来的封建皇帝那里的时候，虽然有着儒家思想的遮掩，但从来都是大刑伺候着的。这样，所谓"礼法并重"的教育引导与强制规范两手并重的管理模式，也就成了中国古代数千年来最实用和最有效的国家管理工具。这一模式实际上也就是中国古代礼制规范的保障措施，是集体主义精神的必要保障。

以"人"为核心，保障人的行为意识，必须要适合宗法伦理的需要，这是中国传统思想文化的根本。这样的一种思想文化观念的形成与延续，对中华民族传统的集体主义精神的形成与发展产生着极其重要的影响。

我们知道，任何文化体系的产生、存在和发展，都与外界因素的影响直接相关。从世界文明史的发展来看，古埃及文化位于尼罗河流域，产生于公元前 5000 年左右的塔萨文化，在 642 年被阿拉伯人征服。古巴比伦位于美索不达米亚平原，在今伊拉克境内，公元前 3000 年左右建立了国家，公元前 538 年被波斯帝国所灭，古巴比伦文化的发展停止了。古印度文化早在公元前约 2500 年形成于印度河流域，约在公元前 1500 年，亚利安人入侵印度，古印度文化随之也就湮灭了。古代中国文化起源于西部黄河流域和东部济淮流域，公元前 2070 年夏代建立，进入文明时代，一直延续至今。相形之下，到现在为止，世界上的这些著名文明古国文化，只有中国文化仍然还比较完整地保存着，形成的文化体系也只有中国的思想文化主流仍然流传。在这一漫长的历史过程中，夏、商时期的历史的印痕，至今还在诉说着我们的古人石头加木棒的故事。周代以降至于近代，不仅仅内战不断，而且外侵频仍。但不管是来自异族（比如蒙古、满清等）的入主，还是来自异域（比如第一、二次鸦片战争中的日本、英国等）的侵略，不仅在整体上并没有摧毁中国以血缘关系为纽带的宗法专制统治，而且丝毫没有动摇中国思想文化主流的传续与发展。元代作为华夏族的异族入主中原以后，曾试图用外来的蒙古文化改造中原文化，于是就对原自汉代以来的主流文化儒学给予坚决的打击，元代的"九儒十丐"之说，曾把儒士的地位定位于高于乞丐而低于娼妓。但最后还是不得不返回来重视儒学①。有清一代的 276 年间，初

---

① 王晓欣：《说"九儒十丐"和儒士儒学在元代的地位》，《历史教学·中学版》2010 年第 6 期。

期曾采取强硬手段，试图通过"剃发易服"和"文字狱"来抑制广大汉族人民尤其是上层士人的民族精神，渗透满族文化，以便于保障满族文化的统治地位。但后来渐渐发现这样做并不行，也就不得不接受了儒学的融化："在思想文化方面，清朝统治者为了获得汉族士大夫的支持，也处于自身利益的需要，选择儒学为其统治的指导思想。从顺治到乾隆朝前期，统治者一直执行着'表章经学，尊重儒先'，'一以孔孟程朱之道训迪磨厉'的思想文化政策。"① 其他的异域文化，诸如佛教在汉末传入中国，基督教、伊斯兰教自唐代传入中国，作为宗教在中国流传可谓经业有年，但同样没有把儒学这一中国的主流文化从根本上改造过去。相反，却无一不是程度不同地吸纳了儒学，在经历了各自程度不同的"华化"之后生存了下来。杨志玖先生说："以儒学为核心的华夏文化，注重个人道德修养，提倡仁政，反对暴力，主张以仁爱和体谅（恕道）处理人际关系，这种平和的、富于人情味的行为规范，曾博得欧洲启蒙学者的赞赏，对到中国来的西域人也有极大的吸引力。"② 事实也正是这样，大凡在中国古代生存下来的外来文化，几乎都经历了一个经由儒学化而脱胎换骨的过程，演绎着适者生存的自然法则，否则只能走上销声匿迹的道路。近代史上出现的西方文化在中国的传播，日语在中国的强行推广，都是很典型的例子。儒学的强大包容性和亲和力，既为漫长的封建专制统治秩序的延续提供了思想理论工具，也为汇聚和导引人们的社会向心力提供了强大的动能。

有周一代，是中国文化的成型时期，战国时代的百家争鸣，诸子百家的思想学说风云激荡，儒学在这一时期虽然并没有跃居独尊的地位，但已是当之无愧的"显学"，又是诸子之学的思想本体，在对于人的道德要求方面与其他诸子之学有着广泛的一致性。以血缘关系为纽带的宗法专制统治孕育了儒学，儒学又反过来成了这一统治秩序的坚强卫士。当儒学成为专制统治的主导思想文化观念的时候，也就必然地成了坚强的精神支柱。其强大的凝聚力和向心导引力，自然也就成了凝聚中华民族的基本的动力源。

---

① 苗润田：《中国儒学史·明清卷》，广东教育出版社1998年版，第8页。
② 杨志玖：《关于元代回回人的"华化"问题》，载《中国伊斯兰文化》，中华书局1996年版，第12页。

（三）任智不任力的竞技精神

中国文化的突出特征之一就是尚智谋而不尚勇力。孔子说："暴虎冯河，死而无悔者，吾不与也。必也临事而惧，好谋而成者也。"① 孔子赞赏的是肯动脑筋去完成任务的人，对赤手空拳去和老虎搏斗，或不用船只去冒险渡河的人，孔子并不赞赏。荀子说得更直接："悍戆好斗，似勇而非。"② 但春秋战国之际是群雄逐鹿时代，"勇欲绝众"却是非常时尚的品行："今世之人，行欲独贤，事欲独能，辩欲出群，勇欲绝众。"③ 即使是庄子那样的逍遥派，也对"勇"作出过深刻的分析："夫水行不避蛟龙者，渔夫之勇也；陆行不避兕虎者，猎夫之勇也；白刃交于前，视死若生者，烈士之勇也。"④ 弱肉强食的时代风云，不可能不影响到人们的思想观念和行为措施，乃至于感慨于"治大国如烹小鲜"了。⑤ 竞强时代而没有竞争精神，这是不可能的。先秦诸子异口同声地强调加强思想道德建设，正好反衬着这种竞争精神的时代社会风貌。但恰恰相反，这一时代中国的体育娱乐活动并没有显现出强烈的竞技色彩。总体上看，竞技是体育活动的重要特征，古代的西方体育重视的是体育的竞技功能，因而肌体力量的竞争便是体育竞技的主要手段。古代中国由于先秦诸子对于社会道德的极度张扬，在主体上强调的是体育的健身和娱乐功能，在思维方式上强调的是"任智而不任力"，这样也就非常自然地遮掩了体育娱乐活动的竞技特征。中国古代体育的发展，在这样的社会环境中，也就非常方便地把竞技与智谋结合在了一起。智谋文化在中国传统文化当中占据着不可替代的重要篇章，尽管竞技体育在中国古代并没有夺目的光彩，但由智谋文化演化而来的机智博弈精神，却又是中国传统体育精神的又一重要特征。中国古代的体育发展，由于在"竞技"的基础上

---

① ［清］刘宝楠：《论语正义·述而》，《诸子集成》，上海书店影印 1986 年版，第 140 页。暴虎冯河，成语，徒手搏虎曰暴虎，徒足涉河曰冯河。

② ［清］王先谦：《荀子集解·大略》，《诸子集成》，上海书店影印 1986 年版，第 338 页。

③ ［战国］尹文著，［清］钱熙祚校：《尹文子·大道·上》，《诸子集成》，上海书店影印 1986 年版，第 3 页。

④ ［清］王先谦：《庄子集解·秋水》，《诸子集成》，上海书店影印 1986 年版，第 263 页。

⑤ ［三国］王弼注：《老子道德经·社章》，《诸子集成》，上海书店影印 1986 年版，第 36 页。

披上了鲜亮的"道德"外衣，从而与西方社会的民族传统体育区别了开来，形成了"任智而不任力"的突出特征。

现代的体育运动有着竞技与健身之别，我们也可以对古代的体育作出竞技与健身的区分。颜绍泸先生明确指出，"体育的历史同人类的历史一样悠久，作为体育组成部分的竞技体育则产生较晚。"又说："身体练习（指具有"体育"意义的社会现象。）活动进一步发展，便演化出竞技体育的活动形式。"① 这里说的是一般意义上的情况，中国自然也并不例外。但中国古代原始的、朴素的和谐思想，使得竞技体育并没有得到充分的发育。伴随着社会文明程度的不断提高，中国古代的体育发展便以健身体育运动为主体向前发展。这样，不仅体育竞技的观念十分淡薄，而且竞技运动的项目也是寥若晨星。即使如此，一些体育活动仍然有着温和而典雅的竞技色彩，比如棋戏、博戏，甚至于技击、射箭、蹴鞠之类，游戏的过程中都有着区分胜负的要求，区分胜负的本身就存在着一个竞技的需要。但总体上看，由于受到了礼让、宽厚、中和的道德观念制约，竞技的味道并不是很浓厚，倒是智谋的厮杀得到了充分的重视。《孙子兵法》以及《吴子》中的"图国"、"料敌"、"治兵"② 等，都是讲的一些智谋取胜的计策。

在春秋战国之际出现的丰富多彩的体育娱乐活动中，也体现着多彩的竞技元素，只不过这些活动中反映出来的竞技精神，并不是依赖高度的肌体运动，更重要的是运用智谋，也就是智谋为上的竞技精神。孙膑赛马的故事中，整个比赛的过程，参赛双方马的实力差不多，孙膑只不过调换了一下参加比赛的顺序，便以三局两胜的结果赢得了齐王千金的赌注。格斗技巧的使用，同样体现了一种智谋取胜的竞技精神。格斗是中国古代内容极为丰富的体育活动，文献中记载的诸如拳搏、角力、相扑等单人徒手或器械的搏斗形式，都属于格斗。这一类运动早在西周时期的军士训练当中就已经成为常规科目了。《礼记》中就说："孟冬之月"，"天子乃命将帅讲武，习射御、角力。"③ 最初的格斗形式只不过是徒手的技击或对抗活动，主要存在于军事训

① 颜绍泸：《竞技体育史》，人民体育出版社 2006 年版，第 2 页。
② 参见［战国］吴起《吴子》，《诸子集成》，上海书店影印 1986 年版。
③ 杨天宇：《礼记译注·月令·下》，上海古籍出版社 1997 年版，第 210 页。

练及其活动当中，这时候的勇力是第一位的，技巧次之。后来的格斗过程中逐渐地出现了器械的加入，技巧的成分大大增加，智谋也就逐渐成了很重要的竞技措施。大规模的军事对抗出现以后，集团性的"格斗技巧"也就随之出现了。这种集团性的"格斗技巧"，也就是通常所表现出来的军事智谋。

中国古代的军事智谋文化在中国传统体育的发展过程中有着很大的影响。军事竞技是以战胜对方为基本目的的，虽然可以不择手段，但中国古代的军事思想却历来主张智胜为主，力胜为辅："凡用兵之法，……不战而屈人之兵，善之善者也。故上兵伐谋，其次伐交，其次伐兵，下政攻城。攻城之法为不得已。……故善用兵者，屈人之兵而非战也，拔人之城而非攻也，毁人之国而非久也，必以全争于天下，故兵不顿而利可全，此谋攻之法也。"① 这里所说的"战"，实际上指的就是以攻城略地为目的的力搏方式。孙子把"不战而屈人之兵"看作是最好的军事竞技措施。不主张力搏，那只能智取，所以才说"上兵伐谋"、"攻城之法为不得已。"齐国在春秋战国之际的诸侯国中有着较强的军事优势，主要是依靠智谋。战国时期出现的许多经典战例，诸如齐国、赵国、魏国之间发生的围魏救赵、田单为保卫齐国反击燕国而设计的即墨火牛阵，等等，都是靠智谋夺取战争胜利的典型。由军事领域形成的"智胜为主，力胜为辅"的基本原则，不仅成了中国古代军事战略的基本出发点，而且在中国古代的竞技文化中成了一个最为重要的特征。

（四）性命为主的人本精神

前面我们已经多次说到，先秦诸子思想基本上都是围绕着以求"善"而求"美"的思维方式展开的，由此造就了整个中国传统文化的最基本的思维特征。这一思维方式反映在体育精神上的时候，表现出来的突出特征就是一种性命为主的人本精神。

"性命"与"生命"虽然是两个不同的概念，却有着共同的一部分内涵，这就是人作为动物的存在和活动能力。"生命"的概念，生物意义上的

---

① ［春秋］孙武著，［汉］曹操等：《孙子十家注·谋攻》，《诸子集成》，上海书店影印 1986 年版，第 34—42 页。

内涵要多一些。《战国策》说："万物各得其所，生命寿长，终其年而不夭伤。"① 所谓"生命"，指的是生物体所具有的存在和活动的能力，反映的是生物意义上的内容。"性命"则多半不是这样，《易经》说："干道变化，各正性命。"孔颖达疏："性者，天生之质，若刚柔迟速之别；命者，人所禀受，若贵贱夭寿之属是也。"②《易传》又说："穷理尽性以至于命。"高亨先生的解释是："天地万物各有其理，各有其性，各有其命。"③ 此处的"性"指的是人的情志、个性，"命"指的是天命。所谓"性命"，指的多是万物的天赋和禀受，反映的是一种哲学意义上的东西。在战国百家争鸣过程中，虽然对于"生命"与"性命"的重视程度学派之间各有不同，但对于生物意义上的"生命"与哲学意义上的"性命"的划分，在总体上却是很清晰的，大多数学派承袭了儒学的基本理念，侧重于"性命"的修养，而对于"生命"的关注，则突出反映在了杨朱、黄老之学等道家一派的思想当中。从对人的"性命"与"生命"的划分，到对于人"生命"唯一性的认识，再到"性命双修"，实际上反映着对于生命现象认识的一个复杂过程。而这一认识的核心问题，正在于清晰地看到了生命现象的"唯一性"，也就是认识到了生命的存在是一切的根本。这一认识的升华过程，从思想认识的角度显现着对于生命的高度珍视。

但是，战国诸子对于人的思考，总体上看已经形成了两个不同的趋势：其一是突出强调人的社会行为的道德建设，儒家、墨家为最，思考的重心在于如何"养性"；其二是突出强调人的生命载体的建设，杨朱、黄老学等道家一派为最，思考的重心在于如何"养生"。由于诸子百家的学术争鸣都没有超脱于周代礼乐治国的文化环境，诸如所谓道家的"非礼"、墨家的"非儒"，等等，都不过是一些形而上的东西，因而，所有的养生之学，也就都不可能超脱于儒家养性之学的笼罩。尽管大家都懂得"生命"的唯一性和不可再生性，道家的庄子把养生分成了"养形"与"养神"两部分，在提出"养形果不足以存生"主张的时候，实际上与儒家的"文之以礼乐"似乎又走到一起来了，说的是"养生"，强调的是人的精神生命对于物质生命

① 张清常、王延栋：《战国策笺注·秦策三》，南开大学出版社1993年版，第148页。
② 中华书局编辑部：《唐宋注疏十三经（一）·周易注疏·一》，中华书局1998年版，第12页。
③ 高亨：《周易大传今注·说卦》，齐鲁书社1984年版，第455页。

的主导作用，本质上属于养生的另一部分，也就是"养性"；"文之以礼乐"，与"养生"问题相距有间，强调的是人的精神修养，同样也是"养性"。这一相似点的融合，在后来的道教里边形成了"性命双修"的观点①，"所谓'性命双修'，就是一个炼气，一个炼神。它的性功主要吸收了儒家与佛家的思想。"② 再后来的发展，"性命双修"则完全成了中国古代体育哲学中人体观的重要范畴之一，也是重要的传统养生基本理论，基本要求便是人的身心全面修炼。这样，纵向上看，从"养性"到"养生"到"性命双修"，对于"养性"的要求都是十分突出的。也就是说，在中国传统文化观念里边，虽然已经把生命的珍爱提升到了一个几乎无以复加的程度，但对于"养性"问题的重视，却始终是处在一个极其重要的主体地位，相对于"养性"来说，"养生"只是一个相伴的辅者。这一基本形态的形成，主要是由春秋战国之际形成的积极关注社会的传统人文精神决定的。

在战国诸子们的体育思想里边，性命为本的人本精神大致上表现为三个基本的层次：其一，对于生命的珍爱是共同的。人的生命只有一次，珍爱生命，这是战国诸子对于生命认识的共同归宿，尽管出发点和所持立场各不相同，但都旗帜鲜明地主张尊重"人"和"人的生命"，战国时期民本思想浪潮的崛起，尤其突出了这一点。其二，儒家走向了"舍生取义"的极端。由于西周以来礼乐治国思想理念的影响，加之春秋末期以后儒学思想观念的渗透，到战国时期，虽然出现了来自于多个角度对于儒学的指责，但儒学却以博大的胸怀，显现出了强大的包容吸收能力，从对于个人的道德修养开始，直至走上了"舍生取义"的极端，把个人"养性"的重视，强调到了一个至高无上的位置。其三，道家走向了"一毛不拔"的极端。道家在老子那里的时候实际上就已经形成了一个两难的选择：反对礼制，却又不能不重视人的社会行为规范；同意礼制，那又与势必会与儒学合流。所以，老子一方面强调人的行为要合乎一定的规范，一方面强调人的社会行为要"法自然"，实际上老子并没有找到保障社会秩序有序发展的具体措施，乃至于

---

① 参见陈国符《道藏源流考》下：至隋代，有青霞子苏玄朗。《罗浮山志》曰："隋开皇中，来居罗浮。""乃着《旨道篇》示之。自此道徒始知内丹矣。"盖自此始有内丹之称，而葛洪之金丹，乃称外丹。内丹书籍，行文隐秘，疑亦始自青霞子。中华书局 1963 年版，第 438 页。

② 牟钟鉴、赵卫东：《全真教精神及其当代价值》，载《文史哲》2010 年第 4 期。

感慨于"治大国如烹小鲜"了。① 杨朱、庄子、黄老学派的发展，正是沿着
这样的路子走下去，才形成了道家学派那些别样的奇葩。在这一过程中，道
家避开了儒家对于人的社会道德建设的极力张扬，高举着"法自然"的旗
帜走上了"贵己"、"重生"而"一毛不拔"的路子。道家的"法自然"与
儒家的"法礼制"一样，本质上也是一种"养性"的措施。

总之，战国诸子以其强烈的社会参与意识，虽然在百家争鸣的激烈思辨
过程中表现出了对于生命现象的极度关怀，但在精神层面上却始终张扬着以
"养性"为主体的精神风貌。

（五）重德尚礼的参与精神

重德尚礼在战国时期就已经是被普遍认可的社会行为观念。首先是儒家
极度强调重德尚礼。孔子主张用道德来治理国家，有了高尚的道德，国君便
会像北极星一般，别的星辰都会环绕着他："为政以德，譬如北辰，居其所
而众星共之。"② 曾子甚至于把孝归结为一种管理国家的至高品德要求："慎
终，追远，民德归厚矣。"③ 意思是说，谨慎地对待死亡，追念远代祖先，
自然就会导致老百姓忠厚老实了。孔子之后，从子思到孟子、荀子等，大凡
儒学思想的传承者，无不把重德尚礼作为第一要义。孟子说："以力服人
者，非心服也，力不赡也；以德服人者，中心悦而诚服也，如七十子之服孔
子也。"④ 还说："其尊德乐道，不如是，不足与有为也。"⑤ 荀子同样如此，
比如他提出的"论德而定次，量能而授官"⑥ 等。后世儒学在道德层面的要
求上与孔子的主张都是一脉相承的。道家本来就是从道、德起家的，老子就
说："是以万物莫不尊道而贵德。"⑦ 尽管道家与儒家对于德的要求在概念上
并非一致，但相对于作为社会个体的人的要求层面上却是基本相同的。比如

① ［三国］王弼注：《老子道德经·六十章》，《诸子集成》，上海书店影印 1986 年版，第 36 页。
② ［清］刘宝楠：《论语正义·为政》，《诸子集成》，上海书店影印 1986 年版，第 20 页。
③ ［清］刘宝楠：《论语正义·学而》，《诸子集成》，上海书店影印 1986 年版，第 13 页。
④ ［清］焦循：《孟子正义·公孙丑上》，《诸子集成》，上海书店影印 1986 年版，第 131 页。
⑤ ［清］焦循：《孟子正义·公孙丑下》，《诸子集成》，上海书店影印 1986 年版，第 154 页。
⑥ ［清］王先谦：《荀子集解·君道》，《诸子集成》，上海书店影印 1986 年版，第 156 页。
⑦ ［三国］王弼注：《老子道德经·第五十一章》，《诸子集成》，上海书店影印 1986 年版，第 31
页。

老子有"富贵而骄，自遗其咎"①之说，孟子也有"富贵不能淫，贫贱不能移，威武不能屈，此之谓大丈夫"②的豪言壮语。墨子虽然有著名的《非儒》篇，但在尚德重礼这一观点上却是与儒学高度的一致，比如他提出要"列德而尚贤，虽在农与工肆之人，有能则举之。"③这是相对于社会管理者来说的。相对于个人自身而言，即有《修身》④专文予以讨论，其中的"君子之道也，贫则见廉，富则见义，生则见爱，死则见哀。四行者，不可虚假。反之身者也。""志不强者智不达。言不信者行不果。"等，与儒学的思想主张并无二致。诸如此类，诸子百家大同小异。

"德"在中国古代文化中是一个非常重要的概念。远在周代以前，"德"的问题就已经引起了人们的高度重视。比如大禹提出了"德惟善政，政在养民"⑤的观点，《商书》中提出了"佑贤辅德，显忠遂良，兼弱攻昧，取乱侮亡，推亡固存，邦乃其昌"⑥的观点，《周书》中有了"三德"的概念："三德：一曰正直，二曰刚克，三曰柔克。"⑦"德"在《尚书》中出现的频率非常之高，至少在150次之上。在春秋战国时期的文献当中，"德"字出现的频率还要更高。这一现象恰好折射着社会管理秩序混乱、道德体系崩溃的社会现实。历史文献的这些记载，首先可以说明的是，春秋战国时期社会文化中的重德观念是有着深厚的历史渊源的，其历史文化的传承痕迹很明显。其次，战国时期重德尚礼的社会观念之所以得到了社会的普遍认可，与西周以来作为最高行政中枢的王室所主导的思想观念的长期渗透有着直接的关系。周代建立之初便开始制礼作乐，从西周到战国，已经经历了数百年的历史，尽管当时的社会环境中远没有今天这样的传播条件，但作为一种统治理念的长期持续贯彻，重德尚礼的观念必然会形成深厚的社会基础。正因为如此，春秋以来，直到战国诸子，其对于"德"，对于"礼"的要求，都有着程度不同的一致性，大家都跳不出周王室所创造的这一无形框架。所以我们说，重德尚礼作

① ［三国］王弼注：《老子道德经·第九章》，《诸子集成》，上海书店影印1986年版，第5页。
② ［清］焦循：《孟子正义·滕文公·下》，《诸子集成》，上海书店影印1986年版，第246页。
③ ［清］孙诒让：《墨子间诂·尚贤·上》，《诸子集成》，上海书店影印1986年版，第2627页。
④ ［清］孙诒让：《墨子间诂·修身》，《诸子集成》，上海书店影印1986年版，第5—6页。
⑤ 李民、王健：《尚书译注·虞书·大禹谟》，上海古籍出版社2000年版，第26页。
⑥ 李民、王健：《尚书译注·商书·仲虺之诰》，上海古籍出版社2000年版，第113页。
⑦ 李民、王健：《尚书译注·周书·洪范》，上海古籍出版社2000年版，第224页。

为一种文化观念在春秋战国时期的发展，首先是继承，然后是升华，由此而渗透到了人们的血液当中，对人们的社会行为产生了润物细无声的浸润。

重德尚礼观念在体育娱乐活动当中反映出来的基本精神，便是重参与、重过程、轻结果的基本态度。说明这一问题的著名例证，首先便是孔子说过的那句话："君子无所争。必也射乎！揖让而升，下而饮，其争也君子。"根据《仪礼·乡射礼》①的反映，孔子这段话的背景是，古代每逢春秋两季，便会举行由州长（或乡大夫）主持的射箭比赛，比赛邀请地方官员、卿、大夫、士和学子们参加，地点便是州学里边。整个的过程大致可以分为三个部分：首先是邀请参加比赛的宾客，然后是比赛前的预备，主要是宴席准备和比赛设施准备，第三是比赛过程，其中先后包括几个部分：邀请比赛者到场（相当于今天的开幕式）——祭肺、祭酒、献乐——射箭比赛——统计比赛结果、献酒、演唱《国风》——比赛结束。《仪礼》当中还有《大射》一篇②，记述的是由国君主持的射箭比赛。综合周代关于射箭比赛的这些材料，我们可以得到的信息是，第一，周代的射箭比赛，既有国君主持的比赛，也有地方最高长官主持的比赛，有着很大的影响范围；第二，周代的射箭比赛在形式上虽然只不过是一种礼仪训练，但核心问题却落脚在射箭比赛上，因而又可以看作是中国古代最早的专项体育运动会。这个运动会的整个过程，与现在运动会过程已经几近相同；第三，周代的射箭比赛，由于首先是一种礼仪训练的需要，因而，虽然有着严格的比赛程序和结果统计，但比赛的胜负并不影响参赛者之间的情绪，这就是孔子说的"下而饮，其争也君子"的本质所在。孔子的话，是周代射箭训练仪式的真实写照，集中地反映出了周代的射箭比赛重参与、重过程、轻结果的基本态度。由射箭这一影响巨大的体育活动推及到其他的社会性体育娱乐活动，自然也就是极为广泛的参照标准。中国所谓"友谊第一，比赛第二"的体育精神，其源头正在这里。确切地说，这个源头并不是孔子的创造，而是周代的礼仪制度的具体传承和精神演化。

---

① 杨天宇：《礼记译注·射义·下》，上海古籍出版社1997年版，第89页。

② 杨天宇：《仪礼译注·大射·下》："大射之仪，君有命戒射。宰戒百官有事于射者。射人戒诸公、卿、大夫。司士戒士射与赞者。"上海古籍出版社1997年版，第169页。

六、中华传统体育精神的现代发展

中华传统体育精神首先是以鲜明的民族性而存在的，极端的保守终归是传统文化民族性的根本要求，失去了民族性便失去了其存在的根本价值，失去了这个保守，文化的民族性也就走到了终点。现代社会当中，民族文化的保守性与现代社会发展需要的地球村文化建设需要已经形成了尖锐的矛盾。具体地说，现代社会中华体育走向世界的发展进程当中，中华传统体育精神同样遇到了前所未有的挑战，这一挑战的焦点突出反映在三个方面：

第一，体育观念的冲突。世界文化的东西两大体系本身都有着很深的渊源，泾渭分明，西方文化的"求真"特性，造就了西方传统体育精神中的突出的竞技特征，以中国文化为代表的东方文化的"求善"特性，造就了中华传统体育精神的"道德"特征。现代体育本身的发展要求中华体育走向世界体育大舞台，而中华民族传统的体育精神又与来自于西方的体育精神存在着先天性的冲突。这一冲突从本质上看来自于积淀深厚的人文观念，是一种潜在于骨子里的元素，就像人与人的不同血型一样。这样一种文化理念上的不同，决定了相互之间都有着各自的缺陷和优长。这种传统文化观念造成的先天性缺陷和优长，现在看来则正是亟待相互吸纳融和而弘扬的。

第二，运动理念的冲突。体育观念的不同，自然地引发了运动理念的不同。具体的表现是，中国古代的体育发展重视的是健身和娱乐性的体育运动，对于竞技运动并不是很重视，而西方的体育运动从源头上便是靠竞技起家的。我们知道，现代世界体育大舞台是在西方文化背景下搭建起来的，竞技运动是其主体运动方式，基本的运动理念便是"更快、更高、更强"，充满着强烈的竞争意识。当我们的民族传统体育走上世界现代体育发展大舞台的时候，本身就是骆驼和山羊比高矮①，各有长短。这样，在以竞技为主体

---

① 这是一则脍炙人口的经典寓言故事。故事说，骆驼长得高，羊长得矮。骆驼说长得高好。羊说长得矮才好。骆驼他们走到一个园子旁边。园子四面有围墙，里面种了很多树，茂盛的枝叶伸出墙外来。骆驼一抬头就吃到了树叶。羊抬起腿，脖子伸得老长，还是吃不着。他们俩又走了几步，看见围墙有个又窄又矮的门。羊大模大样地走进门去吃园子里的草。骆驼跪下前腿，低下头，往门里钻，怎么也钻不进去。故事说明了高、矮各有优势，不可一概而论。

运动理念的世界体育舞台上，我们的中华传统体育精神则明显不占优势。这一冲突虽然是中华体育走向世界大舞台的必然，自在情理之中，但却诱发了中国体育自身发展的迅速分化，形成了"体育便是竞技"的格局，中国的体育发展不得不越来越西方化，中华传统体育的健身娱乐观念，在我们的体育观念当中也就越来越淡化了，偏离了我们的民族传统体育健身娱乐的本质要求。这在基本方向上已经脱离了中华民族传统体育理念的轨道。

　　第三，价值观念的冲突。东、西文化观念的差异，同时也造成了价值取向的冲突。西方文化背景下的体育价值观念，尤其凸显为功利性特征，强调竞技场上运动员个性的充分张扬，竞技过程中追求的多是个人价值的实现。而中国传统文化背景下的价值观念，尤其凸显为道德性特征，强调竞技场上运动员个性的"遮掩性张扬"，竞技过程中强调追求的目标，多是通过个人的成绩而获取国家、民族的荣誉和自豪感。近年来，有些人对于中国国家财政供养庞大的竞技体育队伍多有非议，认为这是计划经济的遗存。但目前的种种迹象都无法显示这种体制"会被另一种更加合理有效体制所代替。"①我们认为，这种体制的存在，固然是由国家的管理制度来决定的，但同时这也是中国传统的民族文化观念对中国体育发展的要求，人人出钱出力，追求国家、民族的荣光。发展有中国特色的体育事业，离开中华民族文化观念的发展要求，同样是不现实的。由于中华传统体育精神要求把对于道德价值的要求放在第一位，从而与西方文化观念背景下的功利性价值取向形成了明显的冲突。这一冲突，同样是两种文化观念的交锋，体育竞技场上的这种交锋，只不过是大千社会中之一例。中国竞技体育的发展，不能走向以个人功利为最高价值追求为目标的道路，这是中华传统体育精神的本质要求。

　　现代科学技术的发展，人类文明程度的提高，使得各民族间的地理间距和人文差别呈现出了日渐缩小的大趋势。尽管现在的全世界范围内，民族林立，国家众多，东西有冲突，南北有差别，但民族与国家间的相互交流与融合却越来越多。奥林匹克运动所搭建的世界体育舞台，吸引了越来越多的民族来实现共同的梦想，体育成了不同民族沟通的桥梁。现实已经明确地向人

---

　　① 吴有凯、曾秀端：《我国竞技体育后备人才培养现状及发展对策》，《体育科学研究》2010 年第2 期。

们昭示了这样的一个道理：体育是人类共同的财富，它不受任何的民族和政治的约束，共同的追求它，共同的拥有它，这是全人类的梦想。因此，民族体育走向世界舞台，既是世界体育发展的需要，也是民族体育发展的需要。民族体育精神作为体育发展过程当中一个不可分割的组成部分，同样呈现着这样的发展趋势。但这只是一种必然的发展趋势，沿着这一趋势走向的目标还有一段极其漫长的距离，因为在我们的身边，体育的民族性不仅还在以坚强的保守性而持续的发展着，而且政治势力对于体育的影响也是时有显现。正是这样一些意识形态领域的冲突的存在，使得我们的中华传统体育精神在走向世界体育大舞台的过程中，还需要经历一个艰苦的扬弃过程。

"扬弃"并不是简单的抛弃，这一过程本身包含有抛弃、保留、发扬和提高的要求。扬弃所要求的是，在新事物代替旧事物的过程中不是简单地抛弃，而是克服、抛弃旧事物中消极的元素，保留和继承以往发展中对新事物成长有积极意义的内涵，并使之发展到一个新的阶段。中华传统体育精神是中华民族的优秀文化遗产，我们既有义务对它给予充分的继承和保护，更有义务对它给予充分的弘扬和升华。这便是我们今天扬弃中华传统体育精神的基本要务。完成这一历史任务的前提，便是要明确中华传统体育精神对于当代体育发展应当贡献的基本元素。

中华传统体育精神对于当代体育发展的贡献元素，第一位的当然是人本精神。体育首先是人类实现自身健康完美的运动，任何的体育运动离开这样的本质意义都会偏离体育发展的正确轨道。中华传统体育精神在最初的构架过程中，儒学的养性、道学的养生、阴阳五行学的生克和辩证，都是以人的社会适应度为核心的。健身娱乐、服务社会，是中国古代体育发展最基本的出发点。由于中华传统体育精神强调道德的作用，反对人作为社会的主体对于功利的过度追求，从而也就少有了那种高昂的竞技精神。近代以来，面对列强入侵的社会现实，中国的体育发展也在世界文化交流的大潮中开始了自我的分化，在"文明其精神，先自野蛮其体魄"的呼号下，竞技体育突起，在现代体育的发展格局中逐渐形成了竞技体育与健身体育共存的局面。应当说，站在中国传统体育发展的立场上看，中国近代以来竞技体育的崛起，彰显着对于传统体育精神的背离。从世界体育发展的总体趋势角度来看，中国近代以来竞技体育的崛起，无疑却又是对于传统体育精神的进一步完善。正缘于此，在当代的世界体育发展过程中，西方体育界（包括奥林匹克运动）对于中华传统体育中的体育道德、体育的健身功能等内容，都给予了高度的关注，而中国体育界对于西方体育中的体育科技、体育竞技等，则采取了积极吸纳的态度。这一现象，对中华传统体育精神来说，反映出来的是中国传统文化的高度包容性，对西方的竞技体育来说，反映出来的却是人本理念的回归，是体育自身价值观念的进一步归位。以人为本的理念，是中华传统体育精神对于对世界体育发展的重要贡献。

明显的道德精神要求，是中华传统体育精神对于世界体育发展的突出贡献。中国传统文化的基本思维方式决定了中华传统体育精神的强烈泛道德色彩，因此，千百年来，中华传统体育精神对于道德的要求都是刚性的，按照道德观念的标准判定体育比赛的总成绩，是我们古人最习惯的做法。这样的体育比赛评价标准，虽然有它突出的不合理之处，但也有着显明的优势，这就是在赤裸裸的竞技比赛中充入了脉脉的温情，淡化了比赛过程中的竞技色彩，强化了比赛过程中人与人之间的情感交流，有益于人与人之间的友好交流与和谐相处。现代世界体育舞台上竞技比赛所大力提倡和弘扬的"以友谊、团结和公平精神互相了解"的体育精神，正是几千年来中国传统文化所凝炼构架起来的中国传统体育精神的核心内容。重道德，讲友谊，公平竞赛，通过比赛而促进相互了解，这不仅是现代中国体育走向世界体育大舞台的基本精神之所在，而且也正是中华传统体育精神的直接传承和延续。中华传统体育精神所倡导的体育道德精神，是对世界体育发展的伟大贡献，对于体育发挥在人类社会发展中应有的更大作用，潜在着不可估量的动能。

坚韧不拔的体育竞技精神，也是中华传统体育精神贡献于世界体育发展的重要元素。中国古代的体育发展，总体上竞技色彩虽很是淡薄，但这并不是说中国古代没有竞技体育。中国古代的竞技体育同样多姿多彩，比如汉武帝时期曾经举办过两次全国性的百戏大会[①]，"百戏"的内容非常丰富，"就

---

① 参见［汉］班固《汉书·武帝纪》记载，汉武帝时期曾经举行过两次"百戏"大会，一次是"（元封）三年春，作角抵戏，三百里内皆（来）观。"一次是"（元封六年）夏，京师民观角抵于上林平乐馆。"中华书局1962年版。

'百戏'而言，所谓'戏'，意即歌舞、杂技等的表演；因其节目繁多、健美活泼，故称为'百戏'。"① 汉百戏实际上就是充满了竞技色彩的表演赛。宋代以来盛行的武术擂台赛，同样也是充满着竞技色彩的表演赛。关于这种擂台赛的具体形式，《水浒传》第七十四回《燕青智扑擎天柱，李逵寿张乔坐衙》中有着很精彩的描写。中国古代虽然没有"田径"这一名词，但从战国到汉代，由于军事作战中车战逐步改成了大规模的兵团作战，田径训练自然会得以强化。传说中夏桀便能够"足追驷马"② 考古发现的研究，西周时期便出现了马前行走的健卒"先马走"，其职责大约就是负责长官安全的步行侍卫。③ 春秋末期的时候，"越王句践……亲执戈为吴兵先马走。"④ 充当的也是这类差事。为了强化步行训练，战国时期还出现了步行负重训练："古者吴阖闾教七年，奉甲执兵奔三百里而舍焉。"⑤ 汉代以来，长跑逐渐也发展成了一种重要的军事专业训练性比赛，据《南村辍耕录·卷一》记载，元代的时候我国就有了叫作"贵由赤"的长跑比赛："贵由赤者，快行是也。每岁一试之，名曰放走。以脚力便捷者膺上赏，故监临之官，齐其名数而约之以绳，使无后先参差之争，然后去绳放行。在大都，则自河西务起程。若上都，则自泥河儿起程。越三时，走一百八十里，直抵御前，俯伏呼万岁。先至者赐银一饼，余者赐段匹有差。"⑥ 现代的马拉松比赛是1896年第一届奥运会上设立的，到1908年第四届奥运会时，最终确定的长度是42.195公里。元代的"贵由赤"比世界马拉松的距离长两倍多，而且形成时间上还要早600多年。可以说，西方社会盛行的一些竞技性很强的体育项目，古代中国大多都曾有过，只不过中国古代体育对于健身、养生、表演的强化特征，在很大程度上遮掩了体育的竞技性，使得体育的刚性竞技自觉不自觉地变成了韧性竞技，形成了以"胜不骄，败不馁"、"不以胜败论英雄"、"胜败乃兵家常事"为特征的坚韧不拔的竞技精神。中华传统体育精

---

① 参见耿占军、杨文秀《汉唐长安的乐舞与百戏》，西安出版社2007年版，第4页。
② ［汉］司马迁：《史记·律书》，中华书局1959年版，第1241页。
③ 刘秉果：《先马走考释》，《体育文化导刊》，1985年第2期。
④ ［汉］高诱：《淮南子注·道应训》，《诸子集成》，上海书店影印1986年版，第197页。
⑤ ［清］孙诒让：《墨子间诂·非攻·中》，《诸子集成》，上海书店影印1986年版，第85页。
⑥ ［元］陶宗仪：《南村辍耕录·卷一》，文化艺术出版社1998年版，第19页。

神中这种韧性竞技精神，在体育活动中有着极为广泛的大众适用性。20世纪以来，中华武术、中华气功等体育运动方式在西方社会的日渐走红，正是很好的说明。坚韧不拔的韧性体育竞技精神来源于中国传统文化的滋养，同样也是中华传统体育精神对世界体育发展的独特贡献。

极度捍卫生命价值的体育精神，以独特的方式为世界体育发展作出了巨大的贡献。中国古代的体育思想中，首当其冲的便是对于生命价值的极度捍卫。从源头上看，儒家重礼重孝而重身，道家知礼反礼而重身，墨家重"侠义"以"兼爱""交相利"而爱身。儒家与道家、墨家虽然在学术理论观点上走上了不同的道路，但在捍卫生命价值这一点上却同样是一致的。所不同的是，儒家、墨家表现得要含蓄一些，道家表现得要直白一些，甚至于走上了极端的道路。这说明，中华民族的传统体育精神在构架的初期就高唱着捍卫生命的战歌，这是中华民族传统体育发展过程中一部分很重要的内容。所以说，中华传统体育精神在很大程度上是以捍卫生命价值为目的的，是为了"生命"的体育精神，而绝不是为了功利的体育精神。古代西方的体育，比如古代的奥林匹克运动，在很大程度上就是以塑造生命的外在形象而博得神灵的喜悦，是一种为了"美"的运动。尽管现代世界体育大舞台上的竞技体育运动十分活跃，但竞技体育始终只是极少数人的赛场，绝大多数人需要的则是健身体育。现代的科学技术把竞技运动员当作竞技运动的试验品而给普通人制造欢乐，这不仅仅是绝大多数人所不可企及的，而且很容易让人们看到极度竞技带来的残酷与损伤，这不是中华传统体育精神所追求的。中华传统体育精神当中对于生命价值的执着追求和极度捍卫，直接来源于先秦诸子对于人的社会行为的理性认识，相对于西方社会的体育发展来说，在思想观念上是一个极大的补充，是对世界体育发展作出的杰出贡献。20世纪以来，中华武术、中华医药、中华饮食等，在西方社会从怀疑到认可到实用技术的传播，都是这方面很好的佐证。

思想观念是区别五彩缤纷的民族传统体育的根本要素。中国古代体育的发展，自战国百家争鸣确立了中华民族传统体育的精神文化特征以来，在漫长的封建社会当中，一直处在一个不断的进化过程当中。受儒道思想观念的支配，体育只不过是一种供作娱乐、养生、军事技能训练的工具，与西方的体育发展路径不同。数千年来，中国传统文化秉持着一种以和谐为基本原则的价值观念，在人与自然的关系中，传统文化追求着一种"天人合一"的最高境界，中国古代的民族体育也就在这样的文化环境当中得以四平八稳地走了过来。19 世纪末叶，伴随着新兴民族国家的大量产生，世界范围内的军事列强蜂起，中国的封建王朝开始苟延残喘。面对内忧外患灾难深重的泱泱中华，中国的知识分子纷纷提出了许许多多的救国主张，西方社会的体育思想便在这时候开始传入中国了。张之洞发表《劝学篇》，提倡兵学，并实行文武合一教育①；严复认为，一个国家的强弱存亡决定于三个基本条件："一曰血气体力之强，二曰聪明智虑之强，三曰德行仁义之强。"认为国家的强大，首要的便是国民"血气体力之强"②。稍后的梁启超非常崇尚西学，认为西方的体育可以增强国民素质："故欧洲诸国，靡不汲汲从事于体育，体操而外，凡击剑、驰马、鞠、抵、习射、击枪、游泳、竞渡诸戏，无不加意奖励，务使举国之人，皆具军国民资格。"③ 因而也振臂高呼要提倡"尚武精神"。随后则又有了毛泽东的"欲文明其精神，先自野蛮其体魄；苟野蛮其体魄矣，则文明之精神随之。"同时期的诸如郭绍虞、郭沫若、胡适、鲁迅、叶圣陶等一大批新文化运动的健将，都或直接或间接地提出了振兴国民体育的主张。但受社会动乱的环境影响，中国的民族体育无论如何也没有在知识分子们的呼号声中发展起来。新中国成立后，毛泽东同志提出的口号"发展体育运动，增强人民体质"，作为国家的体育方针曾经产生了巨大的影响。这一体育方针的精神实质是全民健身，渗透着中国传统文化的思想内涵。④ 因此，在社会实践上，整个体育工作的重心就是"增强人民体质"。应当说，这时候新中国刚刚成立，国内百废待兴，国外封锁重重，中国体育走向世界还是一件非常困难的事情，"增强人民体质"，既是国家迫切的发展战略，也是迫于国际形势的无奈。从 1971 年的乒乓外交开始，到 1981 年

---

① 参见 [清] 张之洞、何启、胡礼垣撰，冯天瑜、青川评注《劝学篇·劝学篇书后》，湖北人民出版社 2002 年版。

② 南京大学历史系、国营红卫机械厂《严复诗文选注》注释组：《严复诗文选注》，江苏人民出版社 1975 年版，第 28 页。

③ [清] 梁启超著，黄坤评注：《新民说》，中州古籍出版社 1998 年版，第 191 页。

④ 参见刘玉《毛泽东体育思想中的传统文化因素》，《军事体育进修学院学报》2007 年第 4 期。

北大学子喊出"团结起来，振兴中华"①，再到"为奥运争光计划"，一路走来，中国的体育发展形成了一个个快速发展的高峰，突出的表现是实现了从全民健身体育向以竞技体育为带动的全民健身体育的战略转移，并由此而走上了世界体育舞台。似乎是在倏忽之间，中国一跃成了世界瞩目的体育大国。

中国体育工作的重心，在本质上始终是以增强人民体质为基本坐标的。这一点，既与中国共产党"全心全意为人民服务"的根本宗旨密切相关，也与中华传统体育精神发展的历史惯性连在一起。但是，体育工作重心从全民健身转向以竞技体育为带动的全民健身，并不是中国体育发展的本意。这一点，虽然可以看作是人类社会时代发展的必然趋势，但直接的原因，却是首先要归于对于西方文化的吸纳。回顾近百年中华民族传统体育的发展历程，遭受西方文明的冲击最大的有两次，一次是19世纪中国近代史上的鸦片战争前后，一次是20世纪80年代开始的中国改革开放时期。近代史上鸦片战争前后西方文化大举传入中国，形成的突出成果便是唤醒了人们对于武勇精神的崇尚，恰如梁启超所言："悍夫，中国民族之不武也！神明华胄，开化最先，然二千年来，出而与他族相遇，无不挫折败北，受其窘屈，此实中国历史之一大污点，而我国百世弥天之大辱也。"② 实际上，这是一种知耻而后勇的积极作为。20世纪改革开放初期，西方文化再一次大举传入中国，在体育领域形成的突出成果便是竞技体育的迅速崛起。西方文化传入中国以后，对于中国数千年来形成的传统体育发展格局受到了很大的冲击，"中华文化遭遇西方文化冲击之后，把西方人文体育观融入到中国传统身体文化的可行性路径阻塞殆尽，中华民族体育的文化身份模糊。最终结果是，具有东方人文积淀的传统身体活动几乎全面退出了体育领域。在国粹主义思想下，仅仅武术被扩大和强化，但已经失去了传统武术防身养生的精髓，变成了军事的工具。"③ 的确，西方文化的传入，推动了中国体育由健身向竞技、健身共存的转化，但不可否认的是，近代以来，传统文化观念的延续，民族战争未尽的激情，计划体制残存的实力，却一直以激昂的民族主义热情

---

① 毕靖、徐光耀：《"团结起来，振兴中华！"》，《人民日报》1981年3月22日
② ［清］梁启超著，黄坤评注：《新民说》，中州古籍出版社1998年版，第184页。
③ 石龙、狐鸣：《中国体育思想的跨世纪转变》，载《体育与科学》2009年第5期。

而推动着中国体育的发展，体育的政治色彩、社会功能因此而不断被强化，致使我们现代的体育发展，既不符合西方文化的精神模式，更不符合传统文化的精神模式。在这样的背景之下，我们提出来的体育精神，政治口号的味道自然也就很浓了，中华传统体育精神在理念上似乎又成了国家政治的工具。这便也正是我们今天对中华传统体育精神进行扬弃的主要缘由之所在。

对于中华传统体育精神的扬弃，我们应当重视三方面的问题：一是扬弃传统不是固步自封，要以与时俱进的现代发展眼光来看待传统的东西，否则就容易陷入"法先王"还是"法后王"的迷惑之中；二是扬弃传统要弄懂传统，不能靠寻章摘句而望文生义，否则就会失去明确的目标定位；三是要警惕对于外来文化的吸纳，不能总是外国的月亮圆，否则就容易把我们优秀的传统文化丢掉。二战以后日本的"美国化"进程可谓迅速，虽然走上了美国的民主之路，但日本的和服、相扑、柔道、寿司、料理、歌舞伎……这些民族的文化都没有丢掉①。这一点很是值得我们中国人思考。坚定不移地保持民族传统文化的本体地位，以海纳百川的姿态，推动中华传统体育精神的与时俱进，这才是中国体育发展的正确道路。也是一个民族发展长盛不衰的最基本原则。

当代社会当中，社会发展步伐的加快，催生或加剧了人们急功近利飞扬浮躁的作风，使得人们难得下很大的气力去认识和了解传统的历史文化。有些青年人总以为我们的传统文化不适应现代社会发展需要了，大有"尽弃前贤"之势。这种现象的出现，想来恐怕只有两方面原因：一方面是对于中国传统文化的无知，由于对历史的无知，眼前也就如同黑夜一般，看见一点星光，脑袋里还没来得及分辨出东西南北，嘴巴里早已在大声喝彩了。另一方面便是对于西方文明的崇拜，虽然这一方面也可能受到对于中国传统文化知之甚少的因素影响，但在骨子里却是文化观念的转变，走到金钱至上的道路上去了。当代中国文化传统与现实的衔接不畅，关键就在这两个方面。对于中华传统体育精神的扬弃同样如此。中华传统体育精神关注的核心问题是人的本身以及人与社会的关系，优势在于对道德的极度重视，不足之处在于缺乏竞技精神。当代体育的发展，西方文化观念占据着主导地位，强调竞

---

① 参见王晓德《"美国化"与日本文化借鉴的历史考察》，载《日本学刊》2007 年第 3 期。

技而道德观念淡薄。我们要融合西方社会的体育精神，正确的道路正是扬我之长而补我之短。

总而言之，一个国家和民族的兴旺发达，必须要有自己的精神力量。一个没有自己精神的国家和民族，是站不住、挺不直、走不远的，就会成为其他国家和民族的俘虏。有了自己的理论和精神，也就掌握了自己的前途和命运。这是古今中外无数的事实证明了的真理。中国现代的体育发展，虽然早已不是孔老孟庄之时，但和谐仍然是社会发展的目标。近年来不断有人提出传统民族精神的继承和弘扬问题，一再强调中华传统民族精神的基本特质就是自强不息的进取精神、厚德载物的宽容精神、崇仁重义的仁义精神和贵和尚中的中和精神①，这是民族发展的需要，时代发展的需要。中国体育发展的重心在中国，而不是在国外；中国虽然需要更多的金牌，但更需要高水平的国民素质。中华传统体育需要走向世界，但并不可预想是一马平川，更不能设想把中国的民族传统体育全面的世界化，因为这个问题说到底并不是一个单纯的体育问题，而是一个根本性的文化观念问题，北京奥运会期间中华武术艰难的申奥历程就是很好的证明②。中国体育发展的根本目标只能是提升中华民族的整体素质水平，别无他选。中国人口众多，幅员辽阔，中华民族整体素质水平的提高，便是对于世界民族发展的巨大贡献。中国体育要实现国民素质水平的整体提高，中华传统体育精神便是一份极好的精神食粮。但是，我们应当充分地认识到，体育观念的发展是以社会经济的发展水平为依托的，没有丰厚的经济基础，便不可能有高水平的体育意识。中国社会在经历了几十多年的快速发展以后，经济社会得到了持续的快速发展，人民的生活水平得到了快速的提升，体育观念正在自觉或不自觉地调整为一种生活的必需。因此，继承弘扬中华传统体育精神，发展中国当代体育，造福炎黄子孙，贡献于世界民族体育之林，是时代的需要，民族的呼唤，是我们当代人义不容辞的历史责任。

---

① 参见韩丹《传统民族精神与中华民族共有精神家园的现代建构》，载《学术论坛》2010 年第 6 期。

② 参见王广虎、陈振勇、冉学东《中华武术发展方向的重申与再释——对中华武术"申奥"的反思》，载《成都体育学院学报》2008 年第 2 期。

结论与启示

　　中华传统体育精神是世界民族体育精神的重要组成部分，其显明的人本立场、强烈的爱国情怀和浓郁的道德色彩，不仅是傲立于世界体育舞台的根本支柱，更是对世界民族体育精神的巨大贡献。正在以强大的生命力走向更广阔的世界体育大舞台。

综上所述，我们可以就以下几个方面作以简单的总结：

中华传统体育精神有着独特的文化神韵。这一点主要取决于三方面文化元素的滋养：其一是源远流长的中华文明，其二是激荡奔腾的主流文化，其三是丰富多彩的体育娱乐活动。中国古代的精神文化，对体育娱乐活动的发生与发展产生着巨大的影响，代有所新。这些体育娱乐活动由于受到了固有的民族精神文化的深刻影响，也就形成了鲜明的民族体育精神。

中华传统体育精神构架的形成同样是夷夏文化交融的结晶。黄帝一系传统文化的发展自不必说。许倬云在论证西周文化的时候，曾明确指出周代出现的齐文化是独立的文化类型①。齐文化与华夏文化的深度融合，大致上应当是在春秋战国之际开始的，尤其在思想文化层面，战国百家争鸣便是这一深度融合的证明。在这一时期凝聚而成的文化精神，从大的层面上看，无疑就是夷夏文化融合的结晶。这一路线，战国百家争鸣之前是有着清晰的痕迹的，秦汉以后伴随着齐文化形迹的渐隐，人们看到的也就多以华夏文化为表象了。中华传统体育精神的构架，正是伴随着整个的文化体系的构建而凝聚而成型的。中华传统体育精神的基本框架，同时造就了中华民族传统体育发展的的基本形态，决定了中华民族传统体育的基本发展方向。

中华传统体育精神有着鲜明的特征，但这些特征并非仅仅停留在表象上，而是突出表现为基本思想内涵的自然凝聚。核心因素在于以礼学和易学为基础的文化传承形成的传统文化观念的世代渗透。

审视中华传统体育精神，总结我们得到的启迪，从大的方面看突出表现为以下四点：

---

① 参见许倬云《西周史》（增补本）：山东考古发现，指出由大汶口文化到山东龙山文化一系列是当地独立发展的新石器文化。固然山东的土著文化也与中原的同时代文化各有授受的交互影响，但基本上是独立于中原文化的文化系统。生活·读书·新知三联书店 2010 年版，第 6 页。

其一，中华传统体育精神的形成是多元的。中华传统体育精神在构架初期的基本元素来源，大致上主要是由来自于华夏文化的礼乐文化和来自于东夷文化的功利文化组成的，后来融入的苗蛮文化等地域文化元素，虽然也对中国传统体育精神的建设与发展补充了很多的营养元素，但总体上看，礼乐文化和功利文化对中国传统体育精神的影响是最为基础的元素，是"累层"的第一层。我们认识和弘扬中国传统体育精神，首先需要明确这一基本点，中国传统体育精神基本来源的多元因子大多是后续形成的。

其二，中华传统体育精神的发展是与时俱进的。中华传统体育精神在本体上是以强身健体为核心的，在原生的理念上与整个的思想文化理念相配合。现代体育运动崇尚竞技而放任健身，这并不应是中国体育未来发展的本质需要。2010 年的全国"两会"期间，民进中央在建议中就明确指出，中国现行的"举国体制"把竞技体育与群众体育、学校体育割裂开来，成为缺乏互动的独立体系，偏离了体育精神①。全民健身，增强国民体质，正是中华传统体育精神与时俱进的时代呼唤。新中国成立以来，尤其改革开放以来，我们对于竞技体育的强化，是有着深刻的时代背景的。未来的发展，健身体育为主体，竞技体育为带动，这是必然的发展趋势，也可以说是中华传统体育精神的现代回归。

其三，中华传统体育精神的适用是广泛的。中华传统体育精神不仅对中国体育的健康发展有着重要的指导价值，更重要的是揭示了人类体育发展的一些必然规律，成为世界体育发展的重要指导。比如从儒家思想演化而来的重视道德的体育要求、重在参与的体育精神②，由杨朱等道家学者思想演化而来的珍视生命的体育观点等，都有着极为普遍的社会意义，在现代体育发展中都有着弥足珍贵的借鉴价值。这不仅仅是中国的现代社会的需求，而且正在以不同的方式走向全世界。

其四，中华传统体育精神是极度包容的。中国传统文化作为中华传统体

---

① 参见沈晨《民进中央指竞技体育举国体制偏离体育精神》，http：//www. sina. com. cn。2010年 03 月 11 日 18：43，中国新闻网。

② ［清］刘宝楠：《论语正义·八佾》，第 57 页：子曰："'射不主皮'，为力不同科，古之道也。"孔子认为，射箭的时候，不必要求都要射中靶子，因为每个人的能力不同。言外之意，只要参与就是很好的。

育精神的基本母体，在本质上决定了中华传统体育精神的极度包容特性。正是这种极度的包容性，才使得中华体育精神形成了一种无畏的自我扬弃功能，建立了现代中国体育既需要金牌而更需要精神的宏伟奋斗目标。

战国时期的百家争鸣在构架起了中华传统体育精神基本框架的同时，也从根本上决定了中华民族传统体育与其他民族传统体育的根本区别。我们现在对于中华传统体育精神的扬弃，绝不可以把目标定位于西方文明发展的标杆之上，而应定位于中华传统体育精神的现代化发展之上，这才不愧为伟大的炎黄子孙。

后　记

　　本书是国家社科基金项目"战国百家争鸣与中华传统体育精神构架"的结项成果。在课题的申报和研究过程中，课题组成员邵先锋、李丰祥、高发民、战化军、臧守虎、王淑霞、宋亦春、齐国强、宋杰、王化冰等先生，就课题论证和框架完善、资料收集等方面做了大量的工作，在本书形成过程中给予了积极的关心和热情的帮助。北京体育大学的李勇勤先生，从学术研究信息和研究方向上提供了热情的指导。人民出版社的王萍先生，为本书的出版付出了辛勤的劳动。在即将出版之际，谨向他们，以及所有关心和支持本项目研究和出版的各界人士表示衷心的感谢！

　　本书完成过程中使用了大量的文献资料，难以一一注明，谨向资料的拥有者表示深深的歉意，且一并表示衷心的感谢！

　　本课题的研究，在资料搜集和逻辑结构、语言组织、理论推演等方面，肯定有着这样那样的不足甚或错误之处，尤其对于中华传统体育精神的构架规律、特点等问题的把握，更难免有失偏颇和谬误之处。我期待着大家的批评指正。

王京龙

2012 年 1 月 20 日

责任编辑:张　旭
封面设计:周方亚

图书在版编目(CIP)数据

战国百家争鸣与中华传统体育精神构架/王京龙 著. −北京:人民出版社,2012
ISBN 978 − 7 − 01 − 010741 − 7

Ⅰ.①战…　Ⅱ.①王…　Ⅲ.①体育运动史-研究-中国-战国时代
　Ⅳ.①G812.931

中国版本图书馆 CIP 数据核字(2012)第 041193 号

战国百家争鸣与中华传统体育精神构架
ZHANGUO BAIJIAZHENGMING YU ZHONGHUA CHUANTONG TIYU JINGSHEN GOUJIA

王京龙　著

人民出版社 出版发行
(100706　北京隆福寺街99号)

北京龙之冉印务有限公司印刷　新华书店经销

2012 年 7 月第 1 版　2012 年 7 月北京第 1 次印刷
开本:710 毫米×1000 毫米 1/16　印张:21.25
字数:320 千字

ISBN 978 − 7 − 01 − 010741 − 7　定价:45.00 元

邮购地址 100706　北京隆福寺街 99 号
人民东方图书销售中心　电话 (010)65250042　65289539